SÉLECTION DU READER'S DIGEST

DÉLICES
EXPRESS

SÉLECTION DU READER'S DIGEST

DÉLICES
EXPRESS

Sélection du Reader's Digest (Canada) Ltée
Montréal

DÉLICES EXPRESS est la traduction française de QUICK & DELICIOUS
© 1993 The Reader's Digest Association Inc.

Équipe de Sélection du Reader's Digest
Rédaction : Agnès Saint-Laurent
Préparation de copie : Joseph Marchetti
Supervision graphique : John McGuffie
Graphisme : Manon Gauthier, Andrée Payette
Fabrication : Holger Lorenzen

Collaborateurs externes
Traduction : Suzette Thiboutot-Belleau
Rédaction : Geneviève Beullac
Index : France Laverdure
Photographie : David Murray
Adjoints à la photographie : Ian Boddy, Jules Selmes
Préparation de la nourriture : Eric Treuillé, Mandy Wagstaff
Styliste : Elaine Charlesworth

Données de catalogage avant publication
Vedette principale au titre :
Délices express : réussir des repas savoureux en un clin d'œil
Comprend un index
Traduction de : Quick & Delicious

ISBN 0-88850-338-5
1. Cuisine rapide. I. Sélection du Reader's Digest (Canada) (Firme).

TX833.5.Q5314   1995   641.5'55   C95-940758-8

PREMIÈRE ÉDITION
© 1995, Sélection du Reader's Digest (Canada) Ltée
215, avenue Redfern, Montréal, Qué. H3Z 2V9

Imprimé au Canada

95 96 97 98 99 / 5 4 3 2 1

PHOTO DE COUVERTURE : Pennes aux crevettes et aux poivrons, page 232
PAGES DE TITRE (de gauche à droite) : Poulet au paprika, page 139 ; Brochettes de bœuf au
gingembre, page 174 ; Rotelles au fromage et aux noix, page 219 ; Tarte aux fraises, page 381 ;
Salade d'épinards aux œufs frits, page 320 ; Potage Crécy, page 78.

AVANT-PROPOS

C'est une opinion largement répandue : les meilleurs repas sont ceux qu'on prend à la maison et qui ont été préparés minutieusement avec amour. Il n'en reste pas moins que le manque de temps vient souvent contrecarrer les meilleures intentions du monde. La réalité impose ses contraintes : il faut faire vite et bon en même temps.

Le livre de recettes *Délices express* a justement été conçu en fonction de ces deux impératifs et chacune de ses quelque 480 recettes y répond avec virtuosité. Le principe qui les sous-tend est le suivant : avec de bons ingrédients, on peut éviter de recourir à des procédés culinaires longs, compliqués et aléatoires. On peut même les combiner à des éléments préparés et obtenir des résultats remarquables.

Les recettes réunies dans ce livre comportent des plats principaux à base de viande, de volaille, de poisson, d'œufs, de pâtes et de légumes. On y trouve également des soupes-repas et des salades-repas ainsi que des goûters assez substantiels pour se transformer en repas légers. Parmi les plats d'accompagnement, il y a des hors-d'œuvre, des pains briochés ou condimentés, des salades légères et des légumes. Et pour clore sur la note appropriée, toute une gamme appétissante de desserts aux fruits, de tartes maison, de coupes glacées et même de gâteaux, tous vite faits et bien faits.

VITE FAIT, C'EST-À-DIRE... ?

Sauf pour les recettes de base du premier chapitre — que vous préparez à l'avance un jour où le temps s'y prête — chacun des plats dans ce livre peut être réalisé en moins de 45 minutes. Ce délai comprend la préparation et la cuisson et se calcule à partir du moment où vous sortez les ingrédients de l'armoire, du réfrigérateur ou du sac à provisions jusqu'au moment où le plat est prêt à mettre sur la table. Les recettes ont été éprouvées en cuisine et c'est dans ce cadre réaliste qu'on a mesuré le temps qu'il fallait pour les exécuter.

Le premier chapitre de ce livre vous fait voir de quelle façon, avec de la méthode et une planification judicieuse, il est possible de gagner beaucoup de temps. En revanche, si vous êtes d'humeur primesautière et préférez cuisiner sous l'inspiration du moment, vous trouverez quand même dans ce livre tout ce qu'il faut pour satisfaire votre fantaisie et votre gourmandise.

Bref, ce nouveau livre de recettes va vous permettre de servir avec autant de brio un dîner des grands soirs qu'un léger lunch de midi. Conjoint, enfants et amis, tous apprécieront votre cuisine et vous ferez partie vous-même de ceux qui la dégustent avec délice et appétit.

— La rédaction

SOMMAIRE

DE HAUT EN BAS :
SALSA ÉPAISSE, PAGE 48
SOUPE AU POULET, PAGE 81
POITRINES DE POULET, SAUCE À LA MOUTARDE, PAGE 157

DE HAUT EN BAS :
PÂTES ALIMENTAIRES AVEC PESTO AU BROCOLI, PAGE 223
SALADE VERTE AVEC VINAIGRETTE DE YOGOURT AU CARI, PAGE 305
CRÈME GLACÉE TUTTI-FRUTTI, PAGE 365

INTRODUCTION

Délices express a été conçu pour vous offrir une gamme complète de recettes qui vous permettent de préparer, en un tournemain, des plats à la fois sains et succulents.

LE CHEF ASTUCIEUX

Pour tirer plein parti de ce livre, lisez d'abord avec attention le chapitre intitulé *Le chef astucieux*. On y parle des électroménagers qui font gagner du temps, comme le robot et le four à micro-ondes (le micro-ondes est un accessoire fort utile mais non indispensable et peu de recettes dans ce livre en font usage), et de petits accessoires pratiques comme le presse-jus et le mélangeur à pâte. Vous y trouvez aussi des recettes de bouillon, de mélange à biscuits, de pâte à tarte, etc., que vous pouvez préparer d'avance et garder en réserve, ainsi que des idées et des menus pour occasions spéciales qui, en simplifiant votre tâche, vous permettent de profiter de la présence de vos invités. Enfin, ce même chapitre énumère les produits dont vous pouvez faire provision pour confectionner la plupart des recettes qui apparaissent dans notre livre.

L'OUVRE-BOÎTE

Quand vous ne disposez que d'un minimum de temps pour préparer le repas, voici la rubrique qu'il vous faut. Elle propose d'excellents petits plats à base de boîtes de conserve qu'on a généralement sous la main. Vous trouverez ainsi, dans chaque chapitre, des recettes de plats principaux ou de plats d'accompagnement prêts en moins de 15 minutes.

IDÉES MINUTE

Cette rubrique apparaît ici et là au fil des chapitres. Vous y découvrirez une mine de suggestions susceptibles de faciliter votre tâche dans la cuisine. Ce sont des conseils tellement pratiques que vous ne pourrez plus les oublier une fois que vous les aurez essayés.

VARIANTES CRÉATIVES

Dans chaque chapitre, vous trouverez des doubles pages thématiques centrées sur un ingrédient courant. Avec des photographies en couleurs, elles rassemblent des recettes simples pour transformer cet ingrédient en plusieurs plats différents. Celles qui s'intitulent *Un bon début* font usage d'un aliment déjà préparé — un bouillon, du poulet rôti, un fond de pizza — pour le transformer en plusieurs mets savoureux et originaux. Les *Variations sur un thème* prennent comme point de départ un plat de base — omelette, hamburger, pomme de terre au four — et suggèrent toutes sortes de touches distinctives. Les solutions proposées stimuleront votre imagination et vous donneront envie de créer et d'expérimenter à votre tour.

INTRODUCTION AUX RECETTES

Bien des recettes comportent une petite introduction intitulée, selon le cas, *Conseil, Service, Remarque* ou *Nutrition*. Vous y trouverez des trucs pour faciliter votre tâche, des petits à-côtés vite faits ou prêts à servir, des précisions sur le nom et l'origine d'un plat ou des renseignements sur sa valeur nutritive.

SYMBOLES

Voici les renseignements précieux qu'ils vous donnent, au début de chaque recette :

 précise le nombre de portions ou de pièces que produit la recette

 donne le nombre de minutes que vous passerez à préparer le plat, plus le temps de refroidissement ou d'attente, le cas échéant

 donne le nombre de minutes nécessaires au total pour la cuisson du plat — en excluant sa préparation et sa présentation.

La fiche nutritionnelle inclut le nombre de calories et la teneur en sodium pour une portion ou une pièce.

Après avoir utilisé ce livre de recettes à quelques reprises, vous constaterez qu'il a été conçu pour répondre aux besoins du chef moderne, gourmet par inclination, astucieux par nécessité.

LE CHEF ASTUCIEUX

LES RÉSERVES DU CHEF ASTUCIEUX

Le chef astucieux doit prévoir, pour pouvoir cuisiner à la dernière minute, une bonne provision d'ingrédients les plus fréquemment utilisés. Avec des armoires, un réfrigérateur et un congélateur bien garnis, il n'est jamais pris au dépourvu lorsque le hasard ou la nécessité l'oblige à improviser un repas. Dans les autres cas, il lui suffit d'acheter au fur et à mesure les ingrédients frais nécessaires.

Les recettes de *Délices express* font généralement appel à des ingrédients frais. Mais — l'expérience le prouve — « vite » et « frais » ne sont pas toujours faciles à concilier. Voilà pourquoi nous suggérons parfois de recourir à des aliments en conserve, à des produits surgelés ou à des préparations du commerce pour répondre à une situation d'urgence, sans pour autant compromettre le goût et la qualité des plats. (Sous la rubrique intitulée *L'ouvre-boîte*, les recettes font presque toujours appel à ce type d'ingrédients ; l'avantage manifeste est qu'elles se réalisent en moins de 15 minutes.)

La liste des raccourcis ingénieux, ci-dessous, n'inclut pas les produits d'utilité courante, comme la farine, le sucre et l'huile ; mais elle suggère d'autres produits, en présentations ou en formats pratiques qui rendront de grands services au chef pour qui les minutes comptent.

Vous trouverez en outre à la page 13 un tableau d'ingrédients additionnels que nous vous recommandons de garder à portée de la main. Ils pourront vous dépanner les jours où, faute de temps ou d'un ingrédient frais, vous seriez empêché de confectionner une des recettes de ce livre.

LES RACCOURCIS INGÉNIEUX

Tomates en boîte Les tomates sont un ingrédient précieux en cuisine. Les tomates en boîte, déjà pelées, épépinées, voire concassées, non seulement vous épargnent du temps, mais ont souvent plus de goût, une fois cuites, que les tomates fraîches mais mal mûries.

Ail haché Conservé dans l'huile, l'ail se vend en sachet ou en petit bocal. Une demi-cuillerée à thé de cet ail équivaut à une gousse fraîche ; ainsi, par exemple, dans la recette du Veau à la parmesane (page 188), il vous suffira d'en utiliser une cuillerée à thé.

Fromage râpé Le cheddar, le monterey jack, la mozzarella, le gruyère et le parmesan, si utiles en cuisine, se vendent déjà râpés, en sachets de plastique. N'hésitez pas à vous en servir pour préparer des plats comme les Huevos rancheros (page 254), la Mozzarella en ramequins (page 265), ou bien pour garnir une omelette.

Chapelure en boîte Ayez-en toujours dans l'armoire pour préparer rapidement des plats au gratin telles les Courgettes farcies (page 283), les Suprêmes de poulet sautés aux pacanes (page 136) ou la Tourte de poisson (page 107).

Les boîtes de chapelure, bien fermées, se conservent plusieurs mois dans l'armoire.

Vinaigrettes en flacons La gamme des vinaigrettes vendues en flacons ne cesse de s'étendre. Même si elles n'ont pas la finesse d'une vinaigrette maison, elles ne manqueront pas de vous dépanner pour une petite salade vite faite.

Fécule de maïs Cet ingrédient remarquable vous permet d'épaissir les sauces rapidement,

au lieu de préparer un roux à base de beurre et de farine. La fécule de maïs épaissit la plupart des ingrédients liquides en deux minutes et cuit plus rapidement que la farine. En la délayant d'abord dans une petite quantité d'eau ou du

fond de cuisson employé dans la recette avant de l'ajouter à la sauce, on évitera de former des grumeaux.

Mélange à pâte tout usage Connu sous le nom de Bisquick, ce mélange de farine, de graisse végétale, de levure chimique, de sel et de babeurre sert à faire des crêpes, mais aussi à confectionner des plats comme la Quiche jardinière (page 258) et les Muffins au granola et

aux raisins secs (page 333). Si vous cherchez un simple mélange à crêpes, préparez-le vous-même en suivant la recette donnée à la page 29, mais ne vous en servez pas dans les recettes qui spécifient du Bisquick ou du mélange à pâte tout usage.

Flocons d'avoine précuits Le gruau constitue un aliment nourrissant et vite fait pour le déjeuner du matin. Vous utiliserez aussi des flocons d'avoine précuits pour réaliser des recettes comme les Muffins à l'avoine et aux dattes (page 332) ou les Biscuits à l'avoine et aux raisins secs (page 348).

Noix hachées Elles accélèrent beaucoup la préparation de certains desserts, comme les Bananes au caramel (page 353). Achetez plusieurs sortes de noix hachées et rangez-les au congélateur pour leur conserver toute leur

fraîcheur. Vous n'avez pas besoin de les décongeler pour les utiliser en cuisine.

Abaisses de tarte surgelées Plusieurs recettes de ce livre mentionnent une abaisse surgelée dans la liste des ingrédients. C'est le cas, par exemple, des Saucisses enroulées (page 70) et de la Tarte aux nectarines (page 378). Vous pouvez toujours, bien sûr, vous servir d'un mélange à tarte réfrigéré et l'abaisser vous-même. Mais les abaisses toutes faites, vendues par paires dans des assiettes d'aluminium, se décongèlent en quelques minutes et vous feront gagner beaucoup de temps.

Garniture fouettée surgelée C'est un produit non laitier qui se vend déjà depuis un certain temps dans les supermarchés et qui est fort commode puisqu'il évite d'avoir à fouetter de la crème (et à laver le bol et le batteur). Il apparaît comme substitut de la crème fouettée dans un bon nombre de recettes.

Enduit végétal antiadhésif Ce produit évite d'avoir à faire fondre du beurre ou de la graisse végétale pour cuire les aliments. Il empêche le fond de la poêle ou de la sauteuse de calciner et diminue en outre la teneur du plat en calories puisqu'il suffit d'en vaporiser une très petite quantité.

LES PRODUITS DE BASE

Ce sont les aliments sur la base desquels ont été élaborées les doubles pages thématiques intitulée *Un bon début* et *Variations sur le thème de...* Vous trouverez une ou deux de ces pages thématiques dans chaque chapitre du livre.

Croûtes à pizza La recette de croûte à pizza que vous pouvez faire d'avance et congeler est donnée à la page 26. Vous pouvez aussi acheter au supermarché des bases de pizza relevées d'assaisonnements divers, et les conserver au congélateur. Vous trouverez à la page 62 toutes sortes de suggestions pour les garnir.

Bouillon de bœuf et bouillon de poulet hyposodique en boîte Dans le chapitre sur les potages, ainsi que dans les pages thématiques 80-81, on a recours à des bouillons en boîte. Comme bien des gens préfèrent confectionner eux-mêmes leurs bouillons, nous en donnons les recettes aux pages 22, 23 et 24. Néanmoins, pour vous tirer d'affaire en cas d'urgence, gardez quelques boîtes en réserve ; elles vous serviront également pour plusieurs recettes de viande et de poulet.

Jambon fumé en paquet Le jambon fumé est un ingrédient très facile à utiliser parce qu'il est cuit quand vous l'achetez. Vous trouverez aux pages 198-199 différentes façons de le transformer en plats du midi ou du soir.

Pâtes alimentaires Spaghettis, pennes, fusillis, linguines : faites provision d'une gamme variée de pâtes alimentaires. Et pour les apprêter en un tournemain, essayez les sauces que nous vous suggérons aux pages 222-223.

Gâteau de Savoie Vous verrez, aux pages 338-339, comment réaliser, à partir d'un simple gâteau blanc, un grand nombre de desserts simples ou de fantaisie. Vous pouvez acheter un

gâteau de Savoie surgelé et le garder au congélateur ou le confectionner vous-même avec la recette donnée à la page 28.

Crème glacée et yogourt glacé Autour de ce thème, les pages 364-365 vous suggèrent des recettes pour fignoler en un rien de temps quelques desserts mémorables.

Croûtes en biscuits On peut les acheter toutes faites ou les préparer à la maison en suivant la recette donnée à la page 28. Pulvérisez des biscuits graham ou des gaufres à la vanille ou au chocolat pour fabriquer les incomparables tartes décrites aux pages 384-385.

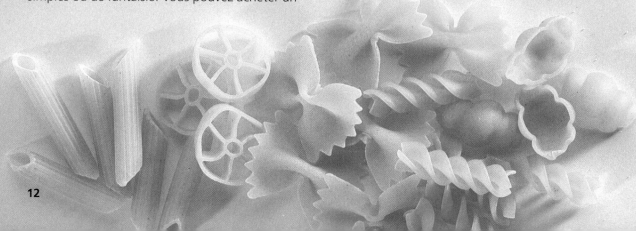

Armoire : ingrédients secs

- Craquelins et croustilles
- Croûtons
- Cubes de bouillon
- Grains de chocolat
- Mélanges à pouding
- Raisins secs
- Riz précuits et aromatisés
- Sirop de chocolat
- Soupes aux nouilles orientales

Armoire : ingrédients en boîte

- Ananas
- Chair de crabe
- Concentré de tomate
- Haricots secs
- Olives noires
- Palourdes
- Pêches
- Poires
- Pois chiches
- Poulet
- Sauce aux tomates
- Thon

Réfrigérateur

- Cœurs d'artichauts marinés
- Compote de pommes non sucrée
- Confitures de fruits
- Fromage à la crème
- Jus de citron
- Parmesan râpé
- Pâte à biscuits réfrigérée
- Piments doux rôtis
- Salsa mexicaine
- Sauce barbecue
- Sauce à spaghetti

Congélateur

- Bleuets
- Concentré de jus d'orange
- Épinards
- Fraises
- Framboises
- Haricots verts
- Macédoine de légumes
- Maïs

QUAND VOUS MANQUEZ DE...

Vous avez beau tout prévoir, l'ingrédient dont vous avez besoin est souvent celui qui vous manque. Plutôt que de vous précipiter au magasin, consultez la liste qui suit : vous y trouverez des substituts parfaitement acceptables et vous obtiendrez les mêmes résultats sans bouleverser votre emploi du temps.

SUBSTITUTS

Ingrédients :	Substituts :
levure chimique, 1 c. à thé	= ¼ c. à thé de bicarbonate de soude + ½ c. à thé de crème de tartre
chapelure, 1 tasse	= ¾ tasse de miettes de craquelins
beurre ou margarine, 1 tasse	= 1 tasse de graisse végétale + ½ c. à thé de sel
babeurre, 1 tasse	= 1 tasse de yogourt = 1 tasse de lait entier + 1 c. à soupe de vinaigre
chocolat :	
mi-sucré, 47 g (1⅔ oz)	= 30 g (1 oz) de chocolat non sucré + 4 c. à thé de sucre
non sucré, 30 g (1 oz)	= 3 c. à soupe de cacao + 1 c. à soupe de graisse végétale
noir	= mi-sucré

Ingrédients :	Substituts :
fromage cottage	= ricotta
fécule de maïs, 1 c. à soupe	= 5 c. à thé de farine + 2 c. à thé d'arrow-root = 2 c. à thé de fécule de pomme de terre = 2 jaunes d'œufs
fromage à la crème	= neufchâtel
crème fraîche épaisse, 1 tasse	= ⅞ tasse de babeurre ou de yogourt + 3 c. à soupe de beurre = ¾ tasse de lait entier + ⅓ tasse de beurre fondu
œufs (pour la cuisson) 1, entier	= 2 jaunes d'œufs
bouillon de poisson	= jus de palourde dilué ou bouillon de poulet
farine :	
tout usage (pour épaissir les sauces), 1 c. à soupe	= 1½ c. à thé de fécule de maïs = 1½ c. à soupe d'arrow-root = 1 c. à soupe de tapioca instantané
à gâteau, 1 tasse, tamisée	= 1 tasse moins 2 c. à soupe de farine tout usage

Ingrédients :	Substituts :
fines herbes fraîches, 1 c. à soupe	= ⅓ à ½ c. à thé de fines herbes séchées
miel, ¼ tasse	= 5 c. à soupe de sucre + 1 c. à soupe d'un liquide
sauce Tabasco, 2 à 3 gouttes	= ⅛ c. à thé de cayenne
jus de citron, 1 c. à thé	= 1 c. à thé de jus de lime ou de vin blanc, ou ½ c. à thé de vinaigre
lait entier, 1 tasse	= ½ tasse de lait concentré + ½ tasse d'eau = 1 tasse de lait écrémé + 2 c. à soupe de beurre fondu ou de crème
champignons frais, tranchés, 4 tasses	= 1 boîte de 195 ml (7 oz) de champignons, égouttés

Ingrédients :	Substituts :
huile d'olive	= huile végétale
oignon haché, 1 tasse	= 1 c. à soupe d'oignon haché séché, reconstitué
raisins secs	= pruneaux ou dattes finement hachés

Ingrédients :	Substituts :
crème sure, 1 tasse	= ¾ tasse de lait + 2½ c. à thé de jus de citron + ⅓ tasse de beurre fondu : laissez reposer 10 minutes
bouillon en boîte	= 1 cube de bouillon dissous dans 1 tasse d'eau chaude
sucre :	
granulé, 1 c. à soupe	= 1 c. à soupe de sucre d'érable
1 tasse	= 1¾ tasse de sucre glace = 1 tasse de mélasse + ½ c. à thé de bicarbonate de soude
glace	= ⅞ tasse de sucre granulé pulvérisé avec 1 c. à soupe de fécule de maïs
cassonade brune	= cassonade blonde

Ingrédients :	Substituts :
sauce aux tomates, 2 tasses	= ¾ tasse de concentré de tomate + 1 tasse d'eau
vinaigre :	
balsamique	= un peu moins de vinaigre de vin rouge
de vin	= vinaigre de cidre + un trait de vin rouge = vinaigre blanc + un trait de vin blanc
yogourt	= crème sure légère

LA CUISINE BIEN ÉQUIPÉE

Les magasins d'accessoires de cuisine débordent de gadgets qui sont souvent plus encombrants qu'utiles. Certains d'entre eux peuvent cependant vous rendre vraiment service. À tout votre outillage culinaire, ajoutez l'un ou l'autre des instruments suivants : tous vous font économiser du temps passé à la cuisine.

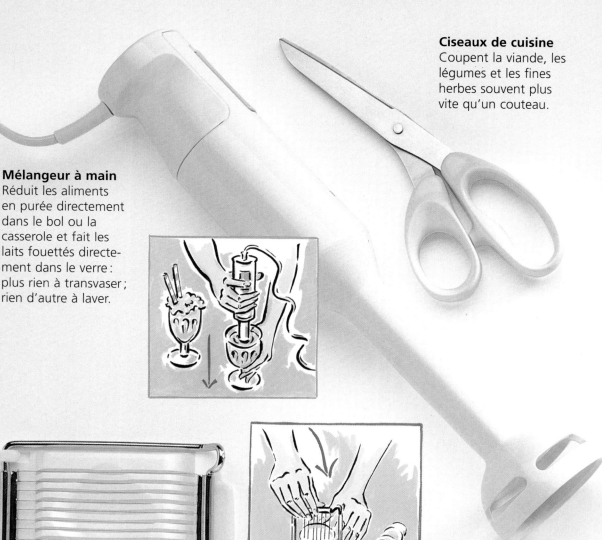

Ciseaux de cuisine
Coupent la viande, les légumes et les fines herbes souvent plus vite qu'un couteau.

Mélangeur à main
Réduit les aliments en purée directement dans le bol ou la casserole et fait les laits fouettés directement dans le verre : plus rien à transvaser ; rien d'autre à laver.

Coupe-œufs Détaille un œuf dur en tranches égales d'un seul mouvement.

Râpe universelle
Permet de râper le
fromage, le chocolat
et quelques légumes.

Presse-ail
Écrase l'ail rapidement.

Couteau du chef
à lame de 20 cm (8 po).
Utile pour trancher et
détailler en dés ; gardez
vos couteaux bien
aiguisés.

Couteau d'office
Utile de mille et une
façons.

Coupe-pâte
Incorpore le beurre ou
la graisse à la farine.

Minirobot culinaire
En version compacte,
ce minirobot, moins
cher et moins
encombrant que
son grand frère,
permet de hacher et
de râper des aliments
comme des oignons,
du persil, des carottes,
en petites quantités ;
si vous êtes peu
nombreux à la
maison, cet
appareil
constitue
un achat
judicieux.

Cuiller trouée à long manche

Permet de retirer les aliments des fonds de cuisson ou des fritures sans se brûler ; évite d'avoir à retourner de lourdes casseroles sur une passoire.

Presse-jus

Les deux modèles servent à extraire le jus des citrons, des limes et des oranges.

Essoreuse à salade

Essore aussi bien les fines herbes et les épinards que la salade.

Cuiller tire-boules

Permet de tailler des boules de pulpe dans le melon.

Vide-pomme
Sert à retirer les trognons en une seule opération.

Pince
Permet de saisir les petits morceaux brûlants de viande durant la cuisson.

Spatule en caoutchouc
Utile pour racler les bols et incorporer les blancs d'œufs fouettés.

Autres instruments

Robot culinaire
Cet appareil est devenu à peu près indispensable dans les cuisines modernes. Il fait presque tout ; et il le fait vite. Il tranche, hache, râpe et défait en purée la plupart des aliments en une fraction du temps qu'il faudrait consacrer manuellement aux mêmes tâches. Lisez attentivement le mode d'emploi : en peu de temps vous vous familiariserez avec tous les atouts de cet inestimable appareil. Ajoutez-lui quelques accessoires et vous pourrez fouetter la crème et les blancs d'œufs et pétrir la pâte à pain.

Mélangeur
Moins polyvalent que le robot, il n'en continue pas moins de rendre les services essentiels : liquéfier les soupes, réduire des ingrédients secs en chapelure et confectionner des boissons fouettées.

Four micro-ondes
C'est sans doute l'innovation de la décennie pour accélérer la prépa-ration des repas. Les meilleurs appareils sont munis d'une table tournante qui vous évite de donner des quarts de tour au plat en cours de cuisson. Le micro-ondes sert avant tout à décongeler et à réchauffer. Mais il rend une foule d'autres petits services : on peut, au cours d'une recette, y faire fondre du beurre ou du chocolat, griller des noix et réchauffer du lait.

Four grille-pain
On oublie souvent que cet appareil ne sert pas qu'à griller le pain et réchauffer les muffins. Parce qu'il est petit, il se réchauffe rapide-ment ; aussi peut-il accélérer la cuisson au four ou au gril des petits plats comme les blancs de poulet et les filets de poisson.

L'ART DU MICRO-ONDES

Très peu de recettes de *Délices express* se font au micro-ondes, quoique certaines proposent une variante pour ce mode de cuisson, si tel est votre désir. C'est durant la préparation des recettes que le micro-ondes peut vous rendre de grands services, pour faire fondre du beurre ou du chocolat, par exemple, ou pour décongeler des aliments surgelés. Vous trouverez ci-dessous une liste des précautions à respecter et, sur la page ci-contre, 10 conseils pour tirer le meilleur parti de votre appareil en lui confiant une partie de votre tâche.

CONSEILS ET MISES EN GARDE

• Vous ne pouvez jamais mettre au micro-ondes du métal, du papier d'aluminium et un plat avec des décorations métalliques. Mais vous pouvez, dans certains modèles récents, utiliser du papier d'aluminium léger pour protéger les parties qui cuisent très vite, comme les os de poulet.

• La cuisson sera plus uniforme si les morceaux sont tous de la même dimension.

• Il importe de remuer ou de redisposer les aliments durant la cuisson. On obtient les mêmes résultats en faisant pivoter le plat. L'idéal est le plateau tournant à même le four ou celui qu'on y ajoute en accessoire.

• Les feuilles d'essuie-tout retiennent les éclaboussures et absorbent le gras et l'humidité. Utilisez de préférence de l'essuie-tout entièrement blanc, sans aucun imprimé de couleur.

• La pellicule plastique retient bien l'humidité et la chaleur, mais pour l'empêcher de communiquer des substances chimiques aux aliments, placez-la de façon qu'elle ne les touche pas et ménagez une ouverture dans un coin pour que la vapeur s'échappe. Le papier ciré et le papier sulfurisé remplacent bien la pellicule plastique pour conserver la chaleur. Pour les longues cuissons à couvert, il est préférable d'utiliser un couvercle de verre. Attention à la vapeur quand vous soulevez le couvercle !

• Les appareils de même wattage ne donnent pas tous le même rendement ; ne vous fiez pas aveuglément au guide des temps de cuisson. Suivez la recette, vérifiez le degré de cuisson et remuez l'aliment au moment indiqué dans les instructions.

RÉGLAGE DE LA PUISSANCE

Les recettes de ce livre ont été testées dans des fours à micro-ondes d'une puissance de 650 à 700 watts. Si le réglage maximum de votre four est de 600 watts ou moins, modifiez en conséquence les temps de cuisson et vérifiez fréquemment le déroulement.

Maximum	100 %
Fort	70 %
Moyen	50 %
Faible	30 %
Minimum (décongélation)	10 %

LES 10 GRANDS COUPE-TEMPS

Le micro-ondes peut accélérer la préparation des plats, même si vous avez l'intention de les faire cuire au four classique. Voici les 10 meilleurs services qu'il peut vous rendre.

1 Les oranges, les citrons ou les limes rendront beaucoup plus de jus quand vous les presserez s'ils ont été réchauffés 30 secondes à Maximum avant d'être coupés.

2 Pour cuire du bacon, déposez deux feuilles d'essuie-tout dans un plat à micro-ondes ou une assiette de papier. Étalez les tranches de bacon côte à côte. Couvrez d'une feuille d'essuie-tout. Faites cuire entre 90 secondes et 2 minutes à Maximum, puis laissez reposer 5 minutes. Le bacon mince cuit plus vite que le bacon épais; une tranche unique cuit plus vite qu'une douzaine de tranches.

3 Les légumes surgelés en sac de plastique peuvent être cuits tels quels. Perforez le sac en plusieurs endroits pour laisser sortir la vapeur et faites cuire 5-8 minutes à Maximum.

4 Des légumes frais enveloppés dans de l'essuie-tout humide cuisent pour ainsi dire à la vapeur. Groupez des légumes de même taille et de même densité, comme du brocoli et du chou-fleur, ou détaillez des morceaux de même dimension. Faites cuire 250 g (8 oz) de légumes 4-5 minutes à Maximum.

5 Mettez les muffins et le pain dans un contenant à micro-ondes bien fermé et réchauffez-les 20-30 secondes à Faible. Le pain ne durcira pas.

6 Pour ramollir du beurre ou du fromage à la crème, sortez-les de leur emballage métallique et posez-les dans une assiette à micro-ondes. Faites-les chauffer 30-40 secondes par 125 g (4 oz) à Faible (30 %) pour les ramollir. Pour faire fondre 125 g (4 oz) de beurre, mettez-le 30 secondes au four à Moyen.

7 Mettez les noix à griller dans une assiette creuse allant au micro-ondes.

Allouez entre 2 min 30 s et 4 minutes de cuisson à Maximum; remuez de temps à autre.

8 Pour réchauffer du sirop d'érable, retirez le couvercle du flacon ou versez le sirop dans un petit pot. Calculez entre 90 secondes et 2 minutes à Maximum pour 1 à 2 tasses de sirop.

9 Pour ramollir la crème glacée trop dure, placez un contenant de 500 g (16 oz) dans le micro-ondes sans l'ouvrir et réchauffez-le à Faible (30 %) pendant 10 à 20 secondes.

10 Il est plus simple de faire fondre du chocolat au micro-ondes qu'au bain-marie. Déposez 30 g (1 oz) de chocolat dans un petit bol. Mettez-le à Moyen 1-2 minutes; remuez une fois en cours de cuisson (le chocolat aura, à ce stade, gardé sa forme). Remuez-le jusqu'à ce qu'il forme une crème homogène et lisse.

RECETTES DE BASE

La meilleure façon de se simplifier la tâche, c'est de s'y prendre d'avance. Voici 10 recettes et variantes qui se congèlent ou se gardent plusieurs semaines au réfrigérateur. La plupart d'entre elles renvoient aux doubles pages intitulées *Un bon début* et *Variations sur le thème de...* qu'on retrouve dans le livre. Si vous voulez savoir comment transformer ces plats de base en divers mets alléchants, reportez-vous à la page mentionnée au début de la recette.

BOUILLON DE LÉGUMES

DONNE 3-4 TASSES

VOIR PAGE 80, *Un bon début: Des bouillons touche maison*

2 **grosses carottes, grossièrement hachées**

1 **gros oignon, grossièrement haché**

2 **côtes de céleri, grossièrement hachées**

1 **grosse tomate, détaillée en cubes de 2,5 cm (1 po)**

1 **navet moyen, grossièrement haché**

1 **petit panais, grossièrement haché**

1 **tasse de laitue déchiquetée**

6 **brins de persil**

1 **gousse d'ail**

1 **feuille de laurier**

¾ **c. à thé de thym séché**

6 **tasses d'eau**

1 Dans un grand faitout, déposez les carottes, l'oignon, le céleri, la tomate, le navet, le panais, la laitue, le persil, l'ail, le laurier et le thym. Ajoutez l'eau et amenez à ébullition à feu modéré. Écumez au besoin.

2 Couvrez partiellement et laissez mijoter à feu doux pendant 2 heures. Tapissez une passoire avec deux épaisseurs de mousseline mouillée. Passez le bouillon; laissez-le refroidir. Jetez le contenu de la passoire.

3 Versez le bouillon dans des contenants de 2 tasses pour le congélateur en laissant un espace de 1 cm (½ po) dans le haut. Fermez hermétiquement, étiquetez et congelez. Se garde 6 mois.

BOUILLON DE BŒUF

VOIR PAGE 80, *Un bon début : Des bouillons touche maison*

2-2,5 kg (4-5 lb) d'os de bœuf garnis de viande, détaillés en morceaux par le boucher

2 gros oignons, détaillés en morceaux

2 côtes de céleri avec les feuilles, grossièrement hachées

2 grosses carottes, détaillées en morceaux

1 grosse tomate, détaillée en morceaux

1 c. à thé de grains de poivre noir

1 feuille de laurier

6 brins de persil

3-4 litres (12-16 tasses) d'eau

1 Dans un grand faitout, mettez tous les ingrédients ; couvrez d'eau. Amenez à ébullition à feu modéré ; écumez au besoin.

2 Laissez le bouillon mijoter 4-5 heures à feu doux sans le couvrir. Ne le remuez pas et ne le laissez pas bouillir trop fort si vous voulez qu'il reste clair.

3 Avec une écumoire, retirez la viande et les os. (Vous pouvez utiliser la viande, si vous le désirez.) Tapissez une passoire de deux épaisseurs de mousseline mouillée. Passez le bouillon et laissez-le refroidir. Jetez le contenu de la passoire. Réfrigérez le bouillon de 2 à 8 heures. Quand le gras aura figé, vous pourrez l'enlever à la cuiller.

4 Versez le bouillon dans des contenants de 2 tasses pour le congélateur en laissant un espace de 1 cm (½ po) dans le haut. Fermez hermétiquement, étiquetez et congelez. Se garde 6 mois.

BOUILLON DE POULET

VOIR PAGE 80, *Un bon début : Des bouillons touche maison*

2 **kg (4 lb) de poulet : dos, cous, ailes, carcasse, gésiers (ou un poulet entier, découpé en morceaux)**

2 **gros oignons, détaillés en morceaux**

2 **côtes de céleri avec les feuilles, grossièrement hachées**

2 **grosses carottes, détaillées en morceaux**

1 **grosse tomate, détaillée en morceaux**

1 **c. à thé de grains de poivre noir**

1 **feuille de laurier**

6 **brins de persil**

3-4 **litres (12-16 tasses) d'eau**

1 Dans un grand faitout, mettez le poulet, les légumes et les aromates ; couvrez d'eau. Amenez à ébullition à feu modéré ; écumez au besoin.

2 Laissez le bouillon mijoter 2-3 heures à feu doux sans le couvrir. Ne le remuez pas et ne le laissez pas bouillir trop fort si vous voulez qu'il reste clair.

3 Avec une écumoire, retirez le poulet. (Vous pouvez en utiliser la chair, si vous le désirez.) Tapissez une passoire de deux épaisseurs de mousseline mouillée. Passez le bouillon et laissez-le refroidir. Jetez le contenu de la passoire. Réfrigérez le bouillon de 2 à 8 heures. Quand le gras aura figé, vous pourrez l'enlever à la cuiller.

4 Versez le bouillon dans des contenants de 2 tasses pour le congélateur en laissant un espace de 1 cm (½ po) dans le haut. Fermez hermétiquement, étiquetez et congelez. Se garde 6 mois.

POULET RÔTI

VOIR PAGE 142, *Un bon début : Du poulet rôti*

1 **poulet à rôtir (1,5-2 kg/3½-4 lb)**
  Sel et poivre noir
1 **petit oignon, détaillé en quartiers**
1 **côte de céleri, coupée en deux**

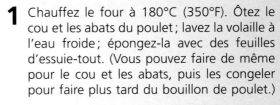

1 Chauffez le four à 180°C (350°F). Ôtez le cou et les abats du poulet ; lavez la volaille à l'eau froide ; épongez-la avec des feuilles d'essuie-tout. (Vous pouvez faire de même pour le cou et les abats, puis les congeler pour faire plus tard du bouillon de poulet.)

2 Assaisonnez l'intérieur du poulet ; farcissez-le avec l'oignon et le céleri. Bridez-le, si vous le désirez. (Ce n'est pas nécessaire si vous avez l'intention de le désosser une fois cuit ; le poulet non bridé cuit plus vite.) Déposez-le sur la grille d'une lèchefrite ; repliez les ailes et la peau du cou par-dessous.

3 Faites rôtir le poulet entre 1 h 30 et 2 heures en l'arrosant de ses jus toutes les 20 minutes. Vérifiez son degré de cuisson en piquant la cuisse ; le jus qui s'en échappe doit être incolore.

4 Laissez refroidir le poulet ; tranchez la chair ou détaillez-la en dés. Mettez-la dans un contenant en plastique ou dans des sacs à congélation. Fermez hermétiquement, étiquetez et congelez. Se garde 3 mois.

CROÛTES À PIZZA

VOIR PAGE 62, *Un bon début : Pizzas pour tous les goûts*

2	sachets de levure sèche active
1	c. à soupe de sucre
1¾	tasse d'eau tiède
¼	tasse d'huile d'olive
5½-6	tasses, en tout, de farine tout usage (ou de farine de blé entier), non tamisée
2	c. à thé de sel
	Huile d'olive
	Farine de maïs (facultatif)

1 Dans un grand bol, faites fondre la levure et le sucre dans l'eau tiède. Attendez 10 minutes qu'elle mousse en surface.

2 Ajoutez l'huile d'olive, 2 tasses de farine et le sel ; remuez bien. Ajoutez 2 à 3 tasses de la farine qui reste tout en pétrissant la pâte jusqu'à ce qu'elle se détache du bol et garde sa forme.

3 Sur une surface farinée, pétrissez la pâte pendant 5 minutes environ ; ajoutez de la farine au besoin pour qu'elle soit souple et élastique. Enduisez un grand bol d'huile d'olive. Faites-y tourner la pâte de tous côtés pour bien l'enrober d'huile. Couvrez le bol d'un linge propre et laissez reposer la pâte 1 heure dans un endroit tiède pour qu'elle double de volume.

4 Dégonflez la pâte et divisez-la en trois ou six pâtons selon que vous voulez obtenir de grandes ou de petites pizzas. Façonnez chacun en boule et laissez reposer 15 minutes.

5 Chauffez le four à 240°C (475°F). Graissez trois moules à pizzas de 30 cm (12 po), ou trois tôles, et poudrez-les de farine de maïs, au goût. Abaissez les gros pâtons en cercles de 33 cm (13 po) de diamètre et les petits en cercles de 20 cm (8 po). Mettez les abaisses en place pour la cuisson et badigeonnez-les d'huile d'olive.

6 Faites cuire 10-12 minutes sur la grille inférieure du four. Si la pâte se boursoufle, piquez-la à la fourchette. Laissez refroidir sur une grille. Enveloppez les croûtes dans du papier à congélation : elles se garderont 3 mois au congélateur.

Pizza garnie : Chauffez le four à 230°C (450°F). Déposez la croûte congelée dans un moule légèrement graissé ou sur une tôle. Ajoutez la garniture de votre choix. Faites cuire 10-15 minutes ou jusqu'à ce que la croûte soit dorée et la garniture à point.

Mélange à petits pains

DONNE 10 TASSES

9 tasses de farine non tamisée
⅓ tasse de levure chimique
1 c. à soupe de sel
1⅓ tasse de graisse végétale

1 Dans un grand bol, mélangez la farine, la levure chimique et le sel. À l'aide d'un coupe-pâte ou de deux couteaux, incorporez la graisse de manière à obtenir une chapelure fine.

2 Rangez ce mélange par portion de 2 tasses dans des sacs de plastique étanches. Il se garde jusqu'à 6 mois au réfrigérateur.

Cuisson des petits pains : Chauffez le four à 230°C (450°F). Mettez 2 tasses de mélange dans un bol ; incorporez ¾ tasse de lait en remuant. Sur une surface farinée, pétrissez la pâte 6-8 fois avant de l'abaisser à 1 cm (½ po) d'épaisseur. Découpez les petits pains avec un emporte-pièce de 6 cm (2¼ po). Reprenez avec les retailles de pâte. Faites cuire 12-15 minutes sur une tôle non graissée. (Donne 6 à 8 petits pains.)

Mélange à crêpes fines

DONNE 12 CRÊPES

VOIR PAGE 328, *Un bon début : Des crêpes*

1½ tassse de lait
3 gros œufs
⅔ tasse de farine non tamisée
2 c. à soupe de beurre fondu (ou de margarine fondue)
⅛ c. à thé de sel
Beurre fondu ou enduit végétal antiadhésif

1 Dans un bol moyen, mélangez le lait avec les œufs, la farine, 2 c. à soupe de beurre fondu et le sel en vous servant d'un fouet métallique ou d'un mélangeur. Couvrez et réfrigérez au moins 30 minutes.

2 Graissez une poêle à omelette ou une petite sauteuse. Réchauffez-la à feu modéré jusqu'à ce qu'une goutte d'eau y grésille. Versez ¼ tasse de pâte dans la poêle.

3 Inclinez la poêle en tous sens pour étaler la crêpe sur 15 cm (6 po). Faites cuire 1 minute pour que le dessous soit doré. Tournez-la et ne la laissez que quelques secondes. Faites-la glisser dans une assiette et couvrez-la de papier ciré. Répétez l'opération.

4 Congelez les crêpes refroidies dans des sacs à congélation. Elles se conserveront 1 mois.

Gâteau de Savoie

VOIR PAGE 338, *Un bon début : Le gâteau de Savoie*

2 tasses (4 bâtonnets) de beurre ramolli

2 tasses de sucre

9 gros œufs

4 tasses de farine à gâteau tamisée

1 c. à soupe de levure chimique

½ c. à thé de sel

1 tasse de lait

2 c. à thé d'essence de vanille

1 Chauffez le four à 180°C (350°F). Beurrez légèrement deux moules à pain de 22 x 12,5 cm (9 x 5 po).

2 Dans un grand bol, en vous servant d'un batteur électrique à vitesse moyenne, fouettez le beurre avec le sucre jusqu'à ce qu'il soit léger. Ajoutez les œufs un à un en battant bien après chaque addition.

3 Dans un petit bol, mélangez la farine, la levure chimique et le sel. Ajoutez les ingrédients secs en alternant avec le lait ; commencez et finissez par les ingrédients secs. Ajoutez la vanille. Divisez la pâte entre les deux moules. Faites cuire 55-60 minutes ou jusqu'à ce qu'un cure-dent inséré au centre du gâteau en ressorte propre.

4 Faites refroidir les moules 10 minutes sur une grille avant de les retourner. Quand les gâteaux sont froids, congelez-les dans des sacs. (Vous pouvez les trancher et intercaler deux feuilles de papier ciré entre les tranches pour les retirer une à la fois.) Ces gâteaux se gardent 4 mois au congélateur.

Croûte de Chapelure Graham

VOIR PAGE 384, *Un bon début : Croûtes en biscuits*

18-20 biscuits graham

¼ tasse de sucre

⅓ tasse de beurre fondu (ou de margarine)

1 Chauffez le four à 180°C (350°F). Au mélangeur ou au robot, réduisez les biscuits en chapelure pour en avoir 1½ tasse. Versez la chapelure dans un bol et ajoutez le sucre et le beurre.

2 Déposez ce mélange dans un moule à tarte. Avec le dos d'une cuiller, recouvrez-en complètement le fond et la paroi du moule ; façonnez une bordure. Déposez un second moule à tarte sur le premier et pressez pour répartir uniformément la pâte. Faites cuire au four 8 minutes. Déposez la croûte sur une grille et laissez-la refroidir.

3 Enveloppez la croûte dans de la pellicule plastique ; elle se conservera 2 semaines au congélateur.

Variante

Croûte de chapelure à la vanille ou de chapelure au chocolat : Remplacez les biscuits graham par 35 gaufrettes à la vanille ou 18 gaufrettes au chocolat et supprimez le sucre. Poursuivez avec les étapes 2 et 3 de la recette ci-dessus.

Mélange à gaufres et à crêpes

9⅓ tasses de farine non tamisée

1⅔ tasse de lait écrémé en poudre

⅔ tasse de sucre

⅓ tasse de levure chimique

2 c. à thé de sel

1 tasse de graisse végétale

1 Dans un grand bol, mélangez la farine, le lait en poudre, le sucre, la levure chimique et le sel. Avec un coupe-pâte ou deux couteaux, incorporez la graisse végétale pour obtenir la consistance d'une chapelure fine.

2 Mettez ce mélange par portions de 2½ tasses dans des sacs de plastique étanches. Il se conserve 6 mois au réfrigérateur.

Gaufres : Dans un grand bol, battez 2 gros œufs dans ¾ tasse d'eau et 2 c. à soupe d'huile. Incorporez 2½ tasses du mélange ci-dessus. Remuez pour humidifier les ingrédients secs. Versez une quantité suffisante de pâte au centre d'une plaque à gaufrier chaude pour la couvrir jusqu'à 2,5 cm (1 po) du bord. (Donne 3 gaufres carrées de 22 cm/9 po.)

Crêpes : Dans un grand bol, battez 1 gros œuf dans 1 tasse d'eau. Incorporez 2½ tasses du mélange ci-dessus. Remuez pour humecter les ingrédients secs. Au besoin, ajoutez de l'eau, 1 c. à soupe à la fois. Pour chaque crêpe, versez ¼ tasse de pâte dans une sauteuse graissée très chaude ou un gaufrier ; étalez-la pour qu'elle ait 12,5 cm/5 po) de diamètre. (Donne 12 crêpes.)

Variantes : mélange

Mélange au blé entier : Remplacez 3 tasses de farine blanche par 3 tasses de farine de blé entier. Exécutez les étapes 1 et 2.

Mélange au babeurre : Remplacez le lait écrémé en poudre par 1⅔ tasse de babeurre en poudre. Réduisez la levure chimique à ¼ tasse ; ajoutez 1 c. à soupe et 1 c. à thé de bicarbonate de soude. Exécutez les étapes 1 et 2.

Variantes : pâte

Aux bananes : Incorporez à la pâte 1 tasse de bananes mûres écrasées ou détaillées en dés.

Aux bleuets : Incorporez à la pâte 1 tasse de bleuets frais ou décongelés.

À la cannelle et aux noix : Avant d'ajouter les ingrédients liquides, incorporez à la pâte 1 c. à thé de cannelle et ½ tasse d'amandes, de pacanes ou de noix finement hachées.

Recevoir sans se casser la tête

Les réceptions les plus réussies sont celles où les hôtes, décontractés, ne passent pas leur temps à disparaître à la cuisine. Organisez vos réceptions de façon à rester détendu et votre succès sera garanti. Rappelez-vous les trois règles d'or du chef astucieux : planifier soigneusement son menu ; trouver des façons de gagner du temps ; s'en tenir à une présentation simple. Les quelques recommandations qui suivent vont toutes dans ce sens.

Planification du menu

1 N'essayez pas de tout faire vous-même. Préparez quelques plats, le mets principal et le dessert, par exemple ; achetez le reste chez un bon fournisseur : fromage, craquelins, pains variés et quelques plats d'accompagnement.

2 Choisissez des recettes dont vous pouvez commencer la préparation d'avance. Par exemple, vous ne pouvez monter la salade la veille, mais vous pouvez laver et déchiqueter la laitue et hacher tous les ingrédients ; rangez-les séparément dans des contenants ou des sacs et gardez-les au réfrigérateur.

3 Rien ne vaut une liste bien faite. Écrivez votre menu ; faites une liste des achats et une liste des choses à faire. Vous vous épargnerez ainsi les angoisses de dernière minute.

4 Faites-vous un horaire. Calculez les temps de préparation et planifiez à rebours pour ne pas vous retrouver en train de hacher des noix ou de fouetter de la crème pendant que vos invités savourent l'apéritif.

5 Établissez votre menu en fonction de l'équipement dont vous disposez : évitez d'emprunter ou d'improviser à la dernière minute. Vous n'aimez pas vos bols à soupe, mais vous avez de belles assiettes ? C'est très simple : remplacez le potage par une salade.

Quel genre de réception ?

En règle générale, les repas debout autour d'un buffet sont plus faciles pour les hôtes que les repas assis. L'ambiance est à la détente et vous présentez tous les plats en même temps. Si vous donnez un repas assis, choisissez des plats qui n'exigent pas trop de travail à la dernière minute. Dans un cas comme dans l'autre, mettez la table avant que les invités n'arrivent.

Une mode nouvelle peut, d'une certaine façon, faciliter le travail de l'hôte ou de l'hôtesse : celle des repas où les invités mettent eux-mêmes la main à la pâte. C'est une idée qui pourrait plaire à vos jeunes. Si les dimensions de votre cuisine le permettent, organisez un repas thématique : omelette ou pizza. Vous offrez les ingrédients et vous laissez vos amis concocter

leur propre plat. Plus simple encore, le dessert sur le thème de la coupe glacée : vous achetez divers parfums de crème glacée ainsi que toutes sortes de garnitures et les invités font le reste.

LE REPAS SANS CHEF

Allez à la découverte de boutiques où trouver de bonnes choses prêtes à servir, surtout en matière d'entrée et de dessert. Par exemple :

AMUSE-GUEULE
• Un plateau d'olives et de crudités, des amandes ou un assortiment de noix
• Du fromage entouré de salami, ou du melon entouré de prosciutto
• Un bloc de fromage entouré de raisin et accompagné de craquelins

• Des sauces trempettes préparées, présentées avec des crudités, du pain pita grillé et des gressins

DESSERTS
• Un gâteau, une tarte ou des tartelettes aux fruits du pâtissier
• Des gaufrettes avec des fruits frais
• Des truffes au chocolat

DES PRÉSENTATIONS ORIGINALES

Voici quelques idées qui mettront de la fantaisie sur votre table.

Coupes de fruits Coupez un gros melon brodé ou un melon honeydew en deux à l'horizontale et ôtez une petite tranche sur le côté bombé pour que les moitiés soient stables. Jetez les graines et enlevez la moitié de la chair : remplissez de salade de fruit.

Trempettes Prenez un chou rouge dont vous ôtez le tiers supérieur. Videz-le avec un couteau à pamplemousse ; ne gardez qu'une coquille de 3 cm (1 po) d'épaisseur. Coupez une petite tranche en dessous pour qu'il soit stable.

Salades Évidez des tomates, des concombres, des moitiés d'avocats.

Menus

Un bon repas n'est pas nécessairement compliqué. Le chef astucieux sait s'y prendre pour préparer un buffet, un thé ou un brunch à la dernière minute sans mourir d'angoisse. Il s'agit de savoir s'organiser et de soigner la présentation.
Les menus qui suivent font appel à des recettes du livre et à des produits du commerce.

Souper d'hiver pour quatre

CRAQUELINS ET FROMAGES ASSORTIS
POULET À LA PROVENÇALE, PAGE 138
RIZ PILAF, PAGE 236
TARTELETTES AUX PACANES, PAGE 387

◆

• Présentez le fromage et les craquelins dans une grande assiette, entourés de grappes de raisin.
• Préparez le riz pilaf le matin de la réception ; réchauffez-le à la dernière minute.
• Confectionnez les tartelettes la veille ; gardez-les à la température ambiante. Vous pouvez les servir avec de la crème glacée à la vanille.

Brunch du dimanche

JUS D'ORANGE
ŒUFS BROUILLÉS AU SAUMON FUMÉ, PAGE 255
POMMES DE TERRE RÔTIES, PAGE 277
SALADE DE FRUITS AU MELON, PAGE 308
CROISSANTS ET MUFFINS CHAUDS

◆

• Si vous préparez le jus d'orange à partir d'un concentré surgelé, faites-le la veille et gardez-le au réfrigérateur.
• Préparez la salade de fruits la veille ; couvrez et réfrigérez.
• Mettez des croissants et des muffins chauds dans un panier sur une serviette de toile. Servez-les avec un beurre aux fruits, c'est-à-dire malaxé avec de la confiture.

Repas sur la terrasse

Croustilles de tortilla et salsa
Hamburgers tex-mex, page 183
Maïs en épi
Tortonis, page 369

◆

• Dressez les croustilles et la salsa sur un plateau.
• Épluchez le maïs la veille ; enveloppez les épis et réfrigérez-les.
• Préparez les galettes de bœuf la veille ; enveloppez et réfrigérez. Vous pouvez faire cuire les hamburgers sur le gril.
• Confectionnez les tortonis la veille et sortez-les du congélateur quelques minutes avant de servir pour qu'ils ne soient pas trop fermes.

Lunch pour quatre

Club sandwich au poulet, page 64
Salade de pâtes du charcutier
Petits gâteaux au fromage, page 373

◆

• Dès le matin, préparez les ingrédients des club sandwichs : faites cuire le bacon et les poitrines de poulet. À la dernière minute, réchauffez le poulet et le bacon, faites griller le pain et assemblez les sandwichs.
• Pour présenter la salade de pâtes, foncez de laitue un saladier peu profond. Remuez les pâtes et dressez-les sur ce nid. Décorez de tomates et d'olives noires.
• Faites les petits gâteaux la veille. Emballez et réfrigérez.

THÉ À L'ANGLAISE

CANAPÉS AU CONCOMBRE, PAGE 58
SANDWICHS AUX POIRES ET AU PROSCIUTTO, PAGE 65
PETITS FOURS ASSORTIS DU PÂTISSIER
FRAISES AU CHOCOLAT, PAGE 350

• Préparez les concombres et taillez le pain le matin de la réception. Assemblez les canapés au dernier moment.
• Préparez les sandwichs aux poires à la dernière minute ; coupez les poires en quartiers pour faciliter votre tâche, si vous le désirez.
• Disposez joliment les petits fours dans des assiettes sur des napperons décoratifs ou dans de petites corbeilles à pain foncées d'une serviette de toile.
• Offrez deux ou trois variétés de thé.
• Préparez les fraises au chocolat le matin de la réception ; gardez-les au réfrigérateur.

SOUPER ROMANTIQUE POUR DEUX

ASPERGES À LA DIJONNAISE, PAGE 272
PETITS PAINS DU BOULANGER
FILETS DE SAUMON VÉRONIQUE, PAGE 105
MÉLANGE DE RIZ PARFUMÉ
GÂTEAU À LA MOUSSE AU CHOCOLAT
DU PÂTISSIER

◆

• Divisez en deux la recette des asperges à la dijonnaise. Faites cuire les asperges le matin de la réception, enveloppez-les de plastique et réfrigérez.
• Avec les petits pains, offrez du beurre condimenté au persil haché.
• Divisez en deux la recette du saumon Véronique. Apprêtez le saumon à la dernière minute.
• Préparez le riz en sachet dès le matin. Enveloppez-le et gardez-le au réfrigérateur. Ajoutez-lui quelques gouttes d'eau avant de le réchauffer sur un élément ou au micro-ondes.
• Au dessert, déposez une tranche de gâteau dans chaque assiette et entourez-la de crème.

MENU ITALIEN POUR QUATRE

BRUSCHETTAS, PAGE 53
SPAGHETTI À LA FLORENTINE, PAGE 230
SALADE VERTE
GORGONZOLA ET POIRES FRAÎCHES
MIGNARDISES AU CHOCOLAT DU PÂTISSIER

• Les pâtes alimentaires et la sauce peuvent être préparées la veille de la réception (voir page 212) et réchauffées avant le repas.
• Achetez de la laitue lavée et déchiquetée au comptoir des salades du marché. Ajoutez des croûtons, des radis en tranches et des cœurs d'artichauts ; arrosez d'une vinaigrette crémeuse à l'italienne.
• Pour faire comme les Italiens, mettez sur la table un bloc de parmesan et une petite râpe : vos invités se serviront eux-mêmes.
• Si vous ne trouvez pas de gorgonzola, remplacez-le par un autre fromage bleu. Servez le fromage et les fruits à la température de la pièce : c'est meilleur.
• Disposez les mignardises sur un plateau ; servez-les en même temps que le café.

SOUPER D'APRÈS-THÉÂTRE

SALADE D'ÉPINARDS À L'ORANGE, PAGE 294
FONDUE SAVOYARDE, PAGE 268
TARTELETTES AUX FRUITS DU PÂTISSIER

• Lavez les épinards et tranchez les oranges dès le matin. Enveloppez-les séparément et gardez-les au réfrigérateur.
• Préparez la vinaigrette à l'avance ; agitez le bocal avant de vous en servir.
• Râpez le fromage de la fondue et mélangez-le aux ingrédients secs la veille de la réception. Enveloppez et réfrigérez.
• Préparez les mouillettes de pain et les crudités le matin de la réception. Enveloppez-les toutes séparément et gardez-les au réfrigérateur.
• Décorez les tartelettes de feuilles de menthe fraîches et de crème fouettée sucrée.

HORS-D'ŒUVRE

CHAMPIGNONS FARCIS (PAGE 41)

Hors-d'œuvre

Ces hors-d'œuvre peuvent aussi se servir en entrée. Faciles à préparer, ils vous permettent de passer plus de temps avec vos invités.

Quiches miniatures sans croûte

Par pièce : **Calories** 37 **Protéines** 2 g **Hydrates de carbone** Trace **Graisses** 3 g **Cholestérol** 45 mg **Sodium** 75 mg

- **1 c. à soupe de beurre (ou de margarine)**
- **½ tasse de poivron rouge, haché fin**
- **¼ tasse d'oignon vert (bulbes et tiges) haché**
- **3 gros œufs**
- **2 c. à soupe de lait**
- **½ tasse (60 g/2 oz) de cheddar grossièrement râpé**
- **¼ c. à thé de sel**
- **⅛ c. à thé de poivre noir**

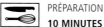 PRÉPARATION **10 MINUTES**

 CUISSON **20 MINUTES**

SERVICE *Ces petites quiches se mangent mieux avec les doigts qu'une grande quiche détaillée en pointes.*

1 Chauffez le four à 220°C (425°F). Graissez un moule de 24 alvéoles pour muffins miniatures. Dans une petite casserole, faites fondre le beurre à feu modéré. Mettez-y le poivron et l'oignon et faites-les attendrir 5 minutes. Retirez la casserole du feu.

2 Dans un bol moyen, mélangez les œufs, le lait, le fromage, le sel et le poivre et le contenu de la casserole. Déposez 1 c. à soupe de ce mélange dans chaque alvéole : vous en remplirez 18 à 22.

3 Enfournez et faites cuire 8-10 minutes, jusqu'à ce que les quiches soient fermes. Laissez-les refroidir 1 minute avant de les dégager du moule avec la pointe d'un couteau.

Galettes de maïs au caviar

Par pièce : **Calories** 83 **Protéines** 3 g **Hydrates de carbone** 8 g **Graisses** 5 g **Cholestérol** 41 mg **Sodium** 164 mg

- **1 tasse de mélange à pâte à tout usage (Bisquick)**
- **1 gros œuf**
- **½ tasse de lait**
- **1 tasse de maïs en grains, frais ou décongelé**
- **2 c. à soupe de farine de maïs jaune**
- **2 c. à soupe (¼ bâtonnet) de beurre (ou de margarine)**
- **6 c. à soupe de crème sure**
- **1 bocal (60 g/2 oz) de caviar rouge de saumon**
- **Ciboulette hachée (facultatif)**

 PRÉPARATION **5 MINUTES**

 CUISSON **16 MINUTES**

SERVICE *Pour varier, couronnez ces délicieuses galettes de fromage à la crème et de saumon fumé.*

1 Dans un bol moyen, mélangez le Bisquick, l'œuf et le lait. Incorporez le maïs en grains, la farine et le beurre fondu.

2 Huilez une grande sauteuse et faites-la chauffer à feu moyen jusqu'à ce qu'une goutte d'eau y crépite. Laissez tomber 1 c. à soupe de pâte à la fois de manière à former une galette de 5 cm (2 po) de diamètre. Faites-en cuire plusieurs en même temps.

3 Laissez cuire les galettes 2 minutes pour que le dessous soit doré ; retournez-les. Dès qu'elles sont suffisamment fermes, empilez-les dans une grande assiette. (La recette donne 16 à 19 galettes.)

4 Sur chaque galette, déposez 1 c. à thé de crème sure et ½ c. à thé de caviar. À votre gré, décorez de ciboulette avant de servir.

ŒUFS À LA DIABLE

Par pièce : **Calories** 64 **Protéines** 3 g **Hydrates de carbone** 0 g **Graisses** 5 g **Cholestérol** 108 mg **Sodium** 55 mg

8 gros œufs

¼ tasse de mayonnaise (ou de crème sure)

1 c. à thé de moutarde de Dijon

¼ c. à thé de poudre de cari

Sel et poivre blanc au goût

Paprika (facultatif)

Brins de persil (facultatif)

PRÉPARATION
20 MINUTES

CUISSON
25 MINUTES

SERVICE *Pour modifier cette recette, garnissez les œufs farcis de bacon émietté ou de tranches d'olives.*

1 Mettez les œufs dans une petite casserole et couvrez-les d'eau froide. Amenez à ébullition à feu vif. Retirez la casserole, mettez-y un couvercle et laissez reposer 15 minutes.

2 Égouttez les œufs et passez-les sous l'eau froide. Remettez-les dans la casserole avec de l'eau froide et attendez 5 minutes avant de les écaler. Coupez-les en deux sur la longueur. Retirez les jaunes ; déposez les blancs sur une plaque à biscuits tapissée de feuilles d'essuie-tout.

3 Dans un petit bol, écrasez les jaunes avec le dos d'une fourchette. Incorporez la mayonnaise, la moutarde et la poudre de cari ; assaisonnez de sel et de poivre. Remplissez de ce mélange une poche à pâtisserie munie d'une grosse douille en étoile ; farcissez les blancs d'œufs.

4 Déposez délicatement les œufs farcis dans une assiette de service. Saupoudrez de paprika et décorez à votre gré de brins de persil. Servez immédiatement ; sinon, réfrigérez.

 L'ouvre-boîte

Ces petits hors-d'œuvre chauds se transforment facilement en goûters légers.

TORTELLINIS FRITS

Dans une sauteuse moyenne, faites chauffer **2 c. à soupe d'huile d'olive.** Ajoutez **1 paquet (255 g/9 oz) de tortellinis frais farcis au fromage.** Faites-les frire 5-7 minutes, pour qu'ils soient dorés et croustillants. Tournez-les fréquemment dans l'huile. Épongez-les sur des feuilles d'essuie-tout. Déposez-les dans un bol de service et saupoudrez-les de **2 c. à soupe de parmesan râpé.** Remuez et servez tout de suite. Accompagnez-les de cure-dents.
DONNE 4 PORTIONS

CROUSTILLES DE TORTILLA

Chauffez le four à 180°C (350°F). Avec **2 c. à soupe d'huile,** badigeonnez d'un seul côté **12 tortillas de 20 cm (8 po) à la farine de blé ou de maïs.** Empilez-les sur leur face huilée. Avec un couteau bien tranchant, coupez la pile en huit. Séparez tous les morceaux (il y en aura 96) et répartissez-les sur deux plaques légèrement huilées, côté huilé sur le dessus. Faites-les cuire 10 minutes pour qu'ils soient dorés et croustillants. Servez avec de la **salsa épicée.**
DONNE 6 PORTIONS

QUESADILLAS AU CHEDDAR

QUESADILLAS AU CHEDDAR

Par pièce : **Calories** 152 **Protéines** 5 g **Hydrates de carbone** 11 g **Graisses** 11 g **Cholestérol** 15 mg **Sodium** 172 mg

- **4 c. à soupe d'huile, en tout**
- **8 tortillas à la farine de blé (20 cm/8 po de diamètre)**
- **2 tasses (250 g/8 oz), en tout, de cheddar grossièrement râpé**
- **1 boîte, en tout, de chili vert, égoutté et haché**
- **1 petit avocat bien mûr**
- **⅓ tasse de salsa épaisse**

 PRÉPARATION
6 MINUTES

 CUISSON
25 MINUTES

REMARQUE *Le terme « quesadilla » est une combinaison de deux mots espagnols : « queso » (fromage) et « bocadilla » (sandwich).*

1 Dans une grande sauteuse, faites chauffer 1 c. à soupe d'huile à feu modéré. Déposez-y une tortilla ; étalez par-dessus ½ tasse de cheddar et le quart du chili vert. Couvrez d'une deuxième tortilla et pressez légèrement pour la sceller à la première.

2 Laissez cuire la quesadilla 5 minutes pour que le fromage fonde. Tournez-la une fois à mi-temps. Déposez-la sur une planche à découper et détaillez-la en quatre pointes. Répétez l'opération avec les autres tortillas.

3 Disposez les quesadillas sur une assiette de service. Pelez et dénoyautez l'avocat ; détaillez-le en 16 tranches minces et déposez-en une sur chaque quesadilla. Nappez avec 1 c. à thé de salsa. Servez tout de suite.

TRIANGLES DE PIZZA EN PITA

Triangles de pizza en pita

Par pièce : **Calories** 66 **Protéines** 3 g **Hydrates de carbone** 5 g **Graisses** 3 g **Cholestérol** 9 mg **Sodium** 156 mg

125 g (4 oz) de petits champignons

60 g (2 oz) de pepperoni, tranché mince

1 petit oignon rouge

2 pains pita de blé entier (15 cm/6 po de diamètre)

2 c. à soupe de basilic frais haché (ou 2 c. à thé de basilic séché)

1 tasse (125 g/4 oz) de mozzarella grossièrement râpée

2 c. à soupe de parmesan râpé

 PRÉPARATION
20 MINUTES

 CUISSON
10 MINUTES

CONSEIL *Si vous préparez ces bouchées d'avance, réfrigérez-les à la fin de l'étape 2 et faites-les cuire au moment de servir.*

1 Chauffez le four à 220°C (425°F). Tranchez les champignons. Taillez le pepperoni en fine julienne. Coupez l'oignon en rondelles minces et séparez les anneaux.

2 Avec un couteau tranchant, fendez les pains pita en deux. Déposez les moitiés, côté coupé sur le dessus, sur une plaque non graissée. Répartissez également les champignons, le pepperoni, l'oignon et le basilic entre elles. Saupoudrez de mozzarella et de parmesan.

3 Faites cuire 10-12 minutes pour que le fromage fonde. Détaillez chaque demi-pita en quatre pointes. Disposez-les dans une assiette et servez tout de suite.

FRITOTS AU CHEDDAR

Par pièce : **Calories** 99 **Protéines** 4 g **Hydrates de carbone** 9 g **Graisses** 5 g **Cholestérol** 29 mg **Sodium** 138 mg

1 **tasse de farine**

1 **c. à thé de levure chimique**

¼ **c. à thé de sel**

⅛ **c. à thé de cayenne**

1 **gros œuf**

½ **tasse de lait, en tout**

1 **tasse (125 g/4 oz) de cheddar fort, grossièrement râpé**

Huile à friture

 PRÉPARATION
6 MINUTES

 CUISSON
19 MINUTES

CONSEIL *Pour que les fritots soient légers et croustillants, il faut que l'huile de la friture soit très chaude.*

1 Dans un bol moyen, mélangez au fouet la farine, la levure chimique, le sel et le cayenne. Formez un puits au centre ; versez-y l'œuf et ¼ tasse de lait.

2 Travaillez la pâte jusqu'à ce qu'elle soit lisse. Ajoutez juste assez de lait pour qu'elle tombe de la cuiller. Incorporez le cheddar.

3 Dans une grande sauteuse ou une friteuse, faites chauffer 5 cm (2 po) d'huile à 190°C (375°F). Prenez une cuillerée à soupe de pâte et laissez-la tomber dans l'huile. Faites-en frire six ou huit en même temps. Comptez 1-2 minutes pour que les fritots soient croustillants et dorés. Épongez-les sur des feuilles d'essuie-tout ; disposez-les dans une assiette et servez tout de suite.

CHAMPIGNONS FARCIS

Par pièce : **Calories** 30 **Protéines** Trace **Hydrates de carbone** 2 g **Graisses** 2 g **Cholestérol** 5 mg **Sodium** 45 mg

24 **champignons (environ 500 g/1 lb) de 5 cm (2 po) de diamètre**

1 **c. à soupe d'huile d'olive**

2 **c. à soupe (¼ bâtonnet) de beurre (ou de margarine)**

3 **c. à soupe d'oignon vert finement haché**

⅓ **tasse de chapelure**

2 **c. à soupe de persil haché**

⅛ **c. à thé de poivre blanc**

½ **tasse (60 g/2 oz) de féta émiettée**

Brins de persil

 PRÉPARATION
20 MINUTES

 CUISSON
15 MINUTES

CONSEIL *Hachez les pieds de champignons au robot pour accélérer la préparation.*

1 Chauffez le four à 230°C (450°F). Détachez les pieds des champignons ; hachez-en l'équivalent de ¾ tasse. Mettez les chapeaux dans un grand bol ; versez l'huile d'olive et remuez avec soin. Disposez les champignons, cavité dessus, sur une grande plaque à gâteau roulé.

2 Dans une casserole moyenne, mettez le beurre à fondre à feu modéré. Faites-y revenir l'oignon vert pendant 2 minutes. Ajoutez le champignon haché et faites sauter encore 2 autres minutes. Ajoutez la chapelure, le persil, le poivre et remuez. Retirez la casserole du feu. Incorporez le fromage.

3 Déposez 1 c. à thé de la garniture dans chaque chapeau de champignon. Faites cuire les champignons farcis 10 minutes ou jusqu'à ce qu'ils aient pris une belle couleur blonde. Dressez-les dans une assiette et décorez-les de brins de persil. Servez ces petits hors-d'œuvre pendant qu'ils sont encore brûlants.

BOULETTES DE DINDE À L'ANETH

Par pièce : **Calories** 32 **Protéines** 2 g **Hydrates de carbone** Trace **Graisses** 2 g **Cholestérol** 8 mg **Sodium** 54 mg

500 g (1 lb) de dinde hachée

1 tasse de mie de pain émiettée

1 c. à soupe d'oignon râpé

1 c. à soupe d'aneth frais haché (ou 1 c. à thé d'aneth séché)

½ c. à thé de sel

¼ c. à thé de poivre blanc

2 c. à soupe (¼ bâtonnet) de beurre (ou de margarine)

1 c. à soupe d'huile

1 c. à thé de fécule de maïs

½ tasse plus 1 c. à soupe, en tout, de bouillon de poulet hyposodique en boîte

½ tasse de crème sure

Aneth frais haché (ou aneth séché) (facultatif)

 PRÉPARATION
15 MINUTES

 CUISSON
25 MINUTES

CONSEIL *Les boulettes peuvent se préparer la veille. Elles se mangent froides ou chaudes, piquées de cure-dents.*

1 Dans un bol moyen, mélangez la dinde, la mie de pain, l'oignon, l'aneth, le sel et le poivre. Formez 42-46 boulettes de 2 cm (¾ po).

2 Dans une grande sauteuse, chauffez le beurre et l'huile à feu modéré. Faites-y revenir la moitié des boulettes pendant 10 minutes. Retirez-les avec une cuiller à fentes et déposez-les dans un bol. Répétez l'opération avec le reste des boulettes.

3 Délayez la fécule de maïs dans 1 c. à soupe de bouillon de poulet. Réservez. Versez le reste du bouillon dans la sauteuse et amenez à ébullition à feu vif.

4 Ajoutez la fécule délayée et remuez jusqu'à ce que le mélange soit lisse et commence à épaissir. Mettez les boulettes dans la sauteuse avec le jus qu'elles ont rendu et ramenez l'ébullition.

5 Incorporez la crème sure. (Ne faites plus bouillir.) Retirez la sauteuse du feu. Déposez les boulettes et leur sauce dans un plat monté sur un réchaud ou dans un bol de service. Saupoudrez d'aneth s'il y a lieu et servez.

BOUCHÉES DE POULET GRILLÉES

Par pièce : **Calories** 27 **Protéines** 3 g **Hydrates de carbone** 0 g **Graisses** 1 g **Cholestérol** 12 mg **Sodium** 45 mg

4 demi-poitrines de poulet désossées, sans la peau (700 g/1½ lb)

⅓ tasse de beurre (ou de margarine)

3 gousses d'ail, hachées fin

1 c. à thé de paprika

1 c. à thé d'estragon séché

½ c. à thé de sel

⅛ c. à thé de poivre noir

Cresson (facultatif)

 PRÉPARATION
6 MINUTES

 CUISSON
10 MINUTES

1 Allumez le gril. Coupez chaque demi-poitrine de poulet en deux sur la longueur et détaillez chaque morceau en six bouchées. Dans une casserole moyenne, mettez le beurre à fondre à feu modéré ; faites-y revenir l'ail pendant 15 secondes. Retirez la casserole du feu.

2 Ajoutez le paprika, l'estragon, le sel et le poivre. Trempez le poulet dans le beurre aromatisé et remuez pour bien l'enrober.

3 Disposez les bouchées de poulet côte à côte sur la grille d'une lèchefrite et faites-les griller à 10 cm (4 po) de l'élément pendant 4 minutes ou jusqu'à ce qu'elles commencent à dorer. Retournez-les et prolongez la cuisson de 1 minute.

4 Dressez les bouchées de poulet dans un plat de service et entourez-les de cresson, si vous le désirez. Servez avec des cure-dents.

BOULETTES DE DINDE À L'ANETH (À DROITE) ET CANAPÉS AU ROSBIF

Canapés au rosbif

🍴(24)🍴

Par pièce : **Calories** 85   **Protéines** 4 g   **Hydrates de carbone** 5 g   **Graisses** 6 g   **Cholestérol** 9 mg   **Sodium** 105 mg

250   **g (8 oz) de rosbif saignant, tranché mince**

2   **c. à soupe d'huile d'olive**

1   **c. à soupe de vinaigre de vin rouge**

1   **c. à soupe de ciboulette hachée (ou d'aneth frais)**

¼   **c. à thé de sel**

1   **pain français (40 cm sur 7,5 cm/16 po sur 3 po)**

½   **tasse de mayonnaise**

24   **petites lanières de piment doux rôti**

   Ciboulette hachée ou brins d'aneth (facultatif)

 PRÉPARATION
20 MINUTES

 CUISSON
0 MINUTE

SERVICE *À l'occasion, remplacez le pain par de petits bagels, fendus en deux et grillés.*

1 Coupez les tranches de rosbif sur la largeur en lanières de 5 cm (2 po). Dans un bol, mélangez l'huile, le vinaigre, la ciboulette et le sel. Trempez-y le rosbif et remuez-le pour qu'il s'enrobe de vinaigrette. Laissez mariner 10 minutes.

2 Détaillez le pain en 24 tranches de ½ cm (¼ po) d'épaisseur. Tartinez-les d'un côté avec 1 c. à thé de mayonnaise par tranche.

3 Disposez les tranches de rosbif sur la mayonnaise en les pliant pour qu'elles s'ajustent au pain. Décorez d'une lanière de piment doux rôti et de ciboulette ou d'aneth si vous le désirez.

4 Disposez les canapés sur un plateau et servez tout de suite. S'ils doivent attendre, couvrez-les et gardez-les au réfrigérateur.

CROUSTILLES DE PITA AU PARMESAN

Par pièce : **Calories** 42 **Protéines** 1 g **Hydrates de carbone** 4 g **Graisses** 2 g **Cholestérol** 3 mg **Sodium** 60 mg

- **6 pains pita
(15 cm/6 po de diamètre)**
- **¼ tasse (½ bâtonnet) de beurre (ou de margarine)**
- **¼ tasse d'huile d'olive**
- **1 gousse d'ail, hachée fin**
- **½ c. à thé de sarriette séchée (ou de thym)**
- **⅓ tasse de parmesan râpé**

 PRÉPARATION **15 MINUTES**   CUISSON **10 MINUTES**

REMARQUE *Ces croustilles faites à la maison sont bien meilleures que tout ce que vous pouvez acheter.*

1 Chauffez le four à 220°C (425°F). Avec un couteau bien tranchant, détaillez les pains pita en quatre ; fendez-les par le milieu et séparez les moitiés : vous aurez 48 pièces. Déposez-les sur une plaque en mettant l'intérieur sur le dessus.

2 Dans une petite cassserole, chauffez le beurre et l'huile à feu modéré. Faites-y revenir l'ail et la sarriette pendant 15 secondes. Retirez du feu. Tartinez les pains pitas sur le dessus seulement et recouvrez-les de fromage.

3 Faites cuire les croustilles 10 minutes ou jusqu'à ce qu'elles soient dorées et croquantes. Laissez-les refroidir sur une grille. Conservez-les dans un contenant hermétique.

TREMPETTE DE YOGOURT AUX FINES HERBES

Par c. à soupe : **Calories** 28 **Protéines** Trace **Hydrates de carbone** 1 g **Graisses** 2 g **Cholestérol** 2 mg **Sodium** 24 mg

- **2 c. à soupe de tiges d'oignon vert hachées (ou de ciboulette)**
- **2 c. à soupe de persil haché**
- **1 c. à soupe d'estragon frais haché (ou d'aneth)**
- **1 gousse d'ail**
- **1 tasse de yogourt léger nature**
- **¼ tasse de mayonnaise
Sel et poivre noir**

 PRÉPARATION **10 MINUTES**   CUISSON **0 MINUTE**

CONSEIL *Cette sauce trempette légère accompagne à merveille les croustilles de pita au parmesan (ci-dessus) ou des légumes crus.*

1 Au mélangeur ou au robot, travaillez ensemble l'oignon vert, le persil, l'estragon et l'ail. Incorporez le yogourt et la mayonnaise avec une spatule en caoutchouc.

2 Salez et poivrez au goût. Dressez la trempette dans un petit bol et servez immédiatement. Donne 1¼ tasse.

VARIANTE : YOGOURT ET FROMAGE À LA CRÈME

Par c. à soupe : **Calories** 36 **Protéines** Trace **Hydrates de carbone** Trace **Graisses** 3 g **Cholestérol** 11 mg **Sodium** 31 mg

Amenez **1 paquet (250 g) de fromage à la crème** *à la température ambiante et fouettez-le au batteur ou à la cuiller de bois jusqu'à ce qu'il soit onctueux. Ajoutez* **½ tasse de yogourt léger nature** *et* **½ c. à thé de graines de carvi** *(ou bien de graines de cumin ou de graines de fenouil moulues). Mélangez bien ; salez et poivrez. Donne 1½ tasse.*

TARTINADE DE SAUMON FUMÉ

 (5)

Par c. à soupe : **Calories** 21 **Protéines** 2 g **Hydrates de carbone** 0 g **Graisses** 2 g **Cholestérol** 5 mg **Sodium** 64 mg

125 g (4 oz) de saumon fumé en tranches

125 g (4 oz) de fromage à la crème léger, ramolli

1 c. à soupe de jus de lime

1 c. à soupe de ciboulette hachée

1 c. à soupe d'aneth frais haché (ou 1 c. à thé d'aneth séché)

Poivre noir

Brins d'aneth (facultatif)

 PRÉPARATION
22 MINUTES

 CUISSON
0 MINUTE

SERVICE *Servez cette tartinade sur des bouchées de pumpernickel ou sur des craquelins. Elle restera froide plus longtemps si vous réfrigérez le bol de service pendant la préparation.*

1 Coupez le saumon en fines lanières. Au mélangeur ou au robot, réduisez-le en purée avec le fromage à la crème, le jus de lime, la ciboulette et l'aneth.

2 Poivrez au goût et dressez la tartinade dans un petit bol rafraîchi. Couvrez et réfrigérez 15 minutes ou jusqu'au moment de servir. Décorez d'aneth si vous le désirez. Donne 1⅓ tasse.

TREMPETTE AU FROMAGE BLEU

Par c. à soupe : **Calories** 61 **Protéines** 1 g **Hydrates de carbone** 0 g **Graisses** 6 g **Cholestérol** 9 mg **Sodium** 98 mg

½ **tasse de mayonnaise**

½ **tasse de crème sure**

125 **g (4 oz) de fromage bleu, émietté (1 tasse)**

2 **à 4 c. à soupe de lait**

1 **c. à thé de sauce Worcestershire**

¼ **c. à thé de moutarde sèche**

Trait de sauce Tabasco

 PRÉPARATION **27 MINUTES**

 CUISSON **0 MINUTE**

SERVICE *Présentez cette trempette avec un assortiment de crudités : bouquetons de chou-fleur, rondelles de courgette, bâtonnets de poivron...*

1 Dans un petit bol, mélangez la mayonnaise, la crème sure, le fromage bleu, 2 c. à soupe de lait, la sauce Worcestershire, la moutarde et la sauce Tabasco. Éclaircissez la trempette avec un peu de lait si elle est trop épaisse.

2 Couvrez de pellicule de plastique et réfrigérez 20 minutes. Dressez la trempette dans un bol au moment de servir. Donne 1½ tasse.

GUACAMOLE AU PIMENT

Par c. à soupe : **Calories** 18 **Protéines** 0 g **Hydrates de carbone** 1 g **Graisses** 2 g **Cholestérol** 0 mg **Sodium** 11 mg

1 **gros avocat bien mûr**

1 **tomate mûre**

1 **piment jalapeño frais (ou mariné, en boîte)**

1 **c. à soupe de jus de lime ou de citron**

¼ **tasse de chili vert en boîte, haché**

1 **c. à soupe de coriandre fraîche hachée (facultatif)**

½ **c. à thé de sauce Tabasco**

Sel et poivre noir

 PRÉPARATION **10 MINUTES**

 CUISSON **0 MINUTE**

SERVICE *Haute en saveur, cette trempette se sert avec des croustilles de tortilla et même avec des hamburgers.*

1 Coupez l'avocat en deux ; pelez-le et ôtez le noyau. Hachez finement la tomate. Parez, épépinez et hachez finement le piment jalapeño.

2 Dans un grand bol, réduisez l'avocat et le jus de lime en purée avec un presse-purée ou une fourchette. Ajoutez la tomate et le piment jalapeño, ainsi que le chili vert, la coriandre hachée, s'il y a lieu, et la sauce Tabasco.

3 Salez et poivrez. Dressez le guacamole dans un petit bol et servez. Donne 1¾ tasse.

IDÉES MINUTE

HORS-D'ŒUVRE

• Pour préparer les trempettes crémeuses, utilisez du fromage à la crème vendu déjà fouetté. Ainsi, vous n'aurez pas besoin de le faire ramollir.

• Faites-vous une réserve de bacon émietté. Après l'avoir fait cuire et refroidir, émiettez le bacon et gardez-le au réfrigérateur dans un sac de plastique bien fermé. Il se conserve une semaine.

• Avant de servir des champignons en crudités, nettoyez-les avec un chiffon imbibé de jus de citron. De cette façon, ils se garderont bien croquants et ils ne noirciront pas.

UN BON DÉBUT : CRAQUELINS ET CROUSTILLES

Accompagnés d'une sauce trempette bien colorée, craquelins et croustilles ont toujours beaucoup de succès. Vous pouvez sans problème doubler ou réduire de moitié les recettes qui suivent.

◀ **SALSA ÉPAISSE.** Dans un bol moyen, mettez **4 tomates moyennes**, pelées et détaillées en dés, **½ tasse d'oignon haché**, **½ tasse de dés de céleri**, **½ tasse de dés de poivron vert**, **1 boîte de chili vert doux**, égoutté et haché, et **1 c. à soupe de coriandre hachée** (facultatif). Dans un petit bol, mélangez **¼ tasse d'huile d'olive**, **2 c. à soupe de vinaigre de vin rouge**, **1 c. à thé de graines de moutarde**, **1 c. à thé de sel**, une pincée de poivre, **¼ c. à thé d'assaisonnement au chile** et de la sauce **Tabasco** à volonté. Versez la vinaigrette sur les légumes et remuez. Couvrez et laissez au moins une demi-heure au réfrigérateur. Servez avec des **croustilles de tortilla.** Donne 4 tasses.

▶ **TREMPETTE À L'ARTICHAUT.** Chauffez le four à 180°C (350°F). Hachez **½ boîte de cœurs d'artichaut** égouttés. Mettez-les dans un bol avec **½ tasse de yogourt nature**, **½ tasse de mayonnaise** et **1 tasse de parmesan râpé.** Mélangez soigneusement. Déposez cette préparation dans un plat à four de 4 tasses et saupoudrez de **paprika.** Faites cuire 30 minutes. Servez la trempette chaude ou froide avec des **craquelins.** Donne 2 tasses.

▶ **TREMPETTE ÉPICÉE JARDINIÈRE.** Dans un petit bol, mettez **¼ tasse de raisins secs**, couvrez-les d'eau chaude et attendez 10 minutes. Entre-temps, au robot ou au mélangeur, travaillez **1 tasse de fromage Cottage** avec **2 c. à soupe de vinaigre de cidre**, **½ petit oignon**, haché grossièrement, **1 c. à thé d'assaisonnement au chile**, **½ c. à thé de poudre de cari**, **½ c. à thé de sel** et **⅛ c. à thé de poivre noir.** Au besoin, éclaircissez la trempette avec 1 c. à soupe de l'eau des raisins ou de lait. Égouttez les raisins secs et incorporez-les à la trempette. Laissez refroidir au moins 20 minutes. Servez avec des **craquelins** ou des **crudités.** Donne 1½ tasse.

◄ TREMPETTE CHAUDE AU CRABE. Dans le bas d'un bain-marie, amenez l'eau juste sous le point d'ébullition. Dans le haut, mélangez **1 gros paquet (500 g/8 oz) de fromage à la crème** ramolli, **½ tasse de crème légère** ou de lait, **¼ tasse d'oignon vert haché**, **1½ c. à soupe de raifort**, **2 c. à thé de sauce Worcestershire**, du **sel** et du **poivre noir** au goût. Laissez cuire 10 minutes. (L'eau ne doit jamais bouillir.) Incorporez **375 g (12 oz) de crabe** et **2 c. à soupe de vin blanc**. Prolongez la cuisson de 10 minutes. Dressez la trempette dans un petit bol et servez avec des **craquelins**. Donne 4 tasses.

► TREMPETTE CHAUDE À LA MEXICAINE. Chauffez le four à 180°C (350°F). Dans une grande sauteuse, mettez **250 g (8 oz) de bœuf haché maigre**, **1 petit oignon**, haché, et **½ petit poivron rouge**, haché. Faites revenir pendant 7 minutes pour brunir la viande. Égouttez au besoin et ajoutez **1 paquet (35 g/1,25 oz) d'assaisonnement à taco**; après 1 minute, ajoutez **1 boîte de haricots sautés** et mélangez bien. Étalez la préparation au fond d'un plat à four de 6 tasses et recouvrez, par couches successives, de ½ **tasse de crème sure**, **1 boîte (90 g/3 oz) de chili vert**, égoutté et haché, ½ **tasse de monterey jack râpé** et ½ **tasse de cheddar râpé**. Faites cuire 25-30 minutes jusqu'à ce que le tout bouillonne. Servez avec des **croustilles de tortilla**. Donne 4 tasses.

◄ TREMPETTE AUX ÉPINARDS. Dans un grand bol, mélangez **2 paquets d'épinards hachés surgelés**, décongelés et égouttés, et **1 tasse de fromage bleu émietté**. Ajoutez **1 boîte de châtaignes d'eau**, égouttées et hachées, ½ **tasse de céleri haché**, ¾ **tasse de poivron rouge haché**, ½ **tasse d'oignon vert haché** et ½ **sachet (de 30 g) de mélange à vinaigrette à l'ail**. Dans un petit bol, mélangez **2 tasses de crème sure** et **1 tasse de mayonnaise** et incorporez-les aux épinards. Travaillez la trempette jusqu'à ce qu'elle ait la consistance désirée. Servez-la dans **un pumpernickel évidé** ou un chou rouge creusé. Donne 6 tasses.

TREMPETTE CHAUDE AUX CREVETTES

Par c. à soupe : **Calories** 53 **Protéines** 2 g **Hydrates de carbone** Trace **Graisses** 5 g **Cholestérol** 22 mg **Sodium** 171 mg

1 **c. à soupe de beurre (ou de margarine)**

1 **c. à soupe d'amandes effilées**

½ **petit oignon, finement haché**

150 **g (5 oz) de crevettes de Matane surgelées**

1 **paquet (250 g/8 oz) de fromage à la crème, ramolli**

2 **c. à thé de jus de citron**

1 **c. à thé de raifort blanc préparé**

½ **c. à thé de sauce Worcestershire**

Sel et poivre blanc

 PRÉPARATION **6 MINUTES**   CUISSON **12 MINUTES**

CONSEIL *Cette trempette se sert froide avec des croustilles au maïs, des croustilles de tortilla et des crudités. Couvrez le bol de pellicule de plastique et gardez-le au réfrigérateur jusqu'au moment de servir.*

1 Dans une casserole moyenne, mettez le beurre à fondre à feu modéré. Faites-y sauter les amandes pendant 3 minutes. Quand elles sont dorées, transférez-les dans un bol avec une cuiller à fentes.

2 Jetez l'oignon dans la casserole et faites-le revenir 3 minutes. Ajoutez les crevettes surgelées et comptez 8 minutes pour qu'elles décongèlent et s'assèchent. Incorporez alors le fromage à la crème, le jus de citron, le raifort et la sauce Worcestershire.

3 Lorsque la trempette est bien chaude, assaisonnez de sel et poivre. Dressez-la dans un bol et parsemez d'amandes. Donne 1¼ tasse.

ANTIPASTO DE LÉGUMES

Par portion : **Calories** 159 **Protéines** 2 g **Hydrates de carbone** 9 g **Graisses** 13 g **Cholestérol** 0 mg **Sodium** 139 mg

¼ **tasse d'huile d'olive**

3 **c. à soupe de vinaigre de vin rouge**

½ **c. à thé d'origan séché**

¼ **c. à thé de sel**

⅛ **c. à thé de poivre noir**

1 **gousse d'ail, finement hachée**

1 **petite aubergine (environ 375 g/12 oz)**

2 **petites courgettes (environ 375 g/12 oz en tout)**

1 **gros poivron rouge ou jaune**

¼ **tasse (30 g/1 oz) de parmesan en fins copeaux**

 PRÉPARATION **15 MINUTES**   CUISSON **15 MINUTES**

1 Allumez le gril. Dans un petit bol, préparez une vinaigrette avec l'huile, le vinaigre, l'origan, le sel, le poivre et l'ail.

2 Coupez l'aubergine transversalement en tranches de ½ cm (¼ po) d'épaisseur et déposez-les côte à côte sur la grille d'une lèchefrite. Badigeonnez-les de vinaigrette et faites-les griller à 10 cm (4 po) de l'élément pendant 4 minutes. Badigeonnez l'autre face et remettez-les 4 minutes sous le gril pour qu'elles soient dorées et tendres.

3 Détaillez les courgettes en tranches minces sur la longueur. Parez et épépinez les poivrons ; coupez-les en lanières de 2,5 cm (1 po) de largeur.

4 Déposez les tranches d'aubergine dans une assiette. Faites griller les courgettes et les poivrons après les avoir badigeonnés de vinaigrette ; comptez 3 minutes. Retournez-les, badigeonnez l'autre face et remettez-les 3 minutes sous le gril.

5 Disposez les légumes dans quatre assiettes et aspergez-les de vinaigrette. Recouvrez de parmesan et servez sans tarder.

MELON ET PROSCIUTTO

Melon et prosciutto

Par portion : **Calories** 112 **Protéines** 6 g **Hydrates de carbone** 10 g **Graisses** 7 g **Cholestérol** 20 mg **Sodium** 26 mg

½ **petit melon honeydew, réfrigéré au préalable**

½ **gros melon brodé, réfrigéré (ou cantaloup)**

250 **g (8 oz) de prosciutto, tranché très mince**

Poivre noir fraîchement moulu

Feuilles de menthe pour la garniture (facultatif)

PRÉPARATION
20 MINUTES

CUISSON
0 MINUTE

REMARQUE *Le prosciutto est un jambon renommé pour sa fine saveur fumée qu'il tire d'un judicieux vieillissement. Il se marie très bien à la douceur du melon.*

1 Détaillez les melons sur la longueur en pointes de 1 cm (½ po) de largeur pour obtenir 12 pointes de chacun d'eux. Débarrassez les pointes de leur peau et disposez-les dans huit assiettes en faisant alterner les couleurs.

2 Coupez les tranches de prosciutto en deux sur la longueur. Enroulez-les en cône pour former une rose et disposez-les au centre des pointes de melon. (Ou bien nichez le prosciutto parmi les pointes de melon.) Saupoudrez de poivre et décorez de menthe, s'il y a lieu.

Légumes marinés

Par portion : **Calories** 155 **Protéines** 3 g **Hydrates de carbone** 11 g **Graisses** 13 g **Cholestérol** 0 mg **Sodium** 481 mg

2 **grosses carottes (environ 250 g/8 oz)**

½ **petit chou-fleur (environ 375 g/12 oz)**

1 **bocal (170 ml/6 oz) de cœurs d'artichaut marinés**

½ **tasse d'olives noires dénoyautées**

2 **c. à soupe de jus de citron**

1 **c. à soupe d'huile d'olive vierge**

1 **c. à thé de sauce Worcestershire**

 Sel et poivre noir

1 **c. à soupe de persil haché**

 PRÉPARATION **5 MINUTES**

 CUISSON **10 MINUTES**

SERVICE *Ce plat d'antipasto se sert bien au début d'un repas à l'italienne.*

1 Dans une grande sauteuse, amenez à ébullition 2,5 cm (1 po) d'eau à feu vif. Pelez les carottes et détaillez-les de biais en rondelles de ½ cm (¼ po) d'épaisseur. Jetez-les dans l'eau bouillante et faites-les cuire 2 minutes à feu modéré pour qu'elles demeurent croquantes.

2 Détaillez le chou-fleur en bouquetons. Ajoutez-les aux carottes et prolongez la cuisson de 3 minutes.

3 Passez les légumes sous le robinet d'eau froide et égouttez-les avant de les déposer dans un grand bol. Ajoutez les cœurs d'artichaut avec leur marinade, les olives, le jus de citron, l'huile d'olive et la sauce Worcestershire. Salez, poivrez et remuez délicatement.

4 Dressez les légumes dans un bol de service et décorez-les de persil haché. Servez-les tièdes ou couvrez le bol et réfrigérez à fond avant de servir.

Bruschettas

Par portion : **Calories** 330 **Protéines** 8 g **Hydrates de carbone** 47 g **Graisses** 12 g **Cholestérol** 1 mg **Sodium** 423 mg

5 **c. à soupe d'huile d'olive, en tout**

1 **c. à soupe d'oignon blanc haché fin (ou d'échalotte)**

½ **tasse de basilic frais grossièrement haché**

½ **c. à thé de jus de citron**

6 **tomates pas trop mûres (environ 375 g/12 oz)**

 Sel et poivre noir

2 **gousses d'ail tranchées fin**

8 **tranches de 2 cm (¾ po) d'épaisseur de pain italien**

 Feuilles de basilic pour la garniture (facultatif)

 PRÉPARATION **22 MINUTES**

 CUISSON **7 MINUTES**

CONSEIL *Si on le recouvre d'huile d'olive, l'ail, émincé ou écrasé, se gardera quelques semaines au réfrigérateur dans un petit bocal bien fermé.*

1 Dans un petit bol, préparez une vinaigrette avec 3 c. à soupe d'huile d'olive, l'oignon, le basilic et le jus de citron. Détaillez les tomates en petits dés de ½ cm (¼ po) de côté et ajoutez-les à la vinaigrette. Salez, poivrez et réservez.

2 Dans une petite sauteuse, réchauffez à feu modéré les 2 c. à soupe d'huile qui restent. Ajoutez l'ail et laissez-le rissoler 1 minute pour parfumer l'huile. Retirez-le et jetez-le.

3 Faites griller les tranches de pain au grille-pain. Répartissez les toasts entre quatre assiettes. Badigeonnez-les d'huile à l'ail. À l'aide d'une cuiller à fentes, garnissez-les de dés de tomate. Décorez de feuilles de basilic, à votre gré.

GOÛTERS

Voici quelques délicieux goûters vite faits pour mettre dans le sac à lunch ou pour grignoter devant la télé.

NOIX ÉPICÉES

Par portion : **Calories** 220 **Protéines** 6 g **Hydrates de carbone** 7 g **Graisses** 20 g **Cholestérol** 5 mg **Sodium** 116 mg

- 2 **c. à soupe (¼ bâtonnet) de beurre (ou de margarine)**
- 1 **tasse de demi-pacanes**
- 1 **tasse d'amandes entières**
- 1 **tasse d'arachides rôties à sec**
- 1 **c. à soupe de sauce Worcestershire**
- 1 **c. à thé d'assaisonnement au chile**
- ½ **c. à thé de sel d'ail**
- ¼ **c. à thé de cayenne**

 PRÉPARATION **2 MINUTES**

 CUISSON **32 MINUTES**

SERVICE *Une boisson fraîche fait merveille avec ce mélange de noix haut en saveur. Vous pouvez ajuster les assaisonnements à votre guise.*

1 Chauffez le four à 150°C (300°F). Déposez le beurre dans un plat à four rectangulaire moyen et enfournez. Quand le beurre est fondu, sortez le plat du four et mettez-y les pacanes, les amandes, les arachides et la sauce Worcestershire. Mélangez.

2 Enfournez et laissez cuire 30 minutes en remuant de temps à autre. Quand les noix sont dorées et croquantes, retirez-les et ajoutez l'assaisonnement au chile, le sel d'ail et le cayenne. Mélangez bien.

3 Dressez les noix chaudes dans un bol et servez immédiatement ou laissez-les tiédir et gardez-les à la température ambiante, dans un bocal hermétique, jusqu'au moment de servir. Donne 3 tasses.

CROQUE-MENU AUX FINES HERBES

Par portion : **Calories** 199 **Protéines** 6 g **Hydrates de carbone** 19 g **Graisses** 12 g **Cholestérol** 12 mg **Sodium** 224 mg

- ¼ **tasse (½ bâtonnet) de beurre (ou de margarine)**
- 1 **c. à soupe de sauce Worcestershire**
- 1 **c. à soupe de basilic séché (ou d'origan)**
  Trait de sauce Tabasco
- 4 **tasses de céréales de maïs, de blé ou de riz en petits carrés**
- 1 **tasse de bretzels en anneaux (ou de petits bretzels)**
- 1 **tasse d'arachides non salées**
- 4 **tasses de maïs soufflé**

 PRÉPARATION **5 MINUTES**

 CUISSON **28 MINUTES**

SERVICE *Servez ce délicieux mélange au bord de la piscine ou devant la télévision.*

1 Chauffez le four à 150°C (300°F). Déposez le beurre dans un plat à four rectangulaire moyen et enfournez-le. Quand le beurre est fondu, retirez le plat du four et ajoutez la sauce Worcestershire, le basilic et la sauce Tabasco. Mélangez.

2 Mettez les céréales, les bretzels et les arachides dans le plat ; mélangez pour bien les enrober de beurre aromatisé. Enfournez et comptez 15 minutes de cuisson en remuant de temps à autre.

3 Incorporez le maïs soufflé et prolongez la cuisson de 10 minutes. Dressez le mélange dans un grand bol et servez immédiatement ou laissez-le refroidir et gardez-le à la température ambiante dans un bocal hermétique. Donne 10 tasses.

COQUILLES DE POMMES DE TERRE CROQUANTES

Par pièce : **Calories** 47 **Protéines** Trace **Hydrates de carbone** 4 g **Graisses** 3 g **Cholestérol** 4 mg **Sodium** 14 mg

4 grosses pommes de terre Idaho, non pelées

2 c. à soupe (¼ bâtonnet) de beurre (ou de margarine)

2 c. à soupe d'huile

Sel et poivre noir

Crème sure (facultatif)

Ciboulette hachée (facultatif)

 PRÉPARATION
5 MINUTES

 CUISSON
20 MINUTES

CONSEIL *Ne jetez pas la chair que vous retirez des coquilles de pommes de terre. Vous en ferez plus tard une délicieuse purée.*

1 Rincez et épongez les pommes de terre. Piquez-les en plusieurs endroits à la fourchette. Faites-les cuire au micro-ondes, réglé à Maximum, pendant 20-25 minutes ; tournez le plat plusieurs fois en cours de cuisson.

2 Dans une petite casserole, faites chauffer le beurre et l'huile à feu doux. Quand le beurre est fondu, retirez la casserole.

3 Une fois les pommes de terre cuites, laissez-les tiédir légèrement. Allumez le gril. Coupez les pommes de terre en deux sur la longueur et retirez toute la chair moins une couche de ½ cm (¼ po). (Réservez la chair pour un autre usage.)

4 Coupez de nouveau les coquilles de pommes de terre en deux sur la longueur. Déposez-les sur la grille d'une lèchefrite, badigeonnez-les de beurre à l'huile et faites-les dorer 4 minutes à 10 cm (4 po) de l'élément. Quand les coquilles sont bien croustillantes, dressez-les dans une assiette et servez-les accompagnées de crème sure et de ciboulette, au goût.

ROULEAUX DE JAMBON

Par pièce : **Calories** 35 **Protéines** 2 g **Hydrates de carbone** Trace **Graisses** 3 g **Cholestérol** 11 mg **Sodium** 135 mg

1 petit concombre non pelé

1 paquet (250 g/8 oz) de fromage à la crème, ramolli

2 c. à soupe de moutarde en grains

1 c. à soupe d'aneth frais haché (ou 1 c. à thé d'aneth séché)

8 tranches rectangulaires (environ 250 g/8 oz) de jambon cuit

 PRÉPARATION
44 MINUTES

 CUISSON
0 MINUTE

1 Coupez le concombre en deux sur la longueur. Avec une cuiller, retirez la semence et jetez-la. Détaillez les demi-concombres sur la longueur en huit bâtonnets de 1 cm (½ po) d'épaisseur.

2 Dans un bol moyen, mélangez le fromage à la crème et la moutarde. Incorporez l'aneth. Étalez 2 c. à soupe de ce mélange sur chaque tranche de jambon en la couvrant complètement.

3 Déposez chaque bâtonnet de concombre sur le côté étroit des tranches de jambon, en les taillant au besoin pour qu'ils s'ajustent bien, et enroulez le jambon autour. Réfrigérez 20 minutes.

4 Avec un couteau à lame dentée, découpez les rouleaux en quatre tronçons de 2,5 cm (1 po) d'épaisseur. Disposez-les dans un plat de service.

AUBERGINE GRILLÉE AU FROMAGE

Aubergine grillée au fromage

Par portion : **Calories** 381 **Protéines** 17 g **Hydrates de carbone** 20 g **Graisses** 26 g **Cholestérol** 54 mg **Sodium** 372 mg

1 **grosse aubergine (environ 750 g/1½ lb)**

¼ **tasse de farine**

¼ **c. à thé de sel**

¼ **tasse d'huile environ**

250 **g (8 oz) de mozzarella, détaillée en 8 tranches**

4 **grosses tranches de tomate bien mûre**

8 **filets d'anchois**

1 **c. à soupe de persil haché**

 PRÉPARATION
10 MINUTES

 CUISSON
10 MINUTES

SERVICE *Avec une salade de laitue frisée, relevée d'oignon rouge et de féta émiettée, ce copieux goûter se transforme en repas.*

1 Tranchez l'aubergine sur la largeur en huit rondelles de 1 cm (½ po) d'épaisseur, sans la peler. Dans un moule à tarte, mélangez la farine et le sel et farinez les tranches d'aubergine.

2 Dans une grande sauteuse, réchauffez 2 c. à soupe d'huile à feu modéré. Faites-y revenir les tranches d'aubergine, quelques-unes à la fois, 2 minutes de chaque côté pour qu'elles soient tendres et dorées. Ajoutez de l'huile au besoin. À mesure qu'elles sont prêtes, faites égoutter les tranches sur des feuilles d'essuie-tout.

3 Sur quatre tranches d'aubergine, déposez une tranche de fromage, une tranche de tomate et deux anchois ; couronnez d'une tranche de fromage et recouvrez d'une tranche d'aubergine.

4 Remettez la sauteuse à feu modéré ; faites cuire ces « sandwichs » environ 3 minutes pour que le fromage fonde ; tournez-les à mi-temps. Saupoudrez de persil et servez immédiatement.

CANAPÉS AU CONCOMBRE

Par pièce : **Calories** 39 **Protéines** 2 g **Hydrates de carbone** 4 g **Graisses** 2 g **Cholestérol** 5 mg **Sodium** 70 mg

½ **petit concombre**

1 **paquet (125 g/4 oz) de fromage à la crème, ramolli**

1 **c. à thé de ciboulette hachée fin (ou de tige d'oignon vert)**

Sel et poivre blanc

6 **tranches de pain de blé entier**

24 **rondelles de concombre non pelé, tranchées mince**

 PRÉPARATION
15 MINUTES

CUISSON
0 MINUTE

1 Pelez le demi-concombre ; coupez-le en deux sur la longueur et enlevez la semence. Hachez-le finement et laissez-le s'égoutter. (Vous devriez en obtenir ¼ tasse.) Dans un petit bol, mélangez le concombre haché, le fromage à la crème et la ciboulette. Salez et poivrez.

2 Débarrassez les tranches de pain de leur croûte. Tartinez-les de concombre au fromage et coupez-les en quatre.

3 Couronnez les canapés d'une tranche de concombre. Disposez-les dans une assiette de service.

BAGELS À L'ANANAS ET AU FROMAGE

Par portion : **Calories** 667 **Protéines** 20 g **Hydrates de carbone** 96 g **Graisses** 25 g **Cholestérol** 60 mg **Sodium** 773 mg

1 **boîte (398 ml/14 oz) de tranches d'ananas dans leur jus**

3 **c. à soupe de raisins secs**

1 **pot (250 g/8 oz) de fromage à la crème déjà fouetté**

4 **bagels bruns (ou bagels ordinaires)**

3 **c. à soupe d'amandes effilées, grillées**

 PRÉPARATION
13 MINUTES

CUISSON
5 MINUTES

1 Mettez 2 c. à soupe du jus des ananas dans un bol moyen et faites-y tremper les raisins secs. Pendant ce temps, égouttez les tranches d'ananas et épongez-les avec des feuilles d'essuie-tout. Ajoutez le fromage à la crème aux raisins secs et mélangez soigneusement.

2 Fendez les bagels en deux à l'horizontale et faites-les griller au grille-pain ou au four. Tartinez leurs faces intérieures de fromage à la crème. Couronnez chacun d'une tranche d'ananas et saupoudrez d'amandes grillées.

SANDWICHS AU BEURRE D'ARACHIDE ET AUX BANANES

Par portion : **Calories** 435 **Protéines** 13 g **Hydrates de carbone** 60 g **Graisses** 19 g **Cholestérol** 0 mg **Sodium** 396 mg

½ **tasse de beurre d'arachide crémeux ou croquant**

2 **c. à soupe de marmelade d'oranges (ou de confiture d'abricots)**

8 **tranches de pain de blé entier**

3 **bananes moyennes bien mûres**

 PRÉPARATION
10 MINUTES

CUISSON
8 MINUTES

1 Dans un petit bol, mélangez le beurre d'arachide et la marmelade. Faites griller le pain. Pelez les bananes et coupez-les en deux sur la longueur, puis à nouveau en deux sur la largeur.

2 Tartinez les toasts de beurre d'arachide. Couronnez quatre toasts de trois bâtonnets de bananes chacun. Couvrez avec les quatre autres toasts. Coupez les sandwichs en deux triangles.

TARTINES DE DINDE FUMÉE

Tartines de dinde fumée

 ⑷

Par portion : **Calories** 367 **Protéines** 13 g **Hydrates de carbone** 38 g **Graisses** 18 g **Cholestérol** 35 mg **Sodium** 755 mg

8 tranches de 1 cm (½ po) d'épaisseur de pain italien, taillé de biais

1 c. à soupe d'huile d'olive

2 petites tomates mûres

½ botte de cresson

180 g (6 oz) de dinde fumée, coupée en tranches fines

3 ou 4 c. à soupe en tout de mayonnaise

 PRÉPARATION
10 MINUTES

CUISSON
4 MINUTES

SERVICE *Accompagnées d'une salade de macaronis, ces tartines constituent un repas substantiel.*

1 Chauffez le four à 200°C (400°F). Badigeonnez les tranches de pain d'huile d'olive. Déposez-les sur une plaque à biscuits et faites-les griller 4-5 minutes.

2 Avec un couteau bien tranchant, détaillez les tomates sur la largeur en tranches fines. Lavez et essorez le cresson ; coupez et jetez les grosses tiges.

3 Répartissez la dinde fumée sur les tranches de pain. Nappez-les d'un peu de mayonnaise et recouvrez de deux ou trois tranches de tomate. Décorez de cresson.

4 Si vous le désirez, déposez le reste du cresson dans une assiette et dressez les tartines sur cette verdure. Disposez tout autour le reste des tomates.

Croissants au saumon fumé

Par portion : **Calories** 376 **Protéines** 17 g **Hydrates de carbone** 28 g **Graisses** 22 g **Cholestérol** 50 mg **Sodium** 959 mg

4 gros croissants

90 g (3 oz) de fromage à la crème, ramolli

1 c. à soupe d'aneth frais haché (ou 1 c. à thé d'aneth séché)

1 c. à thé de jus de citron

250 g (8 oz) de saumon fumé, coupé en tranches minces

Poivre noir concassé

Brins d'aneth (facultatif)

 PRÉPARATION
10 MINUTES

 CUISSON
3 MINUTES

SERVICE *À l'heure du brunch, vous accompagnerez ces croissants d'une salade de melon, de fraises et d'orange.*

1 Chauffez le four ou le four grille-pain à 200°C (400°F). Déposez les croissants sur une petite plaque et réchauffez-les 3 minutes.

2 Dans un petit bol, mélangez le fromage à la crème, l'aneth et le jus de citron. Avec un couteau à lame dentée, fendez les croissants en deux à l'horizontale et tartinez de fromage à la crème la moitié du dessous.

3 Déposez le saumon fumé sur le fromage à la crème. Saupoudrez de poivre concassé et décorez d'aneth, si désiré. Reformez les croissants et servez immédiatement.

Pita à la salade de poulet

Par portion : **Calories** 572 **Protéines** 24 g **Hydrates de carbone** 40 g **Graisses** 36 g **Cholestérol** 66 mg **Sodium** 928 mg

4 pains pita (de 15 cm/6 po de diamètre)

2 boîtes (184 g chacune) de flocons de blanc de poulet, réfrigérées avant d'être ouvertes

⅔ tasse de mayonnaise

½ tasse de céleri haché

½ tasse de carottes râpées

Sel et poivre noir

2 petites tomates mûres

½ petit concombre

2 tasses de germes de luzerne

 PRÉPARATION
7 MINUTES

 CUISSON
10 MINUTES

1 Chauffez le four à 180°C (350°F). Enveloppez les pains pita de papier d'aluminium et réchauffez-les 10 minutes.

2 Égouttez le poulet et déposez-le dans un bol moyen. Ajoutez la mayonnaise, le céleri et les carottes. Mélangez, salez et poivrez. Détaillez les tomates en quartiers ; tranchez le concombre.

3 Pratiquez une ouverture dans les pains pita et ouvrez-les. Fourrez-les de poulet, de tomate, de concombre et de germes de luzerne. Servez sans attendre.

Idées Minute

Sandwichs congelés
Vous pouvez congeler sans problème de nombreux types de sandwichs, en prenant certaines précautions.

Utilisez du pain à mie dense comme le pain de blé entier : il se détrempera moins. Tartinez-le de beurre ou de beurre d'arachide pour que la garniture ne le mouille pas. Évitez la mayonnaise. Ne gardez pas les sandwichs plus de deux semaines au congélateur.

UN BON DÉBUT : PIZZAS POUR TOUS LES GOÛTS

La pizza est un plat toujours bien accueilli et l'on peut varier les garnitures à l'infini. Si vous préférez préparer la pâte vous-même, vous en trouverez des recettes page 26. Les recettes qui suivent sont pour une grande pizza ou quatre petites.

◄ **PIZZA AUX ÉPINARDS** Dans une casserole moyenne, réchauffez **2 c. à soupe d'huile** et faites-y revenir **½ tasse d'oignon haché** pendant 5 minutes. Ajoutez **1 paquet d'épinards hachés surgelés.** Couvrez et laissez cuire 5 minutes à feu modéré en remuant de temps à autre. Quand les épinards sont tendres, incorporez **1 tasse de fromage cottage** et **120 g (4 oz) de feta.** Assaisonnez de **sel** et de **poivre noir.** Déposez la préparation dans une **abaisse de pâte à pizza** et saupoudrez-la, à votre gré, de **1 c. à soupe de graines de sésame.** Faites cuire 25-30 minutes à 200°C (400°F) ou jusqu'à ce que la pizza soit dorée.

► **PIZZA AU JAMBON ET FROMAGE** Égouttez **1 tasse de tomates broyées en boîte**; étalez-les sur une abaisse de pâte à pizza. Répartissez **180 g (6 oz) de jambon, tranché mince** (ou de salami) et **250 g (8 oz) de tranches de mozzarella.** Faites cuire 25-30 minutes à 200°C (400°F) ou pour que la pizza soit dorée et brûlante.

◄ **PIZZA À LA SAUCISSE** Dégagez la chair de **500 g (1 lb) de saucisse italienne.** Faites-la revenir dans une sauteuse en l'émiettant. Dégraissez. Égouttez **1 tasse de tomates broyées en boîte**; étalez-les à la cuiller sur une **abaisse de pâte à pizza.** Répartissez la chair à saucisse et du **parmesan râpé.** Faites dorer cette pizza 25-30 minutes au four à 200°C (400°F).

► **PIZZA AU THON ET À L'OIGNON** Égouttez **1 boîte (284 ml/10 oz) de tomates broyées**; étalez-les sur une abaisse de pâte à pizza. Effeuillez et répartissez **1 boîte (354 g/12½ oz) de thon dans l'eau,** égoutté. Ajoutez **1 c. à thé de thym séché.** Assaisonnez de **poivre noir** et saupoudrez de **½ tasse de parmesan râpé.** Faites cuire 25-30 minutes à 200°C (400°F) ou jusqu'à ce que la pizza soit dorée et brûlante.

◄ **PIZZA TEX-MEX AU BŒUF** Faites revenir dans une grande sauteuse **500 g (1 lb) de bœuf haché.** Ajoutez **½ tasse de sauce à spaghetti, ½ tasse de petits pois surgelés, ½ tasse de maïs surgelé** et **½ c. à thé de flocons de piment rouge.** Cuisez 10 minutes en remuant un peu. Étalez la garniture sur une abaisse de pizza; ajoutez, à votre gré, **½ tasse de coriandre hachée** et **½ tasse de monterey jack râpé.** Cuisez 25-30 minutes à 200°C (400°F) ou jusqu'à ce que la pizza soit dorée et brûlante.

◄ **PIZZA AUX CHAMPIGNONS ÉPICÉS** Faites cuire **4 tranches de bacon.** D'autre part, dans une grande sauteuse, réchauffez **2 c. à soupe d'huile.** Faites-y revenir **500 g (1 lb) de champignons tranchés** pendant 5 minutes. Ajoutez **2 c. à soupe de sauce Worcestershire, 2 c. à soupe de sauce de soja** et **1 c. à soupe de moutarde de Dijon.** Prolongez la cuisson de 5-10 minutes à feu modéré pour que la sauce épaississe. Tranchez **4 oignons verts.** Incorporez-en les tiges aux champignons. Étalez la garniture dans une **abaisse de pâte à pizza** et répartissez les bulbes tranchés. Émiettez le bacon en surface. Faites cuire 25-30 minutes à 200°C (400°F) pour que la pizza soit dorée et brûlante.

Club sandwich au poulet

 4

Par portion : **Calories** 525 **Protéines** 26 g **Hydrates de carbone** 45 g **Graisses** 27 g **Cholestérol** 57 mg **Sodium** 833 mg

8 **tranches de bacon**

2 **demi-poitrines de poulet (180 g/6 oz chacune), désossées et sans peau**

8 **tranches de pain de mie blanc**

4 **tranches de pain de blé entier**

6 **c. à soupe de mayonnaise**

8 **feuilles de laitue frisée**

8 **grosses tranches de tomate mûre**

Poivre noir

 PRÉPARATION
10 MINUTES

 CUISSON
15 MINUTES

CONSEIL *Vous pouvez remplacer les blancs de poulet par des blancs de dinde.*

1 Dans une grande sauteuse, faites cuire le bacon 5 minutes à feu modéré pour qu'il soit croustillant. Épongez-le sur des feuilles d'essuie-tout et coupez chaque tranche en deux. Faites cuire les blancs de poulet 3 minutes de chaque côté dans le gras de bacon. Piquez-les à la fourchette : ils sont cuits dès que le jus qu'ils rendent sera devenu clair.

2 Grillez les tranches de pain au four ou au grille-pain. Tartinez-les de mayonnaise. Disposez la moitié de la laitue, tout le bacon et la moitié des tranches de tomate sur quatre des tranches de pain blanc ; déposez par-dessus une tranche de pain de blé.

3 Sur cette tranche, mettez le poulet et poivrez. Posez par-dessus le reste des tranches de tomate et la laitue ; recouvrez d'une tranche de pain blanc. Coupez les sandwichs en deux triangles.

64

Pita à la mode de Californie

Par portion : **Calories** 439 **Protéines** 14 g **Hydrates de carbone** 39 g **Graisses** 26 g **Cholestérol** 22 mg **Sodium** 711 mg

12 tranches de bacon

4 pains pita
(15 cm/6 po de diamètre)

3 c. à soupe de mayonnaise

2 tasses de feuilles de romaine tranchées fin

1 grosse tomate mûre, en dés

1 petit avocat mûr, tranché

 PRÉPARATION **10 MINUTES**

CUISSON **5 MINUTES**

1 Dans une grande sauteuse, faites cuire le bacon 5 minutes à feu modéré pour le rendre croustillant. Épongez-le sur des feuilles d'essuie-tout et coupez les tranches en deux.

2 Pratiquez une ouverture dans les pains pita. Tartinez l'intérieur de mayonnaise, puis glissez-y la chiffonnade de laitue, les dés de tomate, les tranches d'avocat et le bacon.

Sandwichs aux œufs brouillés

Par portion : **Calories** 545 **Protéines** 18 g **Hydrates de carbone** 34 g **Graisses** 38 g **Cholestérol** 265 mg **Sodium** 1 184 mg

⅓ tasse de mayonnaise

1 c. à soupe de moutarde de Dijon

4 petits pains aux graines de pavot, fendus en deux et grillés

4 gros œufs

¼ c. à thé de sel

¼ c. à thé de poivre noir

2 c. à soupe (¼ bâtonnet) de beurre (ou de margarine)

1 côte de céleri tranchée

4 tranches de cheddar doux

4 tranches de tomates mûres

 PRÉPARATION **10 MINUTES**

 CUISSON **14 MINUTES**

1 Dans une tasse ou un petit bol, mélangez la mayonnaise et la moutarde. Tartinez-en la mie des petits pains. Disposez les moitiés inférieures dans un plat de service.

2 Dans un bol moyen, fouettez les œufs avec le sel et le poivre. Dans une grande sauteuse, faites fondre le beurre à feu modéré. Ajoutez le céleri et faites-le sauter 2 minutes. Versez les œufs et laissez-les prendre en remuant de temps à autre. Retirez la sauteuse du feu.

3 Déposez les œufs brouillés sur les moitiés de pain. Garnissez d'une tranche de fromage et de tomate. Reconstituez les petits pains et servez sans attendre.

Sandwichs aux poires et au prosciutto

Par portion : **Calories** 431 **Protéines** 21 g **Hydrates de carbone** 38 g **Graisses** 22 g **Cholestérol** 56 mg **Sodium** 1 567 mg

1 poire bosc mûre

1 c. à soupe de jus de citron

8 tranches de pumpernickel

3 c. à soupe de moutarde en grains

250 g (8 oz) de prosciutto, tranché très mince et parfaitement dégraissé (ou de jambon fumé)

125 g (4 oz) de bleu de Bresse (ou autre fromage bleu), en petits morceaux

 PRÉPARATION **15 MINUTES**

 CUISSON **0 MINUTE**

1 Parez les poires sans les peler ; détaillez-les en fines tranches sur la longueur. Mettez-les dans un bol et arrosez-les de jus de citron.

2 Tartinez légèrement le pain de moutarde. Sur quatre des tranches, répartissez la moitié du prosciutto, les morceaux de fromage, puis le reste du prosciutto. Terminez avec les poires bien égouttées.

3 Recouvrez avec les quatre tranches de pain qui restent. Découpez chaque sandwich en deux et servez immédiatement.

Canapés de thon au fromage fondu

Par portion : **Calories** 621 **Protéines** 38 g **Hydrates de carbone** 29 g **Graisses** 39 g **Cholestérol** 63 mg **Sodium** 967 mg

1 boîte (354 g/12½ oz)
de thon dans l'eau

⅔ tasse de mayonnaise

½ tasse de céleri tranché

¼ tasse de poivron rouge
haché (ou de piment
doux rôti)

Trait de sauce Tabasco

4 muffins anglais

125 g (4 oz) de jarlsberg
(ou de fromage suisse),
en tranches

Poivron rouge
(ou piment doux rôti),
tranché en lanières
(facultatif)

 PRÉPARATION
10 MINUTES

 CUISSON
5 MINUTES

SERVICE *Pour transformer ce goûter en repas, accompagnez-le d'un plat de crudités.*

1 Allumez le gril. Égouttez le thon et déposez-le dans un bol moyen. Ajoutez la mayonnaise, le céleri, le poivron et la sauce Tabasco. Mélangez.

2 Fendez les muffins anglais en deux. Disposez-les sur une plaque, côté coupé sur le dessus, et faites-les griller à 10 cm (4 po) de l'élément.

3 Quand ils sont dorés, sortez la plaque du four et tartinez-les chacun de salade de thon également répartie. Recouvrez-les d'une tranche de fromage et remettez-les au gril.

4 Dès que le fromage a fondu, dressez les canapés dans un plat et décorez-les de quelques lanières de poivron rouge, s'il y a lieu. Servez immédiatement.

Pain fourré à la florentine

Par portion : **Calories** 622 **Protéines** 23 g **Hydrates de carbone** 64 g **Graisses** 32 g **Cholestérol** 32 mg **Sodium** 1 938 mg

2 tasses d'épinards
(ou de roquette)

¼ tasse d'olives noires
dénoyautées

¼ tasse d'olives vertes
farcies

2 c. à soupe de persil

2 c. à soupe d'huile d'olive

1 c. à soupe de vinaigre
de vin rouge

½ c. à thé d'origan séché

1 pain rond à pâte aigre
(18 cm/7½ po de diamètre)

2 tomates moyennes,
en tranches

100 g (3 oz) de provolone,
coupé en tranches

100 g (3 oz) de salami,
coupé en fines tranches

 PRÉPARATION
15 MINUTES

 CUISSON
0 MINUTE

1 Lavez et asséchez les épinards ; débarrassez-les de leurs tiges les plus grosses. Au mélangeur ou au robot, hachez grossièrement les olives noires et les olives farcies avec le persil, l'huile, le vinaigre et l'origan.

2 Tranchez le pain à l'horizontale au tiers supérieur de manière à obtenir une calotte. Retirez la mie des deux parties en laissant une coquille de 2,5 cm (1 po) d'épaisseur. (Congelez la mie si vous voulez en faire plus tard de la chapelure.)

3 Dans la partie creuse du pain, déposez presque toute la purée d'olives. Superposez ensuite la moitié des épinards et des tomates, tout le fromage, tout le salami et enfin le reste des épinards et des tomates. Étalez le reste de la purée d'olives dans la calotte évidée et remettez-la en place.

4 Déposez le pain reconstitué sur une planche à découper et coupez-le en quatre parts égales avec un couteau à lame dentée. Servez immédiatement.

Sandwichs au pain doré

Par portion : **Calories** 669 **Protéines** 34 g **Hydrates de carbone** 28 g **Graisses** 47 g **Cholestérol** 270 mg **Sodium** 1 246 mg

3	**gros œufs**
¾	**tasse de lait**
½	**c. à thé de moutarde sèche**
250	**g (8 oz) de fromage suisse en tranches**
8	**tranches de pain blanc ou de pain de seigle, légèrement rassis**
125	**g (4 oz) de jambon cuit, coupé en tranches minces**
3	**ou 4 c. à soupe, en tout, de beurre (ou de margarine)**
¼	**tasse de mayonnaise**
1	**c. à soupe de ciboulette hachée fin (ou de tiges d'oignon vert)**
1	**c. à soupe de moutarde de Dijon**
1	**c. à thé de paprika**

 PRÉPARATION
20 MINUTES

 CUISSON
17 MINUTES

REMARQUE *Ce sandwich cuit à la façon du pain doré est une variante du croque-monsieur.*

1 Chauffez le four à 125°C (250°F). Dans un plat à four peu profond ou dans un moule à tarte, fouettez les œufs puis incorporez-y le lait et la moutarde sèche.

2 Sur quatre tranches de pain, posez quatre tranches de fromage, tout le jambon, puis le reste du fromage, en égalisant les tranches au besoin. Terminez avec les tranches de pain qui restent. Trempez chaque sandwich des deux côtés dans les œufs battus, en vous aidant d'une spatule.

3 Dans une grande sauteuse, faites fondre 1 c. à soupe de beurre à feu doux. Déposez-y deux sandwichs et faites-les dorer 3-4 minutes de chaque côté. Ajoutez du beurre au besoin. Gardez-les au four tiède pendant que vous faites cuire les autres sandwichs.

4 Dans un petit bol, mélangez la mayonnaise avec la ciboulette, la moutarde et le paprika et déposez-en une cuillerée sur chaque sandwich. Servez immédiatement.

TOSTADAS AUX HARICOTS

Tostadas aux haricots

Par portion : **Calories** 446 **Protéines** 20 g **Hydrates de carbone** 54 g **Graisses** 18 g **Cholestérol** 25 mg **Sodium** 832 mg

Huile végétale

8 tortillas de maïs

1 petit oignon, haché

1 boîte (398 ml/14 oz) de haricots sautés

1 boîte (90 g/3 oz) de chili vert, égoutté et haché

125 g (4 oz) en tout de cheddar (ou de monterey jack), grossièrement haché (1 tasse)

2 tasses de laitue finement tranchée

¼ tasse de radis détaillés en rondelles

¼ tasse d'olives noires dénoyautées, tranchées

¾ tasse de salsa préparée avec de gros morceaux

 PRÉPARATION
15 MINUTES

 CUISSON
28 MINUTES

CONSEIL *Omettez la première étape si vous achetez des tortillas déjà frites. Vous n'avez alors qu'à les envelopper de papier d'aluminium et à les réchauffer au four.*

1 Dans une grande sauteuse, réchauffez ½ cm (¼ po) d'huile à feu assez vif. Jetez-y les tortillas une à une et faites-les frire 1 minute de chaque côté. Épongez-les sur des feuilles d'essuie-tout. Faites frire les autres tortillas de la même façon.

2 Laissez 2 c. à soupe d'huile dans la sauteuse. Jetez-y l'oignon haché et faites-le revenir 5 minutes à feu modéré. Ajoutez les haricots et le chili et prolongez la cuisson de 1 ou 2 minutes avant d'ajouter la moitié du fromage. Lorsqu'il est fondu, retirez la sauteuse du feu.

3 Étalez cette préparation sur les tortillas frites et mettez par-dessus la laitue, les radis, les olives, le reste du fromage et la sauce. Servez immédiatement.

Sandwichs ouverts à la new-yorkaise

Par portion : **Calories** 669 **Protéines** 29 g **Hydrates de carbone** 25 g **Graisses** 51 g **Cholestérol** 110 mg **Sodium** 1 810 mg

500 g (1 lb) de saucisse knackwurst (4 saucisses)

⅓ tasse de vinaigrette crémeuse (telle vinaigrette des Mille-Îles)

4 tranches ovales de pain de seigle noir ou de pumpernickel

1 tasse de choucroute (en vrac ou en sachet), rincée et égouttée

4 tranches de fromage suisse (180 g/6 oz)

Cornichons marinés à l'aneth (facultatif)

 PRÉPARATION **6 MINUTES**

 CUISSON **9 MINUTES**

1 Allumez le gril. Entaillez les saucisses sans les fendre tout à fait en deux. Déposez les saucisses ouvertes, côté coupé dessous, sur la grille graissée d'une lèchefrite et faites-les griller 6 minutes à 10 cm (4 po) de l'élément. Tournez-les une fois.

2 Tartinez un côté des tranches de pain de vinaigrette crémeuse. Couchez une saucisse grillée sur chacune, côté coupé dessus ; couronnez de choucroute et d'une tranche de fromage.

3 Remettez les sandwichs au gril pour faire fondre le fromage. Ces sandwichs sont généralement accompagnés de cornichons.

Brioches au rosbif

Par portion : **Calories** 294 **Protéines** 19 g **Hydrates de carbone** 40 g **Graisses** 7 g **Cholestérol** 33 mg **Sodium** 466 mg

4 brioches (ou petits pains aux graines de sésame)

180 g (6 oz) de salade de chou assaisonnée

1 c. à soupe de raifort blanc préparé, égoutté

250 g (8 oz) de rosbif saignant, coupé en tranches minces

¼ tasse de radis détaillé en rondelles

Radis avec un bout de tige (facultatif)

 PRÉPARATION **15 MINUTES**

 CUISSON **2 MINUTES**

1 Allumez le gril (vous pouvez aussi vous servir d'un four grille-pain). Avec un couteau à lame dentée, fendez les brioches en deux. Déposez-les, côté coupé dessus, sur une plaque et faites-les griller 2 minutes à 10 cm (4 po) de l'élément.

2 Dans un petit bol, mélangez la salade de chou et le raifort. Sur la moitié inférieure des brioches, déposez une couche de ½ cm (¼ po) de salade de chou et couronnez d'une tranche de rosbif.

3 Répartissez le reste de salade de chou sur le rosbif et reconstituez la brioche. Dressez les brioches dans des assiettes en les décorant de radis entiers, s'il y a lieu.

Idées Minute

Boîte à lunch
Les matins de semaine se vivront mieux en douceur si vous préparez les boîtes à lunch la veille au soir en les gardant au réfrigérateur. Emballez la laitue et les tomates dans un contenant à part ; vous les ajouterez au sandwich au moment du repas. Ne réfrigérez pas les biscuits et les craquelins car le froid les ramollit. Ne les mettez qu'au dernier moment dans la boîte à lunch.

Sloppy-joes au pain de maïs

Par portion : **Calories** 469 **Protéines** 27 g **Hydrates de carbone** 42 g **Graisses** 23 g **Cholestérol** 85 mg **Sodium** 1 098 mg

2	c. à soupe d'huile
1	petit oignon, haché
1	petit poivron vert, paré, épépiné et haché
500	g (1 lb) de bœuf haché maigre (ou de dinde)
1½	c. à thé de cumin moulu
½	c. à thé de poudre d'ail
1	tasse de ketchup
1	tasse de dés de tomates fraîches ou en boîte
	Sel et poivre moulu
2	tranches épaisses de pain de maïs (10 x 5 cm/4 x 2 po), coupées en deux

 PRÉPARATION **8 MINUTES**

 CUISSON **22 MINUTES**

CONSEIL *On peut toujours remplacer le pain de maïs par des pains à hamburger grillés.*

1 Dans une grande sauteuse, réchauffez l'huile à feu modéré. Faites-y revenir l'oignon et le poivron pendant 5 minutes. Ajoutez le bœuf haché, le cumin et la poudre d'ail ; prévoyez 7 minutes de cuisson pour que la viande soit tout à fait cuite et légèrement dorée.

2 Hors du feu, retirez la graisse fondue avec une cuillère. Remettez la sauteuse sur le feu et incorporez le ketchup et les dés de tomate. Quand l'ébullition est prise, baissez le feu et laissez cuire 5 minutes en remuant constamment. Goûtez et rectifiez l'assaisonnement en sel et en poivre. Retirez la sauteuse du feu.

3 Au four ou dans un four grille-pain, faites griller le pain de maïs. Répartissez les quatre morceaux de pain dans des assiettes et masquez-les de la préparation au bœuf. Servez immédiatement.

Saucisses enroulées

Par pièce : **Calories** 176 **Protéines** 4 g **Hydrates de carbone** 10 g **Graisses** 13 g **Cholestérol** 28 mg **Sodium** 404 mg

2	croûtes de tarte surgelées, décongelées
¼	tasse de moutarde préparée
10	saucisses de Francfort
1	gros œuf
1	c. à soupe d'eau
	Graines de sésame ou de pavot (facultatif)
	Moutarde (facultatif)

 PRÉPARATION **13 MINUTES**

 CUISSON **22 MINUTES**

SERVICE *Les enfants raffolent de ces hot dogs présentés sous une forme nouvelle. Avec un bol de soupe aux légumes, ils constituent un repas complet.*

1 Chauffez le four à 200°C (400°F). Badigeonnez légèrement les deux croûtes de tarte avec la moutarde. Détaillez chacune en 10 pointes.

2 Coupez chaque saucisse en deux. Déposez une demi-saucisse sur la base du triangle et enroulez-la jusqu'à la pointe. Déposez ce rouleau, souture en dessous, sur une plaque à biscuits. Répétez l'opération pour confectionner en tout environ 20 petits rouleaux de saucisses.

3 Dans un bol, battez l'œuf avec l'eau. Badigeonnez les rouleaux de cette dorure et saupoudrez-les de graines de sésame, si vous le désirez. Faites cuire 20-25 minutes ou jusqu'à ce que les rouleaux soient bien dorés. Dressez-les dans un plat chaud en les accompagnant d'un peu de moutarde, si vous le désirez.

POTAGES

CHAUDRÉE DE LA NOUVELLE-ANGLETERRE (PAGE 87)

POTAGES LÉGERS

Servis avec un sandwich en guise de premier plat, ces potages légers apportent une note chaleureuse à un repas.

POTAGE AUX TOMATES DU MOYEN-ORIENT

Par portion : **Calories** 238 **Protéines** 9 g **Hydrates de carbone** 40 g **Graisses** 5 g **Cholestérol** 2 mg **Sodium** 792 mg

- 1 **c. à soupe d'huile d'olive**
- 1 **petite courgette, coupée en julienne**
- ½ **tasse de boulgour**
- 4 **tasses de bouillon de poulet hyposodique en boîte**
- 2 **c. à thé de menthe séchée**
- 2 **grosses tomates mûres (500 g/1 lb), pelées et hachées (ou 1 boîte de 540 ml/19 oz de tomates concassées, égouttées)**
- 1 **oignon vert, coupé en julienne**
- 2 **pains pita, grillés et détaillés en six triangles chacun**

 PRÉPARATION
12 MINUTES

 CUISSON
19 MINUTES

REMARQUE *Ne vous hasardez pas à remplacer le boulgour par du blé éclaté car celui-ci met beaucoup plus de temps à cuire. Servez cette soupe avec une salade panachée et du pain pita pour conserver une note du Moyen-Orient.*

1 Dans une casserole moyenne, réchauffez l'huile à feu modéré. Faites-y revenir la courgette pendant 2 minutes. Ajoutez le boulgour et tournez-le dans l'huile. Mouillez avec le bouillon et amenez à ébullition à feu vif. Baissez le feu, couvrez et laissez mijoter 5 minutes.

2 Incorporez les tomates hachées. Couvrez et laissez frémir 5 minutes. Au moment de servir, décorez la soupe d'oignon vert et découpez des triangles de pain pita que vous aurez fait griller.

VELOUTÉ AUX CHAMPIGNONS VITE FAIT

Par portion : **Calories** 135 **Protéines** 5 g **Hydrates de carbone** 13 g **Graisses** 8 g **Cholestérol** 20 mg **Sodium** 392 mg

- 2 **c. à soupe (¼ bâtonnet) de beurre (ou de margarine)**
- 1 **gros oignon, haché fin**
- ½ **tasse de poivron vert haché**
- 1 **petite gousse d'ail, hachée fin**
- 125 **g (4 oz) de champignons, tranchés (1½ tasse)**
- 2 **c. à soupe de farine**
- 2 **tasses de bouillon de poulet hyposodique en boîte**
- ½ **tasse de lait**
  Sel et poivre noir
- 1 **c. à soupe de persil haché**

 PRÉPARATION
17 MINUTES

 CUISSON
20 MINUTES

NUTRITION *Pour que cette soupe plaise aux végétariens, vous remplacez le bouillon de poulet par un fond de légumes préparé avec des cubes de bouillon et de l'eau bouillante. Les deux bases se marient très bien aux champignons.*

1 Dans une grande casserole, mettez le beurre à fondre à feu modéré. Faites-y revenir l'oignon, le poivron et l'ail pendant 5 minutes en remuant de temps à autre. Ajoutez les champignons et faites revenir 3 minutes de plus pour qu'ils rendent leur eau.

2 Incorporez la farine. Mouillez avec le bouillon de poulet et amenez à ébullition à feu vif. Accordez 5 minutes de cuisson pour que le liquide épaississe ; remuez sans arrêt.

3 À feu modéré, ajoutez le lait. Salez et poivrez. Réchauffez le velouté en remuant souvent, mais ne le laissez pas bouillir. Incorporez le persil et servez immédiatement.

POTAGE AUX POIREAUX

Par portion : **Calories** 166   **Protéines** 3 g   **Hydrates de carbone** 23 g   **Graisses** 7 g   **Cholestérol** 19 mg   **Sodium** 353 mg

2 c. à soupe (¼ bâtonnet) de beurre (ou de margarine)

2 blancs de poireaux moyens, tranchés et lavés

1 petit oignon, haché

1 grosse pomme de terre (375 g/12 oz), épluchée et coupée en dés

2 tasses d'eau

½ tasse de lait

½ c. à thé de sel

1 c. à soupe de ciboulette hachée

Poivre noir

 PRÉPARATION
10 MINUTES

 CUISSON
30 MINUTES

CONSEIL *Ce potage aux poireaux ressemble beaucoup à une vichyssoise et, comme elle, se déguste également froid. S'il vous paraît devenir trop épais en refroidissant, éclaircissez-le avec un peu d'eau froide.*

1 Dans une grande casserole, faites fondre le beurre à feu modéré. Ajoutez les poireaux, l'oignon et la pomme de terre ; faites-les sauter 5 minutes en remuant de temps à autre. Ajoutez l'eau. Couvrez et amenez à ébullition à feu vif. Baissez le feu et laissez mijoter 15 minutes sans découvrir.

2 Au mélangeur ou au robot, réduisez le potage en purée, une moitié à la fois. Versez-le dans une casserole moyenne.

3 Incorporez le lait et le sel. Réchauffez le potage à feu modéré sans le laisser bouillir. Versez-le dans des bols réchauffés. Saupoudrez de ciboulette et d'une pincée de poivre noir.

Potage Saint-Germain

Par portion : **Calories** 69 **Protéines** 4 g **Hydrates de carbone** 9 g **Graisses** Trace **Cholestérol** Trace **Sodium** 446 mg

- 4 **tasses de bouillon de légumes (préparé avec des cubes et de l'eau)**
- 2 **tasses de petits pois surgelés**
- 1 **petite pomme de laitue boston, parée, coupée en deux et tranchée finement (6 tasses)**
- 3 **oignons verts, hachés**
- ½ **c. à thé d'estragon séché**
- ¼ **c. à thé de poivre blanc**
  Sel, au goût
  Croûtons (facultatif)

 PRÉPARATION **10 MINUTES**   CUISSON **28 MINUTES**

SERVICE *Servez ce potage, revigorant mais faible en calories, avec un sandwich de pain de blé entier au jambon.*

1 Dans une grande casserole, amenez à ébullition à feu vif le bouillon, les petits pois, la laitue, les oignons et l'estragon. Baissez le feu, couvrez et laissez mijoter 5 minutes.

2 Au mélangeur ou au robot, défaites le potage en purée, un tiers à la fois. Versez la purée dans une casserole moyenne et réchauffez-la à feu modéré.

3 Salez et poivrez. Versez le potage dans des bols. Garnissez à votre guise de quelques croûtons.

Soupe aux quenelles de pâte

Par portion : **Calories** 135 **Protéines** 6 g **Hydrates de carbone** 20 g **Graisses** 4 g **Cholestérol** 68 mg **Sodium** 315 mg

- 3 **tasses de bouillon de poulet hyposodique en boîte (ou de bouillon de bœuf)**
- 3 **tasses d'eau**
- 2 **tasses de maïs en grains, frais ou surgelé**

Quenelles :

- ⅔ **tasse de farine**
- ½ **c. à thé de sel**
- 2 **gros œufs**

 PRÉPARATION **5 MINUTES**   CUISSON **25 MINUTES**

1 Dans une grande casserole, amenez à ébullition à feu vif le bouillon, l'eau et le maïs.

2 Dans un petit bol, mélangez la farine et le sel. Dans un autre petit bol, battez les œufs. Incorporez-les à la farine de manière à obtenir une pâte souple. Prélevez un peu de pâte sur le bout d'une cuiller trempée dans l'eau froide ; avec la pointe d'un couteau, faites glisser la pâte dans le liquide bouillant pour former une quenelle.

3 Quand toute le pâte est épuisée, baissez le feu, couvrez et laissez mijoter environ 15 minutes pour que les quenelles gonflent.

Variante : Soupe aux boulettes de viande

Par portion : **Calories** 111 **Protéines** 8 g **Hydrates de carbone** 7 g **Graisses** 6 g
Cholestérol 25 mg **Sodium** 140 mg

Préparez la soupe comme à l'étape 1. Remplacez les quenelles par des boulettes de viande. Faites tremper **2 tranches de pain de blé entier** *dans de l'eau ou du bouillon. Au mélangeur ou au robot, travaillez ensemble* **125 g (4 oz) de bœuf haché maigre, 1 c. à soupe d'oignon haché, 1 c. à thé de persil haché, une pincée de cayenne, un trait de sauce de soja, 1 gros œuf** *et le pain essoré. Façonnez des boulettes de 2,5 cm (1 po) de diamètre. Laissez-les tomber dans la soupe bouillante et faites cuire 10-15 minutes.*

POTAGE AU YOGOURT ET AU CHOU-FLEUR

Par portion : **Calories** 188 **Protéines** 9 g **Hydrates de carbone** 17 g **Graisses** 11 g **Cholestérol** 27 mg **Sodium** 411 mg

2 paquets de chou-fleur surgelé (environ 600 g/1¼ lb en tout)

2¼ tasses d'eau

2 c. à soupe (¼ bâtonnet) de beurre (ou de margarine)

2 c. à soupe d'amandes effilées

1 petit oignon, haché

1 c. à soupe de farine

½ c. à thé de sel

½ c. à thé de sucre

⅛ c. à thé de muscade

1 tasse de yogourt léger nature

1 tasse de lait

Persil haché

PRÉPARATION
10 MINUTES

CUISSON
32 MINUTES

SERVICE *Gardez un peu de yogourt pour décorer les bols au moment de servir. Ce potage élégant fait un bon préambule au poulet rôti ou au gigot d'agneau.*

1 Mettez le chou-fleur et l'eau dans une grande casserole et amenez à ébullition à feu vif. Baissez le feu, couvrez et laissez mijoter pendant 6-8 minutes. Quand le chou-fleur est tendre, égouttez-le et réservez 2 tasses de l'eau de cuisson.

2 Dans la même casserole, mettez le beurre à fondre à feu modéré et faites sauter les amandes 1-2 minutes. Retirez-les avec une cuiller à fentes et gardez-les en réserve. Faites ensuite revenir l'oignon dans le beurre chaud pendant 5 minutes.

3 Incorporez la farine, le sel, le sucre et la muscade, ainsi que l'eau de cuisson réservée. Laissez épaissir. Retirez du feu et ajoutez le chou-fleur.

4 Au robot ou au mélangeur, défaites le potage en purée avec le yogourt. Travaillez-le en trois fois.

5 Versez le potage dans une casserole moyenne ; incorporez le lait. Réchauffez à feu modéré sans laisser bouillir. Versez dans des bols. Décorez de quelques amandes rôties et d'une pincée de persil.

BORTSCH EXPRESS

Par portion : **Calories** 126 **Protéines** 3 g **Hydrates de carbone** 9 g **Graisses** 9 g **Cholestérol** 19 mg **Sodium** 332 mg

1 tasse de betteraves tranchées en boîte, avec leur jus

1 tasse de bouillon de poulet hyposodique en boîte

¾ tasse, en tout, de crème sure

2 c. à soupe de jus de citron

2 c. à soupe d'oignon haché

2 c. à thé de sucre, ou au goût

½ c. à thé d'aneth séché

Sel

PRÉPARATION
7 MINUTES

CUISSON
5 MINUTES

1 Au robot ou au mélangeur, travaillez les betteraves avec leur jus pendant 1 minute pour les réduire en purée.

2 Ajoutez le bouillon, ½ tasse de crème sure, le jus de citron, l'oignon, le sucre et l'aneth. Salez et travaillez de nouveau pour obtenir une purée lisse. Raclez à quelques reprises la paroi du bol ou du gobelet avec une spatule de caoutchouc.

3 Versez le bortsch dans une casserole moyenne et réchauffez à petit feu 5 minutes sans laisser bouillir. Répartissez-le dans des bols individuels et déposez une cuillerée de crème sure en surface pour décorer.

Potage Crécy

Par portion : **Calories** 114   **Protéines** 4 g   **Hydrates de carbone** 14 g   **Graisses** 5 g   **Cholestérol** 11 mg   **Sodium** 362 mg

3 **à 3½ tasses, en tout, de bouillon de poulet hyposodique en boîte**

4 **carottes moyennes, en rondelles**

1 **oignon moyen, en tranches épaisses**

1 **côte de céleri tranchée**

3 **c. à soupe de riz blanc à longs grains**

½ **c. à thé de sucre**

⅛ **c. à thé de cayenne, ou au goût**

½ **tasse de lait**

½ **tasse de crème sure**

Sel, au goût

Piment doux rôti en dés (facultatif)

PRÉPARATION
10 MINUTES

CUISSON
32 MINUTES

NUTRITION *Ce nourrissant potage est riche en vitamine A, élément essentiel pour avoir de bons os, une bonne vue et une peau saine. Vous pouvez le servir chaud ou froid en début de repas ou pour accompagner un sandwich.*

1 Dans une grande casserole, mettez 3 tasses de bouillon avec les carottes, l'oignon, le céleri, le riz, le sucre et le cayenne. Couvrez et portez à ébullition à grand feu. Baissez ensuite le feu et laissez mijoter 15-20 minutes.

2 Ajoutez le lait et la crème sure. Au robot ou au mélangeur, travaillez le potage en deux fois de façon à obtenir une purée lisse. Si elle vous paraît trop épaisse, diluez-la avec ½ tasse de bouillon.

3 Mettez le potage dans une casserole moyenne. Salez et ajoutez au besoin du cayenne. Réchauffez à feu moyen, sans faire bouillir. Versez le potage dans des bols réchauffés et décorez de quelques dés de piment doux rôti, s'il y a lieu.

L'ouvre-boîte

Voici deux potages à base de fruits. L'un, pour l'hiver, associe la citrouille et les pêches ; l'autre, pour l'été, allie les bleuets à la crème sure. Deux petites merveilles, prêtes en moins de 15 minutes.

Bisque de citrouille aux pêches

Au robot ou au mélangeur, défaites en purée **1 boîte (540 ml/19 oz) de moitiés de pêches à noyau adhérent, avec leur jus.** Dans une casserole moyenne, mélangez cette purée à **1 boîte (540 ml/19 oz) de citrouille, 1 boîte (284 ml/10 oz) de bouillon de poulet, ½ c. à thé de thym séché et ⅛ c. à thé de poivre blanc.** Amenez à ébullition à feu assez vif en remuant de temps à autre. Incorporez **¾ tasse de lait** et prolongez la cuisson suffisamment pour bien le réchauffer. **Donne 4 portions**

Bisque de bleuets

Déposez **1 paquet (300 g/10,5 oz) de bleuets surgelés,** à demi décongelés, dans le bol du robot ou du mélangeur. Ajoutez **⅔ tasse de crème sure, ⅓ tasse de jus d'orange** et **3 ou 4 c. à soupe de sucre.** Travaillez le mélange jusqu'à ce que la purée soit lisse. Raclez à quelques reprises la paroi du bol avec une spatule de caoutchouc. Versez la bisque dans des bols individuels et décorez de **2 ou 3 tranches de citron très minces.** Servez immédiatement. **Donne 4 portions**

CONSOMMÉ PRINTANIER

Consommé printanier

Par portion : **Calories** 44 **Protéines** 2 g **Hydrates de carbone** 5 g **Graisses** 2 g **Cholestérol** 5 mg **Sodium** 810 mg

- **6 brins de persil**
- **2 gousses d'ail**
- **2 feuilles de laurier**
- **1 c. à thé de poivre noir en grains**
- **1 c. à soupe de beurre (ou de margarine)**
- **1 blanc de poireau, tranché et lavé**
- **4 tasses d'eau**
- **2 cubes de bouillon de légumes**
- **2 côtes de céleri moyennes**
- **2 carottes moyennes, épluchées**
- **125 g (4 oz) de pois mange-tout**

 PRÉPARATION **6 MINUTES**

 CUISSON **20 MINUTES**

SERVICE *Cette soupe très légère précède bien un plat de bœuf ou de volaille. Servez-la dans un bol peu profond pour faire ressortir la diversité de couleur des légumes.*

1 Enveloppez dans un carré de mousseline le persil, l'ail, le laurier et les grains de poivre et nouez le sachet d'une petite ficelle.

2 Dans une grande casserole, mettez le beurre à fondre à feu doux. Faites-y sauter le blanc de poireau pendant 5 minutes. Ajoutez l'eau, les cubes de bouillon et le sachet d'aromates. Couvrez et amenez à ébullition à feu vif.

3 Détaillez le céleri et les carottes en julienne. Jetez-les dans le consommé bouillant. Laissez mijoter à feu moyen 5-8 minutes.

4 Parez les pois mange-tout et coupez-les en trois sur la longueur. Retirez le sachet d'aromates. Ajoutez les pois mange-tout et prolongez la cuisson de 1 minute. Servez le consommé brûlant dans des bols réchauffés.

Un bon début : Des bouillons touche maison

Le bouillon constitue la base de la plupart des soupes ; il est donc utile d'en garder un bon assortiment. Commencez avec quelques tasses de fond maison ou de bouillon en boîte (voir pages 22 à 24). Comptez une tasse par personne et ajoutez un ou plusieurs ingrédients, en vous laissant guider par ce que vous avez sous la main. Ne craignez pas de marier de façon originale les saveurs et les textures. Amenez toujours le bouillon au point d'ébullition et écumez-le, s'il s'agit d'une préparation maison, avant d'ajouter les autres ingrédients. Chacune des recettes qui suivent donne quatre portions.

◄ POTAGE ITALIEN AUX LÉGUMES Dans une grande casserole, faites bouillir **4 tasses de bouillon de légumes.** Tranchez **2 ou 3 champignons** et **le quart d'un poireau** ; pelez et détaillez en dés **1 petite tomate.** Jetez **¼ tasse de petites pâtes** dans le bouillon et faites mijoter 4 minutes. Ajoutez les légumes et laissez cuire. Quand ils sont à point, incorporez **1 c. à soupe de persil haché** ; assaisonnez de **sel** et de **poivre.** Servez avec des **craquelins.**

► SOUPE DE POISSON À L'ORIENTALE Dans une casserole moyenne, faites bouillir **4 tasses de bouillon de poisson ou de légumes.** Tranchez **4 oignons verts** ; hachez finement **1 petite gousse d'ail** ; pelez et hachez finement **1 morceau de gingembre de 1 cm (½ po).** Jetez dans le bouillon les oignons, l'ail, le gingembre, **1 c. à thé de sauce de soja** et **1 c. à thé de flocons de piment rouge.** Ajoutez **½ tasse de crevettes cuites,** hachées, **ou 1 boîte (142 g/5 oz) de palourdes,** égouttées et hachées. Laissez mijoter 2 minutes. Décorez de **coriandre.**

◄ BOUILLON GARNI AUX ÉPINARDS Dans une casserole moyenne, faites bouillir **4 tasses de bouillon de légumes.** Enroulez **1 tasse de feuilles d'épinards** sur elles-mêmes et détaillez-les en tranches très fines. Jetez les épinards dans le bouillon et laissez mijoter 1 minute. Assaisonnez de **sel,** de **poivre** et d'une **pincée de muscade.** Saupoudrez d'**amandes effilées grillées.**

◄ **BOUILLON DU CHEF** Dans une grande casserole, faites bouillir **4 tasses de bouillon de bœuf.** Détaillez en tranches **1 côte de céleri** et en dés **2 tranches de jambon cuit et 60 g (2 oz) de mozzarella.** Faites attendrir le céleri 1-2 minutes dans le bouillon bouillant. Réchauffez le jambon 1 minute. Assaisonnez de **sel** et **poivre.** Déposez les dés de fromage au fond des bols avant d'y verser le bouillon. Décorez de **croûtons** et de **basilic frais.**

► **SOUPE AUX HARICOTS DE LIMA** Dans une grande casserole, faites bouillir **4 tasses de bouillon de poulet.** Hachez **1 oignon moyen ;** tranchez **2 bratwursts** (ou autres saucisses douces). Jetez l'oignon et la saucisse dans le bouillon bouillant. Ajoutez **1 boîte de haricots de Lima,** égouttés, et **1 gousse d'ail écrasée.** Laissez mijoter 5 minutes. Assaisonnez de **sel** et de **poivre.**

◄ **SOUPE AU POULET** Dans une grande casserole, faites bouillir **4 tasses de bouillon de poulet.** Tranchez finement **1 petite carotte, ½ petit poireau** et **1 petite côte de céleri.** Détaillez **1 petite poitrine de poulet désossée,** tranchée fin, sans la peau. Jetez le poulet dans le bouillon bouil- lant et faites mijoter 2 minutes. Ajoutez les légumes et laissez cuire 3 minutes ou jusqu'à ce que tout soit à point. Assaisonnez de **sel** et de **poivre.**

Pour garnir les bouillons

BOUILLON DE BŒUF	BOUILLON DE POULET OU DE LÉGUMES	BOUILLON DE POISSON
Saucisse tranchée		Poisson ou fruits de mer cuits
Fromage en dés	Croûtons	Herbes fraîches ou salées
Pommes de terre en dés	Noix grillées	Sauce de soja
Légumineuses	Poulet en dés	Légumes orientaux
Nouilles ou autres pâtes	Légumes verts en filaments	Graines de sésame grillées

POTAGES-REPAS

Aussi délicieux que nutritifs, ces potages constituent un repas en eux-mêmes si vous les accompagnez de pain et d'une salade verte.

VELOUTÉ À L'ARACHIDE

Par portion : **Calories** 361 **Protéines** 14 g **Hydrates de carbone** 25 g **Graisses** 23 g **Cholestérol** 9 mg **Sodium** 599 mg

1	**c. à soupe d'huile**
1	**oignon moyen, haché fin**
1	**gousse d'ail, hachée fin**
2	**pommes de terre moyennes, épluchées et hachées**
2	**carottes moyennes, détaillées en rondelles**
1	**côte de céleri moyenne, tranchée**
3½	**tasses de bouillon de poulet hyposodique en boîte**
½	**tasse de beurre d'arachide crémeux**
¼	**c. à thé de cayenne**
¼	**tasse de crème sure**

 PRÉPARATION
12 MINUTES

 CUISSON
30 MINUTES

NUTRITION *Riche en protéines, le beurre d'arachide est l'ingrédient surprise qui donne à cette soupe sa consistance et sa saveur. Ceux qui préfèrent la cuisine végétarienne peuvent remplacer le bouillon de poulet par un fond de légumes préparé avec des cubes de bouillon et de l'eau.*

1 Dans une grande casserole, réchauffez l'huile à feu modéré. Faites-y revenir l'oignon et l'ail. Après 1 minute, ajoutez les pommes de terre, les carottes, le céleri et le bouillon et amenez à ébullition à feu vif. Baissez le feu, couvrez et laissez mijoter 15 minutes.

2 Hors du feu, incorporez le beurre d'arachide et le cayenne. Au robot ou au mélangeur, travaillez la soupe en deux fois pour la réduire en purée.

3 Réchauffez le velouté à feu modéré sans le laisser bouillir. Décorez d'une cuillerée à soupe de crème sure.

IDÉES MINUTE

 POTAGES

• Si votre potage est trop liquide, immergez une grande passoire dans la casserole et pressez-la pour maintenir les ingrédients solides au fond. Avec une louche, vous pourrez retirez autant de bouillon que vous voulez.

• Congelez ce bouillon dans un bac à glaçons ; les cubes individuels aromatiseront le riz, les pâtes ou les légumes.

• Le mélangeur à main vous permet de réduire la soupe en purée à même la casserole. Cela représente une sérieuse économie de temps, surtout au moment de faire la vaisselle.

• Pour épaissir la soupe, déposez une tranche de pain croûté au fond de chaque bol avant de servir. Imbibé de bouillon, le pain s'incorpore à la soupe, pourvu qu'elle soit bien chaude.

• Réchauffez les bols ou les chopes en les remplissant d'eau bouillante pendant que vous finissez d'apprêter la soupe.

• Les potages sont faciles à préparer d'avance : une deuxième cuisson leur confère souvent même plus de saveur. Vous pouvez les garder quelques jours au réfrigérateur. Il suffira de les réchauffer au dernier moment.

POTAGE AU CHEDDAR

Par portion : **Calories** 483 **Protéines** 21 g **Hydrates de carbone** 29 g **Graisses** 33 g **Cholestérol** 102 mg **Sodium** 803 mg

2 **côtes de céleri**

1 **petit poivron vert, paré, épépiné et haché**

1 **tasse de chou-fleur haché**

2 **carottes moyennes, taillées en dés**

2 **tasses de bouillon de poulet hyposodique en boîte**

4 **c. à soupe (½ bâtonnet) de beurre (ou de margarine)**

½ **tasse de farine**

3 **tasses de lait**

180 **g (6 oz) de cheddar fort, grossièrement râpé (1½ tasse)**

1 **c. à thé de sauce Worcestershire**

Paprika

PRÉPARATION
12 MINUTES

CUISSON
15 MINUTES

SERVICE *Faites de ce potage exquis un repas complet ; servez-le avec une salade panachée rehaussée de raisins secs et de noix hachées.*

1 Dans une grande casserole, mélangez le céleri, le poivron, le chou-fleur, les carottes et le bouillon ; amenez à ébullition à feu vif. Couvrez et laissez mijoter 10 minutes à feu modéré.

2 Dans une casserole moyenne, faites fondre le beurre à feu modéré. Ajoutez la farine et laissez cuire 1 minute. Hors du feu, incorporez le lait peu à peu en remuant au fouet.

3 Remettez la béchamel sur un feu modéré et faites-la cuire 5 minutes en remuant constamment ; ne la laissez pas bouillir. Ajoutez le fromage en remuant.

4 Quand le fromage est fondu, incorporez la béchamel à la soupe aux légumes. Assaisonnez de sauce Worcestershire. Décorez chaque portion d'une pincée de paprika.

SOUPE À L'OIGNON GRATINÉE

Par portion : **Calories** 352 **Protéines** 13 g **Hydrates de carbone** 37 g **Graisses** 18 g **Cholestérol** 49 mg **Sodium** 743 mg

3 **c. à soupe de beurre (ou de margarine)**

4 **gros oignons, détaillés en tranches**

1 **c. à soupe de farine**

2 **tasses de bouillon de bœuf en boîte**

2 **tasses d'eau**

1 **c. à thé de sauce Worcestershire**

4 **tranches de baguette de 1 cm (½ po) d'épaisseur**

4 **tranches de fromage suisse (30 g/1 oz chacune)**

PRÉPARATION
8 MINUTES

CUISSON
27 MINUTES

CONSEIL *Un verre de vin rouge ajouté au bouillon de bœuf relève le goût de ce plat classique réconfortant.*

1 Dans une grande casserole, mettez le beurre à fondre à feu modéré. Ajoutez les oignons, couvrez et laissez-les fondre 10 minutes en remuant souvent la casserole pour éviter qu'ils n'attachent.

2 Ajoutez la farine en remuant pour bien l'incorporer. Mouillez avec le bouillon, l'eau et la sauce Worcestershire et amenez à ébullition à feu vif. Baissez le feu, couvrez et laissez mijoter 10 minutes pour que les oignons deviennent très tendres.

3 Allumez le gril. Faites griller les tranches de pain des deux côtés sur une plaque. Sur chacune d'elles, déposez une tranche de fromage et remettez quelques secondes au gril pour que le fromage gratine légèrement.

4 Déposez une tranche de pain au fond de chaque bol avant d'y verser la soupe. Cette soupe doit être servie brûlante.

CHAUDRÉE DE MAÏS AU BACON

CHAUDRÉE DE MAÏS AU BACON

 ⦿④⦿

Par portion : **Calories** 276 **Protéines** 13 g **Hydrates de carbone** 31 g **Graisses** 10 g **Cholestérol** 28 mg **Sodium** 311 mg

3 tranches de bacon, en morceaux de 1 cm (½ po)

1 gros oignon, haché

2 pommes de terre moyennes, épluchées et coupées en dés

1½ tasse de bouillon de poulet hyposodique en boîte

1½ tasse de maïs en grains, frais ou surgelé

3 tasses de lait

Sel et poivre blanc

Persil haché

 PRÉPARATION
15 MINUTES

 CUISSON
30 MINUTES

SERVICE *Servez cette chaudrée avec des quesadillas minute — deux tortillas à la farine de blé enfermant du monterey jack fondu — ou tout simplement avec des croustilles de tortilla.*

1 Dans une grande casserole, faites frire le bacon 4 minutes. Retirez-le et épongez-le sur des feuilles d'essuie-tout. Ne gardez que 1 c. à soupe de gras dans la casserole.

2 Jetez-y l'oignon et faites-le frire 5 minutes. Ajoutez les pommes de terre et le bouillon et amenez à ébullition à feu vif. Baissez le feu, couvrez et laissez mijoter 10 minutes.

3 Incorporez le maïs et le lait et réchauffez à petit feu sans laisser bouillir. Salez et poivrez. Répartissez la chaudrée dans quatre bols et décorez chacun de bacon émietté et d'une pincée de persil haché. Servez immédiatement.

85

CHAUDRÉE DE POISSON DE L'ATLANTIQUE

CHAUDRÉE DE POISSON DE L'ATLANTIQUE

Par portion : **Calories** 355 **Protéines** 24 g **Hydrates de carbone** 26 g **Graisses** 17 g **Cholestérol** 85 mg **Sodium** 164 mg

- **2** **c. à soupe (¼ bâtonnet) de beurre (ou de margarine)**
- **1** **oignon moyen, haché**
- **1½** **tasse d'eau**
- **1** **grosse pomme de terre (375 g/12 oz), brossée mais non épluchée et détaillée en dés**
- **½** **c. à thé de sel**
- **¼** **c. à thé de poivre blanc**
- **500** **g (1 lb) de filets ou de darnes de saumon, sans peau ni arêtes, détaillés en bouchées de 2,5 cm (1 po)**
- **2** **tasses de lait**
- **2** **c. à thé d'aneth frais haché (ou de persil)**

 PRÉPARATION
7 MINUTES

 CUISSON
31 MINUTES

NUTRITION *Préparez cette chaudrée avec du saumon frais : elle en sera bien meilleure. Mais, à défaut, vous pouvez prendre une boîte de saumon de 418 g (15 oz), égouttée.*

1 Dans une grande casserole, mettez le beurre à fondre à feu modéré. Ajoutez l'oignon et laissez-le fondre doucement 5 minutes en remuant de temps à autre.

2 Ajoutez l'eau, la pomme de terre, le sel et le poivre et amenez à ébullition à feu vif. Baissez le feu, couvrez et laissez mijoter pendant 10 minutes.

3 Quand la pomme de terre est tendre, ramenez l'ébullition à feu vif et ajoutez le saumon. Baissez le feu et laissez mijoter doucement 3-5 minutes. Incorporez le lait et réchauffez la chaudrée sans la laisser bouillir. Saupoudrez d'aneth ou de persil.

Chaudrée à la mexicaine

Par portion : **Calories** 200 **Protéines** 10 g **Hydrates de carbone** 24 g **Graisses** 7 g **Cholestérol** 20 mg **Sodium** 361 mg

- 2 **c. à soupe (¼ bâtonnet) de beurre (ou de margarine)**
- 1 **petit oignon, haché**
- 1 **c. à soupe de farine**
- 2 **tasses de bouillon de poulet hyposodique en boîte**
- 2 **petites courgettes, détaillées en dés (2 tasses)**
- 2 **tasses de maïs en grains, frais ou surgelé**
- ¼ **tasse de chili vert en boîte, égoutté et haché**
- ¼ **c. à thé de poivre noir**
- 1 **tasse de lait**
- 60 **g (2 oz) de monterey jack, grossièrement râpé (½ tasse)**

 PRÉPARATION
5 MINUTES

 CUISSON
17 MINUTES

CONSEIL *En hiver, utilisez du maïs surgelé ou en boîte pour préparer cette chaudrée, mais en été, prenez du maïs frais : c'est meilleur. Détachez d'abord les grains avec un couteau tranchant ; ensuite, appuyez avec le plat de la lame sur l'épi dégarni pour en extraire le jus.*

1 Dans une grande casserole, mettez le beurre à fondre à feu modéré. Faites-y sauter l'oignon 5 minutes avant d'ajouter la farine. Remuez pour bien l'incorporer.

2 Ajoutez le bouillon, les courgettes, le maïs, le chili et le poivre. Amenez à ébullition à feu vif en remuant de temps à autre. Réduisez la chaleur, couvrez et laissez mijoter 5 minutes.

3 Incorporez le lait. En remuant souvent, faites réchauffer la soupe à feu modéré sans la laisser bouillir. Versez dans des bols et décorez de fromage râpé.

Chaudrée de la Nouvelle-Angleterre

Par portion : **Calories** 326 **Protéines** 17 g **Hydrates de carbone** 21 g **Graisses** 19 g **Cholestérol** 71 mg **Sodium** 398 mg

- 45 **g (1½ oz) de lard salé, coupé en dés (¼ tasse)**
- 1 **oignon moyen, haché**
- ¼ **tasse de céleri haché**
- 2 **pommes de terre moyennes (environ 375 g/12 oz), épluchées et détaillées en dés**
- 1 **tasse de jus de palourde (ou de clamato)**
- ½ **tasse d'eau**
- 1 **tasse de palourde cuites, hachées (ou 2 boîtes de 142 g/5 oz de palourdes, égouttées et hachées)**
- 1½ **tasse de lait**
- 1 **tasse de crème légère**
- ⅛ **c. à thé de poivre blanc**
  Sel, au goût

 PRÉPARATION
15 MINUTES

 CUISSON
28 MINUTES

1 Dans une grande casserole, faites sauter le lard salé à feu modéré jusqu'à ce qu'il prenne couleur. Ajoutez l'oignon et le céleri et, après 5 minutes, les pommes de terre, le jus de palourde et l'eau. Couvrez et amenez à ébullition à feu vif. Réduisez la chaleur et laissez mijoter 10 minutes

2 Incorporez les palourdes, le lait, la crème et le poivre ; goûtez avant de saler. Réchauffez la chaudrée à feu modéré sans la laisser bouillir. Servez brûlant.

Version pour micro-ondes

Dans un plat à micro-ondes de 4 litres (16 tasses), faites cuire le lard à Maximum pendant 3 minutes sans couvrir ; remuez une fois. Ajoutez l'oignon et le céleri ; couvrez et faites attendrir à Maximum 3 minutes ; remuez une fois. Ajoutez les pommes de terre, le jus de palourde et l'eau ; faites cuire à Maximum 7-9 minutes. Incorporez les palourdes, le lait, la crème et le poivre ; salez au besoin. Couvrez et réchauffez à Moyen 5-7 minutes en remuant une fois.

Chaudrée de crevettes de la Louisiane

Par portion : **Calories** 160 **Protéines** 14 g **Hydrates de carbone** 12 g **Graisses** 7 g **Cholestérol** 125 mg **Sodium** 371 mg

1 paquet de crevettes crues surgelées, vendues décortiquées et parées

1 oignon blanc moyen

1 poivron vert moyen

2 tasses de tomates en boîte, entières et pelées

2 c. à soupe (¼ bâtonnet) de beurre (ou de margarine)

1 c. à thé de persil haché fin

½ c. à thé de thym séché

1 petite feuille de laurier

¼ c. à thé de sauce Tabasco (ou davantage)

2½ c. à thé de farine

1½ tasse d'eau

Sel, au goût

 PRÉPARATION
17 MINUTES

 CUISSON
19 MINUTES

REMARQUE *Avec des crevettes fraîches, la chaudrée sera meilleure. La cuisine créole se doit d'être relevée : mettez autant de sauce Tabasco que vos papilles peuvent supporter. Servez cette chaudrée avec une baguette de pain pour l'adoucir.*

1 Placez les crevettes dans une passoire et décongelez-les à l'eau courante tiède. Entre-temps, hachez l'oignon finement ; épépinez et hachez grossièrement le poivron ; concassez les tomates en réservant leur jus.

2 Dans une grande casserole, mettez le beurre à fondre à feu modéré. Faites-y revenir l'oignon 5 minutes avant d'ajouter le poivron, le persil, le thym, le laurier et la sauce Tabasco. Après 1 minute, incorporez la farine et mélangez bien.

3 Ajoutez les tomates et leur jus, ainsi que l'eau ; amenez à ébullition à feu vif. Réduisez la chaleur, couvrez la casserole et laissez mijoter pendant 5 minutes.

4 Ajoutez les crevettes et prolongez la cuisson de 5 minutes. Retirez la feuille de laurier et salez au goût. Servez immédiatement.

Soupe jardinière

Par portion : **Calories** 284 **Protéines** 17 g **Hydrates de carbone** 36 g **Graisses** 8 g **Cholestérol** 0 mg **Sodium** 267 mg

2 c. à soupe d'huile d'olive

1 oignon moyen, haché

1 côte de céleri, hachée

1 grosse carotte, hachée

1 tasse de lentilles rouges cassées, triées et rincées

2 tasses de bouillon de légumes (préparé avec des cubes et de l'eau)

2 tasses d'eau

1 feuille de laurier

½ c. à thé de thym séché

1 tomate moyenne mûre, épépinée et hachée

1 oignon vert, tranché mince

 PRÉPARATION
8 MINUTES

 CUISSON
30 MINUTES

REMARQUE *Les lentilles cassées cuisent vite et donnent au potage la consistance qui en fera un plat de résistance. Ne lésinez pas sur le thym et le laurier : la lentille absorbe particulièrement bien leurs saveurs.*

1 Dans une grande casserole, réchauffez l'huile à feu modéré ; faites-y sauter l'oignon haché, le céleri et la carotte. Après 1 minute, ajoutez les lentilles, le bouillon, l'eau, le laurier et le thym.

2 Amenez à ébullition à feu vif. Baissez le feu, couvrez et laissez mijoter le potage pendant 15 minutes.

3 Incorporez la tomate hachée et prolongez la cuisson de 10 minutes. Retirez la feuille de laurier. Versez la soupe dans des bols individuels et saupoudrez chaque portion de fines rondelles d'oignon vert. Servez tout de suite.

POTAGE PRINTANIER AU POULET

Par portion : **Calories** 361 **Protéines** 30 g **Hydrates de carbone** 33 g **Graisses** 12 g **Cholestérol** 91 mg **Sodium** 621 mg

3 c. à soupe de beurre
(ou de margarine)

3 pommes de terre
moyennes (500 g/1 lb),
épluchées et détaillées en
bouchées de 2,5 cm (1 po)

250 g (8 oz) de carottes,
détaillées en rondelles

3 oignons verts, bulbes et
tiges séparés, taillés de
biais en tronçons de
1 cm (½ po)

2 c. à soupe de farine

½ c. à thé de sucre

¼ c. à thé d'estragon séché

⅛ c. à thé de poivre noir

4 tasses de bouillon de
poulet hyposodique
en boîte

250 g (8 oz) de blancs de
poulet, débarrassés de
la peau et taillés en
bouchées de 1 cm (½ po)

 PRÉPARATION
12 MINUTES

CUISSON
30 MINUTES

1 Dans une grande casserole, mettez le beurre à fondre à feu modéré. Jetez-y les pommes de terre et les carottes et tournez-les dans le beurre. Ajoutez les bulbes des oignons verts et laissez rissoler le tout 1 minute.

2 Incorporez la farine, le sucre, l'estragon et le poivre ; remuez et mouillez avec le bouillon. Amenez à ébullition à grand feu.

3 Réduisez la chaleur. Ajoutez le poulet, couvrez et laissez mijoter pendant 20 minutes. Décorez de tiges d'oignons verts.

CUISSON AU MICRO-ONDES

Réglez le four à Maximum. Dans un plat à micro-ondes de 12 tasses, faites fondre le beurre à couvert 1 minute. Ajoutez les pommes de terre, les carottes et les bulbes d'oignons verts ; couvrez et cuisez 8 minutes. Incorporez la farine, le sucre, l'estragon et le poivre ; couvrez et cuisez 1 minute. Ajoutez le bouillon et le poulet ; couvrez et faites cuire 8-10 minutes, en remuant à deux reprises. Vérifiez la cuisson du poulet ; prolongez la cuisson au besoin de quelques minutes.

 L'ouvre-boîte

Ces deux potages se font le temps de le dire grâce à des mélanges déshydratés auxquels vous ajoutez votre grain de sel.

CHAUDRÉE DE CRABE AUX NOUILLES

Dans une grande casserole, amenez à ébullition **4½ tasses d'eau** et **2 sachets de soupe déshydratée aux nouilles orientales à saveur de poulet** (avec un seul sachet d'épices). Ajoutez **½ paquet de pois mange-tout surgelés.** Faites cuire 3 minutes en remuant fréquemment. Quand les nouilles sont tendres et les mange-tout décongelés, ajoutez **250 g (8 oz) de crabe** (ou de goberge à saveur de crabe). Réchauffez la chaudrée à fond avant de servir.
DONNE 4 PORTIONS.

CHAUDRÉE DE POULET

Dans une casserole moyenne, amenez à ébullition à grand feu **1 tasse d'eau** et **1 paquet de légumes mélangés surgelés.** Incorporez **2 boîtes (284 ml/10 oz) de crème de poulet condensée hyposodique,** **1½ tasse de lait** et **1 boîte (184 g) de blanc de poulet conservé dans l'eau,** bien égoutté. Amenez à ébullition à feu assez vif en remuant de temps à autre. Versez dans des bols et servez immédiatement avec des **grissols** ou des **craquelins.**
DONNE 4 PORTIONS.

SOUPE EXPRESS AUX LÉGUMES ET AU BŒUF

Soupe express aux légumes et au bœuf

Par portion : **Calories** 194　**Protéines** 19 g　**Hydrates de carbone** 18 g　**Graisses** 5 g　**Cholestérol** 37 mg　**Sodium** 850 mg

500 g (1 lb) de bœuf haché maigre

1 oignon moyen, coupé en tranches

4 tasses de bouillon de bœuf en boîte

1 boîte (540 ml/19 oz) de tomates étuvées

500 g (1 lb) de légumes mélangés surgelés (brocoli, carottes, chou-fleur)

1 tasse de maïs en grains, frais ou surgelé

½ c. à thé de basilic séché

Sel et poivre noir

　PRÉPARATION
3 MINUTES

　CUISSON
35 MINUTES

CONSEIL *Vérifiez l'assaisonnement avant d'ajouter du sel car le bouillon en boîte est souvent déjà très salé. Ce potage se congèle bien et se réchauffe facilement ; vous pouvez en préparer une bonne quantité d'avance.*

1 Dans une grande casserole, faite revenir le bœuf haché et les tranches d'oignon 10 minutes en remuant de temps à autre jusqu'à ce que l'oignon soit tendre et la viande à point.

2 Ajoutez le bouillon, les tomates étuvées, les légumes surgelés, le maïs et le basilic. Couvrez et amenez à ébullition à grand feu.

3 Baissez le feu et laissez mijoter le potage doucement pendant 10-15 minutes. Rectifiez l'assaisonnement en sel et en poivre et servez tout de suite.

MINESTRONE AUX TORTELLINIS

Par portion : **Calories** 233 **Protéines** 12 g **Hydrates de carbone** 32 g **Graisses** 7 g **Cholestérol** 30 mg **Sodium** 935 mg

- 2 **c. à soupe (¼ bâtonnet) de beurre (ou de margarine)**
- 1 **oignon rouge moyen, taillé en rondelles**
- 2 **petites courges jaunes (environ 250 g/8 oz), taillées en tranches**
- 1 **gousse d'ail, hachée**
- 5 **tasses de bouillon de bœuf en boîte**
- 2 **tasses de pain italien légèrement rassis, détaillé en dés**
- 250 **g (8 oz) de tortellinis réfrigérés ou surgelés**
- 1 **paquet de brocoli surgelé**
  Sel et poivre noir
- 12 **tomates-cerises, coupées en deux**

 PRÉPARATION **6 MINUTES**   CUISSON **28 MINUTES**

CONSEIL *On appelle tortellinis de petits carrés de pâte farcis de viande hachée ou de ricotta (l'un et l'autre conviennent dans cette recette). On les trouve au rayon des pâtes fraîches ou des pâtes surgelées. Ce minestrone a tendance à épaissir s'il doit attendre ; diluez-le avec un peu de bouillon si vous le désirez.*

1 Dans une grande casserole, faites fondre le beurre à feu modéré ; mettez-y l'oignon et laissez-le cuire 5 minutes ; ajoutez la courge et l'ail et laissez cuire encore 2 minutes.

2 Ajoutez le bouillon et le pain. Couvrez et amenez à ébullition à grand feu, en remuant de temps à autre. Réduisez la chaleur et laissez mijoter 2-3 minutes, toujours à couvert.

3 Ajoutez les tortellinis et prolongez la cuisson de 7 minutes. Décongelez le brocoli partiellement en faisant couler l'eau chaude sur le paquet ; hachez-le. Ramenez l'ébullition à feu vif, plongez le brocoli dans la casserole et faites-le attendrir 3-4 minutes. Ajoutez les tomates-cerises ; rectifiez l'assaisonnement.

SOUPE AU CHOU À LA HONGROISE

Par portion : **Calories** 254 **Protéines** 18 g **Hydrates de carbone** 14 g **Graisses** 15 g **Cholestérol** 57 mg **Sodium** 921 mg

- ½ **c. à thé de graines de carvi**
- 1½ **c. à thé de paprika**
- ½ **tasse de crème sure**
- 2 **c. à soupe (¼ bâtonnet) de beurre (ou de margarine)**
- 1 **gros oignon, haché fin**
- 4 **tasses de bouillon de bœuf en boîte**
- 250 **g (8 oz) de jambon, détaillé en dés**
  Sel et poivre noir
- ½ **petit chou, paré et coupé en tranches fines (6 tasses)**
- 1 **c. à soupe de persil haché**

 PRÉPARATION **12 MINUTES**   CUISSON **17 MINUTES**

NUTRITION *Riche en vitamine A (qui agit sur la peau et la vue), en vitamine C (qui stimule la croissance des cellules), et en fibres, le chou est un excellent légume pour la santé. Le voici associé au jambon dans une soupe-repas substantielle.*

1 À l'aide d'un mortier ou d'un rouleau à pâtisserie, écrasez les graines de carvi. Mettez-les dans un petit bol, ajoutez le paprika et la crème sure et mélangez. Rangez au réfrigérateur.

2 Dans une grande casserole, mettez le beurre à fondre à feu modéré. Jetez-y l'oignon et laissez-le cuire 5 minutes en remuant de temps à autre.

3 Ajoutez le bouillon et le jambon, le sel et le poivre et amenez à ébullition à feu vif. Réduisez la chaleur, incorporez le chou et prolongez la cuisson de 5 minutes pour que le chou soit cuit mais encore croquant. Ajoutez le persil. Versez la soupe dans des bols et décorez chaque portion d'une cuillerée de crème sure.

Potage GOULASH

Par portion : **Calories** 197 **Protéines** 5 g **Hydrates de carbone** 14 g **Graisses** 14 g **Cholestérol** 16 mg **Sodium** 358 mg

2 c. à soupe d'huile

1 petit oignon, haché

2 petits topinambours, épluchés et détaillés en dés (ou 1 pomme de terre moyenne)

1 petite carotte, coupée en rondelles

1 gousse d'ail, hachée fin

2 saucisses knackwurst, détaillées en tranches

1½ c. à thé de paprika

½ c. à thé d'aneth séché

Sel et poivre noir

4 tasses d'eau

1 boîte (540 ml/19 oz) de tomates entières pelées, égouttées et grossièrement hachées

½ tasse de nouilles aux œufs moyennes

 PRÉPARATION
10 MINUTES

 CUISSON
35 MINUTES

1 Dans une grande casserole, réchauffez l'huile à feu modéré. Faites revenir doucement l'oignon, les topinambours, la carotte et l'ail pendant 10 minutes en remuant de temps à autre.

2 Ajoutez les saucisses, le paprika et l'aneth ; salez et poivrez.

3 Mouillez avec l'eau et les tomates et faites prendre l'ébullition à feu vif. Réduisez la chaleur, couvrez et laissez mijoter 10 minutes.

4 Ramenez l'ébullition à feu vif, jetez les nouilles dans la casserole et comptez 5 minutes de cuisson. Servez immédiatement.

Cuisson au micro-ondes

Réglez la puissance à Maximum. Versez l'huile dans un plat à micro-ondes de 16 tasses et mettez-y l'oignon, les topinambours, la carotte et l'ail. Couvrez et faites cuire 5 minutes ; remuez une fois. Ajoutez les saucisses, le paprika et l'aneth ; faites cuire 1 minute sans couvrir. Mouillez avec l'eau et les tomates, couvrez et faites cuire 8-13 minutes. Incorporez les nouilles ; faites cuire le tout, sans couvrir, 5-7 minutes de plus ou jusqu'à ce que les pâtes soient tendres.

Potage DE LÉGUMINEUSES

Par portion : **Calories** 231 **Protéines** 19 g **Hydrates de carbone** 31 g **Graisses** 4 g **Cholestérol** 22 mg **Sodium** 850 mg

2 tranches de bacon

1 gros oignon, haché

2 carottes moyennes, épluchées et coupées en rondelles

4 tasses d'eau

2 boîtes (540 ml/19 oz), en tout, de haricots blancs, rincés et égouttés (ou de cannellinis)

1 boîte (213 ml/7,5 oz) de sauce aux tomates

250 g (8 oz) de jambon, détaillé en dés

1 feuille de laurier

Sel et poivre noir

 PRÉPARATION
7 MINUTES

 CUISSON
36 MINUTES

1 Dans une grande casserole, faites rissoler le bacon à feu modéré jusqu'à ce qu'il soit bien croquant. Retirez-le avec une cuiller à fentes et épongez-le sur des feuilles d'essuie-tout. Réduisez la chaleur. Jetez l'oignon et les carottes dans le gras qu'a rendu le bacon et faites-les sauter 5 minutes.

2 Ajoutez l'eau, l'une des boîtes de haricots blancs, la sauce aux tomates, le jambon et le laurier. Couvrez et amenez à ébullition à feu vif. Baissez le feu et laissez mijoter la soupe 20-25 minutes à feu doux, sans la découvrir, en remuant de temps à autre.

3 Retirez et jetez la feuille de laurier. Incorporez la deuxième boîte de haricots blancs ; salez et poivrez. Ramenez l'ébullition à feu vif. Versez la soupe dans des bols individuels et décorez de bacon émietté. Servez immédiatement.

POTAGE CASTILLAN AUX POMMES DE TERRE

POTAGE CASTILLAN AUX POMMES DE TERRE

Par portion : **Calories** 320   **Protéines** 13 g   **Hydrates de carbone** 17 g   **Graisses** 22 g   **Cholestérol** 40 mg   **Sodium** 942 mg

2   **c. à soupe d'huile d'olive**

1   **gros oignon, haché**

2   **gousses d'ail, hachées fin**

2   **pommes de terre Idaho moyennes (375 g/12 oz), épluchées et coupées en dés**

3   **tasses de bouillon de poulet hyposodique en boîte**

1   **feuille de laurier**

2   **saucisses chorizos (ou 250 g/8 oz de kielbasa)**

2   **tasses de chou frisé, débarrassé des grosses tiges et coupé en tranches fines**

 PRÉPARATION
12 MINUTES

 CUISSON
32 MINUTES

NUTRITION *Le chorizo est une saucisse épicée qui donne à ce potage son attrait particulier. Si on le remplace par du kielbasa, il faut ajouter un peu de cayenne.*

1 Dans une grande casserole, réchauffez l'huile à feu modéré. Mettez-y l'oignon et l'ail et faites-les revenir 2 minutes. Ajoutez les pommes de terre, le bouillon et le laurier ; couvrez et amenez à ébullition à feu vif. Laissez mijoter à feu doux 18-20 minutes.

2 Découpez les saucisses en rondelles de 1 cm (½ po) d'épaisseur. Quand le potage est à point, retirez d'abord la feuille de laurier, puis écrasez un peu de pomme de terre à la fourchette pour épaissir le bouillon.

3 Ajoutez les saucisses et le chou frisé et prolongez la cuisson de 5 minutes. Servez immédiatement.

SOUPE CHINOISE AU POULET

Par portion : **Calories** 130 **Protéines** 18 g **Hydrates de carbone** 7 g **Graisses** 3 g **Cholestérol** 37 mg **Sodium** 881 mg

250 g (8 oz) de poitrine de poulet désossée, sans la peau

2 c. à soupe de xérès sec

4 tasses de bouillon de poulet hyposodique

125 g (4 oz) de champignons, détaillés en tranches

1 c. à thé de gingembre frais haché (ou ⅛ c. à thé de gingembre moulu)

1 c. à soupe de sauce de soja hyposodique

3 oignons verts, détaillés de biais en rondelles de 1 cm (½ po)

125 g (4 oz) de chou chinois, en lanières de 1 cm (½ po)

½ tasse de châtaignes d'eau tranchées finement

 PRÉPARATION
18 MINUTES

CUISSON
13 MINUTES

CONSEIL *Vous trouverez peut-être des châtaignes d'eau en boîte qui sont déjà tranchées, mais leurs tranches sont trop épaisses. Prenez plutôt des châtaignes d'eau entières et détaillez-les vous-même en tranches très fines. Le résultat sera meilleur à la vue et au goût.*

1 Détaillez le poulet transversalement en minces lanières. Mettez-les dans un bol moyen avec le xérès et laissez-les mariner 10 minutes.

2 Dans une grande casserole, mettez le bouillon de poulet, les champignons tranchés, le gingembre haché et la sauce de soja. Amenez à ébullition à feu vif.

3 Ajoutez le poulet et, 1 minute plus tard, les oignons, le chou et les châtaignes d'eau. Laissez cuire 5 minutes et servez sans attendre.

SOUPE CHINOISE AU PORC ET AUX ŒUFS

Par portion : **Calories** 474 **Protéines** 28 g **Hydrates de carbone** 11 g **Graisses** 35 g **Cholestérol** 177 mg **Sodium** 575 mg

2 côtes de porc de 1 cm (½ po) d'épaisseur dans la longe (environ 600 g/1¼ lb)

1 c. à soupe d'huile

2 tasses de bouillon de bœuf en boîte

2 tasses d'eau

3 oignons verts, tranchés

½ tasse de pousses de bambou en boîte, égouttées

1 c. à soupe de gingembre frais haché (ou 1 c. à thé de gingembre moulu)

1 paquet de petits pois surgelés

2 gros œufs

Sel, au goût

 PRÉPARATION
11 MINUTES

 CUISSON
32 MINUTES

CONSEIL *Il est préférable d'utiliser du gingembre frais. À défaut, prenez du gingembre moulu, mais ne vous privez pas de déguster cette savoureuse spécialité chinoise.*

1 Désossez et dégraissez les côtes de porc. Réservez les os. Découpez la chair en lanières. Dans un grand faitout, réchauffez l'huile à feu vif. Mettez-y la viande et les os à rissoler 8-10 minutes.

2 Ajoutez le bouillon, l'eau, les oignons verts, les pousses de bambou et le gingembre haché. Couvrez et amenez à ébullition. Réduisez la chaleur et laissez mijoter le potage 10 minutes. Entre-temps, mettez les petits pois dans une passoire et placez celle-ci 2 minutes sous le robinet d'eau chaude pour les décongeler.

3 Jetez les os de porc. Mettez les petits pois dans le faitout. Augmentez le feu et laissez cuire 4 minutes.

4 Dans un petit bol, battez les œufs. Versez-les doucement dans le potage tout en remuant et laissez-les coaguler, sans plus. Retirez le faitout du feu, salez et servez immédiatement.

POISSONS ET FRUITS DE MER

CREVETTES AIGRES-DOUCES (PAGE 122)

POISSONS

Du turbot à l'espadon, cuit au four ou à la poêle,
le poisson se prête tout naturellement à la cuisine rapide. Il constitue en outre
une des meilleures sources de protéines qui soient.

POISSON ENTIER AUX FINES HERBES

Par portion : **Calories** 447 **Protéines** 46 g **Hydrates de carbone** 3 g **Graisses** 27 g **Cholestérol** 93 mg **Sodium** 115 mg

⅓ **tasse de basilic frais
(n'employez pas de
basilic séché)**

⅓ **tasse de persil haché
un peu tassé (n'employez
pas de persil séché)**

1 **gousse d'ail**

⅓ **tasse d'huile d'olive**

Sel et poivre noir

½ **tasse de crème sure**

1 **c. à thé de romarin séché**

2 **vivaneaux de 750 g
(1½ lb) chacun, parés
(ou 2 bars)**

**Tranches de lime
(facultatif)**

**Basilic et persil frais
pour la garniture
(facultatif)**

 PRÉPARATION
10 MINUTES

 CUISSON
25 MINUTES

SERVICE *Servez ce plat avec des pommes de terre à l'anglaise ;
la sauce de cette recette leur convient particulièrement bien.*

1 Chauffez le four à 180°C (350°F). Tapissez de papier d'aluminium épais un plat à four assez grand pour recevoir les deux poissons.

2 Au robot ou au mélangeur, réduisez en purée le basilic, le persil et l'ail dans l'huile d'olive. Salez et poivrez. Incorporez 2 c. à soupe de cette purée à la crème sure ; couvrez-la et rangez-la au réfrigérateur. Ajoutez le romarin au reste de la purée en la travaillant de nouveau pendant 1 minute.

3 En vous servant d'un couteau bien tranchant, pratiquez trois incisions peu profondes en diagonale sur chaque face des poissons. Avec vos doigts, introduisez la purée de fines herbes dans ces incisions ainsi que dans la cavité des poisson. Déposez-les dans le plat à four et faites-les cuire 20 minutes sans couvrir.

4 Quand les poissons s'effeuillent à la fourchette, dressez-les dans un plat de service et retirez le papier d'aluminium avec précaution. Décorez de tranches de lime et de fines herbes, s'il y a lieu, et servez immédiatement en offrant la crème sure en saucière.

IDÉES MINUTE

LE POISSON
• Pour évaluer le temps de cuisson d'un poisson, mesurez-en l'épaisseur dans sa portion la plus charnue et calculez 10 minutes de cuisson pour chaque 2,5 cm (1 po) d'épaisseur. Cette méthode est valable pour tous les modes de cuisson.

• Le poisson cuit vite, mais il entraîne souvent à sa suite des nettoyages compliqués. Tapissez donc la rôtissoire ou la lèchefrite de papier d'aluminium épais avant d'y mettre le poisson ou vaporisez le gril d'un enduit antiadhésif. La vaisselle en sera d'autant simplifiée.

• Le poisson frit a meilleur goût et cuit plus rapidement si vous ne mettez à frire qu'un ou deux morceaux à la fois dans la poêle. Autrement, l'huile a tendance à se refroidir : le poisson cuit donc plus lentement, s'imbibe d'huile et devient flasque.

TRUITE AUX CHAMPIGNONS

Par portion : **Calories** 538 **Protéines** 52 g **Hydrates de carbone** 17 g **Graisses** 29 g **Cholestérol** 163 mg **Sodium** 572 mg

⅓ **tasse de farine**

½ **c. à thé de sel**

¼ **c. à thé de poivre noir**

4 **truites arc-en-ciel ou « mouchetées » (ombles de fontaine) de 250 g (8 oz) chacune, vidées**

4 **tranches de bacon, coupées en tronçons de 2,5 cm (1 po)**

2 **c. à soupe (¼ bâtonnet) de beurre (ou de margarine)**

1 **oignon moyen, haché**

250 **g (8 oz) de petits champignons, coupés en deux**

1 **tasse de lait**

1 **c. à soupe de persil haché**

PRÉPARATION
11 MINUTES

CUISSON
34 MINUTES

1 Sur du papier ciré, mélangez la farine, le sel et le poivre ; mettez-en de côté 2 c. à soupe. Rincez les truites ; ne les asséchez pas. Roulez-les dans la farine assaisonnée.

2 Dans une grande sauteuse, faites cuire le bacon à feu assez doux. Quand il est bien croquant, retirez-le avec une cuiller à fentes et épongez-le sur des feuilles d'essuie-tout.

3 Faites frire les truites deux à la fois dans le gras de bacon, 5-6 minutes de chaque côté pour qu'elles soient bien dorées. Déposez-les dans un plat de service et gardez-les au chaud pendant que vous faites cuire les deux autres.

4 Dans la même sauteuse, mettez le beurre à fondre à feu modéré. Faites-y revenir l'oignon 3 minutes. Ajoutez les champignons. Quand ils sont ramollis, incorporez la farine réservée et mouillez peu à peu avec le lait. Laissez cuire en remuant jusqu'à ce que la sauce épaississe.

5 Nappez les truites d'un peu de sauce et décorez-les de bacon émietté et de persil. Présentez le reste de la sauce en saucière.

TRUITE AU BEURRE CITRONNÉ

Par portion : **Calories** 564 **Protéines** 60 g **Hydrates de carbone** 5 g **Graisses** 31 g **Cholestérol** 196 mg **Sodium** 439 mg

¼ **tasse de farine**

½ **c. à thé de sel**

¼ **c. à thé de poivre noir**

4 **truites arc-en-ciel ou « mouchetées » (ombles de fontaine) de 250 g (8 oz) chacune, vidées et sans la tête**

Huile à friture

¼ **tasse (½ bâtonnet) de beurre (ou de margarine)**

1 **c. à soupe de jus de citron**

8 **tranches de citron**

Persil haché (facultatif)

PRÉPARATION
10 MINUTES

CUISSON
27 MINUTES

CONSEIL *Cette préparation est classique ; le beurre citronné souligne la finesse du poisson.*

1 Sur du papier ciré, mélangez la farine, le sel et le poivre. Rincez les truites et asséchez-les avant de les fariner.

2 Dans le fond d'une grande sauteuse, versez ½ cm (¼ po) d'huile. Réchauffez-la à feu modéré. Quand elle est chaude, faites-y cuire les truites, deux par deux ; comptez 6-7 minutes de chaque côté pour qu'elles soient bien dorées. Dès qu'elles sont à point, déposez-les dans les assiettes et gardez-les au chaud.

3 Par ailleurs, chauffez le beurre 1 minute dans une petite casserole. Quand il commence à brunir, incorporez le jus de citron. Nappez les truites de beurre citronné ; disposez les tranches de citron de chaque côté des poissons et décorez de persil, s'il y a lieu.

Galettes de thon et sauce au concombre

Par portion : **Calories** 232 **Protéines** 28 g **Hydrates de carbone** 9 g **Graisses** 8 g **Cholestérol** 103 mg **Sodium** 535 mg

1	concombre moyen
1¼	c. à thé de sel, en tout
2	boîtes (184 g/6½ oz) de thon dans l'eau, égoutté et effeuillé
½	tasse de chapelure
½	tasse d'oignon vert tranché
1	gros œuf
2	c. à soupe de mayonnaise
¼	c. à thé de poivre noir
½	tasse de yogourt nature
1	c. à soupe d'aneth haché (ou 1 c. à thé d'aneth séché)
	Sel et poivre noir au goût
1	c. à soupe d'huile
	Brins d'aneth (facultatif)

 PRÉPARATION
30 MINUTES

 CUISSON
4 MINUTES

CONSEIL *Cette recette sert quatre personnes en entrée ; pour en faire un plat de résistance, doublez les quantités.*

1 Pelez le concombre ; coupez-le en deux sur la longueur et retirez la semence avec une petite cuiller. Râpez le concombre. Déposez la pulpe dans une passoire, saupoudrez-la de 1 c. à thé de sel et laissez-la s'égoutter pendant 15 minutes.

2 Dans un grand bol, mélangez le thon, la chapelure, l'oignon vert, l'œuf, la mayonnaise, le poivre et ¼ c. à thé de sel. Façonnez cet apprêt en quatre galettes de 2,5 cm (1 po) d'épaisseur.

3 Rincez la pulpe de concombre à l'eau froide ; égouttez-la à fond en la pressant contre la passoire. Déposez-la dans un petit bol ; incorporez le yogourt et l'aneth ; salez, poivrez et mélangez. Couvrez et réfrigérez jusqu'au moment de servir.

4 Dans une grande sauteuse, réchauffez l'huile à feu modéré. Faites-y dorer les galettes de thon 2 minutes de chaque côté. Dressez-les dans des assiettes individuelles décorées, à votre gré, de brins d'aneth. Accompagnez-les de sauce au concombre rafraîchie.

THON AU BROCOLI

Par portion : **Calories** 377 **Protéines** 35 g **Hydrates de carbone** 21 g **Graisses** 18 g **Cholestérol** 55 mg **Sodium** 614 mg

1 **paquet géant
de brocoli surgelé
(environ 500 g/1 lb)**

3 **c. à soupe de beurre
(ou de margarine)**

¼ **tasse d'amandes effilées**

¼ **tasse de farine**

¼ **c. à thé de sel**

⅛ **c. à thé de poivre noir**

2 **tasses de lait**

2 **boîtes (184 g/6½ oz chacune)
de thon dans l'eau, égoutté
et effeuillé**

Paprika

 PRÉPARATION
10 MINUTES

CUISSON
27 MINUTES

SERVICE *Une salade d'escarole, avocat et tomate ajoute de la fraîcheur à ce plat délicieux et peu coûteux.*

1 Chauffez le four à 180°C (350°F). Graissez un plat à four moyen. Décongelez partiellement le brocoli sous le robinet d'eau chaude ou au micro-ondes de façon à pouvoir séparer les bouquets.

2 Dans une grande casserole, faites fondre le beurre à feu modéré. Jetez-y les amandes et faites-les revenir 90 secondes. Quand elles sont dorées, incorporez la farine, le sel et le poivre. Mouillez peu à peu avec le lait et laissez cuire 4-5 minutes ou jusqu'à ce que la sauce épaississe. Retirez du feu.

3 Épongez le brocoli ; disposez les bouquets sur les côtés les plus longs du plat à four en tournant les tiges vers le centre. Sur les tiges, au centre du plat, étalez le thon. Nappez le tout de sauce aux amandes.

4 Couvrez de papier d'aluminium et faites cuire 20-25 minutes. Découvrez, saupoudrez de paprika et servez.

BARBOTTE À LA MODE CAJUN

Par portion : **Calories** 322 **Protéines** 32 g **Hydrates de carbone** 5 g **Graisses** 19 g **Cholestérol** 130 mg **Sodium** 1 293 mg

2 **c. à soupe de paprika**

2 **c. à thé de sel**

2 **c. à thé de poudre
d'oignon**

2 **c. à thé de poudre d'ail**

1½ **c. à thé de poivre noir**

1 **c. à thé de cayenne**

1 **c. à thé de thym séché**

1 **c. à thé d'origan séché**

¼ **tasse (½ bâtonnet) de
beurre doux (ou de
margarine non salée)**

4 **filets de barbotte
de 180 g (6 oz) chacun**

4 **petits quartiers de citron**

 PRÉPARATION
5 MINUTES

CUISSON
12 MINUTES

CONSEIL *Ce plat cajun est encore meilleur si vous vous servez d'une poêle en fonte noire très chaude pour faire frire le poisson.*

1 Dans un moule à tarte, mélangez le paprika, le sel, la poudre d'oignon, la poudre d'ail, le poivre noir, le cayenne, le thym et l'origan. Par ailleurs, faites fondre le beurre et versez-le dans un autre moule à tarte.

2 Réchauffez une grande sauteuse pour qu'elle soit très chaude. Plongez les filets de poisson dans le beurre fondu et roulez-les dans les condiments mélangés. Faites-les cuire deux par deux dans la sauteuse brûlante ; comptez 2-3 minutes pour qu'ils soient bien cuits et que les deux faces soient noircies.

3 Gardez les filets au chaud dans un plat de service pendant que les autres cuisent. Servez sans attendre avec des quartiers de citron.

Barbotte aux pacanes

🍴④🍴

Par portion : **Calories** 485 **Protéines** 34 g **Hydrates de carbone** 15 g **Graisses** 31 g **Cholestérol** 166 mg **Sodium** 439 mg

⅓ **tasse de pacanes moulues**

⅓ **tasse de farine de maïs jaune**

3 **c. à soupe de farine tout usage**

½ **c. à thé de sel**

¼ **c. à thé de cayenne**

1 **gros œuf**

1 **c. à soupe d'eau**

4 **filets de barbotte de 180 g (6 oz) chacun**

3 **c. à soupe d'huile, en tout**

2 **c. à soupe (¼ bâtonnet), en tout, de beurre (ou de margarine)**

Petits quartiers de citron

PRÉPARATION
15 MINUTES

CUISSON
14 MINUTES

SERVICE *Accompagnez ce plat de haricots verts au beurre, parsemés d'un peu de pacanes hachées.*

1 Sur du papier ciré, mélangez les pacanes et la farine de maïs. Sur un autre morceau de papier ciré, mélangez la farine tout usage, le sel et le cayenne. Dans un moule à tarte, battez l'œuf dans l'eau.

2 Roulez les filets dans la farine ; secouez-les pour faire tomber l'excédent. Tournez-les dans l'œuf et roulez-les dans les pacanes.

3 Dans une grande sauteuse, réchauffez la moitié de l'huile et la moitié du beurre à feu modéré. Faites-y frire deux filets 3-4 minutes de chaque côté.

4 Quand les filets sont dorés, déposez-les dans un plat de service et gardez-les au chaud. Faites cuire les deux autres filets dans le reste de l'huile et du beurre. Servez immédiatement avec de petits quartiers de citron.

Barbotte en papillote

Par portion : **Calories** 280 **Protéines** 32 g **Hydrates de carbone** 3 g **Graisses** 14 g **Cholestérol** 99 mg **Sodium** 369 mg

- 2 **c. à soupe de xérès sec**
- 2 **c. à soupe d'huile**
- 1 **c. à soupe de tige d'oignon vert hachée**
- 1 **c. à soupe de sauce de soja**
- ¼ **c. à thé de gingembre moulu**
- 4 **filets de barbotte de 180 g (6 oz) chacun**
- 1 **petite tomate, en tranches minces**
- 1 **petite courgette, en fines rondelles**

 PRÉPARATION
13 MINUTES

CUISSON
15 MINUTES

1 Chauffez le four à 230°C (450°F). Dans un petit bol, mélangez le xérès, l'huile, l'oignon vert, la sauce de soja et le gingembre. Découpez quatre carrés de 30 cm (12 po) de côté dans du papier d'aluminium ou du papier sulfurisé pour le four.

2 Déposez les filets de barbotte au centre des carrés et mouillez de xérès condimenté. Disposez par-dessus les tomates et les courgettes. Repliez une pointe des carrés en diagonale de façon à former des triangles. Scellez les bords.

3 Faites cuire les papillotes 15-20 minutes. Ouvrez-les pour vérifier la cuisson : le poisson est cuit quand il s'effeuille à la fourchette. Retirez les papillotes avant de servir les filets.

Teriyaki de saumon

Par portion : **Calories** 430 **Protéines** 57 g **Hydrates de carbone** 4 g **Graisses** 19 g **Cholestérol** 156 mg **Sodium** 896 mg

- 3 **c. à soupe de sauce de soja**
- 1 **c. à soupe de jus de lime**
- 2 **c. à thé de sucre**
- 1 **c. à thé d'huile de sésame aromatique**
- ½ **c. à thé de gingembre moulu**
- 4 **darnes de saumon de 2,5 cm (1 po) d'épaisseur (300 g/10 oz chacune)**
  Tranches de lime (facultatif)

 PRÉPARATION
12 MINUTES

 CUISSON
10 MINUTES

1 Allumez le gril. Dans un plat peu profond, mélangez la sauce de soja, le jus de lime, le sucre, l'huile de sésame et le gingembre. Enduisez les darnes de saumon de marinade des deux côtés. Laissez-les reposer 10 minutes en les tournant une fois.

2 Déposez les darnes sur la grille d'une lèchefrite. Faites-les griller 5 minutes à 10 cm (4 po) de l'élément. Tournez-les et badigeonnez-les de marinade. Poursuivez la cuisson au gril pendant 5-7 minutes. Piquez-les pour vérifier qu'elles sont à point. Décorez de tranches de lime, s'il y a lieu, et servez sans attendre.

Idées Minute

POISSON SURGELÉ
Si vous n'avez pas pu mettre le poisson la veille au réfrigérateur pour le décongeler, vous pouvez utiliser le micro-ondes en respectant les deux consignes suivantes :

1) Suivez fidèlement les instructions du fabricant sur la décongélation des darnes de poisson. Les degrés et les délais varient selon le modèle et la puissance de l'appareil ;

2) Il est préférable de retirer le poisson trop tôt que trop tard. Vous pouvez toujours terminer la décongélation en faisant couler un filet d'eau fraîche sur les endroits qui sont encore gelés.

FILETS DE SAUMON VÉRONIQUE

FILETS DE SAUMON VÉRONIQUE

Par portion : **Calories** 428 **Protéines** 48 g **Hydrates de carbone** 11 g **Graisses** 18 g **Cholestérol** 96 mg **Sodium** 135 mg

1 **tasse d'eau**

⅓ **tasse de vin blanc sec**

1 **petit oignon, tranché**

1 **gousse d'ail,
   coupée en deux**

1 **feuille de laurier**

½ **tasse de raisin vert ou
   rouge sans pépin**

4 **filets de saumon
   de 180 g (6 oz) chacun**

1 **c. à soupe de beurre
   (ou de margarine)**

1 **c. à soupe de farine**

¼ **tasse de crème légère**

   Sel et poivre blanc

1 **c. à soupe de noix
   hachées (facultatif)**

   **Petites grappes de raisin
   (facultatif)**

 PRÉPARATION
5 MINUTES

 CUISSON
21 MINUTES

REMARQUE *Ce mode de cuisson, créé à l'hôtel Ritz de Paris,
associe la saveur du raisin à la finesse du poisson.*

1 Dans une grande sauteuse, faites bouillir à feu vif l'eau, le vin,
l'oignon, l'ail et le laurier. Baissez la chaleur, couvrez et laissez mijoter 5 minutes. Entre-temps, coupez les grains de raisin en deux.

2 Déposez les filets dans la sauteuse et couvrez. Ramenez l'ébullition
et laissez pocher doucement 8-10 minutes. Dressez le saumon
dans un plat et gardez-le au chaud. Filtrez le fond de cuisson dans
une tasse à mesurer.

3 Dans la même sauteuse, faites fondre le beurre à feu modéré.
Ajoutez la farine et, dès l'apparition de gros bouillons, incorporez
peu à peu ¾ tasse du fond de cuisson en remuant sans arrêt.
Ramenez l'ébullition, ajoutez les raisins et la crème et réchauffez
sans laisser bouillir. Rectifiez l'assaisonnement.

4 Nappez le saumon de sauce et garnissez-le de noix et de raisin, s'il
y a lieu. Servez immédiatement.

FILETS DE PLIE FARCIS AU SAUMON

Par portion : **Calories** 279 **Protéines** 33 g **Hydrates de carbone** 1 g **Graisses** 15 g **Cholestérol** 97 mg **Sodium** 230 mg

- 3 **c. à soupe de mayonnaise**
- 1 **c. à soupe comble d'oignon haché**
- 2 **c. à thé de moutarde de Dijon**
- 1 **c. à thé d'estragon séché**
- ¼ **c. à thé de poivre noir**
- ½ **tasse de feuilles de cresson**
- 250 **g (8 oz) de darne ou de filet épais de saumon, débarrassé de la peau et des arêtes**
- 4 **filets de plie de 125 g (4 oz) chacun (ou de limande)**
- 2 **c. à thé de beurre coupé en petits morceaux (ou de margarine)**
- **Pincée de paprika**

 PRÉPARATION **18 MINUTES**

 CUISSON **20 MINUTES**

SERVICE *On suggère de servir ce plat avec des asperges fraîches, cuites à la vapeur et rehaussées de mayonnaise, ou avec du riz brun additionné d'amandes effilées sautées au beurre.*

1 Chauffez le four à 190°C (375°F). Graissez un plat à four moyen. Dans un petit bol, mélangez la mayonnaise, l'oignon, la moutarde, l'estragon et le poivre. Rincez le cresson et épongez-le sur des feuilles d'essuie-tout. Découpez le saumon en quatre lanières épaisses.

2 Étalez la mayonnaise sur les filets de plie, du côté de la peau. Surmontez-les de cresson et déposez en travers, à une extrémité, une lanière de saumon. Enroulez les filets.

3 Disposez les filets farcis, suture dessous, dans le plat à four. Parsemez de quelques noisettes de beurre et saupoudrez de paprika. Couvrez le plat de papier d'aluminium et faites cuire 20-25 minutes. Les filets sont cuits quand ils s'effeuillent à la fourchette.

TOURTE DE POISSON

Par portion : **Calories** 316 **Protéines** 25 g **Hydrates de carbone** 24 g **Graisses** 13 g **Cholestérol** 86 mg **Sodium** 374 mg

- 500 **g (1 lb) de pommes de terre non pelées, coupées en tranches de ½ cm (¼ po) d'épaisseur**
- ¼ **tasse (½ bâtonnet) de beurre (ou de margarine)**
- 2 **gousses d'ail, finement hachées**
- 2 **c. à soupe de persil haché**
- ⅛ **c. à thé de cayenne**
- ¼ **c. à thé de sel**
- 500 **g (1 lb) de filets de plie, de sébaste ou de barbotte**
- 3 **c. à soupe de chapelure**

 PRÉPARATION **10 MINUTES**

CUISSON **25 MINUTES**

1 Dans une grande casserole, cuisez les pommes de terre 10 minutes à l'eau bouillante. Entre-temps, mettez le beurre à fondre à feu modéré dans une petite casserole et faites-y revenir l'ail 10 secondes. Retirez la casserole du feu ; ajoutez le persil et le cayenne. Coupez le poisson en tranches de 2,5 cm (1 po).

2 Chauffez le four à 200°C (400°F). Graissez un moule à tarte de 22 cm (9 po). Égouttez les pommes de terre et étalez-les dans le moule. Badigeonnez de beurre persillé et saupoudrez de sel.

3 Disposez les tranches de poisson sur les pommes de terre et badigeonnez-les également de beurre persillé. Couvrez de papier d'aluminium et faites cuire 15 minutes.

4 Mélangez la chapelure au reste du beurre persillé. Découvrez le poisson et masquez la surface de chapelure. Enfournez à nouveau, sans couvrir, et remettez au four 10 minutes, le temps de faire dorer la chapelure.

Variation sur le thème du **Poisson au four**

Le poisson est un aliment délicieux au goût et excellent pour la santé. Avec une faible teneur en matières grasses, il constitue une excellente source de protéines. Vous pouvez le servir nature en l'aspergeant simplement de quelques gouttes de jus de citron ou le napper d'une sauce raffinée.

Pendant que le poisson cuit, préparez l'une ou l'autre des sauces dont les recettes suivent. Elles accompagnent tout aussi bien les poissons entiers que les filets ou les darnes et conviennent également aux fruits de mer. Ces recettes donnent quatre portions.

FILETS DE POISSON AU FOUR Achetez **1 poisson de 1,5 ou 2 kg (saumon, bar ou vivaneau),** ouvert en deux et dépouillé de son arête centrale. Chauffez le four à 200°C (400°F). Prenez un morceau de papier d'aluminium assez grand pour envelopper complètement le poisson et badigeonnez-le **d'huile.** Déposez le poisson au centre et huilez-le. Assaisonnez de **sel** et de **poivre**; déposez quelques **fines tranches de citron** entre les deux filets. Enveloppez sans serrer et scellez les bords pour que les jus de cuisson ne s'évaporent pas. Faites cuire 10 minutes pour chaque 2,5 cm (1 po) d'épaisseur. Quand il est à point, le poisson s'effeuille facilement à la fourchette. Soulevez-le avec une spatule, et déposez-le dans un plat de service. Décorez de **tranches de citron frais**; ajoutez du **cresson** ou de l'aneth. Servez avec l'une des sauces qui suivent.

◄ **SAUCE VERTE** Travaillez ensemble au robot ou au mélangeur ½ **tasse de mayonnaise, ½ tasse de yogourt nature, 2 c. à soupe d'aneth haché** (ou 1 c. à thé d'aneth séché), **2 c. à soupe de tige d'oignon vert hachée, 2 c. à soupe de persil haché, 2 c. à thé de vinaigre de vin rouge** et ¼ **c. à thé d'estragon séché,** jusqu'à obtention d'une purée bien lisse. Raclez de temps à autre la paroi du récipient.

◄ **SAUCE TOMATE AUX CHAMPIGNONS** Dans une casserole moyenne, faites fondre **1 c. à soupe de beurre** à feu modéré. Ajoutez **125 g (4 oz) de champignons tranchés, 2 c. à soupe d'oignon haché fin** et **1 gousse d'ail, hachée**; faites revenir pendant 5 minutes. Incorporez **2 tasses de tomates entières avec leur jus** et ½ **c. à thé de romarin séché.** Quand l'ébullition est prise, couvrez et faites cuire 10 minutes en remuant de temps à autre.

▶ **SAUCE AU CONCOMBRE ET À L'ANETH** Dans un bol moyen, mélangez ensemble ¾ **tasse de concombre non pelé mais épépiné et tranché fin, ½ tasse de crème sure, 2 c. à soupe de mayonnaise, 2 c. à thé d'oignon haché fin, ½ c. à thé de zeste de citron râpé** et ½ **c. à thé d'aneth séché.** Relevez de sel et de poivre blanc.

▼ **SAUCE ÉPICÉE AUX TOMATES** Dans un bol moyen, réunissez **1 tasse de ketchup, 1 à 2 c. à soupe de raifort préparé, 1 c. à soupe de jus de citron, ¼ c. à thé de sauce Worcestershire** et quelques gouttes de sauce Tabasco. Mélangez parfaitement.

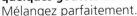

▼ **SAUCE MOUTARDÉE À L'OIGNON** Dans une casserole moyenne, faites fondre **2 c. à soupe de beurre** (ou de margarine) à feu modéré. Jetez-y **1 oignon moyen, détaillé en tranches,** et faites-le attendrir 5 minutes. Incorporez **1 c. à soupe de farine** et mouillez avec ¾ **à 1 tasse de fumet de poisson** (ou de bouillon de poulet). Ajoutez **1 c. à soupe de moutarde.** Assaisonnez de **sel** et de **poivre.** Faites cuire 2-3 minutes en remuant constamment pour que la sauce épaississe.

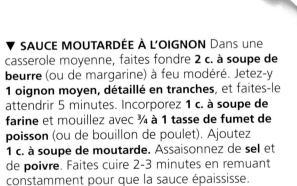

Filets de plie aux câpres

Par portion : **Calories** 271 **Protéines** 32 g **Hydrates de carbone** 7 g **Graisses** 11 g **Cholestérol** 89 mg **Sodium** 367 mg

¼ **tasse de farine**

¼ **c. à thé de sel**

⅛ **c. à thé de poivre noir**

4 **filets de plie ou de limande de 180 g/6 oz chacun**

2 **c. à soupe d'huile d'olive, en tout**

1 **c. à soupe de beurre, en tout (ou de margarine)**

½ **tasse d'eau**

¼ **tasse de jus de citron**

1 **c. à thé de sauce Worcestershire**

1 **c. à soupe de câpres, rincées**

Tranches de citron (facultatif)

PRÉPARATION
10 MINUTES

CUISSON
11 MINUTES

SERVICE *Des demi-tomates saupoudrées de parmesan râpé et un verre de vin blanc sec accompagnent bien ce poisson légèrement acidulé.*

1 Sur une feuille de papier ciré, mélangez la farine, le sel et le poivre. Tournez les filets dans ce mélange pour bien les fariner. Secouez-les pour faire tomber l'excédent.

2 Dans une grande sauteuse, réchauffez la moitié de l'huile et du beurre à feu modéré. Faites frire deux filets 2 minutes de chaque côté. Quand ils sont bien dorés, réservez-les au chaud. Ajoutez dans la sauteuse le reste de l'huile et du beurre et faites frire les deux autres filets de la même façon.

3 Versez l'eau, le jus de citron et la sauce Worcestershire dans la sauteuse et lancez l'ébullition à feu vif. À feu modéré, laissez réduire la sauce 2 minutes pour qu'elle devienne sirupeuse. Ajoutez les câpres.

4 Nappez les filets de sauce, décorez de tranches de citron, s'il y a lieu, et servez.

Filets de turbot grillés à la moutarde

Par portion : **Calories** 213 **Protéines** 32 g **Hydrates de carbone** Trace **Graisses** 8 g **Cholestérol** 84 mg **Sodium** 226 mg

4 **filets de turbot de 180 g (6 oz) chacun**

1 **c. à soupe d'huile**

Pincée de poivre noir

2 **c. à soupe de mayonnaise**

1 **c. à soupe de moutarde de Dijon**

2 **c. à thé de persil haché fin**

4 **quartiers de lime**

PRÉPARATION
5 MINUTES

CUISSON
3 MINUTES

CONSEIL *Si les filets sont minces, on n'a pas besoin de les tourner sous le gril. Surveillez la cuisson : à trop cuire, ils perdraient leur finesse. Vous pouvez remplacer le turbot par de la plie.*

1 Allumez le gril. Mettez du papier d'aluminium sur la grille d'une lèchefrite. Huilez les filets des deux côtés. Déposez-les sur le papier d'aluminium et saupoudrez-les de poivre.

2 Dans un petit bol, mélangez la mayonnaise, la moutarde et le persil ; étalez cette préparation sur les filets.

3 Faites griller les filets 3 minutes à 7,5-10 cm (3-4 po) de l'élément. Ne les tournez pas. Quand ils sont dorés sur le dessus et qu'ils peuvent s'effeuiller facilement, dressez-les dans les assiettes et décorez de petits quartiers de lime.

BROCHETTES D'ESPADON

BROCHETTES D'ESPADON

Par portion : **Calories** 332　**Protéines** 35 g　**Hydrates de carbone** 9 g　**Graisses** 17 g　**Cholestérol** 66 mg　**Sodium** 423 mg

750 g (1½ lb) de darnes épaisses d'espadon

3 c. à soupe d'huile d'olive

1 c. à soupe de vinaigre de vin rouge

2 gousses d'ail, finement hachées

1 c. à thé de paprika

½ c. à thé de sel

½ c. à thé de thym séché

¼ c. à thé de poivre noir

1 gros poivron vert

1 gros oignon rouge (250 g/8 oz)

 PRÉPARATION
25 MINUTES

 CUISSON
6 MINUTES

SERVICE *Dressez les brochettes sur un lit de riz blanc. Durant la belle saison, vous pouvez les faire cuire sur le barbecue.*

1 Désossez l'espadon et enlevez la peau, au besoin. Taillez la chair en bouchées de 2,5-3 cm (1-1¼ po). Dans un bol, mélangez l'huile, le vinaigre, l'ail, le paprika, le sel, le thym et le poivre. Tournez les morceaux de poisson dans cette marinade et laissez-les mariner 10 minutes.

2 Entre-temps, parez et épépinez le poivron. Taillez-le en carrés de 3 cm (1¼ po) de côté. Coupez l'oignon en deux. Détaillez chaque demi-oignon en six. Plongez les morceaux de poivron et d'oignon dans la marinade, avec le poisson.

3 Allumez le gril. Sur quatre longues brochettes de métal, enfilez alternativement les morceaux de poisson, de poivron et d'oignon. Disposez les brochettes sur la grille d'une lèchefrite et badigeonnez-les de marinade.

4 Faites griller les brochettes 3 minutes à 10 cm (4 po) de l'élément. Tournez et prolongez la cuisson de 3 minutes.

Morue au four

Par portion : **Calories** 947 **Protéines** 47 g **Hydrates de carbone** 162 g **Graisses** 8 g **Cholestérol** 88 mg **Sodium** 352 mg

1 **tasse de riz blanc à longs grains**	
1 **paquet de petits pois surgelés**	
4 **filets de morue (180 g/6 oz chacun)**	
¼ **tasse de vin blanc sec**	
1 **c. à soupe de jus de citron**	
2 **c. à soupe (¼ bâtonnet) de beurre, détaillé en noisettes (ou de margarine)**	
2 **grosses tomates mûres, hachées**	
½ **c. à thé de thym séché**	
¼ **c. à thé de sel**	
¼ **c. à thé de poivre noir**	

 PRÉPARATION
10 MINUTES

 CUISSON
22 MINUTES

REMARQUE *Les tomates fraîches relevées de vin blanc et de thym donnent une note élégante aux filets de morue que vous pouvez remplacer par de la petite morue ou de l'aiglefin.*

1 Chauffez le four à 230°C (450°F). Graissez un plat à four suffisamment grand pour y déposer les filets côte à côte. Faites cuire séparément le riz et les petits pois le temps voulu.

2 Entre-temps, mettez les filets dans le plat à four. Aspergez-les de vin et de jus de citron. Parsemez de noisettes de beurre ; terminez avec les tomates, le thym, le sel et le poivre. Faites cuire 8-10 minutes ou jusqu'à ce que le poisson s'effeuille facilement.

3 Égouttez les petits pois et le riz et mélangez-les. Dressez les filets de poisson nappés de leur sauce sur un lit de riz dans un plat de service ou dans quatre assiettes.

Aiglefin à la créole

Par portion : **Calories** 210 **Protéines** 23 g **Hydrates de carbone** 14 g **Graisses** 7 g **Cholestérol** 80 mg **Sodium** 402 mg

500 **g (1 lb) de filets d'aiglefin ou de goberge surgelés**	
1 **petite côte de céleri**	
1 **petit oignon**	
1 **gousse d'ail**	
1 **petit poivron vert**	
2 **c. à soupe (¼ bâtonnet) de beurre (ou de margarine)**	
2 **c. à soupe de farine**	
1 **boîte de tomates étuvées (540 ml/19 oz)**	
2 **c. à soupe d'eau**	
½ **c. à thé de sucre**	
1 **feuille de laurier**	
Feuilles de céleri pour décorer (facultatif)	

 PRÉPARATION
8 MINUTES

 CUISSON
30 MINUTES

1 Mettez l'aiglefin surgelé dans un sac de plastique robuste, fermez celui-ci hermétiquement et déposez-le dans un grand plat contenant de l'eau très chaude. Retirez-le quand le poisson est suffisamment décongelé pour se couper. (On peut aussi le faire décongeler au micro-ondes.)

2 Entre-temps, hachez le céleri, l'oignon et l'ail. Parez, épépinez et détaillez le poivron en lanières.

3 Dans une grande sauteuse, faites cuire le beurre à feu assez vif. Quand il commence à brunir, ajoutez le céleri, l'oignon et l'ail hachés et faites-les revenir 5 minutes.

4 Incorporez la farine et mélangez bien. Ajoutez les tomates, l'eau, le sucre et la feuille de laurier. Amenez à ébullition en remuant de temps à autre. Laissez mijoter ensuite à feu doux 5-10 minutes en remuant de temps à autre.

5 Découpez les filets en quatre morceaux. Déposez-les dans la sauce aux tomates. Ajoutez les lanières de poivron et couvrez. Laissez cuire 12-15 minutes ou jusqu'à ce que le poisson s'effeuille facilement. Retirez le laurier et décorez, à votre gré, de feuilles de céleri.

POISSON AUX LÉGUMES À LA CHINOISE

Par portion : **Calories** 321 **Protéines** 23 g **Hydrates de carbone** 14 g **Graisses** 19 g **Cholestérol** 77 mg **Sodium** 66 mg

500 g (1 lb) de filet de mérou, de flétan, de doré ou de sébaste

2 c. à soupe de fécule de maïs, en tout

¼ tasse de bouillon de poulet hyposodique en boîte

2 c. à soupe de xérès sec

2 c. à soupe de sauce de soja

1 c. à thé de sucre

4 c. à soupe d'huile, en tout

4 oignons verts, coupés en tronçons de 2,5 cm (1 po)

2 tasses de champignons tranchés

1 tasse de céleri tranché de biais

1 boîte (199 ml/7 oz) de châtaignes d'eau tranchées, égouttées

2 gousses d'ail, finement hachées

 PRÉPARATION
15 MINUTES

 CUISSON
9 MINUTES

CONSEIL *Comme pour tous les plats cuits dans un wok, la préparation des ingrédients demande plus de temps que leur cuisson. Si les légumes sont préparés d'avance et réfrigérés, le plat se fait en moins de 15 minutes.*

1 Coupez les filets de poisson transversalement en lanières de 1 cm (½ po). Mettez 1 c. à soupe de fécule de maïs dans un bol moyen et farinez le poisson. Dans un petit bol, mélangez le reste de la fécule, le bouillon, le xérès, la sauce de soja et le sucre. Réservez.

2 Dans une grande sauteuse ou un wok, réchauffez 2 c. à soupe d'huile à feu vif. Déposez-y le poisson bien à plat. Faites-le frire 3 minutes en tout pour qu'il soit bien doré ; retournez les morceaux avec une spatule. Gardez-les au chaud dans une assiette.

3 Réchauffez le reste de l'huile dans la sauteuse. Jetez-y les oignons verts, les champignons, le céleri, les châtaignes d'eau et l'ail ; faites-les sauter 2-3 minutes ou juste ce qu'il faut pour les attendrir. Incorporez la fécule délayée. Laissez bouillir 1 minute.

4 Remettez le poisson dans la sauteuse avec les légumes. Remuez délicatement hors du feu et servez sans attendre.

DARNES DE POISSON GRILLÉES

Par portion : **Calories** 398 **Protéines** 43 g **Hydrates de carbone** 1 g **Graisses** 22 g **Cholestérol** 85 mg **Sodium** 330 mg

¼ tasse d'huile

¼ tasse de vin blanc sec

1 c. à thé de zeste de citron râpé

2 c. à soupe de jus de citron

1 c. à soupe de persil haché

1 c. à thé de thym séché

¼ c. à thé de sel

4 darnes d'espadon, d'aiglefin ou de thon de 2 cm (¾ po) d'épaisseur (180 g/6 oz chacune)

 PRÉPARATION
25 MINUTES

 CUISSON
8 MINUTES

REMARQUE *L'espadon est un poisson à chair ferme dont la saveur s'accentue quand on le fait mariner dans un mélange à base de citron. Comme la marinade est acide, employez un plat de verre ou de porcelaine.*

1 Dans un grand plat peu profond en verre, mélangez l'huile, le vin, le zeste et le jus de citron, le persil, le thym et le sel. Déposez le poisson dans cette marinade et laissez-le mariner 20 minutes à la température ambiante. Tournez-le une fois.

2 Allumez le gril. Déposez les darnes marinées sur la grille d'une lèchefrite et faites-les griller 3 minutes à 10 cm (4 po) de l'élément. Tournez les darnes et comptez encore 5 minutes de cuisson. Le poisson est prêt quand il s'effeuille facilement à la fourchette.

CHAUDRÉE DE FRUITS DE MER DU PACIFIQUE

CHAUDRÉE DE FRUITS DE MER DU PACIFIQUE

Par portion : **Calories** 251 **Protéines** 27 g **Hydrates de carbone** 10 g **Graisses** 9 g **Cholestérol** 68 mg **Sodium** 499 mg

1	**oignon moyen**
2	**gousses d'ail**
1	**petit poivron vert**
500	**g (1 lb) de baudroie (ou de flétan)**
3	**c. à soupe d'huile d'olive**
1	**tasse de champignons tranchés**
1	**boîte (540 ml/19 oz) de tomates entières pelées, non égouttées**
1	**boîte (198 ml/7 oz) de sauce aux tomates**
1	**tasse d'eau**
½	**tasse de vin blanc sec**
1	**feuille de laurier**
12	**petites palourdes du Pacifique ou 2 boîtes (142 g/5 oz) de petites palourdes, égouttées**
250	**g (8 oz) de chair de crabe cuite**

 PRÉPARATION
15 MINUTES

 CUISSON
27 MINUTES

SERVICE *Avec cette substantielle chaudrée préparée à la mode de la côte Ouest, servez du pain à pâte aigre.*

1 Tranchez l'oignon et hachez l'ail ; parez, épépinez et hachez grossièrement le poivron. Taillez la baudroie en bouchées moyennes.

2 Dans une marmite, réchauffez l'huile à feu modéré. Faites-y sauter l'oignon, l'ail, le poivron et les champignons 5 minutes. Ajoutez les tomates et leur jus, la sauce aux tomates, l'eau, le vin et le laurier.

3 Amenez à ébullition à feu vif en brisant les tomates à la cuiller. Couvrez et laissez mijoter ensuite à feu doux 10 minutes.

4 (Si vous utilisez des palourdes en boîte, ajoutez-les en même temps que le crabe, à l'étape 5.) Grattez les palourdes sous le robinet d'eau froide pour enlever le sable. Jetez-les dans la marmite, couvrez et relancez l'ébullition à feu vif.

5 Ajoutez la baudroie. Laissez mijoter 5 minutes à feu modéré pour que les palourdes s'ouvrent et que le poisson s'effeuille bien. Incorporez le crabe et réchauffez. Retirez le laurier pour servir.

GRATIN DE FLÉTAN

Par portion : **Calories** 346 **Protéines** 37 g **Hydrates de carbone** 6 g **Graisses** 18 g **Cholestérol** 85 mg **Sodium** 247 mg

¼ **tasse (½ bâtonnet) de beurre (ou de margarine)**

2 **darnes de flétan de 2,5 cm (1 po) d'épaisseur (350-400 g/12-14 oz chacune)**

2 **c. à soupe de graines de sésame**

1 **tasse de mie de pain émiettée**

1 **c. à soupe de thym frais haché (ou 1 c. à thé de thym séché)**

¼ **c. à thé de poivre noir**

Brins de thym (facultatif)

PRÉPARATION
5 MINUTES

CUISSON
26 MINUTES

CONSEIL *Hachez la mie de pain au mélangeur pour aller plus vite. Si vous êtes à la course, prenez de la chapelure.*

1 Chauffez le four à 180°C (350°F). Graissez un plat à four carré moyen. Dans une petite casserole, faites fondre le beurre à feu modéré. Disposez les darnes de poisson dans le plat à four et badi-geonnez-les avec un peu de beurre fondu.

2 Faites cuire le poisson 10 minutes. Entre-temps, jetez les graines de sésame dans le reste du beurre et faites-les revenir à feu moyen 3 minutes. Attention de ne pas faire brûler le beurre. Ajoutez la mie de pain, le thym et le poivre ; mélangez bien.

3 Étalez ce gratin sur le poisson et prolongez la cuisson de 15 minu-tes. Quand le flétan s'effeuille facilement à la fourchette, coupez chaque darne en deux. Dressez les demi-darnes dans des assiettes et décorez de thym, s'il y a lieu.

FILET DE PLIE AMANDINE

Par portion : **Calories** 279 **Protéines** 23 g **Hydrates de carbone** 7 g **Graisses** 15 g **Cholestérol** 62 mg **Sodium** 257 mg

¼ **tasse de farine**

¼ **c. à thé de sel**

¼ **c. à thé de poivre noir**

4 **filets de plie (120 g/4 oz chacun)**

2½ **c. à soupe d'huile végétale, en tout**

3 **c. à soupe d'amandes effilées**

2 **c. à soupe (¼ bâtonnet) de beurre (ou de margarine)**

½ **tasse de vin blanc sec (ou de xérès sec)**

2 **c. à soupe de persil haché**

PRÉPARATION
4 MINUTES

CUISSON
21 MINUTES

1 Sur une feuille de papier ciré, mélangez la farine, le sel et le poivre. Tournez les filets de plie dans ce mélange pour les fariner, puis secouez-les pour faire tomber l'excédent. Déposez-les dans un plat et mettez-les de côté.

2 Dans une grande sauteuse (antiadhésive de préférence), réchauffez ½ c. à soupe d'huile à feu modéré. Ajoutez les amandes et faites-les revenir 2-3 minutes. Quand elles commencent à dorer, retirez-les avec une cuiller à fentes et mettez-les de côté dans un bol.

3 Mettez le reste de l'huile et le beurre dans la sauteuse et réchauf-fez-les à feu assez vif. Ajoutez deux filets de plie et faites-les frire 3 minutes de chaque côté. Quand ils sont bien dorés sur chaque face, dressez-les dans des assiettes. Gardez-les au chaud pendant que vous faites frire les deux autres filets.

4 Versez le vin dans la sauteuse et laissez-le réduire 4 minutes à feu vif pour obtenir un fond légèrement sirupeux. Nappez les filets de cette sauce ; décorez-les d'amandes grillées et de persil haché.

FILET DE PLIE EN CHEMISE D'ÉPINARD

FILET DE PLIE EN CHEMISE D'ÉPINARD

Par portion : **Calories** 210 **Protéines** 32 g **Hydrates de carbone** 1 g **Graisses** 7 g **Cholestérol** 97 mg **Sodium** 191 mg

4 filets de plie
(180 g/6 oz chacun)

4 c. à thé de jus de citron

2 c. à soupe (¼ bâtonnet)
de beurre ramolli (ou
de margarine)

1 c. à thé d'estragon séché

¼ c. à thé de poivre blanc

12 grandes feuilles d'épinard

4 quartiers de citron

 PRÉPARATION
15 MINUTES

 CUISSON
10 MINUTES

SERVICE *Servez la plie en chemise d'épinard avec une macédoine de légumes au beurre pour ajouter de la couleur et des vitamines.*

1 Aspergez les filets de jus de citron. Parsemez-les de noisettes de beurre et assaisonnez-les d'estragon et de poivre. Pliez-les en deux et mettez-les dans une assiette supportant la chaleur.

2 Transformez une marmite en étuveuse en y mettant 2,5 cm (1 po) d'eau et quelques ramequins sur lesquels reposera l'assiette. Amenez à ébullition à feu vif ; ajustez la chaleur pour que l'eau mijote.

3 Posez l'assiette sur les ramequins et faites cuire le poisson à l'étuvée 5-7 minutes. Entre-temps, débarrassez les feuilles d'épinard des grosses tiges coriaces.

4 Enveloppez chaque filet dans trois couches de feuilles d'épinard fixées avec des cure-dents. Remettez les filets en chemise dans l'étuveuse et laissez cuire 2 minutes : les épinards seront tendres et d'un vert brillant. Servez avec des quartiers de citron.

117

FRUITS DE MER

Les fruits de mer constituent une source intarissable
de recettes faciles à faire.

CREVETTES À L'ESTRAGON

Par portion : **Calories** 218 **Protéines** 18 g **Hydrates de carbone** 5 g **Graisses** 14 g **Cholestérol** 145 mg **Sodium** 187 mg

1 **poivron rouge moyen**	 **PRÉPARATION** **7 MINUTES**
2 **gousses d'ail**	**CUISSON** **5 MINUTES**

- 1 **poivron rouge moyen**
- 2 **gousses d'ail**
- 2 **c. à soupe d'huile d'olive**
- 375 **g (12 oz) de grosses crevettes fraîches ou décongelées, décortiquées et parées**
- 3 **c. à soupe de jus de citron**
- 2 **c. à soupe (¼ bâtonnet) de beurre (ou de margarine)**
- 1 **c. à thé d'estragon séché**
- ⅛ **c. à thé de flocons de piment rouge, ou davantage**
  Sel
- 2 **c. à soupe de persil haché**
  Riz blanc à longs grains, cuit (facultatif)

CONSEIL *Les crevettes sont à leur mieux quand elles sont cuites juste à point. Réchauffez bien l'huile pour qu'elles cuisent le plus vite possible. Prenez soin de ne pas les laisser attendre sur le feu.*

1 Parez, épépinez et taillez le poivron en lanières de ½ cm (¼ po). Pelez et hachez l'ail.

2 Dans une grande sauteuse ou un wok, réchauffez l'huile à feu assez vif. Faites-y sauter les crevettes, le poivron et l'ail pendant 2-3 minutes.

3 Quand les crevettes sont roses, ajoutez le jus de citron, le beurre, l'estragon et les flocons de piment. Réchauffez juste ce qu'il faut pour que le beurre fonde, en remuant constamment. Ajoutez le sel et le persil. Dressez les crevettes dans un plat de service chaud. Servez avec du riz blanc chaud, si vous le désirez.

CREVETTES À L'ITALIENNE

Par portion : **Calories** 361 **Protéines** 22 g **Hydrates de carbone** 42 g **Graisses** 10 g **Cholestérol** 190 mg **Sodium** 441 mg

- 1 **tasse de riz blanc à longs grains**
- 2 **tomates moyennes**
- 1 **c. à soupe de fécule de maïs**
- ¾ **tasse de bouillon de poulet hyposodique en boîte**
- ¼ **tasse de vin blanc sec**
- 3 **c. à soupe de beurre (ou de margarine)**
- 375 **g (12 oz) de grosses crevettes crues, fraîches ou décongelées, décortiquées et parées**
- 1 **c. à soupe de câpres, rincées et égouttées**

 **PRÉPARATION** **2 MINUTES**

 CUISSON **20 MINUTES**

1 Préparez le riz comme à l'accoutumée. Entre-temps, coupez les tomates en bouchées de 1 cm (½ po). Dans un petit bol, délayez la fécule de maïs dans le bouillon de poulet et le vin.

2 Dans une grande sauteuse, mettez le beurre à fondre à feu assez vif. Faites-y sauter les crevettes 2 minutes ou jusqu'à ce qu'elles soient roses.

3 Jetez la fécule délayée dans la sauteuse en remuant sans arrêt. Amenez à ébullition sans cesser de remuer ; laissez la sauce bouillir jusqu'à épaississement. Ajoutez les tomates détaillées en bouchées et les câpres. Prolongez la cuisson pour que tout soit bien chaud.

4 Dressez le riz au fond d'un bol de service ; versez-y les crevettes et leur sauce. Servez tout de suite.

CARI DE CREVETTES

Cari de crevettes

Par portion : **Calories** 227 **Protéines** 22 g **Hydrates de carbone** 10 g **Graisses** 11 g **Cholestérol** 185 mg **Sodium** 417 mg

1 **petit oignon**

1 **gousse d'ail**

2 **c. à soupe (¼ bâtonnet) de beurre (ou de margarine)**

1 **c. à soupe d'huile**

375 **g (12 oz) de grosses crevettes crues, fraîches ou décongelées, décortiquées et parées**

1 **c. à soupe de farine**

2 **c. à thé de poudre de cari**

1 **tasse de yogourt léger nature**

Sel et poivre noir

Riz blanc à longs grains, cuit (facultatif)

Persil haché

 PRÉPARATION
5 MINUTES

 CUISSON
11 MINUTES

SERVICE *Faites cuire le riz blanc à longs grains pendant que vous apprêtez les crevettes. Servez du pain pita en accompagnement.*

1 Tranchez l'oignon ; hachez finement l'ail. Dans une grande sauteuse, réchauffez le beurre et l'huile à feu modéré. Faites-y sauter l'oignon 5 minutes. Ajoutez l'ail et faites sauter 2 minutes de plus.

2 Épongez les crevettes avec des feuilles d'essuie-tout. Déposez-les dans un bol moyen avec la farine et la poudre de cari. Remuez pour qu'elles s'enrobent bien. Ajoutez-les à la sauteuse et faites-les sauter 2 minutes en remuant constamment.

3 Quand elles sont roses, réduisez la chaleur et incorporez le yogourt. Réchauffez 1 minute ou jusqu'à ce que le liquide bouillonne. Salez et poivrez. Dressez la préparation sur un lit de riz, si vous le désirez, et décorez de persil.

CREVETTES AU PAPRIKA

Par portion : **Calories** 385 **Protéines** 23 g **Hydrates de carbone** 12 g **Graisses** 25 g **Cholestérol** 217 mg **Sodium** 294 mg

1	**petit oignon**
250	**g (8 oz) de champignons**
2	**c. à soupe (¼ bâtonnet) de beurre (ou de margarine)**
375	**g (12 oz) de grosses crevettes crues, fraîches ou décongelées, décortiquées et parées**
1	**c. à soupe d'huile**
2	**c. à soupe de farine**
2	**c. à thé de paprika**
¾	**tasse de vin blanc sec**
¾	**tasse de crème légère**
½	**tasse de crème sure**
4	**à 6 gouttes de sauce Tabasco**
	Sel
	Brins de persil (facultatif)
	Riz blanc à longs grains, cuit (facultatif)

 PRÉPARATION **5 MINUTES**   CUISSON **15 MINUTES**

CONSEIL *Si vous n'avez pas le temps de faire décongeler les crevettes, jetez-les dans le beurre chaud et laissez-les cuire à feu modéré environ 2 min 30 ou jusqu'à ce qu'elles soient roses.*

1 Hachez l'oignon et tranchez les champignons. Dans une grande sauteuse, mettez le beurre à fondre à feu assez vif et faites-y sauter les crevettes 2 minutes. Quand elles sont roses, mettez-les de côté dans un bol.

2 Versez l'huile dans la sauteuse et réchauffez-la à feu modéré. Faites-y revenir l'oignon 5 minutes. Ajoutez les champignons ; couvrez et laissez cuire 4 minutes en remuant de temps à autre.

3 Incorporez la farine et le paprika et remuez. Ajoutez peu à peu le vin et amenez à ébullition en remuant constamment. Quand la sauce a épaissi, versez la crème et réchauffez sans laisser bouillir.

4 À feu doux, incorporez la crème sure, la sauce Tabasco et les crevettes sautées. Réchauffez 1 minute. Salez. Dressez les crevettes dans un bol de service et décorez-les de persil. Servez avec du riz, si vous le désirez.

CREVETTES À LA BIÈRE

Par portion : **Calories** 195 **Protéines** 25 g **Hydrates de carbone** 8 g **Graisses** 5 g **Cholestérol** 221 mg **Sodium** 293 mg

1	**petite bouteille de bière**
8	**grains de poivre noir**
3	**côtes de céleri (portion feuillue seulement)**
2	**brins de persil**
½	**citron**
1	**feuille de laurier**
500	**g (1 lb) de crevettes géantes, non décortiquées**
1	**c. à soupe d'huile d'olive**
1	**c. à soupe de farine**
2	**c. à soupe de raifort préparé**
1	**c. à thé de sauce Tabasco**

 PRÉPARATION **8 MINUTES**   CUISSON **12 MINUTES**

1 Dans une grande casserole, mettez la bière, les grains de poivre, le céleri, le persil, le citron et la feuille de laurier. Amenez à ébullition à feu vif. Ajoutez les crevettes. Dès que le liquide se remet à bouillir, retirez la casserole du feu.

2 Prélevez 1 tasse du fond de cuisson ; filtrez-le à travers une passoire dans la tasse à mesurer. Couvrez la casserole et laissez reposer les crevettes 5 minutes dans le liquide qui reste.

3 Dans une petite casserole, réchauffez l'huile à feu modéré. Ajoutez la farine, remuez et incorporez le fond de cuisson réservé. Amenez à ébullition en remuant sans arrêt. Ajoutez le raifort et la sauce Tabasco.

4 Dressez les crevettes égouttées sur un plat de service chaud. Servez sans attendre, en présentant la sauce en saucière.

CREVETTES AUX LÉGUMES À LA CHINOISE

Par portion : **Calories** 256 **Protéines** 21 g **Hydrates de carbone** 14 g **Graisses** 13 g **Cholestérol** 129 mg **Sodium** 510 mg

375 g (12 oz) de grosses crevettes crues, fraîches ou décongelées, décortiquées et parées

2 c. à soupe de xérès sec

¾ tasse, en tout, de bouillon de poulet hyposodique en boîte

1 c. à soupe de sauce de soja

2 c. à thé de fécule de maïs

½ c. à thé de sucre

1 gousse d'ail

1 oignon moyen

250 g (8 oz) de haricots verts

2 c. à soupe d'huile

1 c. à thé de gingembre haché fin (ou ¼ c. à thé de gingembre moulu)

¼ tasse de noix de cajou grillées

PRÉPARATION
20 MINUTES

CUISSON
11 MINUTES

1 Dans un bol moyen, mettez les crevettes et le xérès. Laissez mariner 15-20 minutes en tournant les crevettes de temps à autre.

2 Entre-temps, dans une tasse ou un petit bol, mélangez ¼ tasse de bouillon, la sauce de soja, la fécule de maïs et le sucre ; réservez. Hachez finement l'ail ; coupez l'oignon en morceaux de 2,5 cm (1 po) et détaillez les haricots verts en tronçons de 5 cm (2 po).

3 Dans un wok ou une grande sauteuse, réchauffez l'huile à feu vif. Faites-y revenir l'ail et le gingembre quelques secondes pour la parfumer. Ajoutez les crevettes et faites-les sauter 2-3 minutes. Quand elles sont roses, recueillez-les dans un bol avec une cuiller à fentes et mettez-les de côté..

4 Remettez le wok ou la sauteuse à feu modéré. Ajoutez l'oignon, les haricots verts et le reste du bouillon. Couvrez et faites cuire les légumes 6 minutes.

5 Versez la fécule délayée dans le wok et attendez 30 secondes que la sauce épaississe. Remettez les crevettes pour les réchauffer. Dressez les crevettes et leur garniture dans un plat de service, saupoudrez de noix de cajou rôties et servez.

CREVETTES AIGRES-DOUCES

Par portion : **Calories** 188 **Protéines** 17 g **Hydrates de carbone** 9 g **Graisses** 9 g **Cholestérol** 129 mg **Sodium** 562 mg

¼ tasse de ketchup

2 c. à soupe de sauce Worcestershire

2 c. à thé de sauce de soja

2 c. à thé de brandy (ou de xérès sec)

1 c. à thé de sucre

3 ou 4 gouttes de tabasco

2 gousses d'ail

2 oignons verts

2 c. à soupe d'huile à salade

375 g (12 oz) de grosses crevettes crues, fraîches ou décongelées, décortiquées et parées

Riz blanc à longs grains, cuit (facultatif)

PRÉPARATION
6 MINUTES

CUISSON
4 MINUTES

CONSEIL *Asséchez les crevettes sur des feuilles d'essuie-tout avant de les faire sauter dans l'huile brûlante : vous réduirez ainsi les éclaboussures.*

1 Dans une tasse ou un petit bol, mélangez le ketchup, la sauce Worcestershire, la sauce de soja, le brandy, le sucre et le tabasco. Hachez finement l'ail et détaillez les oignons verts en rondelles de ½ cm (¼ po).

2 Dans une grande sauteuse ou un wok, réchauffez l'huile à feu vif. Jetez-y l'ail, les oignons verts et les crevettes ; faites-les sauter 2 minutes ou jusqu'à ce que les crevettes deviennent roses.

3 Incorporez le mélange à base de ketchup et amenez à ébullition. Dressez les crevettes dans un plat de service réchauffé, sur un lit de riz cuit, si vous le voulez.

PÉTONCLES GRATINÉS

Pétoncles gratinés

Par portion : **Calories** 373   **Protéines** 27 g   **Hydrates de carbone** 19 g   **Graisses** 19 g   **Cholestérol** 90 mg   **Sodium** 360 mg

3	**c. à soupe, en tout, de beurre (ou de margarine)**
½	**tasse de mie de pain émiettée**
1	**oignon moyen, tranché**
500	**g (1 lb) de pétoncles géants**
250	**g (8 oz) de champignons, tranchés**
3	**c. à soupe de farine**
½	**tasse de vin blanc sec**
½	**tasse d'eau**
¾	**tasse de crème légère**
60	**g (2 oz) de fromage suisse ou jarlsberg, grossièrement râpé (½ tasse)**

 PRÉPARATION
10 MINUTES

 CUISSON
17 MINUTES

REMARQUE *Les pétoncles sont recouverts de fromage et gratinés sous le gril. On les sert avec du brocoli cuit à la vapeur.*

1 Allumez le gril. Graissez quatre timbales de taille moyenne allant au four. Dans une grande sauteuse, mettez à fondre 1 c. à soupe de beurre à feu modéré. Versez le beurre fondu dans un petit bol et ajoutez la mie de pain. Remuez et mettez de côté.

2 Mettez le reste du beurre à fondre dans la sauteuse ; faites-y cuire l'oignon 5 minutes à feu modéré. Augmentez la chaleur. Ajoutez les pétoncles et les champignons et faites sauter 5 minutes de plus.

3 Saupoudrez la farine sur les légumes et mélangez. Incorporez peu à peu le vin et l'eau. Amenez à ébullition en remuant sans arrêt et laissez cuire 2-3 minutes pour que la sauce épaississe. Incorporez la crème ; prolongez la cuisson suffisamment pour la réchauffer, sans la laisser bouillir. Retirez la sauteuse du feu.

4 Dressez les pétoncles et leur sauce dans les quatre timbales. Recouvrez-les de fromage râpé, puis de mie de pain préparée. Faites gratiner 1-2 minutes à 10 cm (4 po) de l'élément.

PÉTONCLES AUX LÉGUMES À LA CHINOISE

Par portion : **Calories** 296 **Protéines** 28 g **Hydrates de carbone** 13 g **Graisses** 15 g **Cholestérol** 50 mg **Sodium** 509 mg

¼ **tasse d'huile**

500 **g (1 lb) de pétoncles de baie ou de pétoncles géants de petite taille**

4 **oignons verts, détaillés en tronçons de 4 cm (1½ po)**

2 **gousses d'ail, hachées**

4 **petites carottes, tranchées mince**

½ **tasse d'eau**

1 **c. à soupe de fécule de maïs**

1 **c. à soupe de sauce de soja**

125 **g (4 oz) de pois mange-tout, parés**

 PRÉPARATION
10 MINUTES

 CUISSON
8 MINUTES

SERVICE *Les pétoncles géants sont une espèce différente des pétoncles de baie. Ils sont, comme leur nom l'indique, en général beaucoup plus gros mais en même temps plus moelleux.*

1 Dans une grande sauteuse ou un wok, réchauffez l'huile à feu vif et faites-y sauter les pétoncles environ 2 minutes. Dès qu'ils ont perdu leur apparence visqueuse, recueillez-les dans un bol avec une cuiller à fentes et mettez-les de côté.

2 Dans la même sauteuse, mettez les oignons verts, l'ail et les carottes et faites-les sauter 1 minute sur un feu modéré, tout juste pour les attendrir. Veillez à ce qu'ils ne colorent pas.

3 Mouillez avec l'eau et réduisez le feu. Couvrez et laissez cuire 2 minutes. Entre-temps, dans une tasse, délayez la fécule de maïs dans la sauce de soja.

4 Remontez le feu et incorporez aux légumes la fécule délayée. Ajoutez les pois mange-tout et amenez à ébullition en remuant constamment. Remettez les pétoncles dans la sauteuse avec le jus qu'ils ont rendu, le cas échéant, et réchauffez-les 1 minute.

PÉTONCLES CUITS À LA VAPEUR

Par portion : **Calories** 149 **Protéines** 20 g **Hydrates de carbone** 7 g **Graisses** 4 g **Cholestérol** 37 mg **Sodium** 737 mg

2 **carottes moyennes, détaillées en julienne**

1 **côte de céleri, détaillée en julienne**

1 **oignon vert, détaillé en julienne**

1 **c. à thé de sel épicé**

1 **c. à thé d'estragon séché**

⅛ **c. à thé de cayenne**

500 **g (1 lb) de pétoncles de baie ou de pétoncles géants de petite taille**

1 **c. à soupe d'huile d'olive (ou autre)**

 PRÉPARATION
11 MINUTES

 CUISSON
13 MINUTES

1 Dans une étuveuse ou une grande marmite, amenez à ébullition à feu vif 2-3 cm (1-1½ po) d'eau. Mettez les carottes, le céleri et l'oignon vert dans un moule à tarte ou dans une assiette creuse de la bonne taille pour entrer facilement dans l'étuveuse.

2 À l'intérieur de l'étuveuse, mettez une marguerite ou quelques ramequins qui en tiendront lieu. Par-dessus, déposez le plat contenant les légumes et faites-les cuire à la vapeur 2-3 minutes.

3 Entre-temps, dans une tasse, mélangez le sel, l'estragon et le cayenne. Dans un bol moyen, mettez les pétoncles et l'huile ; remuez. Assaisonnez avec le mélange d'aromates.

4 Déposez les pétoncles par-dessus les légumes dans l'étuveuse. Couvrez et laissez cuire 3-5 minutes. Servez immédiatement.

BROCHETTES DE PÉTONCLES, SAUCE À L'ORANGE

Par portion : **Calories** 259 **Protéines** 22 g **Hydrates de carbone** 15 g **Graisses** 13 g **Cholestérol** 68 mg **Sodium** 439 mg

- **3 petites courgettes**
- **500 g (1 lb) de pétoncles géants**
- **12 chapeaux de champignons moyens**

Sauce à l'orange :
- **¼ tasse (½ bâtonnet) de beurre (ou de margarine)**
- **1 tasse de jus d'orange**
- **1 c. à soupe de zeste d'orange râpé (ou 1 c. à thé de zeste d'orange séché)**
- **1½ c. à thé de fécule de maïs**
- **1 c. à thé de thym séché**
- **¼ c. à thé de sel**

PRÉPARATION **14 MINUTES**

CUISSON **20 MINUTES**

1 Allumez le gril. Dans une grande casserole, amenez à ébullition à feu vif 5 cm (2 po) d'eau. Détaillez les courgettes en tronçons de 2,5 cm (1 po). Jetez-les dans l'eau bouillante et laissez cuire 2 minutes. Égouttez et réservez.

2 Dans une casserole moyenne, faites fondre le beurre à feu modéré. Incorporez le jus d'orange, le zeste râpé, la fécule de maïs, le thym et le sel. Amenez à ébullition et laissez cuire 5-6 minutes ou jusqu'à épaississement. Retirez la sauce du feu et gardez-la au chaud.

3 Divisez les courgettes, les pétoncles et les chapeaux de champignon en quatre portions. Enfilez-les alternativement sur quatre brochettes de métal de 30 cm (12 po). Badigeonnez-les de sauce. Faites-les griller 6-7 minutes à 10 cm (4 po) de l'élément en les tournant une fois. Servez les brochettes immédiatement avec le reste de la sauce.

CRABE À LA DIABLE

Par portion : **Calories** 329 **Protéines** 18 g **Hydrates de carbone** 22 g **Graisses** 18 g **Cholestérol** 170 mg **Sodium** 404 mg

- **¼ tasse (½ bâtonnet) de beurre (ou de margarine)**
- **1 oignon moyen, haché**
- **½ tasse de poivron vert haché**
- **2 c. à soupe de farine**
- **1¼ tasse de lait**
- **2 gros jaunes d'œufs**
- **2 c. à thé de moutarde préparée**
- **1 c. à soupe de sauce Worcestershire**
- **375 g (12 oz) de chair de crabe, déchiquetée**
- **1 tasse de mie de pain émiettée**

PRÉPARATION **10 MINUTES**

CUISSON **20 MINUTES**

1 Chauffez le four à 200°C (400°F). Dans une casserole moyenne, faites fondre le beurre à feu modéré. Versez la moitié du beurre fondu dans un petit bol et mettez-le de côté. Dans la casserole, faites revenir l'oignon et le poivron vert pendant 5 minutes.

2 Ajoutez la farine, remuez bien et incorporez peu à peu le lait. Laissez cuire ce mélange jusqu'à épaississement en remuant constamment. Retirez la casserole du feu.

3 Jetez un à un les jaunes d'œufs dans la casserole en remuant bien après chaque addition. Incorporez la moutarde et la sauce Worcestershire. Remettez la casserole sur un feu modéré et faites cuire 1 minute. Hors du feu, ajoutez le crabe et remuez bien.

4 Mettez la mie de pain dans le petit bol contenant le beurre fondu et remuez. Dressez l'apprêt au crabe dans quatre petites timbales allant au four et recouvrez la surface de mie de pain. Mettez les timbales 10 minutes au four pour réchauffer leur contenu et gratiner la surface. Servez immédiatement.

GALETTES DE CRABE

GALETTES DE CRABE

Par portion : **Calories** 465 **Protéines** 18 g **Hydrates de carbone** 25 g **Graisses** 33 g **Cholestérol** 100 mg **Sodium** 1 411 mg

½ **tasse de chapelure**

½ **tasse de mayonnaise**

1 **gros œuf**

1 **c. à soupe de jus de citron**

½ **c. à thé de moutarde sèche**

Trait de sauce Tabasco

500 **g (1 lb) de chair de crabe, déchiquetée**

¼ **tasse de céleri haché fin**

3 **c. à soupe de persil haché (ou 1 c. à soupe de flocons de persil)**

1 **c. à soupe d'oignon haché fin**

2 **c. à soupe d'huile, en tout**

2 **c. à soupe (¼ bâtonnet) de beurre, en tout**

Petits quartiers de lime

 PRÉPARATION **13 MINUTES**

 CUISSON **16 MINUTES**

SERVICE *Vous aurez un repas léger mais complet si vous accompagnez ces galettes d'une petite salade verte. Pour économiser, vous pouvez employer du poisson à saveur de crabe.*

1 Dans un grand bol, mélangez la chapelure, la mayonnaise, l'œuf, le jus de citron, la moutarde et la sauce Tabasco. Incorporez le crabe, le céleri, le persil et l'oignon.

2 Divisez cet apprêt en huit portions ; façonnez chaque portion en une galette de 1 cm (½ po) d'épaisseur. Dans une grande sauteuse, réchauffez à feu modéré 1 c. à soupe d'huile avec 1 c. à soupe de beurre.

3 Faites rissoler quatre galettes 3-5 minutes de chaque côté. Déposez les galettes dans un plat et gardez-les au chaud. Essuyez la sauteuse avec une feuille d'essuie-tout et faites frire les quatre autres galettes dans le beurre et l'huile qui restent. Disposez les galettes dans un plat de service chaud et servez-les avec de petits quartiers de lime.

GRATIN D'HUÎTRES ET DE PALOURDES

Par portion : **Calories** 390 **Protéines** 11 g **Hydrates de carbone** 23 g **Graisses** 29 g **Cholestérol** 97 mg **Sodium** 603 mg

1 petit oignon

1 tasse d'huîtres écaillées, fraîches ou en boîte

¼ tasse de crème légère

1 c. à thé de sauce Worcestershire

½ tasse (1 bâtonnet) de beurre (ou de margarine)

1 tasse de craquelins salés émiettés (30 craquelins)

½ tasse de mie de pain pulvérisée

2 c. à soupe de persil haché

1 boîte (142 g/5 oz) de petites palourdes, égouttées

 PRÉPARATION **10 MINUTES**

 CUISSON **35 MINUTES**

1 Chauffez le four à 190°C (375°F). Graissez légèrement un petit moule à four rectangulaire. Hachez l'oignon. Égouttez les huîtres en réservant ¼ tasse de leur eau. Dans un petit bol, mélangez cette eau avec la crème et la sauce Worcestershire.

2 Dans une casserole moyenne, faites fondre le beurre à feu modéré. Faites-y revenir les oignons pendant 3 minutes. Ajoutez les craquelins émiettés, la mie de pain pulvérisée et le persil.

3 Déposez la moitié de cette chapelure dans le fond du moule. Disposez-y les huîtres et les palourdes égouttées et recouvrez avec le reste de la chapelure. Arrosez avec la crème assaisonnée. Faites cuire à découvert 20-25 minutes.

GALETTES DE PALOURDE

Par portion : **Calories** 317 **Protéines** 26 g **Hydrates de carbone** 16 g **Graisses** 16 g **Cholestérol** 166 mg **Sodium** 323 mg

2 boîtes (142 g/5 oz chacune) de petites palourdes, égouttées

2 gros œufs

1 tasse de craquelins salés émiettés (30 craquelins)

2 c. à soupe de tiges d'oignon vert hachées fin

1 c. à soupe de jus de citron

½ c. à thé de thym séché

3 c. à soupe d'huile

Tranches de citron (facultatif)

Sauce tartare (facultatif)

 PRÉPARATION **10 MINUTES**

CUISSON **7 MINUTES**

1 Dans un bol moyen, mélangez les palourdes, les œufs, les craquelins émiettés, les tiges d'oignon vert, le jus de citron et le thym.

2 Dans une grande sauteuse, réchauffez l'huile à feu modéré. Déposez-y l'apprêt aux palourdes en quatre monticules. À l'aide d'une spatule, aplatissez chaque monticule en une galette de 1 cm (½ po) d'épaisseur. Faites dorer 3 minutes de chaque côté.

3 Dressez les galettes dans un plat de service chaud et décorez de tranches de citron s'il y a lieu. Servez immédiatement avec un ramequin de sauce tartare, si vous le désirez.

IDÉES MINUTE

CREVETTES

Les crevettes décortiquées surgelées se gardent jusqu'à un an au congélateur. Sauf si vous comptez les apprêter en grande friture, vous pouvez, faute de temps, les faire cuire sans les décongeler. Dans ce cas, il faut modifier légèrement la recette.

Employez un feu un peu plus doux et faites cuire les crevettes un peu plus longtemps : une fois et quart le temps prévu.

VOLAILLE

POULET GRILLÉ LAQUÉ À L'ORANGE (PAGE 134)

POULET

Voici des recettes délicieuses et vite faites pour apprêter
à toutes les sauces une volaille dont petits et grands
ne se lassent jamais.

AILES DE POULET PIQUANTES

Par portion : **Calories** 767 **Protéines** 44 g **Hydrates de carbone** 8 g **Graisses** 62 g **Cholestérol** 160 mg **Sodium** 536 mg

1 kg (2 lb) d'ailes de poulet (environ 12 ailes)

Huile à friture

¼ tasse (½ bâtonnet) de beurre (ou de margarine)

1 c. à soupe de sauce Tabasco

1 petit pied de céleri

Sauce trempette au fromage bleu :

½ tasse de crème sure

½ tasse de mayonnaise

30 g (1 oz) de fromage bleu émietté (¼ tasse)

2 c. à soupe de persil haché

½ c. à thé de sauce Worcestershire

 PRÉPARATION
9 MINUTES

 CUISSON
25 MINUTES

REMARQUE *Cette petite entrée a été créée à Buffalo, dans l'État de New York. Trempez le poulet épicé dans la sauce fraîche et arrosez le tout d'une bonne bière froide ou d'une limonade.*

1 Coupez les ailerons (petits bouts des ailes) et jetez-les ou congelez-les pour faire un bouillon plus tard. Divisez les ailes en deux à la jointure. Dans une grande casserole, mettez 5 cm (2 po) d'huile et faites-la chauffer jusqu'à 190°C (375°F) sur un feu modéré. Jetez-y la moitié des ailes et faites-les frire 12-15 minutes.

2 Entre-temps, préparez la sauce au fromage bleu. Dans un petit bol, mélangez parfaitement la crème sure, la mayonnaise, le fromage bleu émietté, le persil haché et la sauce Worcestershire. Couvrez et réfrigérez la sauce trempette jusqu'au moment de servir.

3 Épongez les ailes frites sur des feuilles d'essuie-tout et gardez-les au chaud. Faites frire le reste des ailes. Entre-temps, faites fondre le beurre dans une petite casserole à feu doux ; incorporez la sauce Tabasco. Taillez le céleri en bâtonnets de 10 cm (4 po).

4 Aspergez les ailes de poulet de beurre épicé. Disposez-les dans un plat de service, ainsi que les bâtonnets de céleri. Présentez la sauce trempette en saucière.

IDÉES MINUTE

VOLAILLE
• Pour laquer rapidement une volaille, badigeonnez-la d'une glaçure préparée avec de la sauce barbecue et une cuillerée à soupe ou deux de jus d'orange. Cet apprêt convient bien à la cuisson au gril.

• La sauce teriyaki du commerce est idéale pour faire mariner la volaille ; gardez-en à portée de la main. Voici une petite recette vite faite : découpez le poulet en bouchées pour mieux l'imprégner de marinade, puis faites-le sauter.

• Les ciseaux à volaille qu'on trouve dans les magasins d'articles de cuisine valent bien leur prix ; ils coupent jointures, os et chair facilement et vous évitent d'acheter du poulet déjà découpé, toujours plus cher que la volaille entière.

Poulet persillé à la moutarde

Par portion : **Calories** 845 **Protéines** 108 g **Hydrates de carbone** 4 g **Graisses** 42 g **Cholestérol** 345 mg **Sodium** 481 mg

- **1 poulet (1,5 kg/3¼ lb), découpé en morceaux**
- **1 c. à soupe de beurre (ou de margarine)**
- **2 c. à soupe d'oignon finement haché**
- **1 gousse d'ail, finement hachée**
- **½ tasse de mie de pain émiettée**
- **2 c. à soupe de persil haché fin**
- **¼ tasse de mayonnaise**
- **2 c. à thé de moutarde de Dijon**

 PRÉPARATION **10 MINUTES**

CUISSON **28 MINUTES**

REMARQUE *En cuisine française, on appelle persillade un mélange de chapelure et de persil. C'est un condiment qui relève parfaitement le goût fin du poulet.*

1 Allumez le gril. Disposez les morceaux de poulet, peau dessous, sur la grille d'une lèchefrite. Faites griller le poulet 20 minutes à 12,5 cm (5 po) de l'élément pour qu'il soit presque tendre et légèrement doré.

2 Par ailleurs, mettez le beurre à fondre dans une petite casserole à feu modéré et faites-y cuire l'oignon et l'ail 5 minutes. Quand ils sont tendres, ajoutez la chapelure et le persil. Retirez la casserole du feu. Dans une tasse, mélangez la mayonnaise et la moutarde.

3 Tournez les pièces de poulet et remettez-les à cuire 5 minutes sous le gril.

4 Étalez la mayonnaise moutardée et la persillade sur les pièces de poulet. Prolongez la cuisson au gril de 3 minutes pour bien faire dorer la garniture. Servez sans tarder.

Poulet grillé au gingembre

Par portion : **Calories** 755 **Protéines** 108 g **Hydrates de carbone** 13 g **Graisses** 28 g **Cholestérol** 329 mg **Sodium** 1 437 mg

- **1 poulet (1,5 kg/3¼ lb), coupé en quatre**
- **¼ c. à thé de sel**
- **¼ c. à thé de poivre noir**
- **⅔ tasse de ketchup**
- **2 c. à soupe de sauce de soja**
- **1 gousse d'ail, finement hachée**
- **½ c. à thé de gingembre moulu**
- **¼ c. à thé de moutarde sèche**
- **Brins de persil pour la garniture (facultatif)**

PRÉPARATION **5 MINUTES**

 CUISSON **35 MINUTES**

1 Allumez le gril. Disposez les quarts de poulet, peau dessous, sur la grille d'une lèchefrite. Assaisonnez-les de sel et de poivre. Faites griller le poulet 20 minutes ou jusqu'à ce que la chair soit presque tendre et légèrement dorée.

2 Par ailleurs, mélangez le ketchup, la sauce de soja, l'ail, le gingembre et la moutarde dans une petite casserole et amenez-les au point d'ébullition à feu modéré. Remuez de temps à autre.

3 Tournez les morceaux de poulet et prolongez la cuisson au gril de 5 minutes. Badigeonnez-les généreusement de sauce au ketchup et remettez-les 2 minutes sous le gril, le temps que la sauce commence à gratiner. Attention : ne laissez pas brûler !

4 Dressez le poulet dans un plat de service chaud et nappez-le du reste de la sauce. Décorez de brins de persil, s'il y a lieu. Servez immédiatement.

TACOS AU POULET

TACOS AU POULET

Par portion : **Calories** 409   **Protéines** 34 g   **Hydrates de carbone** 34 g   **Graisses** 18 g   **Cholestérol** 78 mg   **Sodium** 957 mg

1   **c. à soupe d'huile**
1   **oignon moyen, haché**
500 **g (1 lb) de poulet haché**
1   **c. à soupe de farine**
1   **boîte (90 g/3 oz) de chili vert, haché mais non égoutté**
1   **c. à thé d'assaisonnement au chile**
½   **c. à thé d'origan séché**
½   **c. à thé de sel**
8   **coquilles de taco**
½   **tasse de monterey jack au piment jalapeño, grossièrement râpé**
1   **à 1½ tasse de laitue iceberg tranchée fin**
⅔   **tasse de salsa**

 PRÉPARATION
8 MINUTES

 CUISSON
14 MINUTES

SERVICE *Servez cette spécialité de la cuisine mexicaine avec des haricots sautés ou avec une salade additionnée de morceaux de tomate et d'avocat.*

1 Dans une grande sauteuse, réchauffez l'huile à feu modéré. Faites-y revenir l'oignon pendant 5 minutes. Augmentez la chaleur pour saisir le poulet haché 3 minutes ou jusqu'à ce qu'il commence à dorer. Remuez fréquemment.

2 Saupoudrez la farine sur le poulet et remuez bien. Ajoutez le chili vert haché avec son liquide, l'assaisonnement au chile, l'origan et le sel ; prolongez la cuisson de 5 minutes en remuant de temps à autre. Retirez du feu.

3 Dressez cet apprêt au poulet dans les coquilles de taco. Recouvrez-le de fromage râpé et de quelques lanières de laitue ; agrémentez d'une cuillerée de salsa.

POULET GRILLÉ LAQUÉ À L'ORANGE

Par portion : **Calories** 677 **Protéines** 56 g **Hydrates de carbone** 49 g **Graisses** 29 g **Cholestérol** 173 mg **Sodium** 219 mg

½ **tasse de marmelade d'oranges**

⅓ **tasse de cassonade brune bien tassée**

⅓ **tasse de jus d'orange**

¼ **tasse de vinaigre de vin rouge**

1 **c. à soupe de moutarde de Dijon**

½ **c. à thé de gingembre moulu**

2 **gousses d'ail, finement hachées**

1 **c. à soupe et 2 c. à thé d'huile**

1 **poulet (1,5 kg/3¼ lb), découpé en morceaux**

 PRÉPARATION
5 MINUTES

CUISSON
38 MINUTES

1 Chauffez le four à 220°C (425°F). Dans un petit bol, mélangez la marmelade, la cassonade, le jus d'orange, le vinaigre, la moutarde, le gingembre, l'ail et 2 c. à thé d'huile.

2 Dans une grande sauteuse allant au four, réchauffez 1 c. à soupe d'huile à feu assez vif. Faites-y sauter les morceaux de poulet environ 8 minutes ou jusqu'à ce qu'ils soient dorés de tous les côtés. Débarrassez la sauteuse de ses corps gras avant d'y verser la sauce à la marmelade. Amenez à ébullition.

3 Enfournez la sauteuse et faites cuire le poulet, 15 minutes pour la chair blanche, 30 minutes pour la brune. Dégraissez la sauce. Dressez le poulet dans un plat de service chaud et nappez-le de sauce.

CUISSON AU MICRO-ONDES

Supprimez l'huile et ajoutez 2 c. à soupe de farine à la liste des ingrédients. Débarrassez les morceaux de poulet de leur peau. Dans un grand plat à micro-ondes, mélangez la cassonade et la farine. Ajoutez la marmelade, le jus d'orange, le vinaigre, la moutarde, le gingembre et l'ail ; mélangez parfaitement. Roulez les morceaux de poulet dans cette marinade. Disposez-les côte à côte en mettant les parties les plus épaisses sur les côtés du plat, les plus minces au centre.

Couvrez le plat de pellicule de plastique retroussée à l'un des coins. Faites cuire 9 minutes à Maximum. Arrosez le poulet de sauce. Remettez la pellicule en place, donnez un quart de tour au plat et prolongez la cuisson de 9-12 minutes ou jusqu'à ce que le jus qui s'échappe du poulet soit incolore.

IDÉES MINUTE

POULET VITE CUIT
Si une recette requiert du poulet cuit, faites-le pocher sur un élément de la cuisinière ou au micro-ondes. Deux poitrines de poulet de 180 g (6 oz) chacune, désossées et sans peau, donnent deux tasses de poulet haché.

Cuisson classique
Mettez les poitrines de poulet dans une grande sauteuse avec 1⅓ tasse d'eau ou de bouillon. Amenez à ébullition. Baissez le feu, couvrez et laissez mijoter 12-14 minutes ou jusqu'à ce que la chair soit tendre.

Micro-ondes
Enveloppez chaque poitrine dans une double épaisseur d'essuie-tout. Humectez-les d'eau et déposez-les dans un plat à micro-ondes. Faites cuire à Maximum 4-5 minutes. Attendez 3 minutes avant de découper la viande.

SUPRÊMES DE POULET AU GRATIN

SUPRÊMES DE POULET AU GRATIN

Par portion : **Calories** 341 **Protéines** 42 g **Hydrates de carbone** 6 g **Graisses** 16 g **Cholestérol** 133 mg **Sodium** 373 mg

¼ **tasse (½ bâtonnet) de beurre (ou de margarine)**

1 **gousse d'ail, finement hachée**

1 **tasse de mie de pain émiettée**

3 **c. à soupe de parmesan râpé**

1 **c. à soupe de persil finement haché**

½ **c. à thé de marjolaine séchée**

¼ **c. à thé de thym séché**

⅛ **c. à thé de poivre noir**

4 **grosses demi-poitrines de poulet désossées, sans la peau (750 g/1½ lb)**

 PRÉPARATION
10 MINUTES

 CUISSON
28 MINUTES

SERVICE *Accompagnez ce poulet d'une jolie salade agrémentée de concombre et de pois mange-tout.*

1 Chauffez le four à 200°C (400°F). Graissez une plaque à biscuits. Dans une petite casserole, mettez le beurre à fondre à feu modéré. Faites-y revenir l'ail 10 secondes, le temps de le parfumer. Retirez la casserole du feu.

2 Sur du papier ciré, mélangez la mie de pain émiettée, le parmesan, le persil, la marjolaine, le thym et le poivre. Trempez les morceaux de poulet dans le beurre à l'ail en les laissant s'égoutter au-dessus de la casserole. Roulez-les ensuite dans les ingrédients secs pour les enrober complètement. Tapotez pour que la panure adhère bien.

3 Disposez les suprêmes de poulet côte à côte sur la plaque. Recouvrez-les du reste de la panure et du beurre à l'ail. Enfournez et faites cuire 25-30 minutes ou jusqu'à ce que les suprêmes soient dorés et à point. Servez immédiatement.

135

Poulet à l'orange laqué au miel

Par portion : **Calories** 571 **Protéines** 52 g **Hydrates de carbone** 51 g **Graisses** 18 g **Cholestérol** 148 mg **Sodium** 141 mg

- **4 demi-poitrines de poulet, avec les ailes (1,5 kg/3 lb)**
- **⅓ tasse de miel**
- **⅓ tasse de confiture d'abricots**
- **2 c. à soupe de jus d'orange**
- **1 c. à soupe de jus de citron**
- **1 c. à thé de gingembre moulu**
- **2 oranges navel**
- **Pincée de sel**
- **Tiges de cresson pour la garniture (facultatif)**

 PRÉPARATION **5 MINUTES**  CUISSON **29 MINUTES**

SERVICE *Présentez, à part, des haricots verts cuits à la vapeur rehaussés de jus de citron, de beurre fondu et de persil haché.*

1 Allumez le gril. Détachez les ailes des demi-poitrines. Disposez tous les morceaux, peau dessous, sur la grille d'une lèchefrite. Faites griller 15 minutes à 12,5 cm (5 po) de l'élément ou jusqu'à ce que le poulet commence à dorer.

2 Par ailleurs, dans un petit bol, mélangez le miel, la confiture d'abricots, le jus d'orange, le jus de citron et le gingembre. Badigeonnez le poulet avec cet apprêt et laissez-le griller 1 minute de plus.

3 Tournez le poulet et prolongez la cuisson de 10 minutes. Pendant ce temps, pelez les oranges avec un couteau bien tranchant. Détaillez-les en tranches de 1 cm (½ po) d'épaisseur et disposez-les sur la grille, près des morceaux de poulet. Salez la viande.

4 Badigeonnez le poulet et les tranches d'orange avec l'apprêt au miel et faites-les cuire 2 minutes ou jusqu'à ce que les oranges commencent à caraméliser et que le poulet soit doré. Dressez le poulet et les oranges dans un plat de service chaud ; décorez de cresson pour agrémenter la présentation.

Suprêmes de poulet sautés aux pacanes

Par portion : **Calories** 453 **Protéines** 44 g **Hydrates de carbone** 15 g **Graisses** 24 g **Cholestérol** 150 mg **Sodium** 321 mg

- **½ tasse de pacanes moulues**
- **⅓ tasse de chapelure**
- **1 c. à thé de sauge séchée**
- **¼ c. à thé de sel**
- **¼ c. à thé de cayenne**
- **¼ tasse de farine**
- **1 gros œuf**
- **2 c. à soupe d'eau**
- **4 grosses demi-poitrines de poulet, désossées, sans la peau (750 g/1½ lb)**
- **3 c. à soupe d'huile**
- **Demi-pacanes pour la garniture (facultatif)**

 PRÉPARATION **10 MINUTES**   CUISSON **8 MINUTES**

REMARQUE *Vous apprécierez ces suprêmes de poulet et leur délicieux gratin de pacanes qui se préparent sans effort.*

1 Sur une feuille de papier ciré, mélangez les pacanes moulues, la chapelure, la sauge, le sel et le cayenne. Sur une autre feuille de papier ciré, déposez la farine. Dans un moule à tarte, battez l'œuf avec 2 c. à soupe d'eau. Passez chaque morceau de poulet d'abord dans la farine, puis dans l'œuf battu, et enfin dans la chapelure aux pacanes.

2 Dans une grande sauteuse, réchauffez l'huile à feu assez vif. Faites-y revenir le poulet 3-4 minutes de chaque côté. Quand il est bien doré, dressez-le dans un plat chaud et décorez, si vous le désirez, avec des demi-pacanes.

POULET À LA PROVENÇALE

POULET À LA PROVENÇALE

Par portion : **Calories** 336   **Protéines** 19 g   **Hydrates de carbone** 11 g   **Graisses** 25 g   **Cholestérol** 80 mg   **Sodium** 628 mg

- 2 **c. à soupe d'huile d'olive**
- 4 **cuisses de poulet, avec leur pilon (1 kg/2 lb)**
- 1 **oignon moyen**
- 2 **gousses d'ail**
- ½ **c. à thé de safran en filaments (facultatif)**
- 1 **tasse de bouillon de poulet hyposodique en boîte**
- ½ **tasse de vin blanc sec**
- 1 **boîte (540 ml/19 oz) de tomates entières pelées et étuvées, égouttées et coupées en deux**
- 1 **c. à thé de romarin séché**
- 1 **feuille de laurier**
- 2 **petites courgettes**
- ½ **tasse de petites olives noires dénoyautées**
- **Sel et poivre noir moulu**

 PRÉPARATION
5 MINUTES

 CUISSON
40 MINUTES

REMARQUE *Tomates, ail, olives, huile d'olive et romarin — les parfums de la Provence — donnent à ce poulet sa saveur caractéristique.*

1 Dans un grand faitout ou une grande sauteuse, réchauffez l'huile à feu modéré. Faites-y dorer le poulet 15 minutes en le retournant. Détaillez l'oignon en huit quartiers et hachez finement l'ail.

2 Déposez le poulet sur une assiette ; ne gardez que 2 c. à soupe de gras dans le faitout. Jetez-y l'oignon et l'ail, ainsi que le safran s'il y a lieu, et faites sauter 3 minutes.

3 Mouillez avec le bouillon et le vin. Amenez à ébullition à feu vif avant d'ajouter les tomates, le romarin, la feuille de laurier et le poulet. Couvrez et faites cuire 10 minutes à feu modéré.

4 Tranchez les courgettes et ajoutez-les au faitout avec les olives. Après 5 minutes, découvrez le faitout et prolongez la cuisson d'encore 5 minutes ou jusqu'à ce que le jus du poulet soit incolore. Salez et poivrez ; retirez la feuille de laurier avant de servir.

POULET AUX ÉPICES

Par portion : **Calories** 454   **Protéines** 33 g   **Hydrates de carbone** 15 g   **Graisses** 29 g   **Cholestérol** 38 mg   **Sodium** 415 mg

½ **c. à thé de sel**

½ **c. à thé de poivre noir**

½ **c. à thé de cannelle**

½ **c. à thé de clou de girofle**

4 **cuisses de poulet entières, détachées en deux (1 kg/2 lb)**

1½ **c. à soupe d'huile**

1 **oignon moyen**

1 **côte de céleri**

2 **c. à soupe de raisins secs**

¾ **tasse de jus d'orange, en tout**

2 **c. à thé de fécule de maïs**

¼ **tasse d'amandes effilées**
 Sel

 PRÉPARATION **5 MINUTES**   CUISSON **30 MINUTES**

1 Dans un petit bol ou une tasse, mélangez le sel, le poivre, la cannelle et le clou de girofle. Assaisonnez les morceaux de poulet parfaitement avec ce mélange. Dans une grande sauteuse, réchauffez l'huile à feu plutôt vif ; mettez-y le poulet et faites-le cuire 10 minutes d'un côté.

2 Dans l'intervalle, détaillez l'oignon et le céleri en tranches. Retournez les morceaux de poulet, ajoutez l'oignon et le céleri et faites cuire 5 minutes de plus.

3 Mettez les raisins secs et ½ tasse de jus d'orange dans la sauteuse et prolongez la cuisson de 15 minutes.

4 Dans une tasse, délayez la fécule de maïs dans le reste du jus d'orange. Ajoutez-la ainsi que les amandes au contenu de la sauteuse. Amenez à ébullition et laissez cuire 1-2 minutes pour épaissir. Rectifiez l'assaisonnement en sel. Dressez le poulet dans un plat de service chaud et nappez-le de sauce.

POULET AU PAPRIKA

Par portion : **Calories** 423   **Protéines** 34 g   **Hydrates de carbone** 12 g   **Graisses** 27 g   **Cholestérol** 105 mg   **Sodium** 480 mg

2 **c. à soupe d'huile**

4 **grosses demi-poitrines de poulet (1,15 kg/2½ lb)**

2 **oignons moyens**

1 **poivron vert moyen**

1 **boîte (540 ml/19 oz) de tomates entières pelées et étuvées**

2 **c. à soupe de paprika**

½ **tasse de bouillon de poulet hyposodique en boîte**

½ **tasse de crème sure**
 Sel et poivre noir moulu
 Persil haché pour la garniture (facultatif)

 PRÉPARATION **5 MINUTES**   CUISSON **35 MINUTES**

1 Dans une grande sauteuse, réchauffez l'huile à feu modéré. Ajoutez les demi-poitrines de poulet et dorez-les 15 minutes en les retournant. Dans l'intervalle, hachez grossièrement les oignons ; parez le poivron, épépinez-le et détaillez-le en lanières ; égouttez et hachez les tomates.

2 Déposez le poulet dans une assiette. Ne gardez que 2 c. à soupe de gras dans la sauteuse. Jetez-y les oignons hachés et les lanières de poivron et faites-les sauter 3 minutes.

3 Mettez les tomates, le paprika et le bouillon de poulet dans la sauteuse ; à feu vif, amenez à ébullition.

4 Remettez le poulet dans la sauteuse ; couvrez et laissez-le cuire avec les légumes 10 minutes à feu doux.

5 Incorporez la crème sure ; réchauffez le plat sans le faire bouillir. Salez et poivrez le poulet. Saupoudrez-le de persil haché, s'il y a lieu, et servez.

POULET GRILLÉ À LA LIME

Par portion : **Calories** 368 **Protéines** 51 g **Hydrates de carbone** 2 g **Graisses** 16 g **Cholestérol** 151 mg **Sodium** 284 mg

1 poulet (1,15 kg/2½ lb), découpé en huit morceaux

2 grosses limes

1 c. à soupe de beurre (ou de margarine)

2 gousses d'ail, finement hachées

1 c. à thé de poivre noir concassé

1 c. à thé de basilic séché

¼ c. à thé de sel

 PRÉPARATION
5 MINUTES

 CUISSON
25 MINUTES

1 Allumez le gril. Disposez les morceaux de poulet, peau dessous, sur la grille d'une lèchefrite. Faites-les griller pendant 20 minutes d'un côté, à 12,5 cm (5 po) de l'élément.

2 Dans l'intervalle, râpez le zeste de la lime pour en obtenir 1 c. à thé. Coupez la lime en deux et pressez-la : vous devriez recueillir environ ¼ tasse de jus.

3 Dans une petite casserole, mettez le beurre à fondre à feu doux. Faites-y sauter l'ail 10 secondes pour le parfumer. Retirez la casserole du feu ; ajoutez le zeste et le jus de la lime, le poivre concassé, le basilic et le sel. Badigeonnez les morceaux de poulet avec cet apprêt.

4 Retournez les morceaux de poulet, badigeonnez l'autre face et prolongez la cuisson au gril de 5-10 minutes en badigeonnant à plusieurs reprises, jusqu'à ce que le poulet soit tendre.

CUISSES DE POULET À LA DIABLE

Par portion : **Calories** 501 **Protéines** 44 g **Hydrates de carbone** 70 g **Graisses** 26 g **Cholestérol** 142 mg **Sodium** 874 mg

2 c. à soupe d'huile

12 cuisses de poulet (les pilons uniquement) (environ 1,35 kg/3 lb)

2 oignons moyens, tranchés

⅓ tasse de sauce à steak du commerce

⅓ tasse et 1 c. à soupe d'eau

3 c. à soupe de cassonade blonde

2 c. à soupe de moutarde

½ c. à thé de sel

2 c. à thé de fécule de maïs

1 petit oignon vert

 PRÉPARATION
5 MINUTES

CUISSON
35 MINUTES

1 Dans une grande sauteuse (de préférence antiadhésive), réchauffez l'huile à feu assez vif. Faites cuire les cuisses de poulet 15 minutes en les retournant.

2 Poussez les cuisses sur le côté de la sauteuse et mettez au centre les tranches d'oignon. Faites-les sauter 3 minutes.

3 Dans un petit bol, mélangez la sauce à steak, ⅓ tasse d'eau, la cassonade, la moutarde et le sel. Versez cette sauce sur le poulet et les oignons. Couvrez la sauteuse et laissez mijoter 10-15 minutes à feu doux.

4 Entre-temps, délayez la fécule de maïs dans 1 c. à soupe d'eau. Détaillez l'oignon vert de biais en rondelles de 1 cm (½ po).

5 Recueillez les cuisses de poulet avec une cuiller à fentes et déposez-les dans un plat de service chaud. Sur un feu modéré, incorporez la fécule délayée à la sauce. Faites bouillir jusqu'à épaississement. Nappez le poulet de cette sauce et saupoudrez la surface de rondelles d'oignon vert.

POULET AUX ANNEAUX DE POMME

Poulet aux anneaux de pomme

Par portion : **Calories** 396 **Protéines** 41 g **Hydrates de carbone** 27 g **Graisses** 14 g **Cholestérol** 119 mg **Sodium** 376 mg

¼ **tasse de farine**

¼ **c. à thé de sel**

¼ **c. à thé de poivre noir**

4 **grosses demi-poitrines de poulet désossées, sans la peau (750 g/1½ lb)**

2 **c. à soupe (¼ bâtonnet), en tout, de beurre (ou de margarine)**

2 **pommes granny smith, non pelées, mais parées et détaillées en anneaux de ½ cm (¼ po) d'épaisseur**

1 **c. à soupe d'huile**

½ **tasse de bouillon de poulet hyposodique en boîte**

¼ **tasse de crème légère**

½ **c. à thé de thym séché**

1 **c. à thé de fécule de maïs**

½ **tasse de jus de pomme**

 PRÉPARATION
5 MINUTES

 CUISSON
15 MINUTES

SERVICE *Avec ce plat léger et savoureux, servez des pommes de terre vapeur rehaussées de beurre et de persil haché.*

1 Sur du papier ciré, mélangez la farine, le sel et le poivre. Farinez les demi-poitrines de poulet ; secouez-les pour faire tomber l'excédent.

2 Dans une grande sauteuse, faites fondre 1 c. à soupe de beurre à feu modéré. Ajoutez les anneaux de pomme et faites-les caraméliser 3 minutes en les tournant une fois. Avec une cuiller à fentes, recueillez-les et gardez-les au chaud.

3 Dans la même sauteuse, mettez 1 c. à soupe de beurre et 1 c. à soupe d'huile. À feu modéré, faites-y cuire les blancs de poulet 1-2 minutes de chaque côté. Recueillez-les avec une cuiller à fentes et gardez-les au chaud.

4 Versez dans la sauteuse le bouillon de poulet et la crème avec le thym ; amenez à ébullition. Délayez la fécule de maïs dans le jus de pomme et versez-la dans la sauteuse. Ramenez l'ébullition en remuant sans arrêt et laissez épaissir 1 minute. Nappez le poulet de sauce et décorez-le d'anneaux de pomme.

UN BON DÉBUT : DU POULET RÔTI

Avec du poulet rôti, il est facile de composer, le temps de le dire, un repas savoureux et nourrissant. Vous pouvez le présenter froid, en salade ou en sandwich ; le servir chaud, agrémenté de cari ou enfermé dans des tostadas. Vous inventerez sans doute mille et une façons de l'utiliser à partir des idées que vous trouverez dans ces deux pages.

Faites cuire (voir page 25) un poulet de 1,5 kg (3½ lb) ou achetez-le déjà cuit : les supermarchés en vendent d'excellents. Désossez-le et enlevez la peau. Les recettes ci-dessous donnent quatre portions.

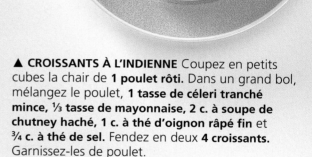

▼ **SALADE DE POULET AUX ÉPINARDS** Coupez en petits cubes la chair de **1 poulet rôti** ; hachez **2 grosses tomates** et détaillez **250 g (8 oz) de fromage suisse** (ou de mozzarella) en fines lanières. Tapissez un plat de **150 g (5 oz) de feuilles d'épinard.** Dans un petit bol, mélangez **½ tasse d'huile à salade, 3 c. à soupe de moutarde de Dijon** et **2 c. à soupe de vinaigre de vin rouge.** Dressez le poulet, les tomates et le fromage sur les épinards. Nappez d'un peu de vinaigrette et présentez le reste en saucière.

▲ **CROISSANTS À L'INDIENNE** Coupez en petits cubes la chair de **1 poulet rôti.** Dans un grand bol, mélangez le poulet, **1 tasse de céleri tranché mince, ⅓ tasse de mayonnaise, 2 c. à soupe de chutney haché, 1 c. à thé d'oignon râpé fin** et **¾ c. à thé de sel.** Fendez en deux **4 croissants.** Garnissez-les de poulet.

▼ **HAMBURGERS AU POULET** Coupez en petits cubes la chair de **1 poulet rôti.** Allumez le gril. Dans une casserole, mettez **2 c. à soupe de beurre** à fondre à feu modéré. Faites-y revenir 5 minutes **1 oignon moyen** et **1 gros poivron vert**, hachés. Ajoutez le poulet et **1 tasse de sauce barbecue** ; amenez à ébullition. Fendez en deux et faites griller **4 pains à hamburger.** Garnissez-les de poulet et saupoudrez-les de ½ **tasse de cheddar râpé.** Passez sous le gril.

◄ **SALADE DE POULET À LA GRECQUE** Coupez en petits cubes la chair de **1 poulet rôti.** Chauffez le four à 200°C (400°F). Faites griller ¼ **tasse de noix** 5 minutes. Hachez **1 tomate.** Dans un grand bol à salade, mélangez **2 laitues boston,** tranchées en chiffonnade, avec le poulet et **90 g (3 oz) de fromage feta,** émietté. Couronnez de noix grillées et de **1 tomate hachée.** Arrosez de **vinaigrette du commerce.**

► **TOSTADAS AU POULET** Coupez en petits cubes la chair de **1 poulet rôti.** Dans une petite casserole, faites chauffer **1 boîte de haricots sautés.** Dans une autre casserole, réchauffez le poulet dans **1 tasse de sauce aux tomates du commerce.** Prenez **8 coquilles de tostadas;** répartissez entre elles les haricots sautés et le poulet. Décorez de **laitue hachée,** de **tranches d'avocat** et de **crème sure.**

◄ **POULET AU CARI** Coupez en petits cubes la chair de **1 poulet rôti.** Dans une casserole, faites fondre **2 c. à soupe de beurre.** Ajoutez **1 petit oignon,** haché, et **2 c. à thé de poudre de cari;** laissez cuire 5 minutes. Incorporez **2 c. à soupe de farine** et ½ **c. à thé de sel.** Après 1 minute, mouillez peu à peu avec ¾ **tasse de lait.** Laissez cuire 5 minutes en remuant constamment ou jusqu'à ce que la sauce soit épaisse et bouillonne. Ajoutez le poulet et réchauffez-le. Servez sur un lit de **riz blanc cuit.**

Suprêmes de poulet aux poivrons

Par portion : **Calories** 292   **Protéines** 41 g   **Hydrates de carbone** 8 g   **Graisses** 9 g   **Cholestérol** 99 mg   **Sodium** 264 mg

¼ tasse de farine

¼ c. à thé de poivre noir

4 grosses demi-poitrines de poulet, désossées et sans la peau (750 g/1½ lb)

2 c. à soupe d'huile

1 tasse de bouillon de poulet hyposodique en boîte

½ c. à thé de basilic séché, écrasé entre les doigts (ou d'origan séché)

½ tasse de dés de poivron rouge

½ tasse de dés de poivron vert

1 c. à thé de fécule de maïs

2 c. à soupe de vin blanc sec (ou d'eau)

 PRÉPARATION **14 MINUTES**

 CUISSON **15 MINUTES**

NUTRITION *Les poivrons sont une bonne source de vitamine A, qui assure la santé de la peau. Ils donnent ici toute sa couleur à un plat savoureux.*

1 Sur du papier ciré, mélangez la farine et le poivre. Farinez les poitrines de poulet et secouez-les pour faire tomber l'excédent.

2 Dans une grande sauteuse, réchauffez l'huile à feu assez vif. Saisissez les blancs de poulet 2-3 minutes sur chaque face. Quand ils ont pris une belle couleur, dressez-les dans un plat chaud, couvrez et gardez-les au chaud.

3 Essuyez la sauteuse avec des feuilles d'essuie-tout. Versez-y le bouillon avec le basilic et amenez à ébullition. Ajoutez le poivron rouge et le poivron vert et laissez cuire 3 minutes.

4 Délayez la fécule de maïs dans le vin blanc et versez-la dans le bouillon. Amenez la sauce à ébullition en remuant constamment et laissez mijoter 2 minutes jusqu'à épaississement. Nappez le poulet de sauce et servez.

 L'ouvre-boîte

Le poulet en boîte est à la fois économique et d'emploi facile. Vous vous en servirez pour préparer ces deux savoureuses salades qui, servies avec du pain, peuvent constituer le plat principal d'un repas léger.

Salade de chou au poulet

Dans un bol moyen, mélangez **3 tasses de chou tranché finement, 1 pomme rouge ou verte moyenne,** pelée ou non, selon votre goût, et hachée, et **½ tasse de vinaigrette à salade de chou.** Incorporez **2 boîtes (195 g/7 oz) de blanc de poulet en morceaux,** égoutté.

Remuez pour mélanger les ingrédients. Couvrez et mettez le bol 5 minutes au congélateur. Dressez la salade rafraîchie dans des assiettes individuelles.

Donne 3 portions

Salade de poulet à la chinoise

Dans un grand bol, mélangez **2 boîtes (195 g/7 oz) de blanc de poulet en morceaux,** égoutté, **1 boîte de châtaignes d'eau tranchées,** égouttées, **4 oignons verts,** détaillés en julienne, **1 poivron rouge,** tranché fin, **250 g (8 oz) de germes de haricots mungo, 2 c. à soupe de graines de sésame et 1 tasse de nouilles chow mein.**

Ajoutez **½ tasse de vinaigrette à l'orientale et une poignée de noix d'acajou.** Remuez et servez immédiatement.

Donne 3 portions

POULET AUX CHAMPIGNONS

Par portion : **Calories** 308 **Protéines** 30 g **Hydrates de carbone** 11 g **Graisses** 15 g **Cholestérol** 95 mg **Sodium** 324 mg

¼ **tasse de farine**

¼ **c. à thé de sel**

¼ **c. à thé de poivre noir**

4 **grosses demi-poitrines de poulet (1,15 kg/2½ lb), sans la peau**

2 **c. à soupe, en tout, de beurre (ou de margarine)**

1 **c. à soupe d'huile**

250 **g (8 oz) de champignons**

4 **oignons verts**

⅓ **tasse de bouillon de poulet hyposodique en boîte**

¼ **tasse de vin blanc sec**

½ **tasse de crème légère**

 PRÉPARATION
15 MINUTES

 CUISSON
16 MINUTES

1 Sur une feuille de papier ciré, mélangez la farine, le sel et le poivre. Farinez les demi-poitrines et secouez-les pour faire tomber l'excédent. Gardez en réserve le reste de la farine assaisonnée.

2 Dans une grande sauteuse, réchauffez 1 c. à soupe de beurre et l'huile à feu modéré. Faites-y revenir le poulet 3 minutes de chaque côté. Pendant ce temps, détaillez les champignons en quartiers ; coupez les tiges des oignons verts en tronçons de 2,5 cm (1 po) et hachez séparément les bulbes.

3 Quand le poulet est doré sur toutes ces faces, déposez-le dans un plat. Ajoutez 1 c. à soupe de beurre dans la sauteuse ; faites-y sauter 3 minutes les quartiers de champignon. Mouillez avec le bouillon de poulet et le vin, ajoutez les bulbes d'oignons verts hachés et amenez à ébullition.

4 Remettez le poulet dans la sauteuse ; baissez le feu, couvrez et laissez cuire 5 minutes. Pendant ce temps, délayez dans la crème 1 c. à thé de farine assaisonnée qui reste.

5 Dressez le poulet dans un plat de service chaud et gardez-le au chaud. Incorporez la farine délayée dans la sauce aux champignons, ajoutez les tiges d'oignons verts et laissez cuire 1 minute ou jusqu'à épaississement, en remuant sans arrêt. Présentez le poulet nappé de sauce aux champignons.

POULET À LA MOUTARDE

Par portion : **Calories** 147 **Protéines** 28 g **Hydrates de carbone** 3 g **Graisses** 2 g **Cholestérol** 68 mg **Sodium** 438 mg

¼ **tasse de jus de citron**

2 **c. à thé de sauce Worcestershire**

¼ **c. à thé de sel**

¼ **c. à thé de cayenne**

4 **grosses demi-poitrines de poulet désossées, sans la peau (750 g/1½ lb)**

¼ **tasse de moutarde en grains**

 PRÉPARATION
15 MINUTES

 CUISSON
16 MINUTES

1 Dans un bol moyen, mélangez le jus de citron, la sauce Worcestershire, le sel et le cayenne. Tournez le poulet dans cette marinade pour qu'il en soit complètement enrobé et laissez-le mariner 10 minutes.

2 Allumez le gril. Égouttez les blancs de poulet et disposez-les sur la grille d'une lèchefrite. Étalez la moitié de la moutarde sur le dessus. Faites griller le poulet 8 minutes à 12,5 cm (5 po) de l'élément.

3 Retournez les blancs de poulet et badigeonnez l'autre face avec le reste de la moutarde. Faites-les griller 5-8 minutes de plus. Servez immédiatement.

ROULEAUX DE POULET TEXANS

ROULEAUX DE POULET TEXANS

Par portion : **Calories** 461   **Protéines** 47 g   **Hydrates de carbone** 9 g   **Graisses** 26 g   **Cholestérol** 156 mg   **Sodium** 445 mg

4 grosses demi-poitrines de poulet, désossées et sans la peau (750 g/1½ lb)

¼ c. à thé de sel

125 g (4 oz) de monterey jack au piment jalapeño

2 ou 3 c. à soupe de farine

⅓ tasse de chapelure

1 gros œuf

1 c. à soupe de lait

¼ tasse d'huile

Salsa (facultatif)

PRÉPARATION
11 MINUTES

CUISSON
25 MINUTES

SERVICE *Tranches d'avocat et petits dés de tomate arrosés de vinaigrette accompagnent bien ces rouleaux.*

1 Chauffez le four à 200°C (400°F). Mettez les blancs de poulet entre deux feuilles de papier ciré ; avec un maillet, aplatissez-les à ½ cm (¼ po) d'épaisseur. Salez.

2 Détaillez le fromage en quatre tranches. Déposez-en une au centre de chaque blanc de poulet et enfermez-la en resserrant les bords. Attachez les rouleaux avec un cure-dents au besoin.

3 Prenez deux feuilles de papier ciré ; sur l'une, déposez 2 c. à soupe de farine et sur l'autre, la chapelure. Dans un moule à tarte, battez l'œuf dans le lait. Enrobez les rouleaux de poulet d'abord de farine, puis d'œuf battu et enfin de chapelure.

4 Dans une sauteuse allant au four, réchauffez l'huile à feu modéré. Faites-y revenir les rouleaux 5 minutes. Quand ils sont bien dorés, enfournez la sauteuse pour achever la cuisson. Ils seront tendres au bout de 15-20 minutes. Pour servir, nappez de salsa, à votre goût.

POULET BRAISÉ AUX LÉGUMES

Poulet braisé aux légumes

Par portion : **Calories** 481 **Protéines** 23 g **Hydrates de carbone** 48 g **Graisses** 22 g **Cholestérol** 80 mg **Sodium** 550 mg

2	c. à soupe d'huile
4	cuisses de poulet complètes (1 kg/2 lb)
500	g (1 lb) de petites pommes de terre rouges
4	grosses carottes
2	petits oignons
1½	tasse de bouillon de poulet hyposodique en boîte
½	c. à thé de thym séché, écrasé entre les doigts
¼	c. à thé de poivre noir
2	c. à thé de fécule de maïs
2	c. à soupe d'eau
1	tasse de petits pois surgelés, à demi décongelés

 PRÉPARATION
5 MINUTES

 CUISSON
35 MINUTES

SERVICE *Servez avec du pain croûté badigeonné de beurre fondu dans lequel vous aurez fait sauter de l'ail et du persil hachés.*

1 Dans un faitout, réchauffez l'huile à feu modéré et faites-y rissoler les cuisses de poulet 15 minutes.

2 Épluchez les pommes de terre et coupez-les en quartiers. Épluchez et coupez les carottes en tronçons de 2,5 cm (1 po). Pelez et coupez les oignons en deux. Retirez le poulet du faitout et mettez-le dans une assiette ; ne gardez que 1 c. à soupe d'huile dans le faitout. Faites-y rissoler les légumes 3 minutes.

3 Versez le bouillon de poulet ; assaisonnez avec le thym et le poivre. Amenez à ébullition à feu vif. Remettez le poulet dans le faitout ; couvrez et laissez mijoter 15 minutes à feu doux. Quand la chair rend un jus incolore, retirez le poulet et les légumes.

4 Délayez la fécule dans l'eau et incorporez-la au fond de cuisson. Remettez le faitout à feu vif. Ajoutez les petits pois et laissez épaissir la sauce 3 minutes. Nappez-en le poulet et les légumes.

TERIYAKI DE POULET AU BROCOLI

Par portion : **Calories** 255 **Protéines** 30 g **Hydrates de carbone** 15 g **Graisses** 9 g **Cholestérol** 68 mg **Sodium** 783 mg

500 g (1 lb) de poitrine de poulet désossée, sans la peau

1 c. à thé de fécule de maïs

¼ tasse de sauce teriyaki du commerce

¼ tasse de jus d'orange

½ c. à thé de gingembre moulu

2 c. à soupe d'huile

2 tasses de bouquets de brocoli

1 boîte (199 ml/7 oz) de châtaignes d'eau tranchées, égouttées

Riz cuit et chaud ou nouilles chow mein (facultatif)

 PRÉPARATION **8 MINUTES**

 CUISSON **8 MINUTES**

CONSEIL *Vous pouvez remplacer le brocoli par des pois mange-tout frais. L'un et l'autre s'harmonisent aussi bien avec le riz qu'avec les nouilles chow mein.*

1 Détaillez le poulet en bouchées de 3 cm (1¼ po). Dans un petit bol, délayez la fécule de maïs dans la sauce teriyaki ; ajoutez le jus d'orange et le gingembre.

2 Dans une grande sauteuse ou un wok, réchauffez l'huile à feu vif. Faites-y sauter le poulet 3 minutes. Quand il est bien doré, recueillez-le avec une cuiller à fentes de façon à laisser le gras dans la sauteuse. À feu modéré, faites revenir le brocoli 1 minute.

3 Remuez la sauce teriyaki avant de la verser dans la sauteuse. Laissez cuire 1 minute en remuant constamment. Quand la sauce a épaissi, ajoutez les châtaignes d'eau ainsi que le poulet et le jus de cuisson qu'il a rendu, le cas échéant. Réchauffez bien. Servez sur un lit de riz ou de nouilles chow mein, à votre goût.

POULET À L'ORIENTALE

Par portion : **Calories** 330 **Protéines** 34 g **Hydrates de carbone** 6 g **Graisses** 16 g **Cholestérol** 115 mg **Sodium** 693 mg

1 c. à soupe d'huile

8 grosses cuisses de poulet sans pilon (1 kg/2¼ lb), débarrassées de la peau

½ tasse, en tout, de bouillon de poulet hyposodique en boîte

¼ tasse de xérès sec

1 gousse d'ail, tranchée

½ c. à thé de gingembre moulu

180 g (6 oz) de pois mange-tout surgelés

2 c. à thé de fécule de maïs

2 c. à soupe de sauce de soja

½ c. à thé de sucre

Pincée de flocons de piment rouge

 PRÉPARATION **5 MINUTES**

 CUISSON **28 MINUTES**

1 Dans une grande sauteuse, réchauffez l'huile à feu assez vif. Faites-y rissoler les cuisses de poulet pendant 15 minutes en les retournant de tous les côtés.

2 Ajoutez ¼ tasse de bouillon de poulet, le xérès, l'ail et le gingembre. Amenez à ébullition. Déposez les pois mange-tout surgelés sur le poulet. Couvrez et laissez mijoter 10 minutes à feu doux en remuant de temps à autre pour dégager les pois mange-tout les uns des autres.

3 Dans une tasse ou un petit bol, délayez la fécule de maïs dans la sauce de soja ; ajoutez le sucre, les flocons de piment rouge et le reste du bouillon. Remuez bien.

4 À feu assez vif, versez la fécule délayée dans le fond de cuisson du poulet. Faites épaissir 2 minutes en remuant sans arrêt. Dressez le poulet avec sa garniture dans un plat chaud, nappez de sauce et servez sans attendre.

POULET À L'ESTRAGON

Par portion : **Calories** 557 **Protéines** 65 g **Hydrates de carbone** 22 g **Graisses** 22 g **Cholestérol** 196 mg **Sodium** 605 mg

1 c. à soupe d'huile

1 c. à soupe de beurre
(ou de margarine)

1 poulet (1,5 kg/3¼ lb),
découpé en huit
morceaux

500 g (1 lb) de carottes

1 tasse, en tout, de bouillon
de poulet hyposodique en
boîte

1 c. à thé d'estragon séché

¼ c. à thé de sel

¼ c. à thé de poivre noir

1 c. à thé de fécule de maïs

1 botte de cresson

 PRÉPARATION
5 MINUTES

 CUISSON
32 MINUTES

1 Dans un grand faitout, réchauffez l'huile et le beurre à feu modéré. Faites-y revenir les morceaux de poulet pendant 15 minutes en les retournant de tous les côtés pour qu'ils soient bien dorés. Pendant ce temps, pelez les carottes, si vous le désirez, et détaillez-les en tronçons de 4 cm (1½ po).

2 Mettez dans le faitout ⅔ tasse de bouillon de poulet, les carottes, l'estragon, le sel et le poivre et amenez à ébullition. Baissez le feu, couvrez et laissez mijoter 15 minutes. Entre-temps, dans une tasse, délayez la fécule de maïs dans le reste du bouillon.

3 Avec une cuiller à fentes, déposez le poulet et les carottes dans un plat de service et gardez-les au chaud. Incorporez dans la sauce la fécule délayée ; ajoutez le cresson. À feu modéré, laissez cuire la sauce 2 minutes ou jusqu'à ce qu'elle soit très chaude et de belle consistance. Nappez-en le poulet et servez.

POULET À L'HAWAÏENNE

Par portion : **Calories** 517 **Protéines** 55 g **Hydrates de carbone** 14 g **Graisses** 26 g **Cholestérol** 181 mg **Sodium** 187 mg

1 poulet (1,5 kg/3¼ lb),
découpé en huit
morceaux

1 c. à soupe de beurre
(ou de margarine)

2 c. à thé de fécule de maïs

1 boîte d'ananas en
tranches, avec le jus

1 c. à soupe de cassonade
blonde

1 c. à thé de flocons
de persil

½ c. à thé de gingembre
moulu

¼ c. à thé de moutarde
sèche

Sel et poivre noir

 PRÉPARATION
3 MINUTES

CUISSON
30 MINUTES

1 Allumez le gril. Disposez les morceaux de poulet, peau dessous, sur la grille d'une lèchefrite. Faites griller à 12,5 cm (5 po) de l'élément pendant 15-20 minutes ou jusqu'à ce que le poulet soit doré et presque à point.

2 Entre-temps, dans une petite casserole, faites fondre le beurre à feu modéré et incorporez la fécule de maïs. Ajoutez le jus des ananas et laissez cuire 45 secondes ou jusqu'à épaississement.

3 Ajoutez la cassonade, le persil, le gingembre et la moutarde ; remuez et retirez du feu. Salez et poivrez.

4 Badigeonnez de ce glacis les morceaux de poulet et faites-les griller 2 minutes. Retournez les morceaux et laissez griller 5 minutes.

5 Badigeonnez généreusement l'autre face et recouvrez de tranches d'ananas. Prolongez la cuisson au gril de 4 minutes ou le temps qu'il faut pour que le glacis bouillonne sur le poulet et que les tranches d'ananas blondissent. Dressez le tout dans un plat chaud.

POULET À LA CRÈME ET AU RAISIN

Poulet à la crème et au raisin

Par portion : **Calories** 354 **Protéines** 41 g **Hydrates de carbone** 8 g **Graisses** 15 g **Cholestérol** 117 mg **Sodium** 276 mg

2 **c. à soupe d'huile**

4 **grosses demi-poitrines de poulet désossées, sans la peau (750 g/1½ lb)**

1 **c. à soupe de beurre (ou de margarine)**

1 **petit oignon, haché fin**

1 **c. à thé de fécule de maïs**

½ **tasse de vin blanc sec**

½ **tasse de crème légère**

½ **tasse de raisins sans pépin verts ou rouges, coupés en deux**

Sel et poivre noir

 PRÉPARATION
10 MINUTES

 CUISSON
12 MINUTES

SERVICE *Un accompagnement élégant consiste à faire cuire du riz brun dans du bouillon de poulet en boîte et à le relever de champignons sautés et d'oignon rouge haché.*

1 Dans une grande sauteuse, réchauffez l'huile à feu assez vif. Faites-y revenir les blancs de poulet 2-3 minutes de chaque côté. Réservez-les dans un plat.

2 À feu modéré, faites fondre le beurre dans la sauteuse. Ajoutez l'oignon et faites-le revenir 3 minutes. Délayez la fécule de maïs dans le vin et versez dans la sauteuse. Laissez cuire 1 minute en remuant constamment. Quand la sauce a épaissi, incorporez la crème et le raisin et cuisez 1 minute de plus.

3 Remettez le poulet et son jus dans la sauteuse ; salez et poivrez. Prolongez la cuisson le temps que tout soit bien chaud.

SATAY DE POULET À L'ARACHIDE

Par portion : **Calories** 424   **Protéines** 41 g   **Hydrates de carbone** 10 g   **Graisses** 25 g   **Cholestérol** 96 mg   **Sodium** 835 mg

½ **c. à thé de cumin**

¼ **c. à thé de sel**

3 **c. à soupe d'huile, en tout**

3 **c. à soupe de jus de citron, en tout**

4 **grosses demi-poitrines de poulet désossées, sans la peau (750 g/1½ lb)**

1 **oignon moyen, tranché**

½ **tasse d'eau**

2 **c. à soupe de sauce de soja**

¼ **c. à thé de poudre d'ail**

⅓ **tasse de beurre d'arachide crémeux**

   Tiges de coriandre

 PRÉPARATION
11 MINUTES

 CUISSON
11 MINUTES

REMARQUE *Dans le satay traditionnel, la viande est enfilée sur des brochettes et cuite sur charbon de bois ; à table, les convives plongent les bouchées dans la sauce à l'arachide. Rien ne vous empêche d'en faire autant.*

1 Allumez le gril. Dans un grand bol, mélangez le cumin, le sel, 2 c. à soupe d'huile et 2 c. à soupe de jus de citron. Tournez le poulet dans cette marinade et laissez-le mariner 10 minutes.

2 Entre-temps, dans une casserole moyenne, réchauffez le reste de l'huile à feu modéré. Ajoutez l'oignon et faites-le rissoler 7 minutes. Quand il a pris couleur, ajoutez l'eau, la sauce de soja, la poudre d'ail et le reste du jus de citron et amenez à ébullition.

3 Hors du feu, incorporez le beurre d'arachide au fouet. Couvrez la casserole et gardez la sauce au chaud.

4 Disposez le poulet sur la grille d'une lèchefrite. Faites-le griller 4 minutes à 10 cm (4 po) de l'élément. Retournez les morceaux et faites-les griller 2-5 minutes de plus. Dressez le poulet dans une assiette chaude et décorez-le de coriandre, s'il y a lieu. Présentez la sauce à l'arachide en saucière.

POULET BRAISÉ À L'ITALIENNE

Par portion : **Calories** 418   **Protéines** 34 g   **Hydrates de carbone** 18 g   **Graisses** 24 g   **Cholestérol** 93 mg   **Sodium** 564 mg

2 **c. à soupe d'huile, en tout**

4 **grosses demi-poitrines de poulet (1,15 kg/2½ lb), sans la peau**

250 **g (8 oz) de champignons**

2 **gousses d'ail**

1 **paquet de haricots verts surgelés**

1 **tasse de sauce à spaghetti sans viande**

1 **tasse de bouillon de poulet hyposodique en boîte**

¼ **c. à thé de flocons de piment rouge**

 PRÉPARATION
2 MINUTES

 CUISSON
35 MINUTES

1 Dans un faitout ou une grande sauteuse, réchauffez l'huile à feu modéré. Mettez-y les poitrines de poulet et faites-les revenir pendant 15 minutes en les retournant. Retirez-les et mettez-les de côté dans un plat.

2 Entre-temps, détaillez les champignons en quartiers et hachez finement l'ail. Ne gardez que 1 c. à soupe de gras dans le faitout et jetez-y les champignons, l'ail et les haricots verts surgelés ; laissez cuire 3 minutes.

3 Ajoutez la sauce à spaghetti, le bouillon de poulet et les flocons de piment rouge. Amenez à ébullition à feu vif. Remettez le poulet dans le faitout, réduisez le feu, couvrez et laissez mijoter 15 minutes. Dressez le poulet avec sa garniture dans un plat chaud.

BROCHETTES DE POULET À LA COURGE

Brochettes de poulet à la courge

Par portion : **Calories** 372 **Protéines** 33 g **Hydrates de carbone** 16 g **Graisses** 20 g **Cholestérol** 129 mg **Sodium** 467 mg

2 courges jaunes moyennes

2 courgettes moyennes

**6 cuisses de poulet
sans pilon, désossées et
sans la peau (625 g/1¼ lb)**

**3 c. à soupe de beurre
(ou de margarine)**

**3 gousses d'ail, finement
hachées**

6 c. à soupe de jus de citron

**2 c. à soupe de cassonade
blonde**

½ c. à thé de sel

 PRÉPARATION
8 MINUTES

 CUISSON
20 MINUTES

SERVICE *Avec ce plat à basses calories, vous pouvez servir du riz blanc relevé d'une poignée d'amandes effilées et de raisins secs.*

1 Allumez le gril. Dans une grande casserole, amenez à ébullition 5 cm (2 po) d'eau à feu vif. Détaillez les courges et les courgettes en tranches de 2,5 cm (1 po) d'épaisseur. Jetez-les dans l'eau bouillante et faites-les cuire 2 minutes.

2 Entre-temps, coupez chaque cuisse en quatre morceaux. Dans une casserole moyenne, mettez le beurre à fondre à feu modéré ; faites-y revenir l'ail 10 secondes pour le parfumer. Retirez la casserole du feu et incorporez le jus de citron, la cassonade et le sel.

3 Égouttez les légumes et jetez-les dans le beurre, de même que le poulet ; remuez bien. Sur quatre brochettes métalliques de 30 cm (12 po), enfilez alternativement le poulet et les légumes. Gardez en réserve le beurre qui reste dans la casserole.

4 Faites cuire les brochettes 6-8 minutes à 10 cm (4 po) de l'élément en les tournant à quelques reprises. Badigeonnez-les de temps à autre du reste de beurre fondu pour qu'elles soient bien dorées.

153

POULET AU CITRON ET À L'ORIGAN

Par portion : **Calories** 463 **Protéines** 33 g **Hydrates de carbone** 2 g **Graisses** 35 g **Cholestérol** 158 mg **Sodium** 325 mg

8 **grosses cuisses (1 kg/2 lb) de poulet, sans pilon**

2 **c. à thé d'origan séché, écrasé entre les doigts**

¼ **c. à thé de sel**

¼ **c. à thé de poivre noir**

2 **c. à soupe d'huile d'olive**

2 **c. à soupe de jus de citron**

1 **c. à soupe de sauce Worcestershire**

PRÉPARATION
10 MINUTES

CUISSON
35 MINUTES

1 Chauffez le four à 230°C (450°F). Dans un grand plat à four, alignez les cuisses de poulet, peau dessous.

2 Dans un petit bol, mélangez l'origan, le sel et le poivre. Incorporez au fouet l'huile, le jus de citron et la sauce Worcestershire. Badigeonnez le poulet avec la moitié de cette marinade et faites cuire 20 minutes au four.

3 Enlevez le gras qui se trouve dans le plat. Tournez les morceaux de poulet et badigeonnez-les avec le reste de la marinade. Prolongez la cuisson de 15 minutes environ pour que le poulet soit à point.

POULET AU VIN ROUGE

Par portion : **Calories** 827 **Protéines** 73 g **Hydrates de carbone** 15 g **Graisses** 45 g **Cholestérol** 232 mg **Sodium** 230 mg

1 **poulet (1,5 kg/3¼ lb), découpé en huit morceaux**

Pincée de sel

Pincée de poivre noir

⅓ **tasse de farine, en tout**

3 **c. à soupe d'huile, en tout**

250 **g (8 oz) de petits champignons**

8 **petits oignons blancs (125 g/4 oz), pelés**

2 **gousses d'ail, finement hachées**

1½ **tasse de vin rouge sec (bourgogne ou autre)**

1 **c. à thé de feuilles de thym séchées (ne les broyez pas)**

1 **feuille de laurier**

1 **c. à soupe de beurre ramolli (ou de margarine)**

2 **c. à soupe de persil haché**

PRÉPARATION
11 MINUTES

CUISSON
34 MINUTES

1 Saupoudrez le poulet de sel et de poivre. Sur une feuille de papier ciré, déposez ¼ tasse de farine et farinez les morceaux ; secouez-les pour faire tomber l'excédent de farine.

2 Dans un faitout, réchauffez 2 c. à soupe d'huile à feu assez vif. Mettez-y les morceaux de poulet côte à côte, peau dessous, sans les tasser, mais de façon à recouvrir le fond du faitout. Faites rissoler 5-7 minutes ou jusqu'à ce que la peau ait pris couleur. Déposez le poulet dans un bol. Jetez le gras.

3 Dans le même faitout, réchauffez le reste de l'huile à feu assez vif. Faites-y rissoler les champignons et les oignons 3 minutes. Quand ils ont pris couleur, ajoutez l'ail, puis le vin, le thym et le laurier.

4 Remettez le poulet dans le faitout, ainsi que les jus qu'il a rendus. Amenez à ébullition. Couvrez et faites cuire 15-20 minutes à feu doux. Entre-temps, malaxez le beurre et le reste de la farine dans une tasse.

5 Avec une cuiller à fentes, recueillez le poulet, les champignons et les oignons et déposez-les dans un plat de service. Sur un feu vif, incorporez au fond de cuisson la farine mélangée au beurre. Amenez à ébullition en remuant et laissez cuire jusqu'à épaississement. Nappez le poulet avec une partie de la sauce et saupoudrez-le de persil. Présentez le reste de la sauce en saucière.

SAUTÉ DE POULET AUX AMANDES

Sauté de poulet aux amandes

 4

Par portion : **Calories** 380 **Protéines** 32 g **Hydrates de carbone** 21 g **Graisses** 20 g **Cholestérol** 66 mg **Sodium** 867 mg

500 **g (1 lb) de poitrine de poulet désossée, sans la peau**

2 **gousses d'ail**

250 **g (8 oz) de haricots verts**

4 **grosses carottes**

4 **c. à thé de fécule de maïs**

1½ **tasse, en tout, de bouillon de poulet hyposodique en boîte**

2 **c. à soupe de sauce de soja**

1 **c. à thé d'huile de sésame aromatique**

3 **c. à soupe d'huile**

⅓ **tasse d'amandes entières blanchies**

 PRÉPARATION
15 MINUTES

 CUISSON
12 MINUTES

SERVICE *Servez ce sauté avec des nouilles aux œufs relevées d'un trait de sauce de soja et d'huile de sésame aromatique.*

1 Découpez le poulet en lanières de 1 cm (½ po). Hachez finement l'ail. Détaillez les haricots en tronçons de 5 cm (2 po). Pelez les carottes et tranchez-les de biais.

2 Dans une tasse, délayez la fécule de maïs avec ½ tasse de bouillon de poulet additionné de la sauce de soja et de l'huile de sésame. Dans un wok ou une grande sauteuse, réchauffez l'huile à feu vif. Faites-y rissoler les amandes 1-2 minutes. Recueillez-les avec une cuiller à fentes et réservez-les dans un bol moyen.

3 Faites colorer les lanières de poulet dans le wok. Déposez-les dans le bol, avec les amandes. Baissez le feu sous le wok.

4 Faites sauter l'ail haché 10 secondes. Ajoutez les haricots, les carottes et le reste du bouillon. Couvrez et laissez cuire 5 minutes.

5 Remuez la fécule de maïs délayée et versez-la dans le wok ; faites cuire 1 minute ou jusqu'à épaississement. Ajoutez le poulet et les amandes, réchauffez et servez.

Variations sur un thème : Poitrines de poulet

Avec une sauce bien condimentée, on peut transformer de simples blancs de poulet en plats fastueux. Faites griller des poitrines de poulet comme recommandé ci-dessous ; pour qu'elles restent tendres et juteuses, il ne faut pas trop les faire cuire. Nappez-les ensuite de l'une des sauces douces ou salées décrites à droite. Avec une salade et du riz ou des pommes de terre, vous aurez un plat de résistance remarquable. Chaque recette donne quatre portions.

POITRINES DE POULET GRILLÉES Allumez le gril. Dans un bol moyen, mettez **4 grosses demi-poitrines de poulet, désossées et débarrassées de la peau** (180 g/6 oz chacune). Enrobez-les de **1 c. à soupe de beurre fondu,** assaisonné de **¼ c. à thé de sel** et **¼ c. à thé de poivre.** Disposez-les sur une grille et faites-les griller 7-8 minutes à 10 cm (4 po) de l'élément.

Pendant ce temps, préparez la sauce. Tournez le poulet et prolongez la cuisson de 4-7 minutes. Dressez-le dans un plat de service chaud, nappez-le de sauce et servez.

► **SAUCE AU FROMAGE** Dans une casserole, faites fondre **2 c. à soupe de beurre.** Faites-y cuire ¼ **tasse d'oignon vert** haché 1 minute. Incorporez **2 c. à soupe de farine;** ajoutez peu à peu **1¼ tasse de lait.** Laissez cuire jusqu'à épaississement en remuant. Incorporez ¾ **tasse de cheddar fort râpé, ½ c. à thé de moutarde de Dijon** et **½ c. à thé de paprika.** Dès que le fromage est fondu, servez.

► **SAUCE AUX CHAMPIGNONS** Dans une casserole, mettez à fondre **2 c. à soupe de beurre** et faites-y revenir **125 g (4 oz) de champignons en tranches.** Incorporez **2 c. à soupe de farine;** ajoutez peu à peu **1 tasse de bouillon de poulet en boîte.** Laissez cuire jusqu'à épaississement en remuant. Incorporez **1 c. à thé de thym séché,** broyé. Assaisonnez de **sel** et de **poivre.**

► **SAUCE AUX CANNEBERGES ÉPICÉES** Dans une casserole, mélangez **1 tasse de sauce aux canneberges entières, 1 c. à thé de moutarde sèche, ½ c. à thé de sauce Worcestershire, ⅛ c. à thé de gingembre moulu** et **3 ou 4 gouttes de sauce Tabasco.** Amenez à ébullition à feu modéré. Dans une tasse, délayez **1 c. à soupe de fécule de maïs** dans **2 c. à soupe d'eau** et versez dans la sauce; laissez bouillir 1 minute.

◄ **SAUCE À LA MOUTARDE ET AU MIEL** Travaillez ensemble au mélangeur ¼ **tasse de moutarde en grains,** ¼ **tasse de miel, 2 c. à soupe de ketchup** et **6 c. à soupe d'huile d'olive.** Assaisonnez de **sel** et de **poivre.**

◄ **SAUCE AU CARI** Dans une casserole, faites fondre **2 c. à soupe de beurre** (ou de margarine) à feu modéré. Ajoutez **1 petit oignon tranché** et faites-le revenir jusqu'à ce qu'il soit tendre. Ajoutez **2 c. à soupe de farine** et **1 c. à thé de poudre de cari.** Incorporez peu à peu **1 tasse de bouillon de poulet en boîte** et ¼ **tasse de crème légère.** Faites cuire en remuant jusqu'à ce que la sauce épaississe. Assaisonnez de **sel** et de **poivre.**

DINDE ET POULETS DE CORNOUAILLES

Pour les réceptions et les repas de fête, voici des recettes délicieuses et vite faites
pour apprêter deux volailles qui ont toujours la faveur populaire.

ESCALOPES DE DINDE AUX CHAMPIGNONS

Par portion : **Calories** 306 **Protéines** 28 g **Hydrates de carbone** 9 g **Graisses** 18 g **Cholestérol** 88 mg **Sodium** 416 mg

4 grandes escalopes
    de dinde (500 g/1 lb)

¼ tasse de farine

½ c. à thé de sel

¼ c. à thé de poivre noir

3 c. à soupe d'huile, en tout

2 c. à soupe (¼ bâtonnet) de
    beurre (ou de margarine)

250 g (8 oz) de champignons,
    tranchés

1 gousse d'ail, hachée fin

¼ tasse de bouillon
    de poulet hyposodique
    en boîte

1 c. à soupe de persil haché

 PRÉPARATION
9 MINUTES

 CUISSON
15 MINUTES

SERVICE *Pour réaliser le parfait accompagnement, faites cuire un
paquet de mélange à farce. Façonnez des boulettes de 5 cm
(2 po); badigeonnez-les d'huile et faites-les dorer 10 minutes
au four à 200°C (400°F).*

1 Mettez les escalopes de dinde entre deux feuilles de papier ciré ;
avec un maillet, aplatissez-les à ½ cm (¼ po) d'épaisseur. Sur une
autre feuille de papier ciré, mélangez la farine, le sel et le poivre.
Farinez les escalopes ; secouez-les pour faire tomber l'excédent.

2 Dans une grande sauteuse, réchauffez 2 c. à soupe d'huile à feu
assez vif. Faites rissoler deux escalopes 2-3 minutes de chaque
côté. Gardez-les au chaud dans une assiette de service chaude.

3 Versez le reste de l'huile dans la sauteuse et répétez l'opération
avec les deux autres escalopes.

4 Dans la même sauteuse, mettez le beurre à fondre à feu modéré.
Faites-y revenir les champignons et l'ail 5 minutes. Ajoutez le bouillon et amenez à ébullition en raclant le fond de la sauteuse pour
dégager les particules rôties. Nappez les escalopes de sauce,
saupoudrez de persil avant de servir.

 L'ouvre-boîte

*Peu grasse, la chair de dinde hachée est un bon substitut au bœuf haché.
Voici une petite recette fort appétissante à faire au micro-ondes.*

RISOTTO DE DINDE

Dans un plat de 1,5 litre (6 tasses), défaites
250 g (8 oz) de dinde hachée. Ajoutez
½ tasse de poivron vert haché. Couvrez et
faites cuire à Maximum 3-5 minutes en
remuant une fois. Égouttez. Incorporez
1 boîte de sauce à pizza (400 ml/14 oz),

**1 tasse de riz à cuisson rapide, 1 tasse de
haricots blancs en boîte,** égouttés, et
¼ tasse d'eau. Couvrez et faites cuire à
Maximum 3-5 minutes en remuant une fois.
Ajoutez **¼ tasse de monterey jack râpé.**
DONNE 4 PORTIONS

DINDE À LA CROQUE-MONSIEUR

Par portion : **Calories** 422 **Protéines** 36 g **Hydrates de carbone** 25 g **Graisses** 18 g **Cholestérol** 192 mg **Sodium** 541 mg

¼ **tasse de farine**

1½ **c. à thé d'assaisonnement au citron et au poivre**

¼ **c. à thé de muscade**

1 **tasse de chapelure**

2 **gros œufs**

1 **c. à soupe d'eau**

8 **petites escalopes de dinde (500 g/1 lb)**

2 **c. à soupe de beurre (ou de margarine)**

1 **c. à soupe d'huile**

2 **grandes tranches de jambon cuit, coupées en quatre**

2 **grandes tranches de fromage suisse, coupées en quatre**

Persil haché

 PRÉPARATION **15 MINUTES**

 CUISSON **6 MINUTES**

CONSEIL *Avec du jambon et du fromage vendus en tranches, vous pouvez réaliser cette recette en moins d'une demi-heure. Si vos escalopes sont grosses, faites-les cuire plus longtemps.*

1 Sur une feuille de papier ciré, mélangez la farine, l'assaisonnement au citron et au poivre et la muscade ; sur une autre feuille, déposez la chapelure. Dans un moule à tarte, battez l'œuf avec l'eau.

2 Passez les escalopes de dinde dans la farine, puis dans l'œuf battu et enfin dans la chapelure. Dans une grande sauteuse, réchauffez le beurre et l'huile à feu modéré. Faites-y rissoler les escalopes 2-3 minutes d'un côté.

3 Quand elles sont bien dorées, tournez-les et posez sur chacune d'elles un quart de tranche de jambon et un quart de tranche de fromage. Couvrez la sauteuse et prolongez la cuisson de 2 minutes pour que le fromage se mette à fondre. Dressez les escalopes dans une assiette de service chaude et saupoudrez de persil à votre gré.

FRICADELLES DE DINDE À LA DIJONNAISE

Par portion : **Calories** 414 **Protéines** 32 g **Hydrates de carbone** 23 g **Graisses** 20 g **Cholestérol** 86 mg **Sodium** 663 mg

1 **petit oignon vert**

625 **g (1¼ lb) de dinde hachée**

¼ **c. à thé de sel**

¼ **c. à thé d'estragon séché**

1 **c. à soupe de beurre (ou de margarine)**

¼ **tasse de moutarde de Dijon**

¼ **tasse de vin blanc sec (ou de bouillon de poulet hyposodique en boîte, ou d'eau)**

2 **gousses d'ail, finement hachées**

4 **grandes tranches de 2,5 cm (1 po) d'épaisseur de pain croûté**

1 **petite tomate mûre, détaillée en huit quartiers**

 PRÉPARATION **6 MINUTES**

 CUISSON **10 MINUTES**

1 Hachez séparément le bulbe et la tige du petit oignon vert. Dans un bol moyen, mélangez la dinde, le bulbe haché, le sel et l'estragon. Façonnez le mélange en quatre fricadelles ovales de 1 cm (½ po) d'épaisseur ; donnez-leur les dimensions des tranches de pain.

2 Dans une grande sauteuse, mettez le beurre à fondre à feu assez vif et faites-y rissoler les fricadelles 3 minutes de chaque côté.

3 Quand elles sont bien dorées, déposez-les dans une assiette. Mélangez la moutarde, le vin blanc et l'ail dans la sauteuse. Amenez à ébullition en grattant les particules rôties qui adhèrent dans le fond. Remettez les fricadelles dans la sauteuse et retournez-les dans la sauce. Faites griller les tranches de pain.

4 Mettez un toast dans chaque assiette. Déposez-y une fricadelle et nappez-la de sauce. Décorez chaque assiette de deux quartiers de tomate et de tige d'oignon vert hachée. Servez immédiatement.

HAMBURGERS DE DINDE

Hamburgers de dinde

Par portion : **Calories** 365 **Protéines** 30 g **Hydrates de carbone** 26 g **Graisses** 16 g **Cholestérol** 75 mg **Sodium** 527 mg

- **625 g (1¼ lb) de dinde hachée**
- **2 c. à soupe d'oignon haché fin**
- **2 c. à soupe de persil haché**
- **¼ c. à thé de sel**
- **¼ c. à thé de poivre noir**
- **¼ c. à thé de coriandre**
- **¼ c. à thé de cumin**
- **¼ c. à thé de poudre de cari**
- **1 c. à soupe d'huile**
- **4 pains à hamburger**
- **1 tasse de germes de luzerne (ou de laitue tranchée en chiffonnade)**
- **1 tomate mûre, tranchée**

 PRÉPARATION
10 MINUTES

 CUISSON
6 MINUTES

SERVICE *Pour donner plus de croquant à ces hamburgers, servez-les avec des croustilles de tortilla ou une salade verte.*

1 Dans un bol moyen, mélangez la dinde hachée, l'oignon, le persil, le sel, le poivre, la coriandre, le cumin et la poudre de cari. Façonnez le mélange en quatre palets de 1 cm (½ po) d'épaisseur.

2 Dans une grande sauteuse, réchauffez l'huile à feu assez vif. Faites-y rissoler les palets 3 minutes de chaque côté ou jusqu'à ce qu'ils soient bien dorés.

3 Faites griller les petits pains. Déposez un palet dans chacun ; couronnez de germes de luzerne et de tranches de tomate. Servez avec de la moutarde ou du ketchup, si vous le désirez.

PICATA DE DINDE

Par portion : **Calories** 303 **Protéines** 32 g **Hydrates de carbone** 12 g **Graisses** 14 g **Cholestérol** 175 mg **Sodium** 356 mg

2 gros œufs

1 c. à soupe d'eau

2 tasses de mie de pain émiettée

8 petites escalopes de blanc de dinde (500 g/1 lb)

2 c. à soupe (¼ bâtonnet), en tout, de beurre (ou de margarine)

1 c. à soupe d'huile

¾ tasse de bouillon de poulet hyposodique en boîte

2 c. à soupe de jus de citron

4 tranches de citron

 PRÉPARATION **15 MINUTES**

 CUISSON **10 MINUTES**

REMARQUE *La sauce citronnée confère une saveur acidulée à ce plat qui s'inspire de la cuisine italienne. On peut remplacer la dinde par du veau.*

1 Dans un moule à tarte, battez les œufs avec l'eau. Déposez la mie de pain émiettée sur une feuille de papier ciré. Tournez les escalopes de dinde d'abord dans les œufs battus, puis dans la mie de pain ; assurez-vous qu'elles sont complètement panées.

2 Dans une grande sauteuse, réchauffez le beurre et l'huile à feu modéré et faites-y revenir les escalopes 2-3 minutes de chaque côté. Quand elles sont dorées, déposez-les dans une assiette.

3 Versez le bouillon de poulet et le jus de citron dans la sauteuse ; raclez le fond et la paroi pour déglacer la sauteuse. Amenez à ébullition et laissez réduire la sauce 1 minute ou jusqu'à ce qu'elle prenne une consistance sirupeuse.

4 Remettez les escalopes dans la sauteuse et réchauffez-les. Dressez les escalopes nappées de leur sauce dans un plat de service, décorez de tranches de citron et servez.

SAUCISSES DE DINDE À L'ITALIENNE

Par portion : **Calories** 340 **Protéines** 27 g **Hydrates de carbone** 14 g **Graisses** 20 g **Cholestérol** 75 mg **Sodium** 589 mg

625 g (1¼ lb) de dinde hachée

½ tasse de mie de pain émiettée

1 c. à thé d'un mélange de fines herbes à l'italienne

2 gousses d'ail, hachées fin

¼ c. à thé de sel

1 petit poivron vert

2 c. à soupe d'huile d'olive, en tout

1 tasse de sauce à spaghetti aux tomates

4 petits pains oblongs, fendus en deux, ou du spaghetti chaud (facultatif)

 PRÉPARATION **10 MINUTES**

 CUISSON **12 MINUTES**

1 Dans un bol moyen, mélangez la dinde hachée, la mie de pain, les fines herbes, l'ail et le sel. Divisez la viande en huit portions et donnez à chaque portion la forme d'une saucisse de 10 cm (4 po) de longueur sur ½ cm (¼ po) de diamètre. Parez et épépinez le poivron ; détaillez-le en languettes de ½ cm (¼ po) de largeur.

2 Dans une grande sauteuse, réchauffez 1 c. à soupe d'huile à feu assez vif. Faites-y cuire les saucisses 6 minutes en les retournant jusqu'à ce qu'elles soient fermes et dorées. Déposez-les dans une assiette ; essuyez la sauteuse.

3 Réchauffez le reste de l'huile dans la sauteuse. Faites-y sauter le poivron 2 minutes. Ajoutez la sauce à spaghetti et amenez à ébullition. Remettez les saucisses dans la sauteuse et réchauffez-les. Dressez les saucisses nappées de leur sauce dans des petits pains ou sur du spaghetti, à votre goût.

DINDE AUX ASPERGES ET AU SÉSAME

DINDE AUX ASPERGES ET AU SÉSAME

Par portion : **Calories** 293 **Protéines** 32 g **Hydrates de carbone** 6 g **Graisses** 16 g **Cholestérol** 79 mg **Sodium** 312 mg

2 c. à soupe d'huile de sésame aromatique

1 c. à soupe de sauce de soja

1 c. à thé de miel

¼ c. à thé de cumin moulu

500 g (1 lb) d'escalopes de dinde, détaillées en lanières

500 g (1 lb) de petites asperges

1 c. à soupe de graines de sésame

2 c. à soupe d'huile

Sel et poivre noir

 PRÉPARATION
18 MINUTES

 CUISSON
9 MINUTES

SERVICE *La dinde apporte de l'originalité à ce plat sauté à la chinoise. Accompagnez-le de riz aux fines herbes ou de riz frit en boîte.*

1 Dans un grand bol, mélangez l'huile de sésame aromatique, la sauce de soja, le miel et le cumin. Ajoutez les lanières de dinde et mélangez. Laissez mariner 15 minutes. Parez les asperges, puis détaillez-les de biais en tronçons de 5 cm (2 po).

2 Dans un wok ou une grande sauteuse, faites griller les graines de sésame à feu modéré en remuant constamment. Réservez-les.

3 À feu vif, réchauffez l'huile dans le wok et faites-y revenir la dinde 5 minutes. Ajoutez les asperges et laissez cuire 2-4 minutes en remuant constamment. Assaisonnez de sel et de poivre. Dressez le plat dans une assiette de service et décorez de graines de sésame grillées.

ESCALOPES DE DINDE À LA MILANAISE

ESCALOPES DE DINDE À LA MILANAISE

¶④¶

Par portion : **Calories** 324 **Protéines** 29 g **Hydrates de carbone** 11 g **Graisses** 18 g **Cholestérol** 27 mg **Sodium** 384 mg

2 **c. à soupe de farine**

¼ **c. à thé de sel**

¼ **c. à thé de poivre noir**

4 **grandes escalopes de blanc de dinde (500 g/1 lb en tout)**

4 **c. à soupe d'huile d'olive, en tout**

1 **petit oignon, haché**

¼ **tasse de vin blanc sec**

1 **bocal (170 g/6 oz) de cœurs d'artichauts marinés, égouttés**

1 **tasse de tomates mûres fraîches ou en boîte, hachées**

½ **c. à thé de basilic séché**

 PRÉPARATION
6 MINUTES

 CUISSON
20 MINUTES

SERVICE *Pour être tout à fait dans la note, servez ce plat avec des pâtes relevées de beurre et de fines herbes.*

1 Sur une feuille de papier ciré, mélangez la farine, le sel et le poivre. Farinez les escalopes ; secouez-les pour faire tomber l'excédent.

2 Dans une grande sauteuse, réchauffez 2 c. à soupe d'huile à feu plutôt vif. Faites-y revenir deux escalopes 2-3 minutes de chaque côté. Quand elles sont bien dorées, déposez-les sur une assiette et gardez-les au chaud.

3 Versez 1 c. à soupe d'huile dans la sauteuse et faites cuire les deux autres escalopes. Gardez-les au chaud.

4 Dans la sauteuse, réchauffez l'huile qui reste à feu modéré. Faites-y sauter l'oignon 5 minutes. Mouillez avec le vin blanc et amenez à ébullition ; raclez le fond et la paroi pour déglacer la sauteuse. Ajoutez les artichauts, les tomates et le basilic et ramenez à ébullition. Versez cette garniture sur les escalopes et servez tout de suite.

ROULEAUX DE DINDE FOURRÉS DE FROMAGE

Par portion : **Calories** 342 **Protéines** 33 g **Hydrates de carbone** 13 g **Graisses** 18 g **Cholestérol** 79 mg **Sodium** 679 mg

1 paquet (125 g/4,5 oz)
de fromage à la crème,
parfumé à l'ail et aux fines
herbes, déjà fouetté

30 g (1 oz) de mozzarella,
grossièrement râpée
(¼ tasse)

4 grandes escalopes
de blanc de dinde
(500 g/1 lb en tout)

2 c. à soupe (¼ bâtonnet) de
beurre (ou de margarine)

⅓ tasse de chapelure
assaisonnée

1 gousse d'ail, hachée fin

1 boîte (198 ml/7 oz)
de sauce aux tomates

1 c. à thé d'origan séché

Sel et poivre noir

 PRÉPARATION
7 MINUTES

 CUISSON
30 MINUTES

1 Chauffez le four à 190°C (375°F). Graissez légèrement un plat à four carré de 22 cm (9 po). Dans un bol moyen, mélangez le fromage à la crème et la mozzarella. Déposez-en une égale quantité au centre de chaque escalope de dinde. Enroulez les escalopes sur elles-mêmes et fixez chaque rouleau avec un cure-dents.

2 Dans une petite casserole, faites fondre le beurre à feu doux. Retirez la casserole du feu. Déposez la chapelure sur une feuille de papier ciré. Plongez les rouleaux dans le beurre fondu et roulez-les dans la chapelure. Gardez le reste du beurre dans la casserole.

3 Disposez les rouleaux panés dans le plat à four en les espaçant de 2,5 cm (1 po) et faites-les cuire à découvert 25-30 minutes ou jusqu'à ce qu'ils soient dorés.

4 Dans le reste du beurre fondu, faites revenir l'ail 10 secondes à feu doux. Ajoutez la sauce aux tomates et l'origan ; salez et poivrez. Amenez à ébullition. Dressez les rouleaux de dinde dans un plat de service chaud et nappez-les de sauce.

DINDE AUX FINES HERBES ET AU MARSALA

Par portion : **Calories** 282 **Protéines** 29 g **Hydrates de carbone** 13 g **Graisses** 11 g **Cholestérol** 63 mg **Sodium** 339 mg

¼ tasse de farine

½ c. à thé de sauge moulue

½ c. à thé de sel

¼ c. à thé de poivre noir

8 petites escalopes de
blanc de dinde (500 g/1 lb
en tout)

2 c. à soupe d'huile

1 c. à soupe de beurre
(ou de margarine)

1 oignon rouge moyen,
détaillé en tranches

125 g (4 oz) de champignons,
coupés en quatre

¼ tasse de marsala

¼ tasse d'eau

 PRÉPARATION
10 MINUTES

 CUISSON
15 MINUTES

REMARQUE *Les escalopes de dinde remplacent bien le veau et sont moins chères. Elles sont présentées ici avec une sauce traditionnelle au marsala, aux champignons et à l'oignon.*

1 Sur une feuille de papier ciré, mélangez la farine, la sauge, le sel et le poivre. Farinez les escalopes de dinde ; secouez-les pour faire tomber l'excédent.

2 Dans une grande sauteuse, réchauffez l'huile à feu assez vif et faites-y cuire les escalopes 2-3 minutes de chaque côté. Quand elles sont bien dorées, déposez-les dans une assiette et gardez-les au chaud.

3 Mettez le beurre dans la sauteuse et faites-le fondre à feu modéré. Faites-y revenir l'oignon et les champignons 5 minutes. Mouillez avec le marsala et l'eau et amenez à ébullition en raclant le fond et la paroi pour déglacer la sauteuse. Remettez-y les escalopes, couvrez et réchauffez. Servez immédiatement.

Poulets de Cornouailles aux légumes

Par portion : **Calories** 320 **Protéines** 23 g **Hydrates de carbone** 18 g **Graisses** 19 g **Cholestérol** 119 mg **Sodium** 381 mg

2 **poulets de Cornouailles (875 g/1¾ lb chacun), décongelés s'il y a lieu**

2 **c. à soupe (¼ bâtonnet) de beurre (ou de margarine)**

4 **carottes moyennes**

1 **oignon moyen**

1 **feuille de laurier**

½ **c. à thé de romarin séché**

1¼ **tasse, en tout, de bouillon de poulet hyposodique en boîte**

1 **paquet de haricots verts surgelés**

2 **c. à soupe de farine**

Sel et poivre noir

 PRÉPARATION **3 MINUTES**

 CUISSON **40 MINUTES**

1 Coupez chaque poulet en deux sur la longueur. Dans une marmite ou une grande sauteuse, faites fondre le beurre à feu modéré. Mettez-y les demi-poulets, peau dessous d'abord, et faites-les revenir 10-15 minutes pour qu'ils soient dorés sur toutes leurs faces. Entre-temps, pelez les carottes et détaillez-les en tronçons de 2,5 cm (1 po). Coupez l'oignon en tranches.

2 Videz la marmite du gras, si vous le désirez, avant d'y ajouter les carottes, l'oignon, le laurier, le romarin et 1 tasse de bouillon de poulet. Amenez à ébullition à feu vif, couvrez, baissez le feu et laissez mijoter 5 minutes. Entre-temps, décongelez partiellement les haricots en les passant sous le robinet d'eau chaude.

3 Jetez les haricots verts dans la marmite et prolongez la cuisson de 15 minutes. Dans un petit bol ou une tasse, délayez la farine dans le bouillon de poulet qui reste.

4 Dressez les demi-poulets dans un plat de service et gardez-les au chaud. Incorporez peu à peu la fécule délayée aux jus de cuisson dans la marmite et faites cuire jusqu'à ce que la sauce épaississe. Retirez la feuille de laurier ; salez et poivrez. Nappez les demi-poulets de leur garniture et servez sans tarder.

Poulets de Cornouailles grillés

Par portion : **Calories** 486 **Protéines** 66 g **Hydrates de carbone** 13 g **Graisses** 23 g **Cholestérol** 218 mg **Sodium** 426 mg

2 **poulets de Cornouailles (875 g/1¾ lb chacun), décongelés s'il y a lieu**

2 **c. à soupe (1 bâtonnet) de beurre (ou de margarine)**

1 **c. à soupe de jus de citron**

1 **c. à soupe de sauce Worcestershire**

½ **c. à thé d'estragon séché**

½ **c. à thé de thym séché**

¼ **c. à thé de sel**

PRÉPARATION **5 MINUTES**

 CUISSON **35 MINUTES**

1 Allumez le gril. Coupez chaque poulet en deux sur la longueur. Déposez-les, peau dessous, sur la grille d'une lèchefrite et faites-les griller à 12,5 cm (5 po) de l'élément 20 minutes du même côté ou jusqu'à ce qu'ils soient dorés et quasi tendres de ce côté.

2 Dans une petite casserole, faites fondre le beurre à feu modéré. Hors du feu, incorporez au beurre fondu le jus de citron, la sauce Worcestershire, l'estragon, le thym et le sel.

3 Badigeonnez les demi-poulets de beurre aromatisé. Retournez-les et faites-les griller 5 minutes. Badigeonnez-les de nouveau et prolongez la cuisson au gril de 10 minutes. Quand les demi-poulets sont tendres et dorés, dressez-les dans un plat de service chaud et arrosez-les du jus qu'ils ont rendu dans la lèchefrite.

POULETS DE CORNOUAILLES AUX PÊCHES

POULETS DE CORNOUAILLES AUX PÊCHES

 (4)

Par portion : **Calories** 890 **Protéines** 110 g **Hydrates de carbone** 25 g **Graisses** 37 g **Cholestérol** 337 mg **Sodium** 518 mg

2 **poulets de Cornouailles (875 g/1¾ lb chacun), décongelés s'il y a lieu**

¼ **tasse de farine**

¼ **c. à thé de sel**

¼ **c. à thé de poivre noir**

¼ **c. à thé de poudre de cari**

1 **c. à soupe de beurre (ou de margarine)**

2 **c. à soupe d'huile**

1 **boîte de pêches à noyau adhérent tranchées, en sirop léger**

½ **tasse de bouillon de poulet hyposodique en boîte**

¼ **tasse de jus de citron**

¼ **tasse de demi-pacanes**
Persil haché (facultatif)

 PRÉPARATION
5 MINUTES

 CUISSON
35 MINUTES

1 Découpez les petits poulets en quatre. Sur du papier ciré, mélangez la farine, le sel, le poivre et la poudre de cari. Farinez les quartiers de poulet et secouez-les pour faire tomber l'excédent.

2 Dans une grande sauteuse, réchauffez le beurre et l'huile à feu modéré. Déposez-y les morceaux de poulet, côté peau dessous, et faites-les revenir 15 minutes pour les colorer des deux côtés. Égouttez les pêches ; gardez le sirop.

3 Déposez les morceaux de poulet dans une assiette. Versez le sirop des pêches, le bouillon de poulet et le jus de citron dans la sauteuse. Amenez à ébullition ; raclez le fond et la paroi pour déglacer. Laissez mijoter la sauce 5 minutes pour qu'elle réduise de moitié.

4 Retournez les poulets et leur jus dans la sauce ; couvrez et laissez cuire le tout 10 minutes de plus. Ajoutez les pêches et les demi-pacanes, le temps de les réchauffer. Dressez le poulet dans un plat chaud et décorez de persil, à votre gré.

Poulets de Cornouailles au riz pilaf

Par portion : **Calories** 486 **Protéines** 25 g **Hydrates de carbone** 48 g **Graisses** 23 g **Cholestérol** 119 mg **Sodium** 657 mg

2 c. à soupe (¼ bâtonnet) de beurre (ou de margarine)

1 c. à soupe de jus de citron

2 poulets de Cornouailles (875 g/1¾ lb chacun), décongelés s'il y a lieu

½ c. à thé de paprika

½ c. à thé de sel

¼ c. à thé de poivre noir
Raisin vert (facultatif)

Riz pilaf :
1 petit oignon

1 c. à soupe d'huile

1 tasse de riz blanc à longs grains

¼ tasse de raisins secs dorés

1⅔ boîte de bouillon de poulet hyposodique en boîte

1 c. à soupe de persil haché

PRÉPARATION
3 MINUTES

CUISSON
35 MINUTES

1 Chauffez le four à 190°C (375°F). Mettez le beurre et le jus de citron dans un grand plat à four et enfournez pour que le beurre fonde pendant que le four se réchauffe. Coupez les poulets en deux sur la longueur. Dans une tasse, mélangez le paprika, le sel et le poivre ; enrobez-en les moitiés de poulet.

2 Sortez le plat du four ; déposez-y les petits poulets, peau dessous, et faites-les cuire 20 minutes.

3 Pendant ce temps, préparez le riz pilaf. Hachez l'oignon. Dans une casserole moyenne, réchauffez l'huile à feu modéré et faites-y sauter l'oignon 5 minutes. Incorporez le riz et les raisins secs, puis le bouillon. Amenez à ébullition à feu vif. Couvrez la casserole et laissez cuire le riz 15 minutes à feu doux. Ajoutez le persil et mélangez-le à la pointe de la fourchette.

4 Arrosez les volailles du jus qu'elles ont rendu et retournez-les. Prolongez la cuisson de 15-20 minutes. Quand les demi-poulets sont tendres et bien dorés, dressez-les avec leur jus de cuisson et le riz pilaf dans un plat de service chaud. Décorez, à votre gré, de grains de raisin vert.

 L'ouvre-boîte

On trouve maintenant sur le marché des tranches de blanc de dinde emballées sous cellophane. En moins de temps qu'il n'en faut pour faire des sandwichs, vous pouvez les transformer en plats savoureux comme ceux-ci.

Salade de dinde au raisin

Détaillez **375 g (12 oz) de tranches de dinde** en languettes. Dans un grand bol à salade, mélangez ½ **tasse de crème sure, ¼ tasse de mayonnaise, 1 c. à soupe de concentré de jus d'orange décongelé** et **1 c. à soupe de noix hachées.** Incorporez **3 côtes de céleri tranchées, 1 tasse de raisins rouges sans pépin** et les languettes de dinde.

Mélangez avec précaution. Dressez la salade sur **4 feuilles de laitue** et servez.

Donne 4 portions

Dinde barbecue

Détaillez **375 g (12 oz) de tranches de dinde** en languettes. Mettez-les dans une casserole moyenne avec ¾ **tasse de sauce barbecue du commerce**. Faites cuire 5 minutes à feu assez vif en remuant sans arrêt.

Fendez en deux **4 pains à hamburger**. Garnissez-les de **1 tasse de chou râpé**. Nappez le chou de dinde en sauce et refermez les petits pains. Servez tout de suite.

Donne 4 portions

VIANDES

BIFTECK À LA CAJUN (PAGE 172)

Bœuf

Les Nord-Américains sont des amateurs de bœuf sous toutes ses formes :
biftecks, rôtis, ragoûts, pot-au-feu, sans oublier les hamburgers,
les pâtés chinois et les brochettes, reviennent très souvent au menu.

Bouts de côte grillés

Par portion : **Calories** 696 **Protéines** 66 g **Hydrates de carbone** 42 g **Graisses** 29 g **Cholestérol** 181 mg **Sodium** 1 539 mg

2 kg (4 lb) de bouts de côte, détaillés en petites portions

Attendrisseur de viande sans saveur

1 c. à soupe d'huile

1 oignon moyen, haché

1½ tasse de ketchup

¼ tasse de cassonade blonde bien tassée

2 c. à soupe de raifort préparé

1 c. à thé de sauce Worcestershire

½ c. à thé de sel

1 c. à soupe de persil haché

 PRÉPARATION
6 MINUTES

 CUISSON
30 MINUTES

SERVICE *Épis de maïs bien chauds ou salade de macaroni achetée au comptoir du traiteur, voilà qui accompagne bien ces bouts de côte. Épargnez-vous du travail ; demandez au boucher de les découper en portions pour vous.*

1 Allumez le gril. Saupoudrez les bouts de côte d'attendrisseur de viande. Disposez-les sur la grille d'une lèchefrite. Faites-les griller à 12,5 cm (5 po) de l'élément pendant 20 minutes en les retournant quelques fois, pour que la viande devienne très tendre.

2 Dans l'intervalle, réchauffez l'huile à feu modéré dans une petite casserole. Faites-y sauter l'oignon 5 minutes. Ajoutez le ketchup, la cassonade, le raifort, la sauce Worcestershire et le sel. Amenez à ébullition en remuant de temps à autre. Couvrez et laissez mijoter à feu doux 10 minutes.

3 Badigeonnez la viande de cette sauce. Faites cuire 10 minutes de plus en tournant et en badigeonnant les bouts de côte à quelques reprises. Dressez-les dans une assiette chaude, saupoudrez-les de persil haché et servez.

 L'ouvre-boîte

*On trouve des salades de légumes marinés dans les supermarchés, au comptoir du traiteur.
À défaut, utilisez de la laitue tranchée en chiffonnade.*

Petits pains fourrés au bœuf

Découpez une calotte sur **6 petits pains croûtés**. Videz-les partiellement de leur mie pour ne garder qu'une coquille de 1 cm (½ po) d'épaisseur. Tartinez l'intérieur de **moutarde de Dijon**. Répartissez **250 g (8 oz) de bœuf cuit**, tranché mince, entre les six coquilles de pain. Égouttez **2 tasses de légumes marinés**. Mettez-en le quart dans chaque petit pain ; terminez avec des **tranches de fromage suisse**. Coiffez les petits pains de leur calotte.
DONNE 4 PORTIONS

BIFTECK À LA CAJUN

Par portion : Calories 437 Protéines 54 g Hydrates de carbone 1 g Graisses 23 g Cholestérol 16 mg Sodium 196 mg

1 tranche de bœuf de 2,5 cm (1 po) d'épaisseur, prélevée dans l'intérieur de la ronde (750 g/1½ lb)

2 c. à soupe d'huile

2 gousses d'ail, hachées fin

1 c. à thé d'assaisonnement au chile

½ c. à thé de cumin moulu

½ c. à thé de thym séché

¼ c. à thé de cayenne

2 c. à soupe (¼ bâtonnet) de beurre (ou de margarine)

1 c. à soupe de persil haché fin

 PRÉPARATION
25 MINUTES

 CUISSON
15 MINUTES

1 Dégraissez la viande et déposez-la dans un plat en verre peu profond. Dans un petit bol, mélangez l'huile avec l'ail, l'assaisonnement au chile, le cumin, le thym et le cayenne. Badigeonnez de cette huile parfumée les deux côtés de la tranche de bœuf. Laissez-la reposer 15 minutes à la température ambiante. Allumez le gril.

2 Déposez la tranche de bœuf sur la grille d'une lèchefrite. Faites-la griller 10 minutes à 10 cm (4 po) de l'élément. Retournez-la et prolongez la cuisson selon le degré désiré — environ 5 minutes pour avoir une viande saignante.

3 Déposez la viande sur une planche munie d'un godet pour recueillir le jus. Parsemez-la de noisettes de beurre et laissez-la reposer plusieurs minutes pour que les fibres se détendent. Dépecez le bœuf sur la largeur en fines languettes. Dressez dans un plat de service ; arrosez du jus recueilli et saupoudrez de persil.

BŒUF STROGANOV

Par portion : Calories 270 Protéines 28 g Hydrates de carbone 8 g Graisses 14 g Cholestérol 76 mg Sodium 291 mg

750 g (1½ lb) de surlonge de bœuf désossée

1 c. à soupe de beurre (ou de margarine)

1 c. à soupe d'huile

1 oignon moyen, tranché

250 g (8 oz) de petits champignons, coupés en deux

1 c. à thé de fécule de maïs

1 tasse, en tout, de bouillon de bœuf en boîte

¼ tasse de crème sure

Sel et poivre noir

1 c. à soupe de persil haché

Nouilles cuites (facultatif)

 PRÉPARATION
10 MINUTES

 CUISSON
20 MINUTES

1 Dégraissez la viande. Émincez-la en languettes de 5 cm (2 po) de longueur et 1 cm (½ po) de largeur. Dans une grande sauteuse, réchauffez le beurre et l'huile à feu vif. Saisissez la viande rapidement de tous les côtés. Avec une cuiller à fentes, déposez-la dans un bol ; couvrez et gardez au chaud.

2 À petit feu, faites revenir l'oignon 5 minutes dans le gras que la viande a rendu. Quand il est attendri, ajoutez les champignons et prolongez la cuisson de 5 minutes.

3 Dans une tasse ou un petit bol, délayez la fécule de maïs avec un peu de bouillon de bœuf. Versez-la dans la sauteuse et remuez. Ajoutez peu à peu le reste du bouillon. Amenez à ébullition en remuant constamment et laissez cuire 2 minutes ou jusqu'à épaississement.

4 Incorporez la crème sure ; salez et poivrez. Retirez la sauteuse du feu. Jetez-y l'émincé de bœuf ainsi que le jus accumulé au fond du bol ; saupoudrez de persil. Servez immédiatement sur un lit de nouilles, si vous le désirez.

BŒUF AU BROCOLI ET AU GINGEMBRE

Bœuf au brocoli et au gingembre

 4

Par portion : **Calories** 398 **Protéines** 30 g **Hydrates de carbone** 36 g **Graisses** 17 g **Cholestérol** 68 mg **Sodium** 1 031 mg

- 1½ **c. à soupe de fécule de maïs**
- ⅓ **tasse et 1 c. à soupe de sauce de soja hyposodique**
- 4½ **c. à soupe de miel**
- 1½ **c. à soupe de xérès sec**
- 1 **tranche de surlonge de bœuf désossée de 1 cm (½ po) d'épaisseur (environ 500 g/1 lb)**
- 3 **c. à soupe d'huile**
- 1 **c. à soupe de lamelles de gingembre frais**
- 4 **tasses de bouquets de brocoli**
- ½ **tasse d'eau**
- 1 **boîte (230 ml/8 oz) de châtaignes d'eau tranchées ou de pousses de bambou, égouttées**
- ⅓ **tasse d'oignon vert tranché**
  Sel

 PRÉPARATION
11 MINUTES

 CUISSON
10 MINUTES

REMARQUE *Le gingembre allié aux châtaignes d'eau donne à ce plat sauté une saveur d'Extrême-Orient. Accompagnez-le de riz ou de nouilles chinoises.*

1 Délayez la fécule de maïs dans la sauce de soja ; ajoutez le miel et le xérès. Dégraissez le bœuf. Découpez-le en deux sur la longueur et détaillez transversalement chaque moitié en tranches de 1 cm (½ po) d'épaisseur.

2 Dans un wok ou un faitout, réchauffez l'huile à feu vif. Faites-y sauter le gingembre 1 minute. Ajoutez le bœuf et faites-le sauter 3 minutes. Quand il est doré, recueillez le bœuf et le gingembre avec une cuiller à fentes et mettez-les dans un bol.

3 Mettez le brocoli et l'eau dans le wok. Couvrez et laissez cuire 3 minutes à feu modéré. Ajoutez les châtaignes d'eau, l'oignon vert et la fécule de maïs délayée ; amenez à ébullition. Faites épaissir 2 minutes, en remuant constamment.

4 Remettez les morceaux de bœuf et leur jus dans le wok. Salez, au besoin, et servez immédiatement.

BROCHETTES DE BŒUF AU GINGEMBRE

Par portion : **Calories** 266 **Protéines** 26 g **Hydrates de carbone** 15 g **Graisses** 12 g **Cholestérol** 61 mg **Sodium** 322 mg

750 g (1½ lb) de surlonge de bœuf désossée (tranche de 3 cm/1¼ po d'épaisseur)
¼ tasse de jus de citron
1 c. à soupe de miel
1 c. à soupe de sauce de soja
1 c. à thé de gingembre moulu
2 gousses d'ail, hachées fin
1 gros poivron vert
1 gros poivron rouge
1 oignon rouge moyen
2 c. à soupe d'huile

PRÉPARATION **25 MINUTES** CUISSON **8 MINUTES**

1 Dégraissez la viande. Détaillez-la en cubes de 3 cm (1¼ po) de côté. Dans un grand bol, mélangez le jus de citron, le miel, la sauce de soja, le gingembre et l'ail haché pour obtenir une marinade bien parfumée ; ajoutez les cubes de viande et remuez. Laissez-les mariner 15 minutes à la température ambiante.

2 Entre-temps, parez, épépinez et coupez les poivrons en carrés de 3 cm (1¼ po) de côté. Coupez l'oignon rouge en huit morceaux.

3 Allumez le gril. Sur quatre brochettes de métal, enfilez alternativement des morceaux de viande et de légume ; réservez la marinade. Déposez les brochettes sur la grille d'une lèchefrite ; badigeonnez-les d'huile sur toutes leurs faces.

4 Faites griller les brochettes 5 minutes à 10 cm (4 po) de l'élément. Tournez-les, badigeonnez-les de marinade et remettez-les sous le gril le temps voulu : au bout d'environ 3 minutes, la viande sera saignante. Dressez les brochettes dans une assiette chaude.

BIFTECKS PANÉS EN SAUCE BLANCHE

Par portion : **Calories** 422 **Protéines** 41 g **Hydrates de carbone** 11 g **Graisses** 23 g **Cholestérol** 145 mg **Sodium** 530 mg

2 gros œufs
2 c. à soupe d'eau
⅓ tasse de farine
½ c. à thé de sel
¼ c. à thé de poivre noir
4 biftecks attendris (125 g/4 oz chacun)
¼ tasse (½ bâtonnet), en tout, de beurre (ou de margarine)
1 tasse de lait

 PRÉPARATION **3 MINUTES**   CUISSON **22 MINUTES**

1 Dans un moule à tarte, battez les œufs avec l'eau. Sur une feuille de papier ciré, mélangez la farine, le sel et le poivre. Trempez les biftecks dans les œufs battus, puis farinez-les ; secouez-les pour faire tomber l'excédent. Réservez la farine qui reste.

2 Dans une grande sauteuse, faites fondre 2 c. à soupe de beurre à feu modéré. Faites-y revenir deux biftecks 3-4 minutes de chaque côté. Quand ils sont dorés, gardez-les au chaud dans une assiette de service couverte.

3 Ajoutez 1 c. à soupe de beurre au gras de la sauteuse et faites revenir les deux biftecks qui restent. Gardez-les au chaud avec les deux premiers.

4 Jetez le reste du beurre dans la sauteuse. Incorporez la farine réservée et ajoutez peu à peu le lait. Amenez à ébullition en remuant sans arrêt. Laissez cuire 5 minutes ou jusqu'à épaississement. Nappez les biftecks de sauce et servez immédiatement.

BIFTECKS À LA BOURGUIGNONNE

Biftecks à la bourguignonne

Par portion : **Calories** 261   **Protéines** 26 g   **Hydrates de carbone** 8 g   **Graisses** 11 g   **Cholestérol** 69 mg   **Sodium** 217 mg

4 **petits biftecks de 1 cm (½ po) d'épaisseur (180 g/6 oz chacun), pris dans le contre-filet**

1 **c. à soupe de beurre (ou de margarine)**

1 **c. à soupe d'huile**

1 **oignon moyen, tranché**

1 **c. à soupe de farine**

⅔ **tasse de bourgogne (ou autre vin rouge)**

⅔ **tasse de bouillon de bœuf en boîte**

1 **c. à thé de sucre**

½ **c. à thé de poivre noir**

 PRÉPARATION **10 MINUTES**

 CUISSON **20 MINUTES**

SERVICE *Une pomme de terre au four, relevée de crème sure et de bacon, fait bonne équipe avec ces biftecks ; décorez de cresson.*

1 Dégraissez les biftecks. Dans une grande sauteuse, réchauffez le beurre et l'huile à feu assez vif. Faites-y cuire les biftecks au degré désiré — environ 5 minutes de chaque côté pour qu'ils soient à point. Déposez-les dans une assiette de service, couvrez et gardez-les au chaud.

2 Jetez l'oignon dans la sauteuse et faites-le revenir 5 minutes. Ajoutez la farine et remuez jusqu'à homogénéité.

3 Mouillez avec le bourgogne et le bouillon de bœuf ; ajoutez le sucre et le poivre. Amenez à ébullition en remuant constamment. Laissez cuire 2-3 minutes ou jusqu'à épaississement. Nappez les biftecks de sauce et servez.

Fajitas au bœuf

Par portion : **Calories** 535 **Protéines** 32 g **Hydrates de carbone** 52 g **Graisses** 24 g **Cholestérol** 79 mg **Sodium** 597 mg

500 g (1 lb) de steak de flanc
¼ tasse de jus de lime
½ c. à thé de sel
½ c. à thé de poudre d'ail
½ c. à thé de poivre noir
1 gros poivron rouge
1 poivron vert moyen
1 oignon jaune ou blanc moyen
8 petites tortillas à la farine de blé (18,5-20 cm/7-8 po)
2 c. à soupe d'huile
½ tasse de crème sure
Salsa mexicaine (facultatif)

 PRÉPARATION
25 MINUTES

 CUISSON
16 MINUTES

REMARQUE *Le terme espagnol* fajitas, *qui veut dire « petites bandes », désigne des languettes de bœuf. Servez-les dans des tortillas brûlantes, accompagnées de salsa rafraîchie.*

1 Chauffez le four à 180°C (350°F). Dégraissez le bœuf. Mettez-le dans un grand sac en plastique pour aliments ou dans un plat en verre peu profond. Arrosez-le de jus de lime ; saupoudrez-le de sel, de poudre d'ail et de poivre. Laissez-le mariner 15-20 minutes à la température ambiante.

2 Entre-temps, parez, épépinez et détaillez les poivrons en lanières ; coupez l'oignon en tranches. Enveloppez les tortillas dans du papier d'aluminium et réchauffez-les 15 minutes au four.

3 Dans une grande sauteuse, réchauffez l'huile à feu assez vif. Ajoutez le bœuf mariné ; faites-le cuire 5 minutes d'un côté, pour qu'il soit bien doré. Retournez-le et laissez-le cuire le temps qu'il faut pour obtenir le degré de cuisson désiré — environ 5 minutes de plus pour qu'il soit à point. Déposez le bœuf sur une planche à découper ; couvrez-le de papier d'aluminium pour qu'il se garde chaud et laissez-le en attente.

4 À feu moyen, faites revenir l'oignon et les poivrons 5 minutes dans la sauteuse en remuant de temps à autre. Retirez-les du feu et couvrez-les pour les garder au chaud.

5 Découpez la viande transversalement en minces languettes. Répartissez la viande et les légumes au centre des huit tortillas. Couronnez de crème sure et de salsa, s'il y a lieu. Enroulez les tortillas sur elles-mêmes et servez-en deux par assiette.

Idées Minute

Hamburgers

Avec de la planification, vous pouvez préparer des hamburgers le temps de le dire.

Façonnez du bœuf haché en palets de 1 cm (½ po) d'épaisseur, à raison de 125 g (4 oz) par palet.

Empilez les palets en les séparant par deux épaisseurs de papier ciré. Congelez-les dans un sac ou un contenant de plastique.

Au moment de servir, retirez du congélateur le nombre de palets voulu

(grâce au papier ciré, ils se sépareront facilement). Mettez-les à feu assez doux dans une sauteuse réchauffée. Faites-les cuire à couvert 6 minutes de chaque côté ou au degré de cuisson désiré. Salez et poivrez.

STEAK DE FLANC EN SAUCE AU CRESSON

Par portion : **Calories** 390 **Protéines** 47 g **Hydrates de carbone** 4 g **Graisses** 20 g **Cholestérol** 151 mg **Sodium** 317 mg

1 botte de cresson	

- **1** botte de cresson
- **1** c. à soupe de beurre (ou de margarine)
- **1** c. à soupe d'huile
- **1** petit oignon, haché
- **1** gousse d'ail, hachée
- **1** c. à soupe de farine
- **¾** tasse de bouillon de bœuf en boîte
- **2** c. à thé de sauce Worcestershire
- **625** g (1¼ lb) de steak de flanc
- **Sel et poivre noir**

PRÉPARATION
10 MINUTES

CUISSON
25 MINUTES

1 Allumez le gril. Réservez huit brins de cresson pour la décoration. Hachez le reste de la botte, tiges comprises. Dans une casserole moyenne, réchauffez le beurre et l'huile à feu modéré. Faites-y sauter l'oignon 5 minutes. Ajoutez l'ail et, après 10 secondes, la farine. Mélangez bien et laissez cuire 1 minute.

2 Incorporez peu à peu le bouillon ; amenez à ébullition en remuant constamment. Laissez cuire 2-3 minutes ou jusqu'à épaississement. Hors du feu, ajoutez le cresson haché et la sauce Worcestershire. Vous pouvez, si vous le désirez, réduire la sauce en purée au mélangeur ou au robot. Couvrez et mettez à part.

3 Avec un couteau bien aiguisé, entaillez le steak des deux côtés à ¼ cm (⅛ po) de profondeur pour former des losanges. Posez-le sur la grille d'une lèchefrite. Faites-le griller 5 minutes à 7,5 cm (3 po) de l'élément. Retournez-le et faites-le cuire jusqu'au degré de cuisson désiré — environ 5 minutes pour qu'il soit saignant.

4 Déposez la viande sur une planche à découper munie d'un godet pour recevoir le jus. Laissez-la reposer quelques minutes pour que les fibres se détendent. Salez et poivrez. Découpez transversalement en fines tranches.

5 Dressez les tranches de bœuf dans des assiettes de service chaudes. Versez le jus recueilli dans la sauce au cresson ; nappez-en la viande et décorez avec les brins de cresson réservés.

BIFTECK DE CÔTE AUX FINES HERBES

Par portion : **Calories** 338 **Protéines** 31 g **Hydrates de carbone** 2 g **Graisses** 22 g **Cholestérol** 91 mg **Sodium** 134 mg

- **4** biftecks de côte de 1 cm (½ po) d'épaisseur (180 g/6 oz chacun)
- **2** c. à soupe d'huile
- **2** c. à soupe de fines herbes hachées (thym, estragon et origan)
- **1** c. à soupe de sauce Worcestershire
- **½** c. à thé de poivre noir
- **2** gousses d'ail, hachées fin
- **Brins de fines herbes (facultatif)**

PRÉPARATION
20 MINUTES

CUISSON
10 MINUTES

1 Dégraissez les biftecks. Dans un plat en verre peu profond, mélangez l'huile, les fines herbes, la sauce Worcestershire, le poivre et l'ail. Ajoutez les biftecks et enduisez-les complètement de cette huile condimentée. Laissez-les mariner 15 minutes à la température ambiante. Allumez le gril.

2 Déposez les biftecks sur la grille d'une lèchefrite et faites-les griller 5 minutes à 10 cm (4 po) de l'élément. Retournez-les et cuisez-les 5 minutes de plus pour les avoir à point. Dressez les biftecks dans une assiette de service chaude ; décorez de fines herbes, s'il y a lieu.

FILET DE BŒUF AU MIEL ET AU CARI

Filet de bœuf au miel et au cari

 (4)

Par portion : **Calories** 347   **Protéines** 38 g   **Hydrates de carbone** 11 g   **Graisses** 17 g   **Cholestérol** 107 mg   **Sodium** 682 mg

4   **biftecks de filet de 2 cm (¾ po) d'épaisseur, bien dégraissés (750 g/1½ lb)**

¼   **tasse de sauce de soja hyposodique**

1   **c. à soupe de poudre de cari**

1   **c. à soupe d'huile**

2   **c. à soupe de miel**

⅛   **c. à thé de poivre noir**

   Brins de cresson (facultatif)

   Riz chaud (facultatif)

 PRÉPARATION
25 MINUTES

 CUISSON
8 MINUTES

SERVICE *Pour donner couleur et saveur au riz, incorporez quelques dés de poivron et un peu de safran durant la cuisson.*

1 Dans un plat peu profond, mélangez la sauce de soja, la poudre de cari, l'huile, le miel et le poivre. Tournez les filets dans cette préparation et laissez-les mariner 20-25 minutes à la température ambiante en les retournant à quelques reprises. Allumez le gril.

2 Réservez la marinade. Déposez les biftecks sur la grille d'une lèchefrite et faites-les griller 5 minutes à 7,5 cm (3 po) de l'élément. Retournez-les, badigeonnez-les de marinade et faites-les griller quelques minutes de plus en fonction du degré de cuisson désiré — environ 2 minutes pour qu'ils soient saignants.

3 Dressez les biftecks. Décorez-les de cresson et accompagnez-les de riz, s'il y a lieu.

Bœuf épicé aux artichauts

Par portion : **Calories** 314　**Protéines** 38 g　**Hydrates de carbone** 20 g　**Graisses** 13 g　**Cholestérol** 106 mg　**Sodium** 474 mg

4　oignons verts

1　gros poivron rouge

1　tranche de surlonge
　　de bœuf de 2,5 cm (1 po)
　　d'épaisseur (625 g/1¼ lb)

1　bocal (170 ml/6 oz)
　　de cœurs d'artichauts
　　marinés

¼　tasse d'eau

2　c. à soupe de ketchup

1　c. à soupe de sauce à
　　bifteck du commerce

1　c. à thé de fécule de maïs

½　c. à thé de sauce
　　Worcestershire

 PRÉPARATION
7 MINUTES

CUISSON
10 MINUTES

1 Détaillez les oignons verts en tronçons de 2,5 cm (1 po). Épépinez le poivron rouge et coupez-le en carrés de 2,5 cm (1 po). Émincez le bœuf sur la largeur en fines languettes. Égouttez les cœurs d'artichauts ; recueillez la marinade dans un petit bol. Dans une tasse, mélangez l'eau, le ketchup, la sauce à bifteck, la fécule de maïs et la sauce Worcestershire.

2 Dans une grande sauteuse, versez 2 c. à soupe de la marinade des artichauts et réchauffez-la à feu assez vif. Faites revenir le poivron rouge 2 minutes en remuant de temps à autre. Ajoutez les oignons, remuez et laissez cuire 1 minute. Avec une cuiller à fentes, recueillez les légumes et réservez-les dans un bol.

3 Réchauffez le reste de la marinade dans la sauteuse et faites-y revenir le bœuf. Quand il est doré, ajoutez-le aux légumes.

4 Mettez la sauce au ketchup dans la sauteuse et amenez à ébullition en remuant. Versez-y les cœurs d'artichauts, le bœuf et les légumes, ainsi que les jus accumulés. Réchauffez et servez.

Sauté de bœuf aux haricots verts

Par portion : **Calories** 300　**Protéines** 26 g　**Hydrates de carbone** 12 g　**Graisses** 17 g　**Cholestérol** 66 mg　**Sodium** 402 mg

500　g (1 lb) de flanc de bœuf
　　　ou de surlonge désossée

250　g (8 oz) de haricots verts

1　gros oignon

3　c. à soupe d'huile, en tout

1　gousse d'ail, hachée fin

½　tasse de bouillon
　　de bœuf en boîte

1　c. à soupe de fécule
　　de maïs

1　c. à soupe de sauce
　　de soja

1　c. à soupe de xérès sec

1　c. à thé de gingembre
　　moulu

　　Sel et poivre blanc

 PRÉPARATION
13 MINUTES

CUISSON
14 MINUTES

1 Détaillez le bœuf en lamelles dans le sens contraire aux fibres. Parez les haricots et coupez-les en tronçons de 5 cm (2 po). Taillez l'oignon en tranches.

2 Dans un wok ou un faitout, réchauffez 2 c. à soupe d'huile à feu vif. Parfumez-la avec l'ail et faites-y sauter le bœuf 4 minutes. Avec une cuiller à fentes, recueillez-le et réservez-le dans un bol.

3 Réchauffez le reste de l'huile dans le wok. Faites-y revenir l'oignon 2 minutes. Ajoutez les haricots verts et le bouillon. Couvrez le wok et, à petit feu, faites cuire 5-7 minutes ou jusqu'à ce que les haricots soient cuits mais encore croquants.

4 Dans une tasse, mélangez la fécule de maïs avec la sauce de soja, le xérès et le gingembre et jetez le tout dans le wok ; faites épaissir 30 secondes. Remettez le bœuf et son jus dans le wok le temps de le réchauffer. Salez et poivrez avant de servir.

Steak au poivre

Par portion : **Calories** 369 **Protéines** 35 g **Hydrates de carbone** 7 g **Graisses** 23 g **Cholestérol** 123 mg **Sodium** 123 mg

- 2 **c. à soupe de poivre noir en grains**
- 1 **tranche de bœuf de 2,5 cm (1 po) d'épaisseur (500 g/1 lb), prélevée dans l'extérieur de ronde**
- 1 **c. à soupe de beurre (ou de margarine)**
- 1 **c. à soupe d'huile**
- 1 **petit oignon, haché**
- 1 **tasse de crème légère**
  Sel

 PRÉPARATION
5 MINUTES

 CUISSON
18 MINUTES

SERVICE *Servez le steak au poivre avec des pointes d'asperges cuites à la vapeur et accompagnez-le d'une salade verte.*

1 Déposez les grains de poivre sur une planche à découper, couvrez-les d'une serviette de papier et concassez-les avec un rouleau à pâtisserie ou un maillet. Enrobez-en les deux faces de la tranche de bœuf et pressez pour que le poivre s'incruste dans la viande.

2 Dans une grande sauteuse, réchauffez le beurre et l'huile à feu assez vif. Faites-y sauter la viande 5 minutes. Retournez-la et faites-la cuire au degré désiré — environ 5 minutes de plus si vous aimez le bœuf saignant. Déposez la pièce sur une planche à découper munie d'un godet pour recueillir le jus et couvrez-la de papier d'aluminium.

3 À feu modéré, faites revenir l'oignon 5 minutes dans le fond de cuisson. Ajoutez la crème et prolongez la cuisson de 2-3 minutes ou jusqu'à consistance sirupeuse. Salez.

4 Découpez le bœuf sur la largeur en tranches fines et déposez celles-ci dans un plat de service chaud. Ajoutez à la sauce le jus rendu par la viande durant la découpe et nappez-en le plat.

181

Variations sur le thème du **Hamburger**

Un bon gros hamburger bien juteux : voilà un repas vite fait et toujours apprécié. Les puristes le préfèrent avec les condiments classiques : moutarde, relish, tranche de tomate et feuille de laitue. Mais il est bon, de temps à autre, de se laisser tenter par des garnitures originales comme celles-ci, d'origines diverses.

Préparez la viande selon la recette de base. Garnissez-la ensuite, selon votre humeur, à la californienne, à la tex-mex, à la bavaroise ou à l'italienne. Chaque recette donne 4 portions.

HAMBURGER DE BASE Dans un bol moyen, mélangez **625 g (1¼ lb) de bœuf haché maigre, 1 c. à soupe de sauce Worcestershire, ¼ c. à thé de sel** et **¼ c. à thé de poivre noir.** Formez quatre palets.

Dans une grande sauteuse, réchauffez **1 c. à soupe d'huile** à feu vif. Faites-y sauter la viande 2 minutes. Retournez-la et poursuivez la cuisson jusqu'au degré désiré — environ 3 minutes pour l'avoir à point. Servez avec les condiments et les petits pains de votre choix.

► **HAMBURGER À LA CALIFORNIENNE** Suivez la **recette de base** pour faire cuire la viande. Coupez les palets en deux. Divisez **4 pains pita** en deux. Fourrez chaque moitié de pain pita d'une moitié de palet de hamburger; garnissez de **germes de luzerne, de tranches d'avocat** et **de tomate en dés.** Dans un petit bol, mélangez ½ **tasse de mayonnaise** et **3 c. à soupe de vinaigrette des Mille-Îles;** glissez-en un peu dans chaque hamburger.

◄ **HAMBURGER À LA TEX-MEX** Suivez la **recette de base** en remplaçant la sauce Worcestershire par **1 c. à thé d'assaisonnement au chile** et faites cuire la viande. Réchauffez au four **4 tortillas à la farine de maïs.** Déposez un palet de viande sur chaque tortilla et garnissez de **laitue tranchée en chiffonnade, de cheddar grossièrement râpé, d'olives noires tranchées** et d'une bonne quantité de **salsa mexicaine.**

► **HAMBURGER À LA BAVAROISE** Suivez la **recette de base** en ajoutant **1 c. à thé de graines de carvi.** Faites cuire la viande. Dans un bol moyen, mélangez **2 tasses de chou vert,** tranché fin, **3 c. à soupe de mayonnaise** et **1 c. à thé de lait.** Fendez en deux **4 petits pains Kaiser** et faites-les griller. Sur une moitié, mettez un peu de chou, un palet de viande hachée et des **tranches de cornichon;** posez l'autre moitié par-dessus.

◄ **HAMBURGER À L'ITALIENNE** Suivez la **recette de base.** Faites cuire la viande hachée 3 minutes; retournez-la. Prenez **4 tranches de provolone** et déposez-en une sur chaque palet. Couvrez la poêle et faites cuire 2 minutes pour que le fromage fonde. Déposez les palets sur **4 tranches de pain italien grillé;** couronnez **d'anneaux d'oignon rouge, de poivron vert** et d'un peu de **sauce à pizza.**

183

BŒUF À LA SALISBURY EN SAUCE AU VIN

BŒUF À LA SALISBURY EN SAUCE AU VIN

Par portion : **Calories** 548 **Protéines** 46 g **Hydrates de carbone** 9 g **Graisses** 36 g **Cholestérol** 153 mg **Sodium** 503 mg

4	tranches de bacon
1	poivron rouge moyen
250	g (8 oz) de champignons, tranchés
1	gros oignon, tranché
750	g (1½ lb) de bœuf haché maigre
½	c. à thé de sel
½	c. à thé de poivre noir concassé
⅓	tasse de bourgogne (ou autre vin rouge)
¼	c. à thé de thym séché

 PRÉPARATION
15 MINUTES

 CUISSON
16 MINUTES

REMARQUE *Voici un plat économique qui a grande allure, grâce à la sauce au vin rouge dont le fin parfum relève celui du bœuf haché.*

1 Dans une grande sauteuse, faites cuire le bacon 5 minutes à feu assez vif. Quand il est croustillant, déposez-le sur des essuie-tout. Gardez le gras dans la sauteuse.

2 Parez et épépinez le poivron ; détaillez-le en lanières. Faites-le revenir dans le gras de bacon avec les champignons et l'oignon pendant 4 minutes.

3 Façonnez le bœuf haché en quatre palets ovales de 2 cm (¾ po) d'épaisseur. Assaisonnez-les des deux côtés de sel et de poivre.

4 Dressez les légumes dans un plat de service chaud ; couvrez-les et gardez-les au chaud. Saisissez les palets de bœuf dans la même sauteuse ; prévoyez 3 minutes de chaque côté pour qu'elles soient à point. Déposez-les sur les légumes. Couvrez et gardez au chaud.

5 Ajoutez le vin rouge et le thym et amenez à ébullition en déglaçant le fond de la sauteuse. Nappez le plat de sauce et décorez avec le bacon émietté.

Chili con carne classique

Par portion : **Calories** 342   **Protéines** 32 g   **Hydrates de carbone** 31 g   **Graisses** 12 g   **Cholestérol** 85 mg   **Sodium** 1 266 mg

500 g (1 lb) de bœuf haché extra-maigre

1 gros oignon, haché

2 gousses d'ail, hachées

3 ou 4 c. à thé d'assaisonnement au chile

¾ c. à thé de sel

½ c. à thé d'origan séché

¾ c. à thé de cumin moulu

1 boîte (540 ml/19 oz) de tomates étuvées

1 boîte (540 ml/19 oz) de haricots rouges, rincés et égouttés

1 boîte (198 ml/7 oz) de sauce aux tomates

2 oignons verts, hachés

PRÉPARATION
7 MINUTES

CUISSON
30 MINUTES

1 Dans une grande casserole, de préférence antiadhésive, faites cuire le bœuf haché, l'oignon et l'ail pendant 7 minutes à feu modéré, en remuant de temps à autre. Quand le bœuf est à point, videz l'excédent de gras avant d'incorporer l'assaisonnement au chile, le sel, l'origan et le cumin.

2 Ajoutez les tomates et leur jus, les haricots et la sauce aux tomates et amenez à ébullition. Couvrez et laissez mijoter 20 minutes à feu doux. Versez le chili con carne dans des assiettes creuses et décorez d'oignon vert haché.

Variante : Chili con carne au riz

Par portion : **Calories** 438   **Protéines** 30 g   **Hydrates de carbone** 51 g   **Graisses** 13 g   **Cholestérol** 85 mg   **Sodium** 711 mg

Ajoutez à la liste des ingrédients **1 tasse de riz blanc à longs grains** *et* **1½ tasse de bouillon de bœuf ;** *supprimez le sel, les haricots rouges et la sauce aux tomates. Faites revenir le bœuf avec l'oignon et l'ail, comme à l'étape 1. Ajoutez le riz, l'assaisonnement au chile, l'origan et le cumin, ainsi que les tomates étuvées et le bouillon de bœuf. Amenez à ébullition.*

Couvrez et laissez mijoter 25-30 minutes à feu doux ou jusqu'à ce que le riz ait absorbé le liquide. Servez comme ci-dessus.

Bœuf haché à la russe

Par portion : **Calories** 611   **Protéines** 41 g   **Hydrates de carbone** 13 g   **Graisses** 43 g   **Cholestérol** 164 mg   **Sodium** 292 mg

750 g (1½ lb) de bœuf haché maigre

1 c. à soupe de beurre (ou de margarine)

2 petits oignons verts, hachés fin

2 c. à soupe de brandy

1 tasse de crème sure

1 boîte (540 ml/19 oz) de macédoine de légumes, égouttée

Sel et poivre noir

 PRÉPARATION
4 MINUTES

 CUISSON
13 MINUTES

1 Façonnez le bœuf en quatre palets de 2 cm (¾ po) d'épaisseur. Dans une grande sauteuse, mettez le beurre à fondre à feu modéré et faites-y revenir les palets 3 minutes de chaque côté, si vous aimez le bœuf cuit à point. Retirez-les avec une spatule et déposez-les dans un plat de service chaud. Couvrez et gardez au chaud.

2 Jetez les oignons verts dans la sauteuse et faites-les sauter 2 minutes. Ajoutez le brandy et, au bout de 1 minute, la crème sure et la macédoine de légumes. Réchauffez à petit feu en remuant sans arrêt. Ne faites pas bouillir.

3 Salez et poivrez. Dressez la garniture sur les palets de bœuf et servez immédiatement.

CHILI CON CARNE AU GRATIN

Par portion : **Calories** 518 **Protéines** 36 g **Hydrates de carbone** 41 g **Graisses** 25 g **Cholestérol** 30 mg **Sodium** 1 040 mg

500 g (1 lb) de bœuf haché maigre

1 oignon moyen, haché

2 ou 3 c. à thé d'assaisonnement au chile

1 boîte (540 ml/19 oz) de tomates étuvées, égouttées et concassées

1 boîte (90 g/3 oz) de chili vert, égoutté et haché

1 boîte (341 ml/12 oz) de maïs en grains, égoutté

4 petites tortillas à la farine de blé (20 cm/8 po de diamètre)

125 g (4 oz) de cheddar, grossièrement râpé (1 tasse)

Brin de coriandre fraîche (facultatif)

 PRÉPARATION
9 MINUTES

 CUISSON
33 MINUTES

SERVICE *Servez cette délicieuse variante du chili classique avec des tranches de tomate relevées d'oignon vert haché.*

1 Chauffez le four à 190°C (375°F). Graissez un plat à four de 1,5 litre (6 tasses). Dans une grande sauteuse, faites cuire le bœuf haché et l'oignon 6-7 minutes à feu modéré, en remuant de temps à autre. Quand la viande a bruni, enlevez l'excédent de gras.

2 Incorporez l'assaisonnement au chile et laissez cuire 1 minute. Ajoutez les tomates, le chili vert et le maïs. Dès que l'ébullition est atteinte, retirez la sauteuse du feu.

3 Foncez le plat à four avec une tortilla. Versez le quart du bœuf haché et le quart du cheddar râpé par-dessus. Répétez l'opération trois fois en terminant avec la viande et en réservant la dernière portion de fromage. Couvrez le plat, enfournez et faites cuire 20-25 minutes ou jusqu'à ce qu'il se forme des bouillons.

4 Découvrez le plat et parsemez la viande du cheddar qui reste. Prolongez la cuisson de 2 minutes pour que le fromage fonde. Décorez de coriandre, à votre gré, et découpez en portions.

PETITS PAINS DE VIANDE

Par portion : **Calories** 401 **Protéines** 32 g **Hydrates de carbone** 15 g **Graisses** 23 g **Cholestérol** 151 mg **Sodium** 641 mg

500 g (1 lb) de bœuf haché

½ tasse de chapelure

1 petit oignon, haché fin

1 gros œuf

2 c. à soupe de persil haché

½ c. à thé de sel

½ c. à thé d'origan séché (ou de basilic)

¼ c. à thé de poivre noir

¼ tasse de ketchup

2 c. à soupe d'eau

Brins de persil (facultatif)

 PRÉPARATION
10 MINUTES

 CUISSON
35 MINUTES

REMARQUE *Ces petits pâtés, qui plaisent beaucoup aux enfants, cuisent le temps de le dire.*

1 Chauffez le four à 190°C (375°F). Graissez un plat à four de 30 x 20 cm (12 x 8 po). Dans un grand bol, mélangez à la fourchette le bœuf haché, la chapelure, l'oignon, l'œuf, le persil, le sel, l'origan et le poivre. Façonnez le mélange en quatre petits pains de 10 cm (4 po) de longueur. Déposez-les dans le plat à four et faites-les cuire 25 minutes.

2 Dans une tasse, diluez le ketchup avec l'eau et badigeonnez-en les pains de viande. Prolongez la cuisson de 10 minutes ou jusqu'à ce que le jus qui exsude de la viande soit incolore ; badigeonnez de ketchup de temps à autre. Dressez les pains de viande dans un plat de service chaud ; décorez de persil, à votre goût.

FOIE DE VEAU POÊLÉ

Par portion : **Calories** 467 **Protéines** 36 g **Hydrates de carbone** 17 g **Graisses** 27 g **Cholestérol** 405 mg **Sodium** 503 mg

1 grosse courgette	
3 c. à soupe de farine	
½ c. à thé de sel	
¼ c. à thé de poivre noir	
4 tranches de foie de veau de 1 cm (½ po) d'épaisseur (125 g/4 oz chacune)	
¼ tasse (½ bâtonnet), en tout, de beurre (ou de margarine)	
2 gros oignons blancs, tranchés	
⅓ tasse de vin rouge sec	

PRÉPARATION
5 MINUTES

CUISSON
25 MINUTES

1 Détaillez la courgette en bâtonnets de 3 x 1 cm (1½ x ½ po). Sur une feuille de papier ciré, mélangez la farine, le sel et le poivre. Farinez les tranches de foie de veau ; secouez-les pour faire tomber l'excédent.

2 Dans une grande sauteuse, mettez 2 c. à soupe de beurre à fondre à feu modéré. Faites-y revenir les courgettes et les oignons 10 minutes. Gardez-les au chaud dans un plat de service couvert.

3 Dans la sauteuse, mettez 2 c. à soupe de beurre à fondre à feu plutôt vif. Faites-y cuire les tranches de foie 5 minutes de chaque côté si vous les aimez à point.

4 Ajoutez le foie de veau aux légumes. Versez le vin dans la sauteuse et amenez à ébullition en déglaçant. Arrosez le plat de sauce et servez immédiatement.

VEAU À LA PARMESANE

Par portion : **Calories** 631 **Protéines** 45 g **Hydrates de carbone** 36 g **Graisses** 33 g **Cholestérol** 201 mg **Sodium** 1 366 mg

8 petites escalopes de veau (625 g/1¼ lb en tout)	
1 gros œuf	
3 c. à soupe d'eau	
¼ tasse de farine	
¾ tasse de chapelure assaisonnée	
4 c. à soupe d'huile d'olive, en tout	
2 gousses d'ail, hachées fin	
¼ tasse de vin blanc sec	
2 tasses de sauce à spaghetti aux tomates	
125 g (4 oz) de mozzarella, détaillée en huit tranches	
¼ tasse de parmesan râpé	
1 c. à soupe de persil haché fin	

PRÉPARATION
13 MINUTES

CUISSON
17 MINUTES

1 Avec un maillet, aplatissez les escalopes à ¼ cm (⅛ po). Dans un moule à tarte, battez l'œuf avec l'eau. Déposez la farine sur une feuille de papier ciré et la chapelure sur une autre. Tournez les escalopes successivement dans la farine, l'œuf battu et la chapelure.

2 Dans une grande sauteuse, de préférence antiadhésive, réchauffez 2 c. à soupe d'huile à feu assez vif. Faites-y revenir quatre escalopes 90 secondes de chaque côté. Déposez-les dans une assiette.

3 Versez le reste de l'huile dans la sauteuse et répétez l'opération avec les quatre autres escalopes.

4 Jetez l'ail dans la sauteuse et faites-le sauter 10 secondes. Versez le vin et déglacez la sauteuse. Ajoutez la sauce à spaghetti et amenez à ébullition.

5 Remettez les escalopes dans la sauteuse avec le jus qu'elles ont rendu. Déposez une tranche de mozzarella sur chacune et saupoudrez de parmesan. Couvrez et laissez cuire à feu doux 5 minutes pour que le fromage fonde. Décorez de persil.

CÔTELETTES DE VEAU AUX FINES HERBES

CÔTELETTES DE VEAU AUX FINES HERBES

Par portion : **Calories** 311   **Protéines** 39 g   **Hydrates de carbone** 4 g   **Graisses** 15 g   **Cholestérol** 163 mg   **Sodium** 171 mg

- 2 **c. à soupe d'huile d'olive**
- 1 **c. à soupe de beurre (ou de margarine)**
- 2 **petits oignons verts, hachés fin**
- 1 **c. à soupe de moutarde de Dijon**
- 1 **c. à soupe de persil haché**
- 1 **c. à thé d'estragon séché (ou de cerfeuil)**
- 4 **côtelettes de veau de 2 cm (¾ po) d'épaisseur (180 g/6 oz chacune)**
- 12 **chapeaux de champignon**
  Sel et poivre noir

 PRÉPARATION
15 MINUTES

 CUISSON
12 MINUTES

SERVICE *Des carottes miniatures font ressortir toute la saveur de cet excellent plat.*

1 Allumez le gril. Dans une petite casserole, réchauffez l'huile et le beurre à feu modéré. Faites-y revenir les oignons verts 3 minutes. Retirez la casserole du feu, incorporez la moutarde, le persil et l'estragon ; remuez bien.

2 Déposez les côtelettes sur la grille d'une lèchefrite. Badigeonnez-les d'huile condimentée et faites-les griller à 10 cm (4 po) de l'élément pendant 5 minutes.

3 Retournez les côtelettes et entourez-les des champignons, côté bombé dessus. Badigeonnez la viande et les champignons d'huile condimentée. Faites griller 3 minutes ou jusqu'à ce que les champignons soient à point. Déposez-les dans le plat de service.

4 Badigeonnez les côtelettes d'huile condimentée et prolongez la cuisson jusqu'à ce qu'elles soient à point : la viande doit être rosée au centre, si vous l'entaillez près de l'os. Dressez les côtelettes dans le plat de service ; assaisonnez-les de sel et de poivre.

AGNEAU

L'agneau s'associe à une grande variété de fines herbes
et de fruits frais. Il remplace avec bonheur d'autres viandes
et se cuit souvent plus vite.

CÔTELETTES D'AGNEAU GRILLÉES À LA MENTHE

Par portion : **Calories** 468   **Protéines** 33 g   **Hydrates de carbone** 10 g   **Graisses** 33 g   **Cholestérol** 111 mg   **Sodium** 106 mg

8 côtelettes d'agneau de
   **1 cm (½ po) d'épaisseur
   (1 kg/2 lb)**

2 grosses tomates mûres,
   coupées en deux

3 c. à soupe d'huile d'olive

2 gousses d'ail, hachées

1 c. à soupe de menthe
   fraîche hachée fin
   (ou 1 c. à thé de menthe
   séchée)

¼ c. à thé de poivre noir

   Brins de menthe
   (facultatif)

   Sel

 PRÉPARATION
20 MINUTES

 CUISSON
10 MINUTES

REMARQUE *La menthe est, dans la cuisine anglo-saxonne,
l'accompagnement classique de l'agneau servi rosé.*

1 Dégraissez les côtelettes. Déposez-les avec les demi-tomates dans
un plat en verre peu profond. Dans un petit bol, mélangez l'huile,
l'ail, la menthe et le poivre noir.

2 Badigeonnez d'huile condimentée la face tranchée des tomates, de
même que les deux faces des côtelettes. Laissez mariner 15 minutes à la température ambiante. Allumez le gril.

3 Déposez les côtelettes sur la grille d'une lèchefrite. Faites-les griller
à 7,5 cm (3 po) de l'élément pendant 5 minutes. Retournez-les et
entourez-les des demi-tomates.

4 Remettez le plat sous le gril quelques minutes selon le degré de
cuisson désiré — environ 5 minutes pour que la viande soit rosée.
(Si les tomates sont prêtes avant l'agneau, retirez-les et gardez-les
au chaud dans le plat de service.)

5 Dressez les côtelettes et les demi-tomates dans un plat de service
chaud. Décorez de brins de menthe, si vous le désirez, salez et
servez immédiatement.

IDÉES MINUTE

AGNEAU
• L'agneau haché est
délicieux dans une sauce à
spaghetti. Faites d'abord
cuire la viande ; égouttez-en
tout le gras. Incorporez-la à
une sauce aux tomates
chaude et servez le tout sur
des pâtes alimentaires.

• Lorsque vous employez
des restes de rôti, ne perdez
pas de temps à les faire cuire
de nouveau : il suffit de les
réchauffer. Le micro-ondes
est idéal, mais vous pouvez
aussi faire sauter la viande
dans très peu d'huile, à la
méthode chinoise.

• Pour accélérer la préparation, demandez au boucher
de couper la viande aux
dimensions désirées.

• Accompagnez l'agneau
d'une bonne compote de
pommes additionnée d'un
petit pot de yogourt nature.

BROCHETTES D'AGNEAU

BROCHETTES D'AGNEAU

 (4)

Par portion : **Calories** 284 **Protéines** 31 g **Hydrates de carbone** 1 g **Graisses** 16 g **Cholestérol** 101 mg **Sodium** 212 mg

750 **g (1½ lb) d'agneau coupé dans le centre du gigot**

2 **c. à soupe d'huile**

1 **c. à soupe de vinaigre de vin rouge**

2 **gousses d'ail, hachées fin**

½ **c. à thé de gingembre moulu**

½ **c. à thé de curcuma**

½ **c. à thé de cumin moulu**

¼ **c. à thé de cayenne**

¼ **c. à thé de sel**

Riz cuit (facultatif)

Quartiers de citron (facultatif)

 PRÉPARATION
30 MINUTES

 CUISSON
15 MINUTES

REMARQUE *Curcuma, cumin et cayenne, conjugués à quelques gouttes de citron, donnent un cachet oriental.*

1 Désossez et dégraissez la viande. Coupez-la en cubes de 3 cm (1¼ po) de côté. Dans un grand bol, mélangez l'huile, le vinaigre, l'ail, le gingembre, le curcuma, le cumin, le cayenne et le sel. Ajoutez les cubes d'agneau et retournez-les pour bien les enrober. Laissez mariner 15 minutes à la température ambiante.

2 Allumez le gril. Enfilez l'agneau sur quatre brochettes métalliques. Déposez celles-ci sur la grille d'une lèchefrite. Faites griller 5 minutes à 10 cm (4 po) de l'élément. Retournez les brochettes et prolongez la cuisson jusqu'au degré voulu. Prévoyez 10 minutes de plus si vous aimez l'agneau un peu rosé.

3 Dressez les brochettes dans un plat de service chaud, sur un lit de riz, si vous le désirez. Décorez de citron, s'il y a lieu, et servez.

CÔTES D'AGNEAU BRAISÉES

Par portion : **Calories** 414   **Protéines** 44 g   **Hydrates de carbone** 13 g   **Graisses** 19 g   **Cholestérol** 155 mg   **Sodium** 421 mg

4 côtes d'agneau de 2 cm (¾ po) d'épaisseur (250 g/8 oz chacune), prélevées dans l'épaule

¼ tasse de gelée de pomme

2 c. à soupe de vin blanc sec

1 gousse d'ail, hachée fin

½ c. à thé de sel

¼ c. à thé de poivre noir

 PRÉPARATION
3 MINUTES

CUISSON
15 MINUTES

1 Allumez le gril. Dégraissez les côtes d'agneau. Déposez-les sur la grille d'une lèchefrite et faites-les griller 5 minutes à 10 cm (4 po) de l'élément.

2 Pendant ce temps, mélangez la gelée de pomme, le vin, l'ail, le sel et le poivre dans une petite casserole. Amenez à ébullition à feu modéré en remuant de temps à autre. Retirez la casserole du feu.

3 Badigeonnez les côtes d'agneau des deux côtés avec la marinade chaude. Prolongez la cuisson au gril en retournant et en badigeonnant les côtes à quelques reprises. Prévoyez 10 minutes de cuisson au total pour que la viande soit à point. Dressez les côtes d'agneau dans une assiette chaude.

PAIN PITA FOURRÉ À L'AGNEAU

Par portion : **Calories** 492   **Protéines** 39 g   **Hydrates de carbone** 42 g   **Graisses** 19 g   **Cholestérol** 106 mg   **Sodium** 738 mg

500 g (1 lb) d'agneau haché

½ tasse de mie de pain émiettée

1 gousse d'ail, hachée fin

1 c. à thé de cumin moulu

½ c. à thé de sel

2 c. à soupe de persil haché

½ tasse de yogourt léger nature

½ c. à thé d'aneth séché

4 pains pita

½ concombre, pelé

2 petites tomates

 PRÉPARATION
20 MINUTES

CUISSON
8 MINUTES

CONSEIL *Vous pouvez émietter la mie de pain au mélangeur ou employer de la chapelure du commerce : cela ne nuira pas à la saveur typiquement libanaise de ce plat.*

1 Allumez le gril. Mélangez au batteur électrique l'agneau haché, la mie de pain émiettée, l'ail, le cumin, le sel et le persil. (Autre méthode : déchiquetez au robot une tranche de pain ; ajoutez l'ail entier et les feuilles de persil ; quand ces ingrédients sont hachés fin, ajoutez l'agneau, le cumin et le sel et terminez le mélange.)

2 Façonnez quatre palets de 2,5 cm (1 po) d'épaisseur. Déposez-les sur la grille légèrement graissée d'une lèchefrite et faites-les griller 5 minutes à 10 cm (4 po) de l'élément. Retournez-les et prolongez la cuisson de 3 minutes pour que la viande soit à point. (L'agneau haché doit être bien cuit.)

3 Laissez reposer l'agneau 5 minutes sur une planche à découper. Dans un petit bol, mélangez le yogourt et l'aneth. Divisez les pains pita en deux et ouvrez-les de manière à pouvoir les farcir. Détaillez le concombre et les tomates en tranches minces.

4 Découpez les palets d'agneau haché en languettes de ½ cm (¼ po). Garnissez les pains pita de viande, de concombre, de tomate et de yogourt condimenté.

PORC ET SAUCISSES

Vous trouverez dans ce groupe de recettes des plats toujours populaires, comme les côtelettes et les ragoûts, mais aussi des spécialités européennes et orientales.

CÔTELETTES DE PORC À L'ORANGE

Par portion : **Calories** 289 **Protéines** 22 g **Hydrates de carbone** 19 g **Graisses** 15 g **Cholestérol** 66 mg **Sodium** 237 mg

4 côtelettes de porc de 1 cm (½ po) d'épaisseur (180 g/6 oz chacune)

1 c. à soupe de beurre (ou de margarine)

1 c. à soupe d'huile

2 oranges navel moyennes

3 oignons verts

½ tasse de bouillon de poulet hyposodique en boîte

2 c. à soupe de ketchup

Sel et poivre noir

 PRÉPARATION **5 MINUTES**

CUISSON **15 MINUTES**

SERVICE *Servez ce plat avec des pommes de terre grelot bouillies et relevées de zeste de citron et de ciboulette.*

1 Dégraissez parfaitement les côtelettes. Dans une grande sauteuse, réchauffez le beurre et l'huile à feu modéré. Faites-y cuire les côtelettes 8 minutes pour qu'elles soient bien brunes d'un côté.

2 Entre-temps, râpez le zeste d'une orange et réservez-le. Coupez les oranges aux deux extrémités pour les peler plus facilement ; détaillez-les en six tranches chacune.

3 Tournez les côtelettes et prolongez la cuisson de 4 minutes ou jusqu'à ce qu'elles rendent un jus incolore si vous les piquez. Entre-temps, hachez grossièrement les oignons verts. Dans une tasse, mélangez le bouillon de poulet et le ketchup. Dressez les côtelettes dans une assiette de service ; couvrez et gardez au chaud.

4 Mettez les oignons verts dans la sauteuse et faites-les revenir 1 minute. Mouillez avec le bouillon et amenez à ébullition en remuant constamment.

5 Ajoutez les tranches d'orange et le jus qui s'est accumulé au fond de l'assiette. Salez et poivrez. Nappez les côtelettes de sauce et décorez-les de zeste d'orange.

 L'ouvre-boîte

Nos voisins du Sud mangent souvent de la saucisse au petit déjeuner. Nous la préférons aux repas du midi ou du soir. Essayez cet excellent plat-repas.

SAUCISSE ET RIZ À LA TEX-MEX

Dans une sauteuse, faites dorer **500 g (1 lb) de chair de saucisse de porc ;** égouttez. Incorporez **1 boîte (398 ml/14 oz) de sauce aux tomates, 1 boîte (341 g/12 oz) de maïs en grains,** égoutté, **½ tasse d'eau** et **1 c. à soupe d'assaisonnement au chile.** Portez à ébullition. Ajoutez **1 tasse de riz à cuisson rapide.** Hors du feu, saupoudrez **¼ tasse de parmesan râpé.** Laissez reposer 5 minutes. **DONNE 4 PORTIONS.**

CÔTES LEVÉES DE PORC AU GRIL

Par portion : **Calories** 818 **Protéines** 52 g **Hydrates de carbone** 28 g **Graisses** 54 g **Cholestérol** 216 mg **Sodium** 330 mg

- **2 kg (4 lb) de petites côtes levées de porc, détaillées en portions de 2 côtes**
- **½ tasse de confiture d'abricots**
- **2 c. à soupe de jus de citron**
- **1 c. à thé de moutarde préparée**
- **½ c. à thé de gingembre moulu**
- **¼ c. à thé de sel**

 PRÉPARATION
4 MINUTES

 CUISSON
41 MINUTES

1 Déposez les côtes levées dans une grande marmite et couvrez-les d'eau. Posez le couvercle et amenez l'eau à ébullition à feu vif. Découvrez la marmite et laissez bouillir 5 minutes.

2 Entre-temps, dans une petite casserole, mélangez la confiture d'abricots, le jus de citron, la moutarde, le gingembre et le sel. Amenez à ébullition en remuant constamment. Retirez du feu.

3 Allumez le gril. Égouttez parfaitement les côtes levées et déposez-les sur la grille d'une lèchefrite. Faites-les griller 5 minutes à 10 cm (4 po) de l'élément. Badigeonnez le côté exposé avec la préparation à l'abricot et faites-les griller 1 minute de plus.

4 Retournez les côtes levées ; badigeonnez-les et prolongez la cuisson de 9-10 minutes ou jusqu'à ce qu'elles soient bien luisantes.

CÔTELETTES DE PORC AUX POMMES

Par portion : **Calories** 338 **Protéines** 20 g **Hydrates de carbone** 13 g **Graisses** 23 g **Cholestérol** 86 mg **Sodium** 224 mg

- **4 côtelettes de porc de 1 cm (½ po) d'épaisseur (180 g/6 oz chacune)**
- **2 c. à soupe d'huile d'olive**
- **1 c. à soupe de thym frais haché (ou 1 c. à thé de thym séché)**
- **¼ c. à thé de sel**
- **¼ c. à thé de poivre noir**
- **1 grosse pomme granny smith**
- **1 c. à soupe de beurre (ou de margarine)**
- **1 c. à thé de fécule de maïs**
- **½ tasse de jus de pomme**
- **⅓ tasse de crème légère**

 PRÉPARATION
15 MINUTES

 CUISSON
10 MINUTES

1 Dégraissez les côtelettes. Dans un plat en verre peu profond, mélangez l'huile, le thym, le sel et le poivre. Tournez les côtelettes dans cet apprêt et laissez-les mariner 15 minutes à la température ambiante. Coupez la pomme en quartiers sans la peler ; détaillez-la en tranches minces.

2 Dans une grande sauteuse, saisissez les côtelettes 3 minutes à feu assez vif. Quand elles sont bien brunies, tournez-les et prolongez la cuisson de 3 minutes ou jusqu'à ce qu'elles rendent un jus incolore quand vous les piquez. Réservez-les au chaud dans un plat de service chaud et couvert.

3 À feu moyen, mettez le beurre à fondre dans la sauteuse et faites rissoler les tranches de pomme 2 minutes en les tournant une fois. Recueillez-les avec une cuiller à fentes et réservez-les avec le porc.

4 Dans un petit bol, délayez la fécule de maïs avec le jus de pomme et la crème. Versez dans la sauteuse, ajoutez le jus de la viande et amenez à ébullition. Faites cuire 2-3 minutes en remuant sans arrêt. Quand la sauce a acquis une consistance sirupeuse, nappez-en les côtelettes de porc et servez.

CÔTELETTES DE PORC AU PORTO

CÔTELETTES DE PORC AU PORTO

Par portion: **Calories** 277 **Protéines** 20 g **Hydrates de carbone** 16 g **Graisses** 14 g **Cholestérol** 71 mg **Sodium** 60 mg

4 côtelettes de porc de 1 cm (½ po) d'épaisseur (180 g/6 oz chacune)

1 c. à soupe d'huile

¼ tasse de gelée de groseille

1 c. à thé de fécule de maïs

2 c. à soupe de porto rouge

1 c. à thé de zeste de citron finement râpé

2 c. à thé de jus de citron

Tranches de citron (facultatif)

 PRÉPARATION
5 MINUTES

 CUISSON
15 MINUTES

SERVICE *Servez avec ce plat un petit ragoût-vapeur de courge jaune et de courgette verte, beurré et persillé.*

1 Dégraissez la viande. Dans une grande sauteuse, réchauffez l'huile à feu modéré. Faites-y cuire les côtelettes 6 minutes en les retournant, jusqu'à ce qu'elles rendent un jus incolore si vous les piquez.

2 Dans une petite casserole, faites fondre la gelée à feu modéré. Délayez la fécule de maïs avec le porto et versez-la dans la gelée fondue. Faites cuire 5 minutes en remuant constamment. Quand la préparation a épaissi, incorporez le zeste et le jus de citron.

3 Quand les côtelettes sont cuites à point, dressez-les dans un plat chaud et nappez-les de sauce. Décorez de citron, s'il y a lieu.

Un bon début : Du jambon fumé

Gardez un paquet de jambon fumé dans le réfrigérateur et vous ne serez jamais en peine s'il vous faut improviser un repas au pied levé. Le jambon étant déjà cuit, vous pouvez aussi bien l'apprêter en salade et en sandwich qu'en plat chaud. Sa saveur légèrement fumée s'harmonise bien avec les fruits doux et les légumes croquants. Essayez les recettes qui suivent : vous ferez des heureux.

Vous pouvez remplacer le jambon vendu en tranches, suggéré ci-dessous, par des restes de jambon bouilli ou cuit au four. Chaque recette donne 4 portions.

▶ **PÂTES ET JAMBON** Faites cuire **375 g (12 oz) de pennes** selon les instructions sur le paquet. Dans une grande sauteuse, mettez ¼ **tasse de beurre** à fondre à feu modéré. Faites-y sauter **1 gros oignon,** tranché, et **1½ tasse de bouquets de brocoli.** Ajoutez **3 c. à soupe de farine.** Délayez peu à peu avec **1⅓ tasse de bouillon de poulet** et amenez à ébullition. Ajoutez **2 tasses de jambon fumé détaillé en julienne.** Éclaircissez la sauce avec un peu de **lait** et versez-la sur les pâtes.

◀ **SALADE DE JAMBON ET CANTALOUP** Dans un grand bol, mélangez **2 tasses de jambon fumé détaillé en dés,** ¼ **tasse de noix hachées,** ¼ **tasse de céleri tranché** et ¼ **tasse de mayonnaise.** Coupez en deux **2 cantaloups moyens** et retirez les graines. Répartissez la salade de jambon entre les quatre demi-melons.

▶ **SALADE DE JAMBON ET RIZ SAUVAGE** Faites cuire **1 sachet (122 g/4,3 oz) de riz à grains longs et de riz sauvage mélangés** selon les instructions. Laissez tiédir. Dans un grand bol, mélangez **2 tasses de jambon fumé détaillé en dés, 1 tasse d'oignon rouge haché, 1 tasse de doliques tubéreux (jicamas) pelés et détaillés en dés** (ou de châtaignes d'eau) et ¾ **tasse de vinaigrette italienne crémeuse.** Ajoutez le riz et remuez. Servez la salade tiède ou froide.

► **JAMBON AUX PÊCHES** Dans un petit bol, égouttez **1 boîte (540 ml/19 oz) de pêches en moitiés, conservées en sirop léger**; gardez ½ tasse de sirop pour y délayer **1 c. à thé de fécule de maïs.** Faites frire dans une sauteuse **2 tranches de jambon fumé de 2,5 cm (1 po) d'épaisseur.** Quand elles sont dorées sur les deux faces, réservez-les au chaud. Jetez dans la sauteuse ½ **tasse de jus d'orange, 1 c. à soupe de cassonade blonde, 2 c. à thé de moutarde préparée** et la fécule délayée. Amenez à ébullition en remuant et laissez épaissir. Ajoutez les pêches. Quand elles sont chaudes, versez la sauce et les fruits sur le jambon.

◄ **SANDWICHS DE JAMBON AU BRIE** Coupez **2 petites poires** en tranches minces, badigeonnez-les de **jus de citron.** Divisez **8 tranches de pumpernickel** entre quatre assiettes. Garnissez-les de **250 g (8 oz) de brie, 2 tasses de jambon fumé détaillé en julienne** et 2-3 tranches de poire. Décorez de **persil haché.**

► **SAUTÉ DE JAMBON AUX POMMES DE TERRE** Épluchez **2 grosses pommes de terre**; détaillez-les en tranches de ½ cm (¼ po) d'épaisseur. Faites-les cuire 5 minutes à l'eau bouillante dans une grande sauteuse. Dans une casserole moyenne, mettez **3 c. à soupe de beurre** à fondre à feu modéré. Faites-y revenir **2 tasses de dés de jambon fumé** et **1 petit poivron vert,** coupé en dés, pendant 6 minutes. Incorporez **3 c. à soupe de farine.** Délayez peu à peu avec **1½ tasse de lait**; laissez cuire jusqu'à épaississement. Égouttez les pommes de terre et ajoutez-les à l'apprêt au jambon. Saupoudrez **2 c. à soupe de chapelure grillée** et servez.

Sauté de porc aux arachides

Par portion : **Calories** 508 **Protéines** 34 g **Hydrates de carbone** 31 g **Graisses** 29 g **Cholestérol** 97 mg **Sodium** 838 mg

500 g (1 lb) d'épaule ou de longe de porc désossée

¼ tasse de cassonade blonde bien tassée

¼ tasse de sauce de soja hyposodique

2 c. à soupe de fécule de maïs

4 carottes moyennes

125 g (4 oz) de pois mange-tout

¼ tasse d'huile

¾ tasse de bouillon de poulet hyposodique en boîte

¼ tasse d'arachides rôties à sec

 PRÉPARATION **18 MINUTES**

 CUISSON **25 MINUTES**

SERVICE *Accompagné de riz blanc, ce plat léger convient aux repas du soir, en été.*

1 Dégraissez le porc et coupez-le en bouchées de 2,5 cm (1 po). Dans un grand bol, mélangez la cassonade, la sauce de soja et la fécule de maïs. Ajoutez les bouchées de porc et mélangez. Laissez mariner 15-20 minutes à la température ambiante.

2 Dans l'intervalle, épluchez les carottes et coupez-les de biais en tranches de 1 cm (½ po) d'épaisseur. Parez les pois mange-tout.

3 Dans un wok ou une grande sauteuse, réchauffez l'huile à feu assez vif. Saisissez les bouchées de porc avec une cuiller à fentes et déposez-les dans la sauteuse. Réservez la marinade. Faites cuire le porc 4 minutes en remuant de temps à autre.

4 Jetez les carottes et le bouillon de poulet dans le wok. Couvrez et laissez mijoter à petit feu 15 minutes pour que tout soit à point.

5 Ajoutez les pois mange-tout et prolongez la cuisson de 2 minutes. À feu modéré, incorporez la marinade réservée et laissez cuire à découvert 2 minutes ou jusqu'à épaississement. Dressez le sauté dans un plat de service et garnissez d'arachides rôties, à votre gré.

Médaillons de porc aux champignons

Par portion : **Calories** 414 **Protéines** 41 g **Hydrates de carbone** 13 g **Graisses** 21 g **Cholestérol** 134 mg **Sodium** 508 mg

4 médaillons de porc de 1 cm (½ po) d'épaisseur, découpés dans la palette ou l'épaule (180 g/6 oz chacun)

1 c. à soupe d'huile

1 oignon moyen, détaillé en tranches

1 boîte (284 ml/10 oz) de crème de champignons concentrée

1 tasse d'eau

½ c. à thé de thym séché

1 c. à thé de sauce Worcestershire

1 tasse de petits pois surgelés

 PRÉPARATION **5 MINUTES**

CUISSON **35 MINUTES**

1 Dégraissez parfaitement les médaillons. Dans une grande sauteuse, réchauffez l'huile à feu assez vif. Faites-y cuire les métaillons 3 minutes de chaque côté. Quand ils sont bien dorés sur les deux faces, déposez-les dans une assiette. Ne laissez que 1 c. à soupe de gras dans la sauteuse.

2 Jetez l'oignon dans ce gras et faites-le rissoler 5 minutes. Baissez le feu. Ajoutez la crème de champignons, l'eau, le thym, la sauce Worcestershire et les petits pois surgelés. Amenez doucement à ébullition.

3 Remettez les médaillons dans la sauteuse ainsi que le jus qu'ils ont rendu. Couvrez et laissez cuire encore 15 minutes en remuant de temps à autre. Dressez dans un plat de service.

MÉDAILLONS DE PORC À LA MODE DU SUD

Par portion : **Calories** 340 **Protéines** 37 g **Hydrates de carbone** 4 g **Graisses** 19 g **Cholestérol** 111 mg **Sodium** 102 mg

2 c. à soupe d'huile d'olive

2 c. à soupe de vinaigre de cidre

2 c. à thé d'assaisonnement au chile

1 c. à thé de poudre d'ail

1 c. à thé de cumin moulu

1 c. à thé de moutarde sèche

1 c. à thé de miel

½ c. à thé de poivre noir

8 médaillons de porc de ½ cm (¼ po) d'épaisseur, prélevés dans la longe (environ 625 g/1¼ lb)

Sel

 PRÉPARATION
20 MINUTES

 CUISSON
9 MINUTES

REMARQUE *La marinade aigre-douce se marie parfaitement avec le porc grillé. Servez une salade de chou en accompagnement.*

1 Dans un plat peu profond, mélangez l'huile, le vinaigre, l'assaisonnement au chile, la poudre d'ail, le cumin, la moutarde, le miel et le poivre. Roulez les médaillons dans cet apprêt et laissez-les mariner 15-20 minutes à la température ambiante. Allumez le gril.

2 À l'aide d'une fourchette, posez les médaillons sur la grille d'une lèchefrite. Réservez la marinade. Faites griller le porc 5 minutes à 7,5 cm (3 po) de l'élément. Tournez et badigeonnez de marinade.

3 Prolongez la cuisson de 3-4 minutes. Quand les médaillons sont à point, dressez-les dans une assiette de service, salez et servez.

MÉDAILLONS DE PORC AUX POINTES D'ASPERGE

Par portion : **Calories** 457 **Protéines** 24 g **Hydrates de carbone** 10 g **Graisses** 37 g **Cholestérol** 101 mg **Sodium** 188 mg

3 c. à soupe, en tout, de beurre (ou de margarine)

500 g (1 lb) de filet de porc dégraissé, tranché de biais en médaillons de 1 cm (½ po) d'épaisseur

750 g (1½ lb) d'asperges

250 g (8 oz) de champignons

1 oignon rouge moyen

1 c. à thé de fécule de maïs

⅓ tasse de bouillon de poulet hyposodique en boîte

½ c. à thé d'estragon séché (ou de thym)

¼ c. à thé de poivre noir

 PRÉPARATION
5 MINUTES

 CUISSON
15 MINUTES

1 Dans une grande sauteuse, mettez 2 c. à soupe de beurre à fondre à feu modéré. Faites-y brunir les médaillons 2 minutes de chaque côté. Parez les asperges ; donnez-leur une longueur uniforme de 10 cm (4 po). Remplissez d'eau à moitié une petite casserole et amenez à ébullition. Détaillez les champignons en tranches épaisses et l'oignon en tranches minces.

2 Déposez les médaillons dans un plat de service ; couvrez et gardez au chaud. Ajoutez la dernière cuillerée à soupe de beurre dans la sauteuse. Faites-y attendrir l'oignon 3 minutes. Ajoutez les champignons et faites revenir le tout 2 minutes de plus.

3 Jetez les pointes d'arperges dans la casserole d'eau. Dès que l'eau se remet à bouillir, retirez-la du feu, couvrez et laissez en attente.

4 Délayez la fécule de maïs dans le bouillon de poulet avant de la verser dans la sauteuse. Ajoutez l'estragon et le poivre. Amenez à ébullition et faites cuire la sauce environ 1 minute pour l'épaissir.

5 Remettez les médaillons dans la sauteuse avec le jus qu'ils ont rendu. Remuez pour que la sauce soit homogène. Dressez les médaillons nappés de leur sauce dans le plat de service ; ajoutez les asperges bien égouttées et servez.

ESCALOPES DE PORC À LA DIJONNAISE

Escalopes de porc à la dijonnaise

Par portion : **Calories** 222 **Protéines** 23 g **Hydrates de carbone** Trace **Graisses** 14 g **Cholestérol** 87 mg **Sodium** 154 mg

4 tranches de porc de 1 cm (½ po), prélevées dans la longe et désossées (125 g/4 oz chacune)

2 c. à soupe (¼ bâtonnet) de beurre ramolli (ou de margarine)

1 c. à soupe de moutarde de Dijon

1 gousse d'ail, hachée fin

1½ c. à thé d'aneth frais ciselé (ou ½ c. à thé d'aneth séché)

Sel et poivre noir

Brins d'aneth frais (facultatif)

 PRÉPARATION
15 MINUTES

 CUISSON
5 MINUTES

SERVICE *Accompagnez ce plat faible en calories d'une salade verte agrémentée de croûtons et de copeaux de parmesan.*

1 Allumez le gril. Alignez les tranches de porc entre deux feuilles de papier ciré et aplatissez-les au maillet de façon à leur donner ½ cm (¼ po) d'épaisseur.

2 Dans un petit bol, mélangez le beurre, la moutarde, l'ail et l'aneth. Tartinez un côté des escalopes avec ce mélange ; faites-les griller de ce côté-là à 7,5 cm (3 po) de l'élément pour qu'elles blondissent.

3 Dressez les escalopes dans un plat de service chaud ; arrosez-les du jus accumulé au fond de la lèchefrite et décorez d'aneth frais, si vous le voulez.

203

Sauté de porc en sauce barbecue

Par portion : **Calories** 451 **Protéines** 48 g **Hydrates de carbone** 13 g **Graisses** 22 g **Cholestérol** 162 mg **Sodium** 655 mg

- **1 c. à soupe d'huile**
- **4 tranches d'épaule de porc de 1 cm (½ po) d'épaisseur (250 g/8 oz chacune)**
- **1 petit oignon, haché**
- **1 tasse de sauce barbecue du commerce**
- **1 gros poivron vert**
- **4 tranches de citron**

PRÉPARATION
3 MINUTES

CUISSON
42 MINUTES

REMARQUE *La sauce barbecue peut être aussi piquante que vous le souhaitez. C'est elle qui donnera un goût de gril à la viande.*

1 Dans une grande sauteuse, préférablement antiadhésive, réchauffez l'huile à feu assez vif. Faites-y blondir le porc 2-3 minutes de chaque côté. Poussez-le sur le côté, mettez l'oignon au centre et faites-le revenir 5 minutes à son tour, sur un feu assez doux.

2 Quand l'oignon est tendre, versez la sauce barbecue dans la sauteuse ; couvrez et laissez cuire 10 minutes. À feu doux, prolongez la cuisson de 15 minutes ou jusqu'à ce que le porc soit très tendre quand vous le piquez à la fourchette.

3 Parez, épépinez et détaillez le poivron en allumettes. Jetez-le dans la sauteuse, couvrez et laissez cuire 6 minutes : il restera croquant.

4 Dressez le porc nappé de sa garniture dans des assiettes individuelles et couronnez chacune d'une rondelle de citron.

Porc à la rhubarbe et à l'orange

Par portion : **Calories** 562 **Protéines** 26 g **Hydrates de carbone** 25 g **Graisses** 40 g **Cholestérol** 110 mg **Sodium** 346 mg

- **4 côtelettes de porc de 1 cm (½ po) d'épaisseur (180 g/6 oz chacune)**
- **1 c. à thé de romarin séché**
- **½ c. à thé de sel**
- **¼ c. à thé de poivre noir**
- **2 c. à soupe de farine**
- **2 c. à soupe d'huile**
- **1½ tasse de rhubarbe détaillée en tranches**
- **⅓ tasse de sucre**
- **1 c. à soupe de fécule de maïs**
- **¼ tasse de jus d'orange**

PRÉPARATION
7 MINUTES

CUISSON
21 MINUTES

1 Dégraissez les côtelettes de porc. Assaisonnez-les des deux côtés avec le romarin, le sel et le poivre. Farinez-les et secouez-les pour faire tomber l'excédent.

2 Dans une grande sauteuse, réchauffez l'huile à feu assez vif. Faites-y sauter les côtelettes 6-7 minutes d'un côté pour qu'elles soient bien brunies. Retournez-les. Faites-les cuire 6-7 minutes de plus à feu modéré. Quand elles sont à point, gardez-les couvertes dans un plat de service chaud.

3 Jetez la rhubarbe et le sucre dans la sauteuse ; laissez cuire 6 minutes à feu modéré en remuant constamment. Dans une tasse, délayez la fécule de maïs dans le jus d'orange.

4 Quand la rhubarbe est tendre, versez le jus d'orange dans la sauteuse. Amenez à ébullition en remuant constamment ; laissez épaissir 30 secondes de plus. Dressez la rhubarbe en sauce sur les côtelettes de porc et servez.

FILET DE PORC À L'HAWAÏENNE

Par portion : **Calories** 420 **Protéines** 20 g **Hydrates de carbone** 8 g **Graisses** 34 g **Cholestérol** 78 mg **Sodium** 330 mg

625 g (1¼ lb) de filet de porc

2 c. à soupe d'huile d'olive

1 c. à thé de thym séché

½ c. à thé de sel

¼ c. à thé de cayenne

1 tasse d'ananas concassés en boîte, égouttés

¼ tasse d'oignon rouge finement haché

1 petite tomate, hachée fin

1 petit piment jalapeño, épépiné et haché fin

¼ tasse de coriandre hachée

¾ c. à thé de cumin moulu

 PRÉPARATION
20 MINUTES

 CUISSON
8 MINUTES

REMARQUE *Cette sauce à base d'ananas fait merveille avec le porc cuit sur la braise.*

1 Allumez le gril. Dégraissez le porc. À l'aide d'un couteau bien tranchant, coupez le filet sur l'épaisseur jusqu'aux trois quarts. Ouvrez-le et aplatissez-le en papillon.

2 Dans un petit bol, mélangez l'huile, le thym, le sel et le cayenne. Badigeonnez le porc des deux côtés ; disposez-le sur la grille d'une lèchefrite et faites-le griller 5 minutes à 10 cm (4 po) de l'élément. Tournez et faites cuire encore 3 minutes : le filet doit être cuit de part en part, mais rester tendre et juteux.

3 Dans un petit bol, mélangez l'ananas, l'oignon rouge, la tomate, le piment jalapeño, la coriandre et le cumin.

4 Déposez le filet sur une planche à découper et laissez-le reposer quelques minutes. Découpez-le en médaillons contre le grain de la viande. Présentez ces médaillons entourés de garniture à l'ananas.

Ragoût à la polonaise

Par portion : **Calories** 512 **Protéines** 21 g **Hydrates de carbone** 36 g **Graisses** 31 g **Cholestérol** 74 mg **Sodium** 1 325 mg

500 g (1 lb) de saucisson polonais (kielbasa), découpé en tronçons de 3 cm (1¼ po)

8 petits oignons blancs, pelés

8 petites pommes de terre rouges, coupées en quatre

4 carottes moyennes, coupées en rondelles de 1 cm (½ po)

1 c. à thé de marjolaine séchée (ou de thym)

1 feuille de laurier

2 tasses d'eau, en tout

1 c. à thé de fécule de maïs

1 tasse de petits pois surgelés (ou de haricots verts)

Sel et poivre noir

PRÉPARATION
10 MINUTES

CUISSON
35 MINUTES

SERVICE *Ce ragoût de saucisson ne demande qu'une corbeille de pain chaud pour composer un repas complet.*

1 Dans un faitout ou une marmite, faites revenir les tronçons de saucisson à feu modéré jusqu'à ce qu'ils soient dorés ; tournez-les fréquemment. Tapissez une assiette avec des essuie-tout. À l'aide d'une cuiller à fentes, déposez-y le saucisson.

2 Jetez les oignons, les pommes de terre et les carottes dans le faitout. Faites-les cuire 10 minutes ou jusqu'à ce qu'ils prennent couleur ; remuez de temps à autre.

3 Remettez le saucison dans le faitout. Ajoutez la marjolaine, la feuille de laurier et toute l'eau moins 1 c. à soupe. Amenez à ébullition à feu vif. Baissez le feu, couvrez et laissez cuire 20 minutes. Par ailleurs, délayez la fécule de maïs dans l'eau réservée.

4 Jetez la fécule délayée et les petits pois surgelés dans le faitout. À feu vif, amenez à ébullition en remuant sans arrêt. Prolongez la cuisson de 5 minutes pour que les petits pois soient à point. Retirez la feuille de laurier avant de présenter le ragoût.

Saucisse de porc en ragoût

Par portion : **Calories** 601 **Protéines** 27 g **Hydrates de carbone** 62 g **Graisses** 28 g **Cholestérol** 71 mg **Sodium** 1 738 mg

500 g (1 lb) de saucisse de porc

1 oignon moyen, détaillé en tranches

1 boîte (540 ml/19 oz) de tomates en dés

1 boîte (199 ml/7 oz) de maïs en grains

1 boîte (198 ml/7 oz) de sauce aux tomates

1 tasse d'eau

2 tasses (125 g/4 oz) de coudes de macaroni

2 tasses de chou vert, tranché fin

Sel et poivre noir

PRÉPARATION
4 MINUTES

CUISSON
21 MINUTES

CONSEIL *On peut remplacer les coudes de macaroni par des pâtes de taille comparable.*

1 Dans un faitout ou une marmite, faites cuire la saucisse et l'oignon 7 minutes à feu assez vif. Quand la saucisse est bien rôtie et l'oignon tendre, videz l'excédent de gras.

2 Jetez dans le faitout les tomates avec leur jus, le maïs avec son liquide, la sauce aux tomates et l'eau ; amenez à ébullition. Ajoutez le macaroni et le chou et faites reprendre l'ébullition.

3 Réglez la chaleur à feu doux. Couvrez et laissez mijoter le ragoût 8-10 minutes ou jusqu'à ce que les macaronis soient cuits à point et que la plus grande partie du fond de cuisson ait été absorbée. Salez et poivrez avant de servir.

SAUCISSES AUX LENTILLES

Saucisses aux lentilles

Par portion : **Calories** 503 **Protéines** 23 g **Hydrates de carbone** 24 g **Graisses** 34 g **Cholestérol** 81 mg **Sodium** 1 486 mg

- **1 c. à soupe d'huile**
- **1 oignon moyen, coupé en deux et tranché**
- **1 côte de céleri, tranchée**
- **250 g (8 oz) de saucisses italiennes douces**
- **250 g (8 oz) de saucisson polonais (kielbasa)**
- **1 boîte (540 ml/19 oz) de tomates en dés**
- **1 boîte (540 ml/19 oz) de lentilles, rincées et égouttées (ou de cannellinis)**
- **1 c. à soupe de cassonade blonde bien tassée**
- **2 c. à soupe de vin blanc sec**
- **½ tasse de bouillon de poulet hyposodique**
- **1 c. à thé d'origan séché**
- **¼ c. à thé de sel**
- **¼ c. à thé de poivre noir**

 PRÉPARATION
15 MINUTES

 CUISSON
25 MINUTES

REMARQUE *Accompagné d'une petite salade verte, ce ragoût économique constitue un repas complet et substantiel.*

1 Dans un faitout ou une marmite, réchauffez l'huile à feu modéré. Faites-y sauter l'oignon et le céleri 5 minutes.

2 Pendant ce temps, tranchez les saucisses italiennes en tronçons de 2,5 cm (1 po) et le saucisson à la diagonale. Dans une grande sauteuse, faites sauter à sec pendant 5 minutes les morceaux de saucisse et de saucisson. Quand ils sont dorés, égouttez-les et déposez-les sur plusieurs épaisseurs d'essuie-tout pour achever de les dégraisser.

3 Dans le faitout, ajoutez les tomates avec leur jus, les lentilles, la cassonade, le vin, le bouillon de poulet et l'origan. Assaisonnez de sel et de poivre. Amenez à ébullition à feu vif.

4 Remettez les morceaux de saucisse et de saucisson dans le faitout, réduisez le feu, couvrez et laissez mijoter doucement pendant 10 minutes. Découvrez le faitout et prolongez la cuisson de 5 minutes. Servez les saucisses aux lentilles dans des assiettes creuses.

Saucisson et légumes en crème

Par portion : **Calories** 773 | **Protéines** 24 g | **Hydrates de carbone** 59 g | **Graisses** 50 g | **Cholestérol** 129 mg | **Sodium** 1 417 mg

4	**tasses d'eau**
500	**g (1 lb) de saucisson polonais (kielbasa)**
4	**pommes de terre moyennes**
1	**tasse de petits pois surgelés**
¼	**tasse (½ bâtonnet) de beurre (ou de margarine)**
1	**oignon moyen, haché**
¼	**tasse de farine**
1	**tasse de crème légère (ou de lait)**
	Sel et poivre noir

 PRÉPARATION
7 MINUTES

 CUISSON
36 MINUTES

1 Dans une grande casserole ou un faitout, amenez l'eau à ébullition à feu vif. Détaillez le saucisson en quatre tronçons ; entaillez-les de biais à ½ cm (¼ po) de profondeur. Plongez-les dans l'eau bouillante, couvrez et laissez cuire 5 minutes. Épluchez et découpez les pommes de terre sur la largeur en tranches de 1 cm (½ po).

2 Avec une cuiller à fentes, déposez les morceaux de saucisson dans un bol. Couvrez et gardez au chaud. Ramenez l'ébullition dans la casserole et plongez-y les pommes de terre. Couvrez et laissez cuire 8 minutes à feu modéré.

3 Ajoutez les petits pois et laissez-les décongeler 1-2 minutes. Prélevez 1 tasse de l'eau de cuisson. Égouttez les pommes de terre et les petits pois ; gardez-les au chaud dans un autre bol.

4 Dans la même casserole, mettez le beurre à fondre à feu modéré. Faites-y revenir l'oignon 5 minutes. Quand il est tendre, incorporez la farine ; ajoutez peu à peu l'eau réservée en remuant. Laissez épaissir environ 10 secondes, en remuant constamment.

5 Incorporez la crème. Ajoutez les pommes de terre et les petits pois en opérant délicatement le mélange. Assaisonnez de sel et de poivre. Dressez la garniture dans un plat de service et déposez les morceaux de saucisson sur le dessus.

 L'ouvre-boîte

Les ananas vont très bien avec la saucisse bratwurst. Montez-les sur brochettes et servez sur un lit de riz blanc à cuisson rapide.

Bratwursts en brochettes

Allumez le gril. Détaillez **5 saucisses bratwurst cuites** en tronçons de 4 cm (1½ po). Égouttez **1 boîte d'ananas en morceaux** en réservant 1 c. à soupe de jus. Enfilez les saucisses et les ananas sur trois brochettes de 30 cm (12 po). Dans une tasse ou un petit bol, mélangez **½ tasse d'ananas confits dans le sirop, 1 c. à soupe de moutarde de Dijon** et le jus réservé.

Déposez les brochettes sur la grille d'une lèchefrite. Badigeonnez-les de l'apprêt au confit d'ananas. Placez la lèchefrite à 10 cm (4 po) de l'élément et faites griller les brochettes 2-4 minutes, en les retournant et en les badigeonnant à plusieurs reprises. Présentez les brochettes sur un plat de service.

Donne 3 portions

CHOUCROUTE GARNIE

Par portion : **Calories** 685 **Protéines** 23 g **Hydrates de carbone** 26 g **Graisses** 52 g **Cholestérol** 115 mg **Sodium** 2 118 mg

- **4 saucisses knackwurst (environ 500 g/1 lb)**
- **250 g (8 oz) de saucisses bratwurst**
- **1 gros oignon**
- **1 grosse pomme**
- **500 g (1 lb) de choucroute**
- **2 c. à soupe (¼ bâtonnet) de beurre (ou de margarine)**
- **1 c. à thé de graines de carvi**
- **2 feuilles de laurier**
- **½ tasse de bouillon de poulet hyposodique en boîte**
- **½ tasse de vin blanc sec**
- **2 c. à soupe de cassonade blonde bien tassée**

 **PRÉPARATION 7 MINUTES**   **CUISSON 31 MINUTES**

REMARQUE *La choucroute est une spécialité de la cuisine bavaroise. On la sert en règle générale avec de la saucisse allemande.*

1 Coupez toutes les saucisses en deux sur la longueur. Tranchez l'oignon. Parez et pelez la pomme ; détaillez-la en dés. Rincez et égouttez parfaitement la choucroute.

2 Dans un faitout ou une marmite, mettez le beurre à fondre à feu modéré. Ajoutez les saucisses et faites-les cuire 4 minutes en les retournant fréquemment. Quand elles commencent à prendre couleur, retirez-les avec une cuiller à fentes et déposez-les dans un bol. Jetez l'oignon dans le faitout et faites-le revenir 5 minutes.

3 Ajoutez la choucroute, les dés de pomme, les graines de carvi, les feuilles de laurier, le bouillon, le vin et la cassonade ; portez à ébullition. Couvrez et laissez cuire 15 minutes à petit feu.

4 Remettez les saucisses dans le faitout, couvrez et prolongez la cuisson de 2 minutes pour que tout soit bien chaud. Égouttez. Dressez la choucroute et les saucisses dans un plat de service chaud et retirez les feuilles de laurier avant de servir.

SAUCISSE DE FRANCFORT À L'AIGRE-DOUCE

Par portion : **Calories** 527 **Protéines** 15 g **Hydrates de carbone** 39 g **Graisses** 36 g **Cholestérol** 69 mg **Sodium** 1 255 mg

- **1 boîte (540 ml/19 oz) d'ananas en morceaux**
- **1 c. à soupe de fécule de maïs**
- **2 c. à soupe de sucre**
- **2 c. à soupe de vinaigre blanc**
- **2 c. à soupe de ketchup**
- **500 g (1 lb) de saucisses de Francfort**
- **1 gros poivron vert**
- **1 c. à soupe d'huile**
  Riz chaud (facultatif)

 **PRÉPARATION 5 MINUTES**   **CUISSON 11 MINUTES**

1 Faites passer le jus de l'ananas dans un petit bol. Mélangez-le avec la fécule de maïs, le sucre, le vinaigre et le ketchup. Réservez les morceaux d'ananas. Détaillez les saucisses de biais en tranches de 1 cm (½ po). Parez, épépinez et détaillez le poivron vert en lanières.

2 Dans une grande sauteuse, réchauffez l'huile à feu assez vif. Faites-y revenir les tranches de saucisse 3-4 minutes pour les colorer. Ajoutez les lanières de poivron et faites-les sauter 3-4 minutes.

3 Versez le jus d'ananas condimenté et amenez à ébullition. Faites cuire 3-4 minutes ou jusqu'à épaississement en remuant constamment. Ajoutez les morceaux d'ananas. Quand tout est bien chaud, dressez dans un plat de service et servez avec un accompagnement de riz chaud, s'il y a lieu.

PÂTES
ET CÉRÉALES

SPAGHETTI ALLA PUTANESCA (PAGE 220)

PÂTES ALIMENTAIRES

Les pâtes alimentaires vous offrent l'avantage de préparer en un clin d'œil
des repas savoureux et nourrissants. Elles conviennent en toutes occasions,
des plus simples aux plus élégantes.

PENNE ALLA PRIMAVERA

Par portion : **Calories** 725 **Protéines** 18 g **Hydrates de carbone** 98 g **Graisses** 29 g **Cholestérol** Trace **Sodium** 71 mg

**500 g (1 lb) de pennes, ou
autres petites pâtes
tubulaires**

**125 g (4 oz) de haricots verts,
en tronçons de 5 cm (2 po)**

**1 petit brocoli (375 g/12 oz)
en tiges de 5 cm (2 po)**

**250 g (8 oz) d'asperges
(les pointes seulement)**

**125 g (4 oz) de pois mange-
tout, parés**

**2 grosses carottes,
en julienne**

**2 c. à soupe de basilic ou
d'origan frais, hachés
(ou 2 c. à thé des mêmes
herbes, séchées)**

Vinaigrette :

½ tasse d'huile d'olive

**3 c. à soupe de vinaigre
de vin**

2 c. à thé de moutarde

**1 gousse d'ail, hachée fin
Sel et poivre noir**

 PRÉPARATION
20 MINUTES

 CUISSON
25 MINUTES

SERVICE *Cette salade printanière se sert aussi bien tiède que
froide. On peut utiliser la plupart des légumes du marché : petits
pois frais, chou-fleur, poivron ou courgettes. Terminez le repas en
servant des tranches d'orange nappées de sauce au caramel.*

1 Dans une marmite, amenez 4 litres (16 tasses) d'eau à ébullition.
Faites-y cuire les pennes selon les instructions du paquet, en les
conservant *al dente*, c'est-à-dire légèrement fermes.

2 Prenez une autre marmite munie d'une étuveuse ou dans laquelle
vous mettrez une grille posée sur des ramequins. Versez-y 2,5 cm
(1 po) d'eau et amenez à ébullition.

3 Mettez les haricots verts dans l'étuveuse, ou dans une assiette
calorifuge si vous employez la grille, et faites-les étuver 2 minutes ;
ajoutez le reste des légumes et laissez étuver 3-4 minutes de plus.
(Vous pouvez aussi faire cuire les légumes tour à tour à l'eau bouillante.) Égouttez les légumes à fond et mettez-les dans un saladier.
Saupoudrez de fines herbes.

4 Pour la vinaigrette, mettez tous les ingrédients dans une tasse et
battez-les à la fourchette. Versez la sauce sur les légumes. Égouttez
les pennes ; ajoutez-les aux légumes et remuez délicatement.

IDÉES MINUTE

PÂTES ALIMENTAIRES
Le micro-ondes vous permet
de faire cuire vos pâtes à
l'avance et de les réchauffer
au moment voulu.

Faites cuire les pâtes selon
les instructions du paquet.
Égouttez-les et rincez-les

tout de suite à l'eau froide
pour arrêter la cuisson.
Ajoutez-leur un peu d'huile
d'olive. Rangez-les dans
un contenant qui ferme
hermétiquement ; elles se
garderont deux jours au
réfrigérateur.

Le moment venu, mettez
les pâtes froides dans un plat
à micro-ondes, couvrez et
réchauffez 1 minute à
Maximum en les remuant
après 30 secondes. Réchauffez davantage, au besoin,
15 secondes à la fois.

ORZOS AUX LÉGUMES DU JARDIN

Par portion : **Calories** 617 **Protéines** 21 g **Hydrates de carbone** 93 g **Graisses** 18 g **Cholestérol** 42 mg **Sodium** 353 mg

500 g (1 lb) d'orzos
(petites pâtes en forme
de grain d'orge)

¼ tasse (½ bâtonnet) de
beurre (ou de margarine)

1 gros oignon blanc, haché

1 poivron rouge moyen,
épépiné et détaillé en
lamelles

125 g (4 oz) de champignons,
tranchés

1 c. à thé d'origan séché

½ tasse de parmesan râpé

Sel et poivre blanc

 PRÉPARATION
8 MINUTES

CUISSON
27 MINUTES

SERVICE *Ce plat constitue un repas léger, mais peut aussi accompagner le bœuf ou le poulet rôti. À ce titre, il sert six ou huit personnes.*

1 Dans une marmite, amenez 4 litres (16 tasses) d'eau à ébullition. Faites cuire les orzos selon les instructions du paquet, en les conservant *al dente*, c'est-à-dire un peu fermes.

2 Entre-temps, mettez le beurre à fondre dans une grande sauteuse, à feu modéré. Jetez-y l'oignon haché et faites-le revenir 5 minutes. Ajoutez les lamelles de poivron, les tranches de champignons et l'origan ; laissez-les cuire 5 minutes.

3 Égouttez les pâtes et dressez-les dans un grand bol. Ajoutez les légumes sautés et le parmesan ; remuez délicatement. Salez, poivrez et servez.

RIGATONIS AUX HARICOTS SECS

Par portion : **Calories** 442 **Protéines** 18 g **Hydrates de carbone** 62 g **Graisses** 14 g **Cholestérol** 6 mg **Sodium** 192 mg

2 carottes moyennes

1 petit brocoli (375 g/12 oz)

250 g (8 oz) de rigatonis
(grosses pâtes tubulaires)

3 c. à soupe d'huile d'olive

1 petite scarole, tranchée
grossièrement (8 tasses)

2 gousses d'ail, hachées fin

1 tasse de haricots blancs
(cannellinis), rincés et
égouttés

⅓ tasse de parmesan râpé

Sel et poivre blanc

 PRÉPARATION
6 MINUTES

CUISSON
28 MINUTES

NUTRITION *Avec des carottes, du brocoli, de la scarole et des haricots blancs, ce plat végétarien regorge de vitamines et de sels minéraux. Pour qu'il renferme moins de calories, n'employez que 2 c. à soupe d'huile.*

1 Dans une marmite, amenez à ébullition 4 litres (16 tasses) d'eau. Détaillez les carottes en tranches minces et le brocoli en tiges de 5 cm (2 po) de longueur. Faites cuire les rigatonis et les carottes 9 minutes dans l'eau bouillante. Ajoutez le brocoli et laissez cuire 2-3 minutes de plus pour qu'il soit cuit, mais encore croquant.

2 Dans une grande sauteuse, réchauffez l'huile à feu modéré. Ajoutez la scarole et l'ail et, 2 minutes plus tard, les haricots blancs. Laissez cuire encore 3 minutes.

3 Égouttez les pâtes avec les carottes et le brocoli et dressez-les dans un bol de service. Ajoutez la scarole et les haricots blancs ainsi que le parmesan. Remuez délicatement. Salez, poivrez et servez.

VERMICELLES AUX COURGETTES

Vermicelles aux courgettes

(4)

Par portion : **Calories** 520 **Protéines** 16 g **Hydrates de carbone** 69 g **Graisses** 20 g **Cholestérol** 16 mg **Sodium** 533 mg

¼ **tasse d'huile d'olive**

3 **courgettes moyennes, en bâtonnets de 5 cm (2 po) sur 1 cm (½ po)**

2 **oignons verts, coupés en tronçons de 2,5 cm (1 po)**

1 **gousse d'ail, hachée fin**

2 **tasses de bouillon de poulet hyposodique en boîte**

375 **g (12 oz) de vermicelles (ou de cheveux d'ange)**

60 **g (2 oz) de fromage feta émietté (½ tasse)**

1 **grosse tomate, coupée en deux, épépinée et détaillée en dés**

Sel et poivre noir

 PRÉPARATION
10 MINUTES

 CUISSON
20 MINUTES

CONSEIL *Les vermicelles cuisent particulièrement vite ; vérifiez-en la cuisson dès la première minute.*

1 Dans une marmite, amenez à ébullition 4 litres (16 tasses) d'eau. Dans une grande sauteuse, réchauffez l'huile à feu assez vif. Faites-y revenir les courgettes 10 minutes, pour qu'elles blondissent. Ajoutez les oignons verts et l'ail et laissez cuire 1 minute.

2 Versez le bouillon de poulet dans la sauteuse et amenez à ébullition. Retirez la sauteuse du feu mais gardez-la au chaud.

3 Entre-temps, faites cuire les pâtes dans l'eau bouillante selon les instructions du paquet ; gardez-les *al dente*, c'est-à-dire légèrement fermes. Égouttez-les et dressez-les dans un grand bol.

4 Ajoutez les courgettes et remuez délicatement. Ajoutez le fromage feta et les dés de tomate et mélangez. Salez, poivrez et servez.

PASTA AL PESTO

Par portion : **Calories** 481 **Protéines** 10 g **Hydrates de carbone** 37 g **Graisses** 33 g **Cholestérol** 5 mg **Sodium** 268 mg

500 g (1 lb) de rotelles ou de fusillis (pâtes en forme de petite roue ou de tire-bouchon)

2 gousses d'ail, coupées en deux

¼ tasse de pistaches (ou de noix de pin)

1 tasse de basilic frais (n'employez pas de basilic séché)

½ tasse de persil

½ tasse d'huile d'olive

⅓ tasse de parmesan râpé

Sel et poivre noir

Copeaux de parmesan (facultatif)

 PRÉPARATION **5 MINUTES**

 CUISSON **23 MINUTES**

SERVICE *Ces pâtes au pesto s'accompagnent bien de bruschettas — tranches de pain italien tartinées de tomate concassée et parfumées de basilic, de vinaigre et d'huile d'olive.*

1 Dans une marmite, amenez à ébullition 4 litres (16 tasses) d'eau. Faites cuire les pâtes dans l'eau bouillante selon les instructions, en les conservant *al dente*, c'est-à-dire légèrement fermes.

2 Entre-temps, préparez le pesto. Au robot ou au mélangeur électrique, hachez ensemble l'ail et les pistaches. Ajoutez le basilic, le persil et l'huile ; travaillez le tout jusqu'à obtention d'une purée lisse. Ajoutez le fromage et achevez d'opérer le mélange. Salez et poivrez le pesto.

3 Égouttez les pâtes et dressez-les dans un bol de service. Ajoutez le pesto et remuez. Garnissez de copeaux de parmesan, si désiré.

COQUILLAGES AUX DEUX FROMAGES

Par portion : **Calories** 401 **Protéines** 22 g **Hydrates de carbone** 36 g **Graisses** 18 g **Cholestérol** 77 mg **Sodium** 983 mg

500 g (1 lb) de ricotta partiellement écrémée

250 g (8 oz), en tout, de mozzarella grossièrement râpée (2 tasses)

1 gros œuf

2 c. à soupe de persil, d'origan ou de basilic frais, hachés (ou 2 c. à thé de ces herbes séchées)

¼ c. à thé de sel

1 bocal (700 ml/24 oz) de sauce à spaghetti aux tomates

250 g (8 oz) de coquillages moyens (2,5 cm/1 po de longueur)

Fines herbes en brins (facultatif)

 PRÉPARATION **5 MINUTES**

 CUISSON **40 MINUTES**

CONSEIL *Pour ne pas trop cuire les pâtes qui doivent aller au four, rincez-les à l'eau froide sitôt leur première cuisson terminée.*

1 Chauffez le four à 190°C (375°F). Graissez légèrement un plat à four rectangulaire de 33 x 22 cm (13 x 9 po). Dans une marmite, amenez à ébullition 4 litres (16 tasses) d'eau. Dans un bol moyen, mélangez la ricotta, 1 tasse de mozzarella, l'œuf, les fines herbes et le sel. Dans une casserole moyenne, réchauffez la sauce à spaghetti à feu assez vif.

2 Faites d'abord cuire les pâtes dans l'eau bouillante en réduisant de moitié leur temps de cuisson. Égouttez-les et rincez-les à l'eau froide. Remettez-les dans la marmite ; ajoutez-leur le mélange à la ricotta et remuez.

3 Répartissez la moitié de la sauce à spaghetti au fond du plat à four. Déposez-y les pâtes et nappez-les du reste de la sauce. Saupoudrez la surface du reste de mozzarella.

4 Enfournez et faites cuire 20-25 minutes. Décorez de brins de fines herbes fraîches, s'il y a lieu, avant de servir.

FETTUCINES AU SAUMON FUMÉ

FETTUCINES AU SAUMON FUMÉ

 4

Par portion : **Calories** 578 **Protéines** 21 g **Hydrates de carbone** 69 g **Graisses** 23 g **Cholestérol** 70 mg **Sodium** 415 mg

2 tasses de crème légère

2 c. à soupe (¼ bâtonnet) de beurre (ou de margarine)

1 c. à thé de zeste de citron râpé

375 g (12 oz) de fettucines aux épinards (ou 500 g/1 lb de pâtes fraîches)

125 g (4 oz) de saumon fumé, détaillé en fines lanières

¼ tasse de parmesan râpé

1 c. à soupe d'aneth ciselé

Poivre noir

 PRÉPARATION
10 MINUTES

 CUISSON
28 MINUTES

CONSEIL *Crème fraîche et saumon fumé composent ensemble une sauce riche et onctueuse qui fait le vrai succès de ce plat.*

1 Dans une marmite, amenez à ébullition 4 litres (16 tasses) d'eau. Dans une grande casserole, réchauffez ensemble à feu modéré la crème, le beurre et le zeste de citron. Ne faites pas bouillir.

2 Faites cuire les pâtes dans l'eau bouillante selon les instructions, en les conservant *al dente*, c'est-à-dire légèrement fermes.

3 Quand la crème est chaude, retirez-la du feu et jetez-y le saumon fumé, le parmesan et l'aneth. Assaisonnez de poivre.

4 Égouttez les pâtes soigneusement et dressez-les dans un grand bol réchauffé. Ajoutez la sauce au saumon fumé et remuez délicatement. Servez sans tarder.

ROTELLES AU FROMAGE ET AUX NOIX

Par portion : **Calories** 527 **Protéines** 13 g **Hydrates de carbone** 41 g **Graisses** 35 g **Cholestérol** 50 mg **Sodium** 222 mg

500 g (1 lb) de rotelles ou de fusillis (pâtes en forme de petite roue ou de tire-bouchon)

1 c. à soupe de beurre (ou de margarine)

1 tasse de noix concassées

½ tasse de crème légère

½ tasse de bouillon de poulet hyposodique en boîte

125 g (4 oz) de mascarpone ramolli (ou de fromage à la crème)

Poivre noir

2 c. à soupe de persil haché

 PRÉPARATION **3 MINUTES**   CUISSON **23 MINUTES**

NUTRITION *Les noix sont une bonne source de protéines, de vitamines B et de sels minéraux. Ici, leur croquant donne du relief à la sauce à la crème.*

1 Dans une marmite, amenez à ébullition 4 litres (16 tasses) d'eau. Faites cuire les pâtes dans l'eau bouillante selon les instructions, en les conservant *al dente*, c'est-à-dire légèrement fermes.

2 Dans une petite casserole, faites fondre le beurre à feu doux. Ajoutez les noix et faites-les rôtir 1 minute en remuant. Mouillez avec la crème et le bouillon de poulet et augmentez le feu pour faire prendre l'ébullition.

3 Réduisez la chaleur. Incorporez le mascarpone et fouettez la sauce jusqu'à ce qu'elle soit lisse. Assaisonnez de poivre et ajoutez le persil haché au dernier moment.

4 Égouttez les pâtes et dressez-les dans un bol de service. Nappez-les de sauce et mélangez délicatement. Servez sans tarder.

LINGUINE ALLE VONGOLE

Par portion : **Calories** 673 **Protéines** 35 g **Hydrates de carbone** 90 g **Graisses** 17 g **Cholestérol** 51 mg **Sodium** 345 mg

500 g (1 lb) de linguines (ou 625 g/1¼ lb de pâtes fraîches)

¼ tasse d'huile d'olive

2 gousses d'ail, hachées fin

2 c. à soupe de farine

¼ c. à thé de poivre blanc

2 tasses de jus de palourde (ou de clamato)

3 c. à soupe de vin blanc sec (facultatif)

2 tasses de palourdes cuites (ou 4 boîtes de 142 g/5 oz chacune de petites palourdes, égouttées)

3 c. à soupe de persil haché

 PRÉPARATION **6 MINUTES**   CUISSON **28 MINUTES**

CONSEIL *Les palourdes fraîches qu'on fait ouvrir à la chaleur donnent à cette sauce une saveur incomparable. Mais comme on n'en trouve pas en toute saison, on peut les remplacer par des palourdes en boîte en prenant soin de ne pas trop les faire cuire.*

1 Dans une marmite, amenez à ébullition 4 litres (16 tasses) d'eau. Faites cuire les pâtes dans l'eau bouillante selon les instructions, en les conservant *al dente*, c'est-à-dire légèrement fermes.

2 Dans une grande casserole, réchauffez l'huile à feu modéré. Faites-y revenir l'ail 15 secondes pour la parfumer. Incorporez la farine et le poivre blanc. Ajoutez le jus de palourde et le vin blanc, s'il y a lieu. Amenez à ébullition en remuant de temps à autre. Jetez les palourdes dans la sauce et réchauffez-les.

3 Égouttez les pâtes et dressez-les dans un bol de service. Ajoutez la sauce aux palourdes et remuez délicatement. Servez sans tarder.

SPAGHETTI ALLA PUTANESCA

Par portion : **Calories** 564 **Protéines** 18 g **Hydrates de carbone** 95 g **Graisses** 12 g **Cholestérol** 3 mg **Sodium** 909 mg

500 g (1 lb) de spaghettis fins (ou de vermicelles)

2 c. à soupe d'huile d'olive

4 gousses d'ail, finement hachées

4 filets d'anchois, grossièrement hachés

1 boîte (796 ml/28 oz) de tomates italiennes, concassées dans leur jus

½ tasse d'olives noires dénoyautées, coupées en deux

¼ tasse de câpres égouttées

1 c. à thé d'origan séché

⅛ c. à thé de flocons de piment rouge

2 c. à soupe de persil haché

 PRÉPARATION **8 MINUTES**

 CUISSON **25 MINUTES**

REMARQUE *Comme c'est souvent le cas en Italie, ce plat de pâtes tout simple a ses racines dans le terroir du pays. Il porte en outre un nom aussi piquant que sa sauce. Servez-le avec un chianti bien charnu.*

1 Dans une marmite, amenez à ébullition 4 litres (16 tasses) d'eau. Faites cuire les pâtes dans l'eau bouillante selon les instructions, en les conservant *al dente*, c'est-à-dire légèrement fermes.

2 Dans une grande casserole, réchauffez l'huile à feu modéré. Ajoutez l'ail et les anchois hachés et faites-les cuire 3 minutes. Versez les tomates et leur jus dans la casserole ; ajoutez les olives, les câpres, l'origan et les flocons de piment rouge. Laissez cuire 5 minutes en remuant de temps à autre.

3 Égouttez les pâtes et dressez-les dans des assiettes. Nappez de sauce et décorez de persil.

GRATIN DE PÂTES AU THON

Par portion : **Calories** 318 **Protéines** 17 g **Hydrates de carbone** 13 g **Graisses** 21 g **Cholestérol** 86 mg **Sodium** 427 mg

250 g (8 oz) de farfalles (en forme de papillon) ou de nouilles aux œufs moyennes

1 paquet (250 g/8 oz) de fromage Neufchâtel (ou de fromage à la crème)

1 tasse de crème sure

½ tasse de lait

1 boîte (184 g/6½ oz) de thon à l'eau, égoutté et effeuillé

¼ tasse d'oignons verts hachés

2 c. à soupe de poivron rouge, finement haché

Sel et poivre noir

60 g (2 oz) de cheddar râpé (½ tasse)

 PRÉPARATION **5 MINUTES**

 CUISSON **40 MINUTES**

REMARQUE *Cette recette, originaire des États-Unis, constitue un plat de famille substantiel. Ici on suggère de remplacer par des farfalles les traditionnelles nouilles aux œufs. Vous pouvez aussi substituer au cheddar du monterey jack.*

1 Chauffez le four à 190°C (375°F). Dans une marmite, amenez à ébullition 4 litres (16 tasses) d'eau. Plongez les pâtes dans l'eau bouillante mais ne les faites cuire que la moitié du temps recommandé dans les instructions du paquet.

2 Graissez un plat à four de 1,5 litre (6 tasses). Dans un grand bol, mélangez le neufchâtel, la crème sure et le lait. Incorporez le thon, les oignons verts et le poivron. Salez et poivrez.

3 Égouttez les pâtes. Versez-les dans le bol et mélangez-les aux autres ingrédients. Faites passer le tout dans le plat à four et saupoudrez de fromage. Enfournez et faites cuire 25 minutes pour que la sauce bouillonne et que la surface soit légèrement gratinée. Servez sans tarder.

Plat de pâtes aux crevettes de Matane

Par portion : **Calories** 387 **Protéines** 27 g **Hydrates de carbone** 48 g **Graisses** 5 g **Cholestérol** 166 mg **Sodium** 639 mg

500 **g (1 lb) de pâtes alimentaires, de préférence des coquillages moyens (2,5 cm/1 po)**

1 **c. à soupe d'huile d'olive**

2 **gousses d'ail, hachées fin**

¼ **c. à thé, ou plus, de flocons de piment rouge**

1 **boîte (796 ml/28 oz) de tomates italiennes, concassées dans leur jus**

1 **tasse de vin blanc sec**

1 **c. à thé de basilic séché**

375 **g (12 oz) de crevettes de Matane, décongelées s'il y a lieu**

1 **tasse de petits pois surgelés**

Sel

 PRÉPARATION
5 MINUTES

 CUISSON
30 MINUTES

SERVICE *Du brocoli cuit à la vapeur fera merveille avec ce plat qui contient peu de calories. Vous pouvez remplacer les coquillages par des fusillis, si vous le désirez.*

1 Dans une marmite, amenez à ébullition 4 litres (16 tasses) d'eau. Faites cuire les pâtes dans l'eau bouillante selon les instructions, en les conservant *al dente*, c'est-à-dire légèrement fermes.

2 Dans une grande casserole, réchauffez l'huile à feu modéré. Ajoutez l'ail et les flocons de piment et, au bout de 1 minute, les tomates et leur jus, le vin et le basilic. Amenez à ébullition à feu vif. Couvrez partiellement et laissez mijoter 10 minutes à petit feu.

3 Jetez les crevettes et les petits pois dans la sauce et réchauffez-les à fond à feu vif. Salez.

4 Égouttez les pâtes et dressez-les dans un bol de service. Versez la sauce par-dessus et remuez délicatement. Servez aussitôt.

Un bon début : Des pâtes alimentaires

Les pâtes alimentaires ont quitté leur Italie natale pour se répandre dans le monde entier. C'est l'ingrédient qu'on a toujours sous la main pour répondre à une urgence, satisfaire une fringale ou, tout simplement, préparer de bons repas simples et substantiels qui font le bonheur de tout le monde, grands et petits. Voici six garnitures simples et vite faites.

Il existe une grande variété dans la forme des pâtes. Avant de faire un choix, rappelez-vous cette règle de base : aux pâtes longues et fines répondent les sauces allongées, c'est-à-dire légères ; les pâtes plus massives conviennent mieux aux sauces plus denses. Quant à la quantité, on calcule d'habitude 500 g (1 lb) de pâtes sèches pour 4 personnes.

◄ **SAUCE À LA VIANDE** Dans une grande casserole, réchauffez **1 c. à soupe d'huile d'olive.** Ajoutez **500 g (1 lb) de bœuf haché, 1 gros oignon,** haché, et **2 gousses d'ail,** hachées. Faites rissoler le bœuf. Videz l'excédent de gras. Ajoutez **1 boîte (796 ml/28 oz) de tomate broyées, ½ tasse de vin rouge** (ou de bouillon de bœuf), **2 c. à soupe de persil haché** et **1 c. à thé de basilic séché.** Amenez à ébullition, couvrez et laissez mijoter 15 minutes à petit feu. Assaisonnez de **sel** et de **poivre.**

► **SAUCE AU FROMAGE** Au robot ou au mélangeur électrique, défaites en purée **1 tasse de ricotta, ¼ tasse de parmesan râpé, 2 gousses d'ail** et **¼ tasse de crème légère.** Parez **1 petit poivron rouge** et détaillez-le en lanières. Détaillez **4 oignons verts** en tranches de 1 cm (½ po). Dans une grande casserole, réchauffez **2 c. à soupe d'huile d'olive.** Faites-y sauter l'oignon vert et le poivron 3 minutes. Incorporez les fromages et réchauffez sans faire bouillir. Assaisonnez de **sel** et de **poivre.**

◄ **MARINARA AUX OLIVES** Dans une grande casserole, réchauffez **2 c. à soupe d'huile d'olive.** Faites-y revenir 3 minutes **1 oignon**, tranché, et **2 gousses d'ail**, hachées. Incorporez **1 boîte de tomates étuvées** et **1 boîte de purée de tomates.** Ajoutez **1 tasse de vin rouge** (ou de bouillon), **¼ tasse d'olives noires dénoyautées** et **1 c. à thé d'origan séché.** Amenez à ébullition, couvrez et laissez mijoter 15 minutes. Ajoutez **1 pincée de cayenne** et **1 pincée de sucre.**

► **SAUCE AUX PALOURDES** Dans une grande casserole, réchauffez **2 c. à soupe d'huile d'olive.** Hachez **2 oignons verts** et **3 gousses d'ail.** Faites-les revenir 3 minutes, suffisamment pour les attendrir. Incorporez au fouet **250 g (8 oz) de fromage à la crème**, ramolli, **1 boîte (142 g/5 oz) de petites palourdes** et **¼ tasse de vin blanc sec** (ou d'eau). Réchauffez bien.

◄ **JARDINIÈRE** Coupez **250 g (8 oz) de champignons** en quatre et **2 petites courgettes** en bâtonnets. Dans une grande sauteuse, faites fondre **3 c. à soupe de beurre.** Faites-y revenir les courgettes 2 minutes ; ajoutez les champignons et laissez attendrir. Incorporez **1 c. à soupe de farine.** Mouillez avec **1 tasse de bouillon de poulet** et **½ tasse de crème légère** ; ajoutez **2 c. à soupe de persil haché** et **¼ c. à thé de poivre.** À feu assez vif, portez à ébullition tout en remuant.

► **PESTO AU BROCOLI** Au robot ou au mélangeur, hachez finement **¼ tasse de pacanes** et **3 gousses d'ail.** Ajoutez **1 tasse d'huile d'olive, 1 paquet de brocoli surgelé**, décongelé, et **1 tasse de persil.** Travaillez jusqu'à obtention d'une consistance homogène. Incorporez **½ tasse de parmesan râpé.** Assaisonnez de **sel** et de **poivre.**

Pâtes en pesto au poulet

  ④

Par portion : **Calories** 654 | **Protéines** 33 g | **Hydrates de carbone** 91 g | **Graisses** 15 g | **Cholestérol** 67 mg | **Sodium** 457 mg

3 **c. à soupe de beurre (ou de margarine)**

250 **g (8 oz) de blanc de poulet, détaillé en languettes**

2 **gousses d'ail, hachées**

¼ **tasse de farine**

⅛ **c. à thé de poivre noir**

500 **g (1 lb) de fusillis (pâtes en forme de tire-bouchon) ou de spaghettis**

1 **tasse de bouillon de poulet hyposodique en boîte**

½ **tasse de lait**

1 **tasse de persil haché**

1 **tasse de basilic frais (n'employez que du basilic frais)**

⅓ **tasse de parmesan râpé**

Feuilles de basilic (facultatif)

 PRÉPARATION
10 MINUTES

CUISSON
25 MINUTES

CONSEIL *Mesurez le persil et le basilic hachés sans les tasser.*

1 Dans une marmite, amenez à ébullition 4 litres (16 tasses) d'eau. Dans une grande sauteuse, mettez le beurre à fondre à feu modéré. Faites-y revenir le poulet 7 minutes pour qu'il colore. Avec une cuiller à fentes, déposez-le dans un bol ; gardez-le au chaud.

2 Jetez l'ail haché dans la sauteuse et, après quelques secondes, incorporez la farine et le poivre noir. Quand le mélange bouillonne, retirez la sauteuse du feu. Faites cuire les pâtes dans l'eau bouillante selon les instructions, en les conservant *al dente*, c'est-à-dire légèrement fermes.

3 Versez peu à peu le bouillon de poulet dans la sauteuse en le mélangeant au fouet. Incorporez peu à peu le lait. Remettez la sauteuse sur un feu modéré et faites cuire la sauce 2-3 minutes, ou jusqu'à épaississement, en remuant constamment.

4 Versez la sauce dans le bol du robot ou du mélangeur ; ajoutez le persil et le basilic et travaillez le tout jusqu'à obtention d'un pesto homogène et bien vert. Raclez souvent la paroi du bol.

5 Égouttez les pâtes et dressez-les dans un bol de service. Ajoutez le pesto, les languettes de poulet et le fromage. Remuez délicatement. Décorez de basilic, s'il y a lieu, et servez.

 L'ouvre-boîte

Ces deux garnitures sans viande ne requièrent aucune cuisson : elles se réchaufferont au contact des pâtes. Avec 500 g (1 lb) de fusillis, de pennes ou de spaghettis, elles peuvent constituer un accompagnement substantiel ou un repas léger.

Sauce artichauts-olives

Égouttez **1 bocal de cœurs d'artichauts marinés** ; réservez 2 c. à soupe de marinade. Hachez les artichauts et déposez-les dans un bol moyen. Ajoutez **1 c. à soupe de persil haché**, ¼ **tasse d'olives noires dénoyautées et tranchées,** égouttées, et l'huile réservée. Assaisonnez de **sel** et de **poivre**.
Donne 4 portions

Sauce pignons et basilic

Dans une petite sauteuse, réchauffez **1 c. à soupe d'huile d'olive.** Faites griller légèrement **2 c. à soupe de pignons** (noix de pin). Égouttez les pâtes ; ajoutez **1 c. à soupe de beurre**, **1 c. à soupe de basilic haché** (ou de persil frais) et les pignons. Garnissez chaque portion d'une **pincée de paprika**.
Donne 4 portions

Nouilles orientales au poulet

Par portion: **Calories** 625 **Protéines** 30 g **Hydrates de carbone** 72 g **Graisses** 24 g **Cholestérol** 33 mg **Sodium** 397 mg

375 **g (12 oz) de linguines fraîches (ou 500 g/1 lb de linguines sèches)**

1 **c. à soupe de graines de sésame**

2 **c. à soupe d'huile**

250 **g (8 oz) de blanc de poulet, tranché fin**

⅓ **tasse de beurre d'arachide crémeux**

½ **tasse d'eau**

1 **c. à soupe de sauce de soja**

1 **c. à soupe de vinaigre**

1 **c. à soupe de miel**

1 **c. à soupe d'huile de sésame aromatique**

¼ **c. à thé de flocons de piment rouge**

1 **oignon vert, tranché de biais**

 PRÉPARATION
4 MINUTES

 CUISSON
26 MINUTES

NUTRITION *Ce plat nourrissant et riche en protéines est bon pour la santé mais aussi, ce qui n'est pas à dédaigner, bon au goût.*

1 Dans une marmite, amenez à ébullition 4 litres (16 tasses) d'eau. Faites cuire les pâtes dans l'eau bouillante selon les instructions, en les conservant *al dente*, c'est-à-dire légèrement fermes.

2 Dans une grande sauteuse, faites griller les graines de sésame à feu modéré en remuant constamment la sauteuse. Réservez-les dans un petit bol. Dans la même sauteuse, réchauffez l'huile. Ajoutez le poulet et faites-le revenir 2-3 minutes. Retirez la sauteuse du feu.

3 Dans un bol moyen, mélangez le beurre d'arachide et l'eau. Incorporez la sauce de soja, le vinaigre, le miel, l'huile de sésame et les flocons de piment. Égouttez les pâtes et dressez-les dans un bol de service.

4 Incorporez le beurre d'arachide condimenté aux pâtes. Ajoutez le poulet et le jus qu'il a rendu et remuez délicatement. Saupoudrez de graines de sésame grillées, d'oignons verts émincés et servez.

PÂTES AU POULET EN SAUCE CHASSEUR

Par portion : **Calories** 621 **Protéines** 41 g **Hydrates de carbone** 60 g **Graisses** 21 g **Cholestérol** 86 mg **Sodium** 831 mg

3 c. à soupe de farine

¼ c. à thé de sel

¼ c. à thé de poivre noir

500 g (1 lb) de blanc de poulet, détaillé en bouchées

3 c. à soupe d'huile d'olive

1 gros oignon, détaillé en tranches

1 boîte (398 ml/14 oz) de sauce à spaghetti aux tomates

½ tasse de vin rouge sec

375 g (12 oz) de fettucines sèches (ou 500 g/1 lb de fettucines fraîches)

1 gros poivron vert, haché

 PRÉPARATION **5 MINUTES**

 CUISSON **40 MINUTES**

1 Dans une marmite, amenez à ébullition 4 litres (16 tasses) d'eau. Mélangez la farine, le sel et le poivre dans un sac pour aliments. Mettez-y les bouchées de poulet et agitez le sac pour les fariner.

2 Dans une grande sauteuse, réchauffez l'huile à feu modéré. Jetez-y les bouchées de poulet et faites-les sauter 5 minutes de tous les côtés ou jusqu'à ce qu'elles blondissent.

3 Ajoutez l'oignon et faites-le cuire 3 minutes. Quand il est tendre, mouillez avec la sauce à spaghetti et le vin. Amenez à ébullition à feu vif. Couvrez et laissez mijoter le poulet à petit feu pendant 15 minutes en remuant de temps à autre.

4 Faites cuire les pâtes dans l'eau bouillante selon les instructions, en les conservant *al dente*, c'est-à-dire légèrement fermes.

5 Ajoutez le poivron au poulet et prolongez la cuisson de 5 minutes. Égouttez les pâtes et dressez-les dans un bol de service ; nappez-les avec la garniture, remuez délicatement et servez.

SPAGHETTIS AU BACON ET AUX LÉGUMES

Par portion : **Calories** 710 **Protéines** 29 g **Hydrates de carbone** 44 g **Graisses** 46 g **Cholestérol** 73 mg **Sodium** 1 224 mg

250 g (8 oz) de tranches de bacon maigre, en morceaux de 5 cm (2 po)

500 g (1 lb) de spaghettis

3 c. à soupe d'huile, en tout

1 poivron rouge, épépiné et détaillé en lanières

1 poivron vert, épépiné et détaillé en lanières

1 petite aubergine (375 g/12 oz) non pelée, détaillée en quatre sur la longueur puis en tranches

½ tasse de romano râpé (ou de parmesan)

½ tasse de crème légère

Sel et poivre

 PRÉPARATION **10 MINUTES**

 CUISSON **24 MINUTES**

1 Dans une marmite, amenez à ébullition 4 litres (16 tasses) d'eau. Dans une grande sauteuse, de préférence antiadhésive, faites cuire le bacon à feu modéré pour le rendre croustillant.

2 Retirez le bacon et déposez-le sur des feuilles d'essuie-tout. Nettoyez et essuyez la sauteuse.

3 Faites cuire les pâtes dans l'eau bouillante selon les instructions, en les conservant *al dente*, c'est-à-dire légèrement fermes.

4 Dans la sauteuse, réchauffez 2 c. à soupe d'huile à feu modéré. Faites-y revenir les poivrons et l'aubergine 5 minutes ou jusqu'à ce qu'ils soient tendres. (Ajoutez de l'huile au besoin.)

5 Égouttez les pâtes et remettez-les dans la marmite. Incorporez le fromage et la crème, le sel et le poivre. Dressez les spaghettis dans un bol de service ; déposez les légumes et le bacon par-dessus et mélangez délicatement.

FETTUCINE VERDE AU JAMBON

Fettucine Verde au Jambon

Par portion : **Calories** 920 **Protéines** 42 g **Hydrates de carbone** 98 g **Graisses** 42 g **Cholestérol** 273 mg **Sodium** 1 294 mg

500 g (1 lb) de fettucines aux épinards fraîches (ou 625 g/1¼ lb de fettucines sèches)

2 c. à soupe (¼ bâtonnet) de beurre (ou de margarine)

250 g (8 oz) de jambon fumé cuit, détaillé en languettes

2 c. à soupe de farine

1¾ tasse de lait

¾ tasse de crème épaisse

½ tasse de parmesan râpé

Sel et poivre blanc

Parmesan râpé (facultatif)

 PRÉPARATION
4 MINUTES

 CUISSON
26 MINUTES

SERVICE *Complétez ce plat-repas avec une salade de radicchio et de fromage feta agrémentée de ciboulette et de vinaigrette.*

1 Dans une marmite, amenez à ébullition 4 litres (16 tasses) d'eau. Faites cuire les pâtes dans l'eau bouillante selon les instructions, en les conservant *al dente*, c'est-à-dire légèrement fermes. (Faites cuire les pâtes fraîches à la fin de l'étape 3.)

2 Dans une grande sauteuse, mettez le beurre à fondre à feu modéré. Faites-y dorer le jambon 2-3 minutes. Incorporez la farine. Mouillez peu à peu avec le lait en remuant sans arrêt pour que la sauce devienne homogène ; amenez-la à ébullition.

3 À feu doux, incorporez la crème. Réchauffez sans laisser bouillir. Incorporez le fromage et remuez jusqu'à ce qu'il soit fondu. Salez et poivrez.

4 Égouttez les pâtes et dressez-les dans un bol de service. Nappez de sauce au jambon et décorez de parmesan, s'il y a lieu.

227

Nouilles au porc à la thaïlandaise

Par portion : **Calories** 537 **Protéines** 30 g **Hydrates de carbone** 70 g **Graisses** 15 g **Cholestérol** 140 mg **Sodium** 587 mg

250 g (8 oz) de côtelettes de porc désossées de 1 cm (½ po) d'épaisseur

2 c. à soupe de sauce de soja

3 gousses d'ail, hachées fin

1 c. à thé de gingembre frais, haché (ou ¼ c. à thé de gingembre moulu)

Pincée de cayenne

375 g (12 oz) de linguines sèches (ou 500 g/1 lb de linguines fraîches)

2 carottes moyennes, épluchées et tranchées

2 c. à soupe d'huile, en tout

2 gros œufs, battus

250 g (8 oz) de germes de haricots

1 c. à soupe de coriandre haché (ou de persil)

 PRÉPARATION
10 MINUTES

 CUISSON
26 MINUTES

SERVICE *Accompagnez ce plat oriental de quelques tranches de fruits très parfumés comme l'orange et la carambole.*

1 Dans une marmite, amenez à ébullition 4 litres (16 tasses) d'eau. Dégraissez le porc et tranchez-le en languettes de ½ cm (¼ po). Dans un bol moyen, mélangez le porc, la sauce de soja, l'ail, le gingembre et le cayenne. Laissez mariner 20 minutes.

2 Faites cuire les pâtes et les carottes dans l'eau bouillante en les conservant *al dente*, c'est-à-dire légèrement fermes. (Si les pâtes sont fraîches, ajoutez-les 4 minutes après les carottes.)

3 Dans une grande sauteuse, réchauffez 1 c. à soupe d'huile à feu modéré. Faites-y cuire les œufs battus sur une face puis sur l'autre. Dans une assiette, détaillez-les en fines lanières de 1 cm (½ po).

4 Dans la sauteuse, réchauffez le reste de l'huile à feu vif. Jetez-y le porc et faites-le frire 3-4 minutes. Quand il commence à blondir, ajoutez les germes de haricots et faites-les cuire 1 minute.

5 Égouttez les linguines et les carottes ; dressez-les dans un bol. Ajoutez le porc, les lanières d'omelette et la coriandre, et remuez.

Ziti al forno

Par portion : **Calories** 545 **Protéines** 21 g **Hydrates de carbone** 47 g **Graisses** 30 g **Cholestérol** 46 mg **Sodium** 1 345 mg

375 g (12 oz) de zitis ou autres pâtes tubulaires courtes

125 g (4 oz) de pepperoni

125 g (4 oz) de tranches de fontina (ou de mozzarella)

2 tasses de sauce à spaghetti aux tomates

¼ tasse de parmesan râpé

2 c. à soupe d'olive noires tranchées

 PRÉPARATION
5 MINUTES

 CUISSON
38 MINUTES

1 Chauffez le four à 200°C (400°F). Dans une marmite, amenez à ébullition 4 litres (16 tasses) d'eau. Faites cuire à demi les pâtes dans l'eau bouillante en réduisant de moitié le temps de cuisson recommandé dans les instructions.

2 Graissez légèrement quatre petits ramequins ovales ou un plat à four peu profond de 30 x 18 cm (12 x 7 po). Détaillez le pepperoni en petits dés. Coupez les tranches de fontina en fines lanières.

3 Égouttez les pâtes et remettez-les dans la marmite. Ajoutez la sauce à spaghetti et le pepperoni. Remuez. Dressez les pâtes dans les quatre ramequins ou dans le plat à four. Couronnez de fontina et de parmesan.

4 Enfournez et faites cuire 15-20 minutes ou jusqu'à ce que les fromages soient fondus. Décorez d'olives et servez.

Spaghettis à la florentine

Par portion : **Calories** 566 **Protéines** 24 g **Hydrates de carbone** 57 g **Graisses** 27 g **Cholestérol** 57 mg **Sodium** 1 508 mg

250 g (8 oz) de saucisse italienne douce, dégagée de son enveloppe

1 petit oignon, haché fin

2½ tasses de sauce à spaghetti aux tomates

1 c. à thé d'origan séché

375 g (12 oz) de spaghettis

1 c. à soupe de beurre (ou de margarine)

1 paquet d'épinards hachés surgelés, défaits en morceaux

1 c. à soupe de lait

⅓ tasse, en tout, de parmesan râpé

 PRÉPARATION
10 MINUTES

CUISSON
25 MINUTES

SERVICE *Avec ce plat substantiel, il suffit de mettre sur la table une corbeille de pain et un bol de parmesan râpé, sans plus.*

1 Dans une marmite, amenez à ébullition 4 litres (16 tasses) d'eau. Dans une grande sauteuse, de préférence antiadhésive, faites cuire la saucisse à feu modéré jusqu'à ce qu'elle soit dorée ; remuez de temps à autre pour défaire la viande. Videz le gras, ajoutez l'oignon et faites cuire encore 2 minutes.

2 Augmentez la chaleur. Versez la sauce à spaghetti dans la sauteuse, ajoutez l'origan et amenez à ébullition. Couvrez et laissez mijoter à petit feu 15 minutes.

3 Faites cuire les spaghettis dans l'eau bouillante en les conservant *al dente*, c'est-à-dire légèrement fermes.

4 Dans une casserole moyenne, faites fondre le beurre à feu modéré. Ajoutez les épinards surgelés, couvrez et laissez-les décongeler 5 minutes en remuant de temps à autre. Découvrez la casserole et prolongez la cuisson de 1 minute pour que le liquide s'évapore. Hors du feu, ajoutez le lait et la moitié du fromage.

5 Égouttez les spaghettis et dressez-les dans un grand bol. Versez par-dessus la sauce à la saucisse, les épinards et le reste du parmesan. Servez tout de suite.

L'ouvre-boîte

Avec un bocal de sauce à spaghetti et quelques ingrédients variés, vous pouvez préparer toutes sortes de plats délicieux. Faites cuire les pâtes pendant que vous apprêtez la sauce.

Sauce à la courgette

Dans une casserole moyenne, réchauffez **1 bocal de sauce à spaghetti aux tomates.** Détaillez **1 courgette** en tranches et hachez **1 petit oignon.** Dans une petite sauteuse, réchauffez **1 c. à soupe d'huile d'olive ;** faites-y revenir la courgette et l'oignon. Ajoutez ce mélange à la sauce chaude.
Donne 4 portions

Sauce au bacon

Dans une casserole moyenne, réchauffez **1 bocal de sauce à spaghetti aux tomates.** Coupez **125 g (4 oz) de bacon** en petits morceaux. Dans une petite sauteuse, réchauffez **1 c. à thé d'huile d'olive** et faites-y revenir le bacon. Ajoutez-le à la sauce, ainsi que **½ c. à thé de flocons de piment rouge.**
Donne 4 portions

PENNES AUX CREVETTES ET AUX POIVRONS

Par portion : **Calories** 614 **Protéines** 34 g **Hydrates de carbone** 92 g **Graisses** 11 g **Cholestérol** 132 mg **Sodium** 188 mg

500 g (1 lb) de pennes
  (pâtes taillées en bec
  de plume)

1 gros poivron rouge

1 gousse d'ail

2 courgettes moyennes

2 c. à soupe d'huile d'olive

375 g (12 oz) de grosses
  crevettes crues,
  décortiquées et parées
  (décongelées s'il y a lieu)

2 c. à soupe de basilic frais
  ciselé (ou 2 c. à thé de
  basilic séché)

  Sel et poivre noir

2 c. à soupe de parmesan
  râpé

  Feuilles de basilic
  (facultatif)

 PRÉPARATION
10 MINUTES

 CUISSON
30 MINUTES

RECETTE DE LA COUVERTURE *Servez ce plat classique de la cuisine italienne avec une salade panachée et du pain croûté.*

1 Dans une marmite, amenez à ébullition 4 litres (16 tasses) d'eau. Faites-y cuire les pennes en les conservant *al dente*, c'est-à-dire légèrement fermes.

2 Hachez grossièrement le poivron rouge ; hachez finement l'ail. Détaillez les courgettes en deux sur la longueur, puis coupez-les en tranches.

3 Dans une grande sauteuse, réchauffez l'huile d'olive. Faites cuire les crevettes 3-5 minutes. Quand elles sont devenues roses, ajoutez l'ail et le poivron et, après 3 minutes, la courgette et le basilic. Cuisez le tout encore 3 minutes.

4 Égouttez les pâtes et dressez-les dans un plat de service chaud. Ajoutez la garniture aux crevettes ; salez, poivrez et remuez délicatement. Saupoudrez le parmesan et décorez de basilic, s'il y a lieu.

SPAGHETTIS À LA MEXICAINE

Par portion : **Calories** 541 **Protéines** 29 g **Hydrates de carbone** 55 g **Graisses** 23 g **Cholestérol** 65 mg **Sodium** 794 mg

1 c. à soupe d'huile

1 oignon moyen, haché

1 petit poivron vert,
  épépiné et détaillé en dés

500 g (1 lb) de bœuf haché

2 c. à soupe, ou plus,
  d'assaisonnement au chile

½ c. à thé de cumin moulu

1 bocal de sauce à spaghetti
  aux tomates (4 tasses)

1 boîte de haricots rouges

  Sel

375 g (12 oz) de spaghettis

  Oignon et poivron hachés
  (garniture facultative)

  Cheddar râpé (facultatif)

 PRÉPARATION
5 MINUTES

 CUISSON
40 MINUTES

1 Dans une marmite, amenez à ébullition 4 litres (16 tasses) d'eau. Dans une grande sauteuse, réchauffez l'huile à feu modéré. Faites-y revenir l'oignon et le poivron pendant 5 minutes. Ajoutez le bœuf haché et faites cuire 3 minutes de plus. Saupoudrez d'assaisonnement au chili et de cumin et prolongez la cuisson de 1 minute.

2 Versez la sauce à spaghetti dans la sauteuse et amenez à ébullition à feu vif. Couvrez et laissez mijoter à feu doux 15 minutes. Ajoutez les haricots rouges égouttés et prolongez la cuisson de 5 minutes. Salez la sauce.

3 Entre-temps, faites cuire les spaghettis dans l'eau bouillante en les conservant *al dente*, c'est-à-dire légèrement fermes.

4 Égouttez les pâtes et dressez-les dans quatre assiettes. Répartissez également la sauce entre les assiettes ; décorez, s'il y a lieu, d'oignon haché, de poivron haché et de cheddar râpé.

FARFALLES EN LASAGNE

Farfalles en lasagne

Par portion : **Calories** 662 **Protéines** 38 g **Hydrates de carbone** 68 g **Graisses** 26 g **Cholestérol** 130 mg **Sodium** 934 mg

250 g (8 oz) de farfalles (pâtes en forme de papillon)

1 c. à soupe d'huile

1 petit oignon, haché

250 g (8 oz) de dinde hachée (ou de bœuf haché maigre)

1 boîte (400 ml/14 oz) de sauce à spaghetti aux tomates

1 tasse de ricotta allégée (ou de fromage cottage)

1 gros œuf

2 c. à soupe de parmesan râpé

125 g (4 oz) de mozzarella râpée (1 tasse)

 PRÉPARATION
7 MINUTES

 CUISSON
38 MINUTES

REMARQUE *Voici toute la saveur d'un plat de lasagnes dans une fraction du temps qu'il faut normalement pour les préparer.*

1 Chauffez le four à 220°C (425°F). Graissez un plat à four carré de 20 cm (8 po). Dans une marmite, amenez à ébullition 4 litres (16 tasses) d'eau et faites cuire les farfalles la moitié du temps recommandé dans le mode de cuisson.

2 Dans une grande sauteuse, réchauffez l'huile à feu modéré. Faites-y revenir l'oignon 1 minute. Ajoutez la dinde hachée et faites-la revenir pendant 3 minutes. Mouillez avec la sauce à spaghetti et amenez à ébullition. Couvrez partiellement et laissez mijoter 5 minutes à feu doux.

3 Entre-temps, dans un petit bol, mélangez la ricotta, l'œuf et le parmesan. Égouttez les farfalles. Dans le plat à four, étendez par couches successives la moitié des pâtes, la moitié du mélange à base de ricotta, la moitié de la sauce à la dinde et la moitié de la mozzarella. Répétez l'opération.

4 Couvrez le plat de papier d'aluminium, enfournez et faites cuire 15 minutes. Découvrez le plat et laissez cuire 5-8 minutes de plus.

CÉRÉALES

Depuis le riz blanc jusqu'au couscous, les céréales offrent une belle gamme de plats légers ou substantiels toujours appréciés.

GRANOLA CROQUANT

Par portion : **Calories** 274 **Protéines** 7 g **Hydrates de carbone** 40 g **Graisses** 13 g **Cholestérol** 12 mg **Sodium** 111 mg

¼ **tasse (½ bâtonnet) de beurre (ou de margarine)**

¼ **tasse de miel**

1 **c. à thé de cannelle**

2 **tasses de flocons d'avoine à l'ancienne**

2 **tasses de céréales de blé ou de maïs nature (Shreddies, par exemple)**

1 **tasse de graines de tournesol décortiquées**

⅔ **tasse de raisins secs**

 PRÉPARATION
5 MINUTES

 CUISSON
27 MINUTES

SERVICE *Ces céréales servies avec du lait et accompagnées d'un verre de jus d'orange vous feront commencer la journée du bon pied. Vous pouvez aussi en garnir du yogourt ou de la crème glacée.*

1 Chauffez le four à 180°C (350°F). Dans une petite casserole, faites fondre le beurre à feu modéré. Ajoutez le miel et la cannelle ; mélangez et réservez.

2 Foncez de papier d'aluminium un moule à gâteau roulé ou une lèchefrite ; vaporisez d'enduit antiadhésif. Dans un grand bol, mélangez les flocons d'avoine, les céréales et les graines de tournesol avec le beurre au miel ; étalez cet apprêt dans le moule.

3 Faites cuire 25 minutes en remuant à plusieurs reprises. Hors du four, ajoutez les raisins secs et laissez refroidir avant de servir ou de ranger dans un contenant.

CÉRÉALES CHAUDES COMPLÈTES

Par portion : **Calories** 237 **Protéines** 9 g **Hydrates de carbone** 46 g **Graisses** 3 g **Cholestérol** 2 mg **Sodium** 63 mg

2 **tasses d'eau**

1 **tasse de jus de pomme**

1 **tasse de flocons d'avoine à l'ancienne ou à cuisson rapide**

½ **tasse de farine de maïs jaune**

¼ **tasse de germe de blé**

½ **tasse de pommes séchées, grossièrement hachées**

½ **c. à thé de cannelle**

1 **à 1½ tasse de lait écrémé**

Cassonade à volonté

 PRÉPARATION
5 MINUTES

 CUISSON
12 MINUTES

NUTRITION *L'avoine est une céréale bénéfique à bien des points de vue. Par exemple, elle renferme des fibres solubles qui ralentissent l'absorption des sucres dans le sang.*

1 Dans une grande casserole, mélangez l'eau, le jus de pomme, les flocons d'avoine, la farine de maïs, le germe de blé, la pomme séchée et la cannelle. Amenez à ébullition en remuant.

2 Couvrez et laissez cuire 5 minutes à feu doux en remuant de temps à autre. (Le mélange devrait avoir la consistance d'une purée de pommes de terre ; délayez-le avec de l'eau ou du jus s'il le faut.)

3 Ajoutez 1 tasse de lait et remuez. Ajoutez davantage de lait au besoin. Répartissez les céréales dans des bols et laissez chacun les saupoudrer de cassonade à son goût.

RIZ PILAF

Par portion : **Calories** 362 **Protéines** 7 g **Hydrates de carbone** 52 g **Graisses** 14 g **Cholestérol** 15 mg **Sodium** 233 mg

2 **c. à soupe (¼ bâtonnet) de beurre (ou de margarine)**

60 **g (2 oz) de vermicelles ou de spaghettinis, cassés en petits morceaux (½ tasse)**

1 **petit oignon, haché**

1 **tasse de riz blanc à longs grains**

3 **tasses de bouillon de poulet hyposodique**

1 **c. à soupe d'huile**

1 **c. à soupe de pignons (noix de pin)**

1 **petit poivron rouge, épépiné et détaillé en julienne**

 PRÉPARATION **8 MINUTES**

 CUISSON **30 MINUTES**

1 Dans une casserole moyenne, mettez à fondre le beurre à feu modéré. Faites-y revenir les vermicelles 2 minutes en remuant. Ajoutez l'oignon et le riz et faites-les sauter 1 minute. Mouillez avec le bouillon et amenez à ébulition à feu fort.

2 Baissez le feu, couvrez et laissez mijoter doucement pendant 20 minutes : le riz doit être tendre et avoir absorbé tout le bouillon.

3 Dans une petite sauteuse, réchauffez l'huile à feu modéré. Faites-y griller les pignons. Retirez-les avec une cuiller à fentes et mettez-les de côté. Mettez le poivron rouge dans la sauteuse et faites-le sauter 3 minutes pour qu'il soit à peine cuit.

4 Mélangez à la fourchette le riz et le poivron. Dressez le riz pilaf sur un plat de service et couronnez de noix de pin.

RIZ FRIT AU JAMBON

Par portion : **Calories** 288 **Protéines** 10 g **Hydrates de carbone** 30 g **Graisses** 14 g **Cholestérol** 86 mg **Sodium** 456 mg

1 **c. à soupe de beurre (ou de margarine)**

1⅔ **tasse d'eau**

1 **tasse de riz blanc à longs grains**

3 **c. à soupe d'huile, en tout**

2 **gros œufs**

125 **g (4 oz) de jambon fumé cuit, détaillé en dés**

1 **petit oignon, haché**

1 **tasse de petits pois surgelés, décongelés sous le robinet d'eau chaude**

1 **c. à soupe de sauce de soja**

1 **c. à soupe d'huile de sésame aromatique**

 PRÉPARATION **5 MINUTES**

 CUISSON **28 MINUTES**

1 Dans une casserole moyenne, amenez à ébullition le beurre et l'eau à feu vif. Ajoutez le riz. Baissez le feu, couvrez partiellement et laissez mijoter doucement pendant 15 minutes ou jusqu'à ce que le liquide soit presque tout absorbé.

2 Remuez le riz à la fourchette. Couvrez et, toujours à petit feu, laissez mijoter encore 15 minutes ou jusqu'à ce que le riz ait complètement absorbé tout le liquide et soit cuit à point.

3 Dans une grande sauteuse, réchauffez 1 c. à soupe d'huile à feu assez vif ; remuez la sauteuse pour la napper d'huile. Jetez-y les œufs et faites-les frire ; tournez-les une fois à la spatule. Dans une assiette, détaillez-les en lanières de 5 x 1 cm (2 x ½ po).

4 Dans la même sauteuse, réchauffez 1 c. à soupe d'huile et faites-y sauter le jambon. Réservez-le avec les œufs.

5 Réchauffez la dernière cuillerée d'huile et faites-y revenir l'oignon 1 minute. Ajoutez les petits pois, couvrez et laissez cuire 2-3 minutes. Remettez le riz, les œufs et le jambon dans la sauteuse pour les réchauffer ; assaisonnez de sauce de soja et d'huile de sésame.

RIZ FIESTA

RIZ FIESTA

Par portion : **Calories** 287   **Protéines** 5 g   **Hydrates de carbone** 50 g   **Graisses** 7 g   **Cholestérol** Trace   **Sodium** 172 mg

- **2** c. à soupe d'huile
- **1** tasse de riz blanc à longs grains
- **1** petit oignon, haché
- **2** gousses d'ail, hachées
- **1** boîte (284 ml/10 oz) de tomates broyées
- **1¼** tasse de bouillon de poulet hyposodique
- **1** grosse carotte, détaillée en bâtonnets
- **¼** tasse de chili vert en boîte, égoutté et haché
- **½** tasse de petits pois surgelés

 PRÉPARATION
5 MINUTES

 CUISSON
22 MINUTES

SERVICE *Servi avec des tortillas de blé, le riz fiesta accompagne bien le bœuf ou le poulet.*

1 Dans une grande sauteuse, réchauffez l'huile à feu assez vif. Jetez-y le riz et faites-le sauter 3 minutes en remuant. Ajoutez l'oignon et faites cuire 2 minutes en remuant de temps à autre. Incorporez l'ail et les tomates avec leur jus. Remuez.

2 Versez le bouillon dans la sauteuse, ajoutez la carotte et le chili et amenez à ébullition à feu vif. Baissez le feu, couvrez et laissez mijoter pendant 10 minutes.

3 Ajoutez les petits pois et laissez cuire 5 minutes de plus pour que le riz soit tendre et que tout le liquide soit absorbé.

237

JAMBALAYA

Par portion : **Calories** 352 **Protéines** 23 g **Hydrates de carbone** 49 g **Graisses** 28 g **Cholestérol** 123 mg **Sodium** 650 mg

2 **c. à soupe d'huile**

250 **g (8 oz) de grosses crevettes crues, décortiquées et parées (décongelées s'il y a lieu)**

1 **gros oignon**

1 **petit poivron vert**

1 **côte moyenne de céleri**

1 **gousse d'ail**

250 **g (8 oz) d'andouille, détaillée en tranches minces (ou de saucisse de porc fumé)**

1 **tasse de riz blanc à longs grains**

1½ **tasse de bouillon de poulet hyposodique en boîte**

2 **tasses de tomates en boîte, égouttées et hachées**

1 **c. à thé de thym séché**

½ **c. à thé de sauce Tabasco**

1 **feuille de laurier**

Sel et poivre noir

 PRÉPARATION
15 MINUTES

 CUISSON
24 MINUTES

REMARQUE *Ce plat traditionnel de la Nouvelle-Orléans est en soi tout un repas. Petite cousine de la paella espagnole, la jambalaya a été adaptée par les Créoles avec des ingrédients locaux. On peut y mettre des crevettes surgelées.*

1 Dans une grande casserole, réchauffez l'huile à feu modéré. Faites-y revenir les crevettes 1 minute. Quand elles sont fermes et roses, retirez-les avec une cuiller à fentes et réservez-les.

2 Hachez l'oignon ; parez et hachez le poivron ; hachez le céleri et l'ail. Mettez l'oignon, le poivron, le céleri, l'ail et l'andouille dans la casserole. Faites cuire 2 minutes en remuant constamment. Ajoutez le riz et remuez.

3 Mouillez avec le bouillon de poulet et les tomates ; ajoutez le thym, la sauce Tabasco, la feuille de laurier et amenez à ébullition à feu vif. Baissez le feu, couvrez et laissez mijoter pendant 20 minutes ou jusqu'à ce que le riz soit tendre et qu'il ait absorbé tout le liquide.

4 Avec une fourchette, incorporez les crevettes au riz. Couvrez et réchauffez 5 minutes. Jetez la feuille de laurier ; salez et poivrez la jambalaya. Présentez-la sur un plat de service.

IDÉES MINUTE

RIZ

• Pour donner au riz blanc à longs grains une délicieuse saveur de noisette, faites-le d'abord sauter à sec (sans huile) dans une sauteuse. Cuisez-le ensuite comme à l'ordinaire.

• Autre façon de donner du goût au riz blanc servi nature : faites-le cuire dans du bouillon de poulet ou de bœuf nature ou coupé d'eau plutôt que dans de l'eau seulement. C'est exquis !

• Accélérez la préparation des repas en faisant cuire vos plats à base de céréales (sauf le risotto) quelques jours à l'avance. Congelez-les et, le moment venu, faites décongeler et réchauffer la quantité qu'il vous faut.

• Vous préparerez un risotto parfait si vous utilisez du riz italien à grains courts appelé arborio. Ne le lavez pas ; la fécule qui enrobe les grains est essentielle à la texture crémeuse du plat.

• Pour faire cuire le riz, choisissez une casserole de bonne dimension compte tenu qu'il va tripler et même quadrupler de volume en cuisant. Il faut aussi que le fond soit épais pour éviter que le riz n'attache.

• Mettez un peu d'huile ou de beurre dans l'eau de cuisson. Vous empêcherez ainsi les grains de riz de s'agglutiner et vous vous faciliterez la tâche au moment de récurer la casserole.

PAELLA MADRILÈNE

Paella madrilène

Par portion : **Calories** 771   **Protéines** 39 g   **Hydrates de carbone** 47 g   **Graisses** 46 g   **Cholestérol** 169 mg   **Sodium** 878 mg

2   c. à soupe d'huile d'olive

4   cuisses de poulet avec le pilon (750 g/1½ lb)

1   poivron vert moyen

1   petit oignon

2   gousses d'ail

1   tasse de riz blanc à longs grains

1   c. à thé de curcuma

⅛   c. à thé de safran en filaments (facultatif)

1   tasse de tomates étuvées en boîte

1½   tasse d'eau

250 g (8 oz) de saucisson fumé cuit (saucisson à l'ail, chorizo ou kielbasa), détaillé en tranches

     Sel et poivre noir

     Brins de persil

 PRÉPARATION
5 MINUTES

 CUISSON
40 MINUTES

CONSEIL *Vous pouvez relever la saveur de ce plat en ajoutant trois ou quatre cuillerées à soupe de vin rouge vers la fin de la cuisson.*

1 Dans une sauteuse moyenne, de préférence antiadhésive, ou dans un faitout moyen, réchauffez l'huile à feu assez vif. Faites-y revenir les cuisses de poulet pendant 10 minutes.

2 Détaillez le poivron en languettes de 1 cm (½ po). Hachez l'oignon et l'ail. Quand le poulet est doré des deux côtés, réservez-le.

3 Jetez le poivron dans la sauteuse et faites-le revenir 1 minute. Retirez-le et réservez-le. Remplacez-le par l'oignon, l'ail et le riz et faites revenir ceux-ci 5 minutes. Incorporez le curcuma et le safran, s'il y a lieu. Mouillez avec les tomates et l'eau et amenez à ébullition à feu vif. Laissez bouillir 2 minutes en remuant.

4 Déposez le poulet sur le riz. Baissez le feu, couvrez et laissez mijoter pendant 15 minutes pour achever la cuisson de la volaille et du riz.

5 Avec une fourchette, incorporez le saucisson et le poivron au riz et prolongez la cuisson de 5 minutes pour que tout soit à point et bien chaud. Salez, poivrez et garnissez la paella de persil.

Couscous aux légumes

Par portion : **Calories** 433 **Protéines** 11 g **Hydrates de carbone** 80 g **Graisses** 8 g **Cholestérol** 5 mg **Sodium** 661 mg

- 2 **c. à soupe d'huile d'olive**
- 1 **gros oignon, haché**
- 2 **tasses de bouillon de légumes (préparé avec des cubes)**
- 2 **patates douces (500 g/ 1 lb), épluchées et détaillées en cubes de 2,5 cm (1 po)**
- 2 **courgettes moyennes, détaillées en grosses rondelles**
- 1 **boîte de pois chiches, égouttés**
- ⅓ **tasse de raisins secs**
- 2 **gousses d'ail, hachées**
- 2½ **tasses d'eau**
- 1 **c. à soupe de beurre (ou de margarine)**
- 1½ **tasse de couscous précuit**
- 1 **boîte (198 ml/7 oz) de sauce aux tomates**
- **Sel et poivre noir**

 PRÉPARATION **13 MINUTES**   CUISSON **27 MINUTES**

REMARQUE *Le couscous, d'origine berbère, se prépare dans un couscoussier, sorte de bain-marie à élément supérieur troué. Le ragoût mijote dans le bas pendant que, dans le haut, le couscous cuit en s'imprégnant de ses parfums. On peut le servir avec de l'agneau ou du poulet et le garnir de coriandre.*

1 Dans une grande casserole, réchauffez l'huile à feu modéré et faites-y revenir l'oignon 5 minutes. Ajoutez le bouillon, les patates douces, les courgettes, les pois chiches, les raisins secs et l'ail, et amenez à ébullition à grand feu. Baissez le feu, couvrez et laissez mijoter pendant 10 minutes.

2 Dans une casserole moyenne, amenez l'eau à ébullition avec le beurre. Ajoutez le couscous et faites-le cuire 1 minute en remuant souvent. Retirez du feu, couvrez et laissez reposer 5-10 minutes ou jusqu'à ce que l'eau soit complètement absorbée.

3 Ajoutez les tomates aux légumes et laissez mijoter le tout 5 minutes de plus. Salez et poivrez.

4 Séparez les grains à la fourchette. Dressez le couscous en dôme dans un plat de service creux ; entourez-le du ragoût de légumes.

Pilaf de sarrasin

Par portion : **Calories** 320 **Protéines** 13 g **Hydrates de carbone** 31 g **Graisses** 16 g **Cholestérol** 83 mg **Sodium** 117 mg

- 2 **c. à soupe (¼ bâtonnet) de beurre (ou de margarine)**
- 1 **gros oignon, haché**
- 2 **côtes de céleri, tranchées**
- 1 **gros œuf**
- 1 **tasse de gruau de sarrasin (kashe) grossièrement moulu ou entier**
- 2 **tasses d'eau**
- 1 **c. à thé de sauge moulue**
- 1 **c. à thé de thym moulu**
- 1 **tasse de raisins secs**
- ½ **tasse de noix, grossièrement hachées**
- **Sel**

 PRÉPARATION **5 MINUTES**   CUISSON **25 MINUTES**

1 Dans une grande sauteuse, mettez le beurre à fondre à feu modéré. Ajoutez l'oignon haché et le céleri tranché. Faites sauter ces légumes 3 minutes pour qu'ils soient à demi cuits.

2 Dans un petit bol, mélangez l'œuf et le gruau de sarrasin ; ajoutez-les aux légumes. Faites cuire en remuant constamment 1 minute ou jusqu'à ce que le gruau soit sec et les grains bien séparés.

3 Mouillez avec l'eau ; ajoutez la sauge et le thym et remuez. Amenez à ébullition à feu vif. Baissez le feu, couvrez et laissez mijoter 10 minutes ou jusqu'à ce que le gruau soit presque tendre.

4 Ajoutez les raisins secs et les noix. Prolongez la cuisson de 5 minutes pour que le gruau absorbe tout le liquide et soit tout à fait tendre. Salez et servez immédiatement.

POLENTA À LA SAUCE AU FROMAGE

Par portion : **Calories** 444 **Protéines** 18 g **Hydrates de carbone** 38 g **Graisses** 26 g **Cholestérol** 228 mg **Sodium** 435 mg

180 **g (6 oz) de fontina,
grossièrement râpée
(1½ tasse)**

½ **tasse de lait**

4½ **tasses d'eau, en tout**

1½ **tasse de farine de maïs
jaune**

2 **c. à soupe (¼ bâtonnet) de
beurre (ou de margarine)**

3 **gros jaunes d'œufs**

Pincée de poivre blanc

**Champignons tranchés
mince (facultatif)**

 PRÉPARATION
5 MINUTES

CUISSON
25 MINUTES

REMARQUE *La polenta est un élément important de la cuisine du nord de l'Italie ; on la sert apprêtée de multiples façons. Elle est associée ici à la fontina pour un plat appelé* fonduta *en Italie. C'est un mets végétarien nourrissant et toujours très apprécié.*

1 Dans un bol moyen, mélangez le fromage et le lait. Réservez. Dans une casserole moyenne, amenez à ébullition 3½ tasses d'eau. Dans un petit bol, mélangez le reste de l'eau et la farine de maïs. Jetez ce mélange dans l'eau bouillante et laissez cuire 5 minutes, ou jusqu'à épaississement, en remuant sans arrêt.

2 Baissez le feu, couvrez la casserole et faites cuire la polenta 5 minutes de plus. Retirez du feu et gardez au chaud.

3 Versez de l'eau à mi-hauteur dans la partie inférieure d'un bain-marie ; amenez-la à ébullition. Quand l'eau bout, ajustez le feu au minimum. Dans la partie supérieure du bain-marie, faites fondre le beurre au-dessus de l'eau frémissante. Incorporez le mélange fromage-lait et faites-le fondre en remuant. Ajoutez les trois jaunes d'œufs et continuez à remuer jusqu'à ce que le mélange épaississe. Poivrez.

4 Dressez la polenta brûlante en monticule dans quatre assiettes. Avec le dos de la cuiller, formez une dépression au centre des monticules pour y déposer de la sauce au fromage. Servez la polenta accompagnée, s'il y a lieu, de champignons tranchés.

 L'ouvre-boîte

Voici deux façons d'apprêter le riz à cuisson rapide pour servir d'accompagnement.

RIZ À L'ORANGE

Dans une casserole moyenne, mélangez **1½ tasse de jus d'orange, 1 c. à soupe de beurre** (ou de margarine) et **1 c. à thé de zeste d'orange râpé.** Amenez à ébullition. Ajoutez **1½ tasse de riz à cuisson rapide.** Couvrez, retirez du feu et attendez 5 minutes. Incorporez ½ **tasse de pacanes.**
DONNE 4 PORTIONS

RIZ À L'INDIENNE

Dans une casserole moyenne, mélangez **1¾ tasse de bouillon de poulet, ⅓ tasse de raisins secs, 1 c. à soupe de cari** et **1 c. à soupe de beurre** (ou de margarine). Amenez à ébullition. Ajoutez **1½ tasse de riz.** Couvrez, retirez du feu et attendez 5 minutes. Incorporez ⅓ **tasse d'arachides hachées.**
DONNE 4 PORTIONS

PIZZA DE POLENTA

Pizza de polenta

Par portion : **Calories** 542 **Protéines** 19 g **Hydrates de carbone** 48 g **Graisses** 31 g **Cholestérol** 25 mg **Sodium** 1 266 mg

3	**tasses d'eau, en tout**
1½	**tasse de farine de maïs jaune**
¼	**c. à thé de sel**
1	**oignon moyen**
125	**g (4 oz) de champignons**
2	**c. à soupe d'huile d'olive**
1	**tasse de sauce à spaghetti ou à pizza nature**
125	**g (4 oz) de pepperoni tranché mince**
¼	**tasse d'olives noires, fendues en deux**
125	**g (4 oz) de mozzarella, râpée (1 tasse)**

 PRÉPARATION
10 MINUTES

 CUISSON
35 MINUTES

SERVICE *Accompagnez d'une fraîche salade verte panachée cette « pizza » diététique dont la « croûte » est faite de polenta.*

1 Chauffez le four à 200°C (400°F). Graissez un moule à pizza ou une grande tôle à biscuits. Dans une casserole moyenne, amenez 1½ tasse d'eau à ébullition. Dans un bol moyen, délayez la farine de maïs et le sel dans le reste de l'eau. À l'aide d'un fouet, incorporez ce mélange à l'eau bouillante.

2 Faites cuire 2 minutes ou jusqu'à épaississement, en remuant de temps à autre. Étalez la polenta dans le moule à pizza ou façonnez-la en croûte de pizza sur la plaque en lui ménageant un petit rebord. Enfournez et faites cuire 15 minutes.

3 Tranchez l'oignon et les champignons. Dans une grande sauteuse, réchauffez l'huile à feu modéré et faites-y revenir l'oignon 3 minutes. Ajoutez les champignons et faites cuire encore 3 minutes.

4 Sortez la croûte du four. Tartinez-la de sauce à spaghetti. Étalez-y le mélange oignon-champignons, puis le pepperoni et les olives. Terminez par le fromage. Remettez au four et laissez cuire 15 minutes. Détaillez la pizza en pointes.

Risotto aux légumes

Par portion: **Calories** 453 **Protéines** 15 g **Hydrates de carbone** 65 g **Graisses** 15 g **Cholestérol** 26 mg **Sodium** 514 mg

2 tasses de bouillon de poulet hyposodique en boîte

2 tasses d'eau

2 c. à soupe (¼ bâtonnet) de beurre (ou de margarine)

1 c. à soupe d'huile d'olive

1 petit oignon, haché fin

1 gousse d'ail, hachée fin

1½ tasse de riz italien (arborio) ou de riz blanc à grains moyens

1 petite courgette, tranchée

125 g (4 oz) de brocoli, coupé (1 tasse)

½ tasse de petits pois surgelés, décongelés sous le robinet d'eau chaude

⅓ tasse de parmesan râpé

Parmesan râpé (garniture facultative)

 PRÉPARATION
8 MINUTES

CUISSON
22 MINUTES

CONSEIL *Pour réussir le risotto, ajoutez-y les liquides progressive-ment et remuez souvent. Ce plat doit être servi dès qu'il est prêt.*

1 Dans une casserole moyenne, amenez le bouillon et l'eau à ébulli-tion à feu modéré. Dans une grande casserole, mettez le beurre à fondre dans l'huile à feu modéré. Faites-y revenir l'oignon et l'ail pendant 1 minute. Ajoutez le riz et faites-le sauter 2 minutes en remuant sans arrêt avec une spatule de bois.

2 Versez ½ tasse de liquide bouillant dans le riz. Remuez fréquem-ment jusqu'à ce que tout le liquide ait été absorbé. Ajoutez encore 1½ tasse de liquide, une demi-tasse à la fois.

3 Jetez dans le riz la courgette, le brocoli et encore 1 tasse de liquide. Faites cuire 5 minutes à découvert en remuant constamment. Continuez d'ajouter du liquide, un peu à la fois, jusqu'à ce que le mélange soit crémeux et le riz presque cuit. (Vous n'emploierez peut-être pas tout le liquide.)

4 Incorporez les petits pois et le parmesan et prolongez la cuisson de 1 minute pour que les petits pois cuisent. Servez le risotto immédia-tement. Présentez du parmesan dans un petit bol, à votre goût.

Orge aux champignons et au fromage

Par portion: **Calories** 248 **Protéines** 8 g **Hydrates de carbone** 34 g **Graisses** 9 g **Cholestérol** 23 mg **Sodium** 237 mg

2 c. à soupe (¼ bâtonnet) de beurre (ou de margarine)

1 oignon moyen, tranché

250 g (8 oz) de petits champignons, coupés en deux (2¼ tasses)

1 gousse d'ail, hachée

1 feuille de laurier

2 tasses de bouillon de poulet hyposodique

1 tasse d'orge perlé précuit (et non pas d'orge ordinaire)

30 g (1 oz) de cheddar, râpé grossièrement (¼ tasse)

1 tige d'oignon vert, hachée

 PRÉPARATION
6 MINUTES

 CUISSON
17 MINUTES

REMARQUE *L'orge perlé précuit est la forme raffinée de l'orge. Son grand avantage est sa cuisson très rapide. Couronné de fromage, ce plat constitue un accompagnement remarquable.*

1 Dans une grande casserole, mettez le beurre à fondre à feu modé-ré et faites-y sauter l'oignon 3 minutes. Ajoutez les champignons, l'ail et la feuille de laurier. Prolongez la cuisson de 2 minutes ou jusqu'à ce que les légumes soient légèrement attendris.

2 Ajoutez le bouillon et l'orge et amenez à ébullition à feu vif. Baissez le feu, couvrez et laissez mijoter à feu doux pendant 10-12 minu-tes ou jusqu'à ce que l'orge soit tendre et qu'il ait absorbé tout le liquide. Retirez la feuille de laurier. Dressez l'orge dans un plat de service et garnissez-le de fromage et d'une tige d'oignon vert hachée. Servez immédiatement.

ŒUFS ET FROMAGE

ŒUFS SUR LE PLAT À LA FLORENTINE (PAGE 257)

Œufs et fromage

Voici quelques plats savoureux à base d'œufs et de fromage,
tout indiqués pour les repas légers du midi ou du soir.

Poivrons farcis au soufflé de maïs

Par portion : **Calories** 277 **Protéines** 12 g **Hydrates de carbone** 37 g **Graisses** 11 g **Cholestérol** 225 mg **Sodium** 324 mg

**4 gros poivrons rouges
ou verts à fond plat
(250 g/8 oz chacun)**

⅔ tasse de lait

**⅔ tasse de farine de maïs
jaune**

¼ tasse d'eau

**1 c. à soupe de beurre
(ou de margarine)**

¼ c. à thé de sel

Pincée de poivre noir

**4 gros œufs, jaunes et
blancs séparés, à la
température ambiante**

**½ tasse de maïs en grains en
boîte (ou surgelé et
décongelé)**

**1 c. à soupe de tige
d'oignon vert hachée**

 PRÉPARATION **15 MINUTES**

 CUISSON **30 MINUTES**

SERVICE *Accompagnez ce plat végétarien de rubans de
courgettes, réalisés avec un couteau-éplucheur et à peine sautés.*

1 Chauffez le four à 200°C (400°F). Graissez un moule à four rond
moyen. Tranchez le sommet des poivrons et retirez-en les graines.
Mettez-les debout dans le moule. (Nivelez le fond au besoin.)
Déposez les calottes à côté dans le moule.

2 Dans une casserole moyenne, réchauffez le lait à feu modéré
jusqu'à ce qu'il frémisse. Dans un petit bol ou une tasse, délayez la
farine de maïs dans l'eau et versez-la dans le lait.

3 Laissez épaissir cette bouillie 2 minutes en remuant constamment.
Ajoutez le beurre, le sel et le poivre. Hors du feu, incorporez au
fouet les jaunes d'œufs, le maïs et la tige d'oignon vert.

4 Dans un bol moyen, fouettez les blancs d'œufs au batteur électrique en neige ferme mais non sèche. Mélangez une cuillerée
comble de blancs en neige à la bouillie de maïs pour la détendre un
peu. Incorporez délicatement aux blancs d'œufs le reste de la
bouillie. Farcissez les poivrons avec cet apprêt.

5 Enfournez et faites cuire 25-30 minutes. Quand les poivrons sont
bien dorés, dressez-les dans les assiettes en déposant, à côté, la
calotte prélevée au début.

Idées Minute

Blancs d'œufs

• Si, dans une recette, vous
n'utilisez que les jaunes,
congelez les blancs d'œufs
dans un bac à glaçons et
conservez-les ensuite dans
un sac à congélation. En
nombre suffisant, vous en
ferez de la meringue.

• Les blancs d'œufs gonflent
davantage s'ils sont à la
température de la pièce au
moment de les fouetter.
Sortez-les du réfrigérateur à
l'avance. Ou, si vous êtes à
court de temps, faites-les
tremper quelques minutes
dans un bol d'eau chaude.

• Pour alléger une préparation avec des blancs battus
en neige, prélevez-en
d'abord le quart et mêlez-le
aux jaunes ; puis versez peu
à peu les jaunes dans le reste
des blancs et incorporez-les
à l'aide d'une spatule tout
en faisant tourner le bol.

OMELETTE ESPAGNOLE

Par portion : **Calories** 364 **Protéines** 11 g **Hydrates de carbone** 40 g **Graisses** 19 g **Cholestérol** 212 mg **Sodium** 426 mg

6 c. à soupe d'huile d'olive, en tout

4 grosses pommes de terre (1 kg/2 lb), épluchées et détaillées en tranches de ⅓ cm (⅛ po) d'épaisseur

1 gros oignon, tranché mince

½ tasse d'eau

½ c. à thé de sel

1 gousse d'ail

2 tasses de tomates en boîte, égouttées et hachées

½ tasse de bouillon de poulet hyposodique

⅛ c. à thé de filaments de safran, écrasés

6 gros œufs

PRÉPARATION **20 MINUTES** CUISSON **25 MINUTES**

1 Dans une grande sauteuse ou un faitout, réchauffez 4 c. à soupe d'huile à feu doux. Ajoutez les tranches de pommes de terre et d'oignon ; enrobez-les d'huile. Ajoutez l'eau et le sel ; couvrez et laissez cuire 15 minutes en remuant de temps à autre.

2 Entre-temps, préparez la sauce. Dans une casserole moyenne, réchauffez 1 c. à soupe d'huile à feu assez vif. Faites-y revenir l'ail 15 secondes ; ajoutez les tomates, le bouillon et le safran. Couvrez et amenez à ébullition. Baissez le feu et laissez mijoter 15 minutes.

3 Dans un grand bol, battez les œufs. Ajoutez-leur les pommes de terre et l'oignon. Dans une sauteuse moyenne ou une poêle à omelette, de préférence antiadhésive, réchauffez le reste de l'huile à feu assez doux. Versez-y la préparation, couvrez et laissez cuire 8 minutes ou jusqu'à ce que l'omelette commence à prendre.

4 Posez une assiette sur la sauteuse et retournez-la pour renverser l'omelette. Remettez celle-ci dans la sauteuse en la faisant glisser et prolongez la cuisson de 3 minutes.

5 Dressez l'omelette dans un plat et découpez-la en pointes. Passez la sauce au tamis pour retirer la chair et les pépins des tomates. Présentez-la en saucière.

ŒUFS BROUILLÉS À LA MACÉDOINE DE LÉGUMES

Par portion : **Calories** 203 **Protéines** 11 g **Hydrates de carbone** 9 g **Graisses** 14 g **Cholestérol** 333 mg **Sodium** 319 mg

2 c. à soupe (¼ de bâtonnet) de beurre (ou de margarine)

1 petite courgette, taillée en quatre sur la longueur, puis tranchée

1 carotte, tranchée mince

1 petit oignon rouge, tranché

½ tasse de petits pois surgelés

6 gros œufs

⅓ tasse d'eau

¼ c. à thé de sel

¼ c. à thé d'origan séché

PRÉPARATION **7 MINUTES**  CUISSON **17 MINUTES**

1 Dans une grande sauteuse, de préférence antiadhésive, mettez le beurre à fondre à feu modéré. Faites-y revenir la courgette, la carotte et l'oignon pendant 5-7 minutes. Baissez le feu au minimum et ajoutez les petits pois. Couvrez la sauteuse et prolongez la cuisson de 5 minutes.

2 Dans un bol moyen, battez ensemble les œufs, l'eau, le sel et l'origan. Quand les légumes sont à point, versez les œufs dans la sauteuse. Remuez délicatement en ramenant les bords vers le centre pendant 2-3 minutes ou jusqu'à ce que les œufs commencent à prendre. Couvrez et prolongez la cuisson de quelques minutes pour que la surface se raffermisse. Servez sans attendre.

SOUFFLÉ AUX ÉPINARDS

Soufflé aux épinards

Par portion : **Calories** 312 **Protéines** 14 g **Hydrates de carbone** 16 g **Graisses** 22 g **Cholestérol** 450 mg **Sodium** 566 mg

4 c. à soupe (½ bâtonnet) de beurre (ou de margarine)

1 petit oignon, haché fin

1 paquet d'épinards hachés surgelés, détachés en morceaux

¼ tasse de farine

1 tasse de lait

½ c. à thé de sel

6 gros œufs, jaunes et blancs séparés, à la température ambiante

 PRÉPARATION
8 MINUTES

 CUISSON
36 MINUTES

CONSEIL *Plus doucement on incorpore les épinards aux blancs d'œufs fouettés, meilleurs seront les résultats.*

1 Chauffez le four à 160°C (325°F). Dans une casserole moyenne, mettez le beurre à fondre à feu modéré. Faites-y revenir l'oignon pendant 5 minutes. Ajoutez les épinards surgelés, couvrez et attendez qu'ils décongèlent. Découvrez la casserole et laissez cuire encore 1 minute pour que l'eau s'évapore.

2 Ajoutez la farine et mélangez bien. Incorporez peu à peu le lait. Salez. Faites cuire 1 minute ou jusqu'à épaississement. Hors du feu, ajoutez les jaunes d'œufs.

3 Dans un grand bol, fouettez les blancs d'œufs au batteur électrique en neige ferme mais non sèche. Incorporez les épinards peu à peu. Déposez l'apprêt dans un moule à soufflé de 2 litres (8 tasses) et faites cuire 25-30 minutes, sans ouvrir le four durant la cuisson. Servez immédiatement.

ŒUFS EN PIPERADE

ŒUFS EN PIPERADE

Par portion : **Calories** 368 **Protéines** 21 g **Hydrates de carbone** 9 g **Graisses** 28 g **Cholestérol** 580 mg **Sodium** 466 mg

2 c. à soupe d'huile d'olive

1 oignon moyen, tranché mince

1 petit poivron, détaillé en allumettes

180 g (6 oz) de jambon fumé cuit, détaillé en julienne

1 tasse de tomates en boîte, égouttées et hachées

2 grosses gousses d'ail, écrasées

1 c. à thé de basilic séché

8 gros œufs

¼ c. à thé de sel

⅛ c. à thé de poivre noir

1 c. à soupe de beurre (ou de margarine)

PRÉPARATION
15 MINUTES

CUISSON
12 MINUTES

SERVICE *Cette spécialité de la cuisine basque se prépare généralement avec du jambon de Bayonne. Accompagnez-la de pommes de terre d'abord bouillies puis rissolées dans l'huile.*

1 Dans une grande casserole, réchauffez l'huile à feu moyen. Faites-y cuire l'oignon et le poivron 2-3 minutes. Ajoutez le jambon, les tomates, l'ail et le basilic et prolongez la cuisson de 3 minutes en remuant de temps à autre. Retirez la casserole du feu et couvrez-la.

2 Dans un bol moyen, fouettez les œufs avec le sel et le poivre. Dans une grande sauteuse ou une poêle à omelette, de préférence anti-adhésive, faites fondre le beurre à feu doux ; remuez-la pour que le fond en soit bien graissé.

3 Versez les œufs battus dans la sauteuse et faites-les cuire 1 minute. Quand les bords commencent à prendre, ramenez-les au centre pour que la partie non cuite s'étale dessous. Répétez l'opération jusqu'à ce qu'il ne reste plus qu'une fine couche non coagulée.

4 Déposez la piperade sur les œufs à la cuiller et prolongez la cuisson à découvert le temps que l'omelette soit à point.

OMELETTE SOUFFLÉE AU JAMBON ET AUX POMMES

Par portion : **Calories** 340 **Protéines** 17 g **Hydrates de carbone** 14 g **Graisses** 24 g **Cholestérol** 458 mg **Sodium** 359 mg

2 pommes rouges

1 c. à soupe de jus de citron, en tout

6 gros œufs, séparés

2 c. à soupe d'eau

½ c. à thé de sel

3 c. à soupe, en tout, de beurre (ou de margarine)

2 c. à thé de cassonade blonde

180 g (6 oz) de jambon fumé cuit, détaillé en fines lanières

Persil

 PRÉPARATION **15 MINUTES**

 CUISSON **15 MINUTES**

1 Chauffez le four à 200°C (400°F). Coupez les pommes en deux et ôtez le cœur. Hachez trois des quatre demi-pommes en tout petits morceaux. Coupez la quatrième demie en tranches minces. Déposez les pommes dans un petit bol avec ½ c. à soupe de jus de citron et remuez.

2 Dans un grand bol, fouettez les blancs d'œufs au batteur électrique en neige ferme mais non sèche. Dans un petit bol, battez les jaunes 5 minutes avec l'eau et le sel. Quand ils sont devenus épais et d'un jaune très pâle, incorporez-les peu à peu aux blancs fouettés en neige.

3 Dans une sauteuse pouvant aller au four, faites fondre 1 c. à soupe de beurre à feu assez doux ; remuez-la pour que le fond soit bien graissé. Jetez-y les œufs et faites cuire 5 minutes. Enfournez la sauteuse et prolongez la cuisson de 5-10 minutes pour que l'omelette soit dorée et spongieuse.

4 Entre-temps, dans une casserole moyenne, faites fondre le reste du beurre et ajoutez la cassonade. Jetez-y les petits morceaux de pomme et le jambon. Faites cuire 4-5 minutes ou jusqu'à ce que les pommes soient tendres. Retirez la casserole du feu.

5 Dégagez doucement l'omelette de la sauteuse. Dressez les pommes au jambon sur une moitié et repliez l'autre par-dessus. Faites glisser l'omelette dans une assiette de service. Décorez avec les tranches de pomme et le persil.

VARIANTE : OMELETTE SOUFFLÉE AUX LÉGUMES

Par portion : **Calories** 259 **Protéines** 12 g **Hydrates de carbone** 8 g **Graisses** 20 g **Cholestérol** 342 mg **Sodium** 633 mg

Chauffez le four à 200°C (400°F). Faites fondre **2 c. à soupe de beurre** *à feu modéré dans une sauteuse moyenne. Ajoutez* **1 petit poivron vert,** *haché,* **2 petites courgettes,** *hachées, et* **1 petit oignon,** *haché. Faites revenir 5 minutes.*

Ajoutez **2 tasses de tomates en boîte,** *égouttées et hachées,* **¼ tasse d'olives noires,** *tranchées,* **1 c. à thé de basilic séché** *et* **¼ c. à thé de poivre noir.** *Faites cuire 2 minutes. Quand tout est chaud, retirez du feu et couvrez.*

Préparez l'omelette en suivant les étapes 2 et 3 ci-dessus. Au moment de servir, dressez l'omelette dans une assiette et déposez par-dessus le hachis de légumes. Terminez en saupoudrant le tout de **½ tasse de monterey jack râpé.** *Découpez en pointes pour servir.*

CRÊPES CHINOISES

Par portion : **Calories** 220 **Protéines** 19 g **Hydrates de carbone** 8 g **Graisses** 13 g **Cholestérol** 255 mg **Sodium** 614 mg

4 gros œufs

250 g (8 oz) de crevettes de Matane (1½ tasse), décongelées, s'il y a lieu, et épongées

250 g (8 oz) de germes de haricots (3 tasses), hachés

¼ tasse d'oignon vert haché

2-3 c. à soupe d'huile, en tout

Sauce orientale :

1 tasse de bouillon de poulet hyposodique

1 c. à soupe de fécule de maïs

1 c. à thé de sauce de soja

¼ c. à thé de sucre

½ c. à thé d'huile de sésame aromatique

 PRÉPARATION
10 MINUTES

 CUISSON
18 MINUTES

1 Pour préparer la sauce, mélangez le bouillon, la fécule, la sauce de soja et le sucre dans une petite casserole et amenez à ébullition à feu vif en remuant sans arrêt. Incorporez l'huile de sésame. Retirez du feu et gardez au chaud.

2 Dans un grand bol, battez les œufs avec les crevettes, les germes de haricots et l'oignon. Réchauffez une grande sauteuse (de préférence antiadhésive) à feu modéré. Quand elle est chaude, jetez-y 1 c. à soupe d'huile et nappez-en le fond.

3 Pour chaque crêpe, utilisez ⅓ tasse du mélange et laissez cuire 1 minute, ou jusqu'à ce qu'elle soit dorée. Tournez la crêpe à l'aide d'une spatule et faites-la cuire de l'autre côté. Faites cuire deux ou trois crêpes à la fois en rajoutant de l'huile au besoin.

4 Empilez les crêpes à l'aide d'une spatule et gardez-les au chaud. Servez deux crêpes par personne et nappez-les de sauce.

ŒUFS BENEDICT

Par portion : **Calories** 409 **Protéines** 14 g **Hydrates de carbone** 15 g **Graisses** 33 g **Cholestérol** 282 mg **Sodium** 241 mg

4 gros œufs

4 tranches de bacon de dos

2 muffins anglais, fendus en deux

Paprika

Sauce hollandaise :

3 gros jaunes d'œufs

2 c. à soupe de jus de citron

⅛ c. à thé de sel

Pincée de cayenne

⅓ tasse de beurre ramolli (ou de margarine)

 PRÉPARATION
5 MINUTES

 CUISSON
12 MINUTES

1 Pour préparer la sauce, amenez de l'eau au point d'ébullition dans le bas d'un bain-marie. Battez les jaunes d'œufs avec le jus de citron, le sel et le cayenne dans la casserole du haut, avant de poser celle-ci par-dessus l'eau qui bout (il ne doit pas y avoir contact).

2 Ajoutez le beurre par cuillerée à thé et laissez cuire 5 minutes ou jusqu'à ce que la sauce ait épaissi, en remuant sans arrêt. Retirez du feu, couvrez et réservez.

3 Dans une petite sauteuse, amenez 2,5 cm (1 po) d'eau à ébullition. Cassez un œuf dans une soucoupe. Pendant que l'eau mijote doucement, faites-le glisser dans la sauteuse. Répétez l'opération.

4 Dans une grande sauteuse, faites cuire le bacon 1 minute de chaque côté. Faites griller les muffins anglais. Sur chaque moitié, déposez une tranche de bacon et un œuf poché, recueilli avec une cuiller à fentes.

5 Allégez la sauce avec une cuillerée à soupe d'eau chaude, si nécessaire. Nappez-en les muffins. Décorez de paprika et servez.

ŒUFS MIROIR AU HACHIS DE BŒUF SALÉ

ŒUFS MIROIR AU HACHIS DE BŒUF SALÉ

Par portion : **Calories** 534 **Protéines** 23 g **Hydrates de carbone** 36 g **Graisses** 34 g **Cholestérol** 214 mg **Sodium** 613 mg

3 **pommes de terre moyennes (500 g/1 lb), cuites, épluchées et détaillées en dés de 1 cm (½ po) de côté**

250 **g (8 oz) de bœuf salé cuit, détaillé en dés de 1 cm (½ po) de côté**

2 **oignons moyens, hachés**

1 **poivron vert, haché**

¼ **tasse de lait**

2 **c. à soupe de farine**

2 **c. à soupe de persil haché**

3 **c. à soupe d'huile**

4 **gros œufs**

Persil haché (garniture facultative)

 PRÉPARATION
18 MINUTES

 CUISSON
27 MINUTES

SERVICE *Servez ce plat au petit déjeuner avec des toasts de blé complet ou des muffins chauds.*

1 Dans un grand bol, mélangez les pommes de terre, le bœuf salé, les oignons, le poivron, le lait, la farine et le persil. Dans une grande sauteuse, de préférence antiadhésive, réchauffez l'huile à feu modéré. Jetez-y le hachis et tassez-le avec une spatule pour former une galette. Laissez cuire 10 minutes.

2 Prolongez la cuisson de 10 minutes à petit feu en remuant la sauteuse pour empêcher la galette d'adhérer. Elle doit être croûtée et bien dorée.

3 Avec le dos d'une cuiller, ménagez quatre dépressions dans le hachis. Cassez les œufs un à un dans une soucoupe et faites-les glisser dans les quatre nids. Couvrez et laissez cuire à feu modéré 6 minutes ou jusqu'à ce que les œufs soient à point. Détaillez le hachis en pointes et décorez de persil haché, s'il y a lieu.

253

FLAN À LA SAUCISSE ET AU BROCOLI

Par portion : **Calories** 475 **Protéines** 21 g **Hydrates de carbone** 14 g **Graisses** 39 g **Cholestérol** 209 mg **Sodium** 617 mg

1 c. à soupe de beurre
(ou de margarine)

500 g (1 lb) de chair à saucisse
(ou de fricadelles de porc)

1 petit oignon, haché

1 paquet de brocoli surgelé

4 gros œufs

1 c. à thé de moutarde
préparée

2 tasses de lait

Pincée de poivre noir

Pincée de muscade

Lamelles de piment doux
rôti (facultatif)

 PRÉPARATION
4 MINUTES

 CUISSON
41 MINUTES

1 Chauffez le four à 180°C (350°F). Dans une grande sauteuse, mettez le beurre à fondre à feu assez vif. Faites-y revenir la chair de saucisse et l'oignon haché pendant 10 minutes, pour que le tout soit bien doré. Remuez de temps à autre pour émietter le porc.

2 Faites cuire le brocoli surgelé selon les instructions. Égouttez-le. Ajoutez-le à la chair de saucisse dans la sauteuse.

3 Graissez un plat à four carré de 22 cm (9 po). Dans un grand bol, battez les œufs avec la moutarde. Incorporez le lait, le poivre et la muscade. Ajoutez le contenu de la sauteuse et versez la préparation dans le moule graissé.

4 Enfournez et faites cuire 30-35 minutes ou jusqu'à ce qu'un couteau inséré au milieu du flan en ressorte propre. Découpez en rectangles et décorez de lamelles de piment doux rôti, s'il y a lieu.

HUEVOS RANCHEROS

Par portion : **Calories** 318 **Protéines** 17 g **Hydrates de carbone** 20 g **Graisses** 19 g **Cholestérol** 555 mg **Sodium** 161 mg

4 tortillas de maïs de 15 cm
(6 po)

1 c. à soupe d'huile

8 gros œufs

½ tasse de salsa douce

60 g (2 oz), en tout, de
monterey jack, grossièrement râpé (½ tasse)

Feuilles de coriandre
(facultatif)

 PRÉPARATION
5 MINUTES

 CUISSON
12 MINUTES

1 Chauffez le four à 180°C (350°F). Enveloppez les tortillas dans du papier d'aluminium et mettez-les à réchauffer 10-15 minutes. (Vous pouvez également réchauffer les tortillas au micro-ondes à la fin de l'étape 2 en suivant les directives inscrites sur le paquet.) Dans une petite casserole couverte, réchauffez la salsa à feu doux.

2 Dans une grande sauteuse, de préférence antiadhésive, réchauffez l'huile à feu modéré. Cassez-y les œufs un à un. Quand le blanc commence à prendre, réduisez la chaleur, couvrez la sauteuse et laissez cuire au degré désiré ; prévoyez 2-3 minutes pour que le jaune soit tout juste coagulé.

3 Répartissez les tortillas chaudes dans quatre assiettes. Dressez deux œufs frits sur chacune d'elles et saupoudrez d'un peu de fromage râpé. Nappez de salsa chaude et saupoudrez du reste de fromage.

4 Mettez les assiettes 2 minutes au four (quelques secondes au micro-ondes) pour faire fondre le fromage. Décorez de feuilles de coriandre, s'il y a lieu, et servez.

ŒUFS BROUILLÉS AU SAUMON FUMÉ

ŒUFS BROUILLÉS AU SAUMON FUMÉ

Par portion : **Calories** 281 **Protéines** 17 g **Hydrates de carbone** 2 g **Graisses** 22 g **Cholestérol** 462 mg **Sodium** 333 mg

8 gros œufs

2 c. à soupe de crème sure

Pincée de poivre noir

1 c. à soupe de beurre (ou de margarine)

1 paquet (125 g/4,5 oz) de fromage à la crème, détaillé en dés de 1 cm (½ po)

60 g (2 oz) de saumon fumé, détaillé en fines lanières

Aneth ciselé

 PRÉPARATION
5 MINUTES

 CUISSON
7 MINUTES

SERVICE *Offrez des croissants chauds avec ce plat élégant, parfait pour un brunch ou comme repas léger du midi. Saumon fumé et fromage à la crème font en effet bon ménage avec les œufs.*

1 Battez les œufs avec la crème sure. Dans une grande sauteuse, de préférence antiadhésive, faites fondre le beurre à feu assez doux et nappez-en le fond. Faites-y cuire les œufs 4 minutes en remuant doucement.

2 Déposez le fromage à la crème et le saumon fumé sur la surface. Couvrez la sauteuse et, à feu doux, laissez cuire 1-2 minutes de plus pour que le fromage fonde. Décorez d'aneth ciselé.

ŒUFS À LA PROVENÇALE

ŒUFS À LA PROVENÇALE

 (4)

Par portion : **Calories** 239 **Protéines** 14 g **Hydrates de carbone** 6 g **Graisses** 19 g **Cholestérol** 432 mg **Sodium** 359 mg

- **1 c. à soupe d'huile d'olive**
- **1 c. à soupe de beurre (ou de margarine)**
- **6 gros œufs**
- **60 g (2 oz) de gruyère, grossièrement râpé (½ tasse)**
- **2 oignons verts, hachés**
- **½ c. à thé d'estragon ou de basilic séchés**
- **¼ c. à thé de sel**
- **¼ c. à thé de poivre noir**
- **2 tomates moyennes, tranchées**

 PRÉPARATION
10 MINUTES

 CUISSON
15 MINUTES

NUTRITION *Ce plat vous permet de goûter les saveurs ensoleillées de la Provence sans absorber beaucoup de calories.*

1 Chauffez le four à 200°C (400°F). Mettez l'huile et le beurre dans un plat à four moyen et peu profond. Enfournez pour faire fondre le beurre.

2 Battez légèrement les œufs avec le fromage, les oignons, l'estragon, le sel et le poivre.

3 Retirez le plat du four et agitez-le pour graisser entièrement le fond. Versez-y les œufs ; disposez les tranches de tomates sur la surface. Faites cuire 15 minutes ou jusqu'à consistance ferme.

ŒUFS ET LÉGUMES EN SAUCE BLANCHE

Par portion : **Calories** 409 **Protéines** 18 g **Hydrates de carbone** 34 g **Graisses** 22 g **Cholestérol** 262 mg **Sodium** 488 mg

4 gros œufs

500 g (1 lb) de petits poireaux, parés, lavés et tranchés mince

2 pommes de terre moyennes, épluchées et détaillées en dés de ½ cm (¼ po)

2 c. à soupe (¼ bâtonnet) de beurre doux (ou de margarine non salée)

2 c. à soupe de farine

½ c. à thé de moutarde sèche en poudre

1 tasse de lait

125 g (4 oz), en tout, de cheddar doux, râpé (1 tasse)

¼ c. à thé de sel

Pincée de poivre noir

1 c. à soupe de ciboulette ciselée (ou de persil)

 PRÉPARATION
15 MINUTES

 CUISSON
30 MINUTES

1 Mettez les œufs dans une casserole moyenne et couvrez-les d'eau froide. Amenez l'eau à ébullition à feu vif. Retirez du feu, couvrez et laissez attendre 15 minutes.

2 Entre-temps, mettez de l'eau à mi-hauteur dans une grande casserole et amenez-la à ébullition à feu vif. Jetez-y les poireaux et les pommes de terre. Baissez le feu, couvrez partiellement la casserole et laissez cuire 10 minutes. Égouttez les légumes. Rincez les œufs à l'eau froide et écalez-les. Coupez-les en deux sur la longueur.

3 Dans une casserole moyenne, faites fondre le beurre à feu modéré. Ajoutez la farine et la moutarde et mélangez. Incorporez le lait peu à peu. Faites cuire 2 minutes en remuant pour que le mélange soit épais et lisse. Ajoutez la moitié du cheddar, le sel et le poivre. Remuez jusqu'à ce que le fromage soit fondu. Retirez du feu.

4 Allumez le gril. Dans un plat à four peu profond de 25 x 20 cm (10 x 8 po), dressez les pommes de terre et les poireaux. Disposez au centre les moitiés d'œufs sur leur face plate. Nappez de sauce ; saupoudrez avec le reste de cheddar et faites gratiner. Décorez de ciboulette ciselée.

ŒUFS SUR LE PLAT À LA FLORENTINE

Par portion : **Calories** 292 **Protéines** 17 g **Hydrates de carbone** 13 g **Graisses** 19 g **Cholestérol** 249 mg **Sodium** 525 mg

3 c. à soupe de beurre (ou de margarine)

125 g (4 oz) de champignons, tranchés (1 tasse)

3 c. à soupe de farine

¼ c. à thé de poivre

⅛ c. à thé de muscade

⅛ c. à thé de sel

1 tasse de lait

1 paquet d'épinards hachés surgelés, décongelés, égouttés et épongés

½ tasse de parmesan râpé, en tout

4 gros œufs

 PRÉPARATION
15 MINUTES

 CUISSON
23 MINUTES

1 Chauffez le four à 180°C (350°F). Graissez quatre plats à œufs individuels. Dans une casserole moyenne, faites fondre le beurre à feu modéré. Faites-y sauter les champignons 3 minutes. Quand ils sont tendres, ajoutez la farine, le poivre, la muscade et le sel. Remuez.

2 Incorporez peu à peu le lait et faites cuire 5 minutes ou jusqu'à épaississement, en remuant constamment. Ajoutez les épinards.

3 Dressez cet apprêt dans les plats à œufs, en ménageant une dépression au centre pour recevoir un œuf. Saupoudrez de 1 c. à soupe de parmesan.

4 Cassez un œuf au centre de chaque plat et saupoudrez-le de 1 c. à soupe de parmesan. Enfournez et faites cuire 13-18 minutes ou jusqu'à ce que les œufs soient à point.

QUICHE JARDINIÈRE

Par portion : **Calories** 540 **Protéines** 22 g **Hydrates de carbone** 34 g **Graisses** 37 g **Cholestérol** 312 mg **Sodium** 805 mg

4 gros œufs

1 tasse de mélange à pâte tout usage (Bisquick)

¼ tasse d'huile d'olive

¼ c. à thé d'assaisonnement à l'italienne

90 g (3 oz) de jambon fumé cuit, détaillé en dés

4 oignons verts, hachés

2 tomates moyennes, épépinées et hachées

¼ tasse de champignons tranchés

125 g (4 oz), en tout, de fromage suisse (ou de jarlsberg), râpé (1 tasse)

 PRÉPARATION **10 MINUTES**

 CUISSON **25 MINUTES**

CONSEIL *Ce plat se prépare en entier dans un seul bol. Il constitue un mets substantiel pour le brunch ou le repas du soir. Pendant qu'il cuit, préparez une salade verte relevée de noix de pin grillées.*

1 Chauffez le four à 200°C (400°F). Graissez un moule à tarte. Fouettez les œufs avec le mélange à pâte, l'huile d'olive et l'assaisonnement à l'italienne. Incorporez le jambon, les oignons verts, les tomates, les champignons et ¾ tasse de fromage.

2 Versez cet apprêt dans le moule ; couronnez avec le reste du fromage. Faites cuire 25-30 minutes ou jusqu'à ce qu'un couteau inséré au centre de la quiche en ressorte propre. Détaillez en pointes pour servir.

FRITTATA À L'ITALIENNE

Par portion : **Calories** 292 **Protéines** 18 g **Hydrates de carbone** 17 g **Graisses** 18 g **Cholestérol** 327 mg **Sodium** 373 mg

250 g (8 oz) de pommes de terre rouges

1 boîte de cœurs d'artichauts, égouttés

6 gros œufs

½ c. à thé de romarin séché

¼ c. à thé de sel

2 c. à soupe d'huile d'olive

60 g (2 oz) de mozzarella, grossièrement râpée (½ tasse)

1 c. à soupe de parmesan râpé

Persil haché (facultatif)

 PRÉPARATION **6 MINUTES**

 CUISSON **34 MINUTES**

REMARQUE *La frittata est la version italienne d'une omelette. On peut aussi bien la manger chaude qu'à la température de la pièce.*

1 Mettez 5 cm (2 po) d'eau dans une grande casserole, couvrez et amenez à ébullition. Grattez les pommes de terre et détaillez-les en tranches de ½ cm (¼ po) d'épaisseur.

2 Jetez les pommes de terre dans l'eau bouillante, couvrez et laissez cuire 10 minutes. Ajoutez les cœurs d'artichauts et réchauffez-les 3-4 minutes. Égouttez et épongez les légumes.

3 Allumez le gril. Dans un bol moyen, battez les œufs avec le romarin et le sel. Dans une sauteuse moyenne ou une poêle à omelette allant au four, réchauffez l'huile à feu assez vif ; agitez la sauteuse pour bien étaler l'huile. Mettez-y les pommes de terre et les cœurs d'artichauts ; faites-les revenir 5 minutes en remuant délicatement.

4 Versez les œufs, couvrez la sauteuse et faites-les cuire à feu doux 7-8 minutes ou jusqu'à ce qu'ils soient coagulés.

5 Saupoudrez les deux fromages à la surface de l'omelette. Placez la sauteuse sous le gril pendant 1-2 minutes pour que les œufs finissent de cuire et que les fromages gratinent. Décorez de persil, s'il y a lieu. Découpez la frittata en pointes pour la servir.

FRITTATA AU SAUMON FUMÉ

FRITTATA AU SAUMON FUMÉ

Par portion : **Calories** 359 **Protéines** 24 g **Hydrates de carbone** 4 g **Graisses** 27 g **Cholestérol** 533 mg **Sodium** 661 mg

7 gros œufs

¼ tasse de crème sure

1 c. à soupe d'aneth frais ciselé (ou ½ c. à thé d'aneth séché)

¼ c. à thé de sel

¼ c. à thé de poivre blanc

125 g (4 oz) de saumon fumé, en tranches épaisses détaillées en julienne

2 c. à soupe (¼ bâtonnet) de beurre (ou de margarine)

125 g (4 oz) de gruyère (ou de jarlsberg), râpé (1 tasse)

Crème sure, caviar de saumon et brindilles d'aneth (facultatif)

PRÉPARATION
5 MINUTES

CUISSON
12 MINUTES

SERVICE *Découpée en carrés, cette frittata fait un excellent hors-d'œuvre.*

1 Allumez le gril. Dans un bol moyen, battez les œufs avec la crème sure, l'aneth, le sel et le poivre. Incorporez le saumon fumé.

2 Dans une sauteuse moyenne ou une poêle à omelette allant au four, faites fondre le beurre à feu modéré ; remuez la sauteuse pour bien graisser le fond. Versez-y les œufs. Réduisez la chaleur, couvrez et faites cuire pendant 10 minutes. Quand l'omelette est presque à point, saupoudrez-la de fromage.

3 Glissez la sauteuse sous le gril et laissez cuire 1 minute, pour que l'omelette soit bien gratinée. Découpez la frittata en pointes et agrémentez-la de crème sure, de caviar et de brindilles d'aneth, s'il y a lieu, pour compléter la présentation.

ROULADE AU JAMBON ET AU FROMAGE

Par portion : **Calories** 354 **Protéines** 24 g **Hydrates de carbone** 15 g **Graisses** 23 g **Cholestérol** 272 mg **Sodium** 1 166 mg

- ⅓ **tasse de beurre (ou de margarine)**
- ½ **tasse de farine**
- 2 **tasses de lait**
- ⅛ **c. à thé de poivre noir**
- 6 **gros œufs, jaunes et blancs séparés, à la température ambiante**
- 12 **tranches de fromage cheddar doux (paquet de 250 g/8 oz)**
- ¼ **tasse de feuilles de cresson**
- 6 **tranches minces de jambon fumé cuit (paquet de 180 g/6 oz)**
- **Brindilles de cresson (facultatif)**

 PRÉPARATION **11 MINUTES**  CUISSON **29 MINUTES**

SERVICE *Un accompagnement de petits fruits rehausse le goût de cette roulade, plus facile à préparer qu'on ne le croirait.*

1 Dans une casserole moyenne, faites fondre le beurre à feu modéré. Ajoutez la farine et laissez cuire 1 minute. Hors du feu, incorporez peu à peu le lait au fouet. Remettez la casserole sur le feu et laissez cuire 4 minutes en remuant sans arrêt. (Ne faites pas bouillir.) Hors du feu, ajoutez le poivre.

2 Chauffez le four à 200°C (400°F). Dans un petit bol, battez légèrement les jaunes d'œufs. Ajoutez-leur un peu de sauce blanche chaude avant de les verser peu à peu dans la sauce en fouettant.

3 Graissez un moule à gâteau roulé. Tapissez le fond de papier ciré ; graissez-le et farinez-le. Dans un grand bol, fouettez les blancs d'œufs au batteur électrique en neige ferme, mais non sèche. Incorporez la sauce blanche délicatement. Étalez cet apprêt dans le moule et faites cuire 20-25 minutes ou jusqu'à ce que l'omelette soit ferme. N'éteignez pas le four.

4 Couvrez l'omelette de papier d'aluminium et renversez-la sur une planche à pâtisserie. Ôtez le papier ciré. Répartissez sur la surface les tranches de fromage, le cresson puis le jambon.

5 Enroulez l'omelette sur elle-même dans le sens de la longueur en vous aidant du papier d'aluminium. Déposez la roulade dans un plat de service allant au four. Réchauffez-la 3-4 minutes. Décorez de cresson, s'il y a lieu, et servez.

 L'ouvre-boîte

Voici un petit plat qui se fait en 10 minutes. L'emploi du micro-ondes n'est pas indispensable.

FONDUE MEXICAINE

Détaillez en petits dés **1 paquet de 250 g (8 oz) de fromage fondu au piment.** Mettez-les avec **2 c. à soupe de lait** dans un plat à micro-ondes de 1 litre (4 tasses). Couvrez et faites cuire 1-2 minutes à Maximum pour que le fromage fonde. Faites griller **2 muffins anglais,** fendus en deux ; déposez sur chaque moitié **1 tranche de tomate** et **2 tranches d'avocat.** Nappez de fondue. **DONNE 2 PORTIONS**

Variations sur le thème de L'omelette

Dès que vous avez maîtrisé l'art élémentaire de faire une omelette, vous avez devant vous un bel éventail de plats légers, vite faits et appétissants. Vous pouvez en effet la garnir de viande, de fromage, de légumes ou de sauces savoureuses.

Préparez la garniture en premier lieu, car l'omelette cuit vite et sa préparation exige toute votre attention. Les recettes qui suivent permettent de garnir quatre omelettes, mais elles se divisent aisément.

OMELETTE DE BASE Dans un grand bol, battez **2 œufs** avec **2 c. à soupe d'eau** et **une pincée de sel et de poivre.** Dans une sauteuse moyenne, faites fondre **1 c. à soupe de beurre** (ou de margarine) à feu assez vif ; nappez-en tout le fond. Versez les œufs dans la sauteuse. Laissez cuire sans remuer 20 secondes ou jusqu'à ce que des bulles se forment à la périphérie. À mesure que l'omelette prend, soulevez-la avec une spatule pour que la partie liquide glisse en dessous. Calculez 2-3 minutes de cuisson pour que le fond soit doré. Étalez la **garniture** sur une moitié de l'omelette ; repliez l'autre moitié par-dessus et servez.

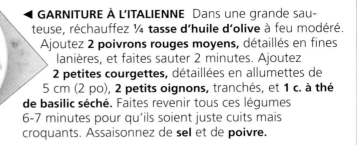

◄ GARNITURE À L'ITALIENNE Dans une grande sauteuse, réchauffez **¼ tasse d'huile d'olive** à feu modéré. Ajoutez **2 poivrons rouges moyens,** détaillés en fines lanières, et faites sauter 2 minutes. Ajoutez **2 petites courgettes,** détaillées en allumettes de 5 cm (2 po), **2 petits oignons,** tranchés, et **1 c. à thé de basilic séché.** Faites revenir tous ces légumes 6-7 minutes pour qu'ils soient juste cuits mais croquants. Assaisonnez de **sel** et de **poivre.**

◄ GARNITURE AU BROCOLI ET AU FROMAGE Dans une grande casserole, faites cuire **500 g (1 lb) de brocoli surgelé.** Égouttez et réservez. Dans la même casserole, faites fondre **2 c. à soupe de beurre** (ou de margarine) à feu modéré. Ajoutez **2 c. à soupe de farine** et **2 gouttes de sauce Tabasco.** Incorporez **1 tasse de lait;** faites cuire jusqu'à épaississement en remuant sans arrêt. Ajoutez **1 tasse de cheddar râpé** et remuez jusqu'à ce qu'il soit fondu. Tournez délicatement le brocoli dans cet apprêt; assaisonnez de **sel** et de **poivre.**

► GARNITURE AU FROMAGE DE CHÈVRE ET AUX NOIX Chauffez le four à 200°C (400°F). Étalez **4 c. à soupe de noix hachées** dans un plat à four et faites-les griller 5 minutes; remuez le plat à mi-cuisson. Laissez les noix tiédir. Dans un petit bol, écrasez **30-60 g (1-2 oz) de fromage de chèvre** et allégez-le avec **1 c. à soupe de crème sure.** Incorporez les noix hachées.

► GARNITURE AUX ASPERGES À L'ORIENTALE Détaillez en tronçons obliques **750 g (1½ lb) d'asperges fraîches.** Dans une grande sauteuse, réchauffez **2 c. à soupe d'huile** à feu assez vif. Mettez-y **1 gros oignon,** tranché, et faites-le sauter 5 minutes. Ajoutez les asperges et laissez-les cuire 5 minutes. Incorporez **1½ c. à thé de sauce de soja, 1½ c. à thé d'huile de sésame aromatique** et **1½ c. à thé de graines de sésame.**

► GARNITURE À L'AVOCAT Dans un bol moyen, mélangez **1 avocat,** pelé et détaillé en cubes, **2 tomates italiennes,** hachées, **¼ tasse de salsa mexicaine, 1 c. à soupe d'oignon vert haché** et une pincée de **sel** et de **poivre.** Déposez la garniture sur les omelettes et, avant de les replier, saupoudrez une petite poignée de **monterey jack** râpé. Couronnez chaque portion d'une bonne quantité de **crème sure.**

CHARLOTTE AUX TROIS FROMAGES

Par portion : **Calories** 469 **Protéines** 27 g **Hydrates de carbone** 35 g **Graisses** 26 g **Cholestérol** 281 mg **Sodium** 719 mg

1²⁄₃ tasse de lait

1 c. à soupe de beurre (ou de margarine)

6 tranches de pain de blé entier de la veille ou légèrement grillées

4 gros œufs, jaunes et blancs séparés, à la température ambiante

1 boîte (160 ml/5,4 oz) de lait évaporé

60 g (2 oz) de fontina (ou de gouda), grossièrement râpé (½ tasse)

60 g (2 oz) de jarlsberg (ou de fromage suisse), grossièrement râpé (½ tasse)

30 g (1 oz) de fromage bleu, émietté (¼ tasse)

⅛ c. à thé de poivre blanc

Pincée de muscade

 PRÉPARATION
10 MINUTES

 CUISSON
28 MINUTES

REMARQUE *La charlotte est généralement un entremets sucré ; celle-ci est néanmoins un plat de subsistance.*

1 Chauffez le four à 180°C (350°F). Dans une casserole moyenne, réchauffez le lait à feu modéré en remuant souvent. Enduisez de beurre un plat à four ovale, peu profond, de 30 x 22 cm (12 x 9 po).

2 Coupez quatre tranches de pain en deux triangles ; détaillez les deux autres tranches en dés. Trempez les triangles de pain dans le lait et posez-les contre la paroi du plat en les faisant chevaucher. Trempez les dés de pain dans le lait et laissez-les s'imbiber.

3 Dans un grand bol, battez les jaunes d'œufs avec le lait évaporé, les dés de pain, le reste du lait, les fromages, le poivre et la muscade.

4 Dans un bol moyen, fouettez les blancs d'œufs au batteur électrique en neige ferme mais non sèche. Incorporez-les aux jaunes d'œufs. Versez cet apprêt dans le plat. Faites cuire 25-30 minutes pour que la charlotte soit dorée et qu'un couteau, inséré au centre, en ressorte propre.

Petits soufflés au cheddar

Par portion : **Calories** 333 **Protéines** 17 g **Hydrates de carbone** 9 g **Graisses** 26 g **Cholestérol** 275 mg **Sodium** 497 mg

3 **c. à soupe de beurre (ou de margarine)**

3 **c. à soupe de farine**

¼ **c. à thé de sel**

⅛ **c. à thé de cayenne**

1¼ **tasse de lait**

125 **g (4 oz) de cheddar doux, grossièrement râpé (1 tasse)**

4 **gros œufs, jaunes et blancs séparés, à la température ambiante**

PRÉPARATION
10 MINUTES

CUISSON
31 MINUTES

CONSEIL *Les œufs doivent être à la température ambiante. Au besoin, faites-les tremper quelques minutes dans l'eau tiède.*

1 Chauffez le four à 160°C (325°F). Dans une casserole moyenne, faites fondre le beurre à feu modéré. Ajoutez la farine, le sel et le cayenne et mélangez bien. Incorporez peu à peu le lait. Laissez cuire 4-5 minutes ou jusqu'à épaississement en remuant constamment. Hors du feu, incorporez le fromage et remuez pour le faire fondre.

2 Dans un petit bol, battez les jaunes d'œufs légèrement. Réchauffez-les avec un peu de la sauce avant de les y verser en remuant.

3 Prenez quatre ramequins de 1¼ tasse et mettez-les dans une lèchefrite pour en faciliter la manipulation. Dans un bol moyen, fouettez les blancs d'œufs au batteur électrique en neige ferme mais non sèche. Incorporez-leur l'apprêt au fromage. Dressez la préparation dans les ramequins. Avec le dos d'une cuiller, creusez un sillon à 2,5 cm (1 po) du bord pour qu'il se forme une calotte à la cuisson.

4 Faites cuire les soufflés 25-30 minutes ou jusqu'à ce qu'ils soient gonflés et dorés. (Attention : n'ouvrez pas le four entre-temps !)

Mozzarella en ramequins

Par portion : **Calories** 230 **Protéines** 16 g **Hydrates de carbone** 11 g **Graisses** 14 g **Cholestérol** 290 mg **Sodium** 348 mg

1 **c. à soupe d'huile d'olive**

4 **petites courgettes, tranchées (4 tasses)**

1 **gousse d'ail, hachée fin**

4 **gros œufs**

125 **g (4 oz) de mozzarella allégée, grossièrement râpée (1 tasse)**

¼ **tasse de chapelure**

1 **c. à soupe de persil haché**

¼ **c. à thé de sel**

⅛ **c. à thé de flocons de piment rouge**

PRÉPARATION
10 MINUTES

CUISSON
21 MINUTES

SERVICE *Pour étoffer ce plat léger, vous pouvez le servir avec du pain à l'ail et une fraîche salade de tomate au basilic.*

1 Chauffez le four à 200°C (400°F). Graissez quatre ramequins de 9 cm (3½ po) ou des plats à œufs. Dans une grande sauteuse, réchauffez l'huile à feu modéré. Faites-y revenir les courgettes et l'ail 5 minutes. Retirez du feu.

2 Dans un grand bol, mélangez les œufs, la mozzarella, la chapelure, le persil, le sel et les flocons de piment rouge. Incorporez les courgettes dans cet apprêt.

3 Dressez la préparation dans les ramequins, enfournez et faites cuire 15-20 minutes. Servez immédiatement.

Tourte au fromage de chèvre

Par portion : **Calories** 753 **Protéines** 17 g **Hydrates de carbone** 54 g **Graisses** 51 g **Cholestérol** 193 mg **Sodium** 820 mg

- **1** abaisse de tarte prête à cuire
- **2** c. à soupe (¼ bâtonnet) de beurre (ou de margarine)
- **2** gousses d'ail, hachées fin
- **2** c. à soupe de farine
- **1** c. à thé de basilic séché (ou d'origan)
- **½** c. à thé de thym séché
- **¾** tasse de lait
- **2** gros œufs, jaunes et blancs séparés, à la température ambiante
- **250** g (8 oz) de fromage de chèvre non fermenté, émietté (2 tasses)

 PRÉPARATION
8 MINUTES

 CUISSON
35 MINUTES

1 Chauffez le four à 200°C (400°F). Placez l'abaisse dans un moule à tarte à fond amovible et taillez-la à ras du bord. Piquez le fond et la paroi à la fourchette pour que la pâte ne gonfle pas à la cuisson. Pour faciliter la manipulation, posez le moule sur une tôle à pizza. Faites cuire 10 minutes au four : elle sera partiellement cuite.

2 Entre-temps, mettez le beurre à fondre à feu modéré dans une casserole moyenne. Faites-y revenir l'ail 15 secondes. Ajoutez la farine, le basilic et le thym et remuez. Incorporez peu à peu le lait. Laissez cuire 1-2 minutes ou jusqu'à épaississement. Retirez du feu.

3 Dans un petit bol, battez les jaunes d'œufs légèrement. Réchauffez-les avec un peu de la sauce chaude avant de les y verser peu à peu en remuant. Dans un petit bol, fouettez les blancs d'œufs au batteur électrique en neige ferme mais non sèche. Incorporez-les à la garniture.

4 Quand la croûte est à point, retirez-la du four et réglez le thermostat à 190°C (375°F). Répartissez le fromage de chèvre sur la croûte avant d'y dresser la garniture. Faites cuire 25-30 minutes ou jusqu'à ce que la tourte soit dorée et qu'un couteau, inséré au centre de la garniture, en ressorte propre. Retirez le pourtour du moule et dégustez la tourte pendant qu'elle est chaude.

 L'ouvre-boîte

Cette sauce trempette bien relevée ne manque jamais de faire sensation. Présentez-la avec des craquelins, des crudités ou un panier de croustilles.

Trempette au fromage

Dans un plat à micro-ondes de 1 litre (4 tasses), mélangez **⅓ tasse de bière** (ou de jus de pomme) et plusieurs traits de **sauce Tabasco**. Réchauffez à découvert 1-2 minutes à Maximum. Dans l'intervalle, mélangez ensemble **125 g (4 oz) de cheddar**, détaillé en dés, **2 c. à soupe de chili vert en boîte**, égoutté et haché (facultatif), **1 c. à soupe de farine** et ½ c. à thé de moutarde sèche.

Jetez le fromage dans la bière très chaude. Faites cuire à découvert à Maximum 2-4 minutes, le temps de faire fondre le fromage ; remuez une fois toutes les minutes. Incorporez **2-3 c. à soupe de lait** pour améliorer la consistance de la trempette. Servez avec **des craquelins, des croustilles ou un assortiment de crudités.** Donne ¾ tasse

QUICHE AUX ÉPINARDS

QUICHE AUX ÉPINARDS

Par portion : **Calories** 356 **Protéines** 14 g **Hydrates de carbone** 28 g **Graisses** 22 g **Cholestérol** 155 mg **Sodium** 329 mg

1 paquet (300 g/10,5 oz) d'épinards hachés surgelés

1 tasse de farine tout usage

½ tasse de farine de blé entier

¼ c. à thé de sel

⅓ tasse et 1 c. à soupe d'huile d'olive

3 c. à soupe d'eau froide

½ tasse de fromage cottage

½ tasse de crème légère

4 gros œufs

¼ tasse de parmesan râpé

1 c. à thé de thym séché

 PRÉPARATION
15 MINUTES

 CUISSON
30 MINUTES

SERVICE *Des oignons sautés avec des bâtonnets de poivron rouge et jaune font un joli contraste avec cette quiche.*

1 Décongelez les épinards au micro-ondes ou dans une passoire sous le robinet d'eau chaude. Égouttez-les et essorez-les.

2 Pour préparer la croûte, mélangez les farines et le sel dans un bol moyen. Incorporez l'huile. Ajoutez l'eau, 1 c. à soupe à la fois. La pâte est à point quand on peut la façonner en boule. Placez le pâton entre deux feuilles de papier ciré et abaissez-le en un cercle de 25 cm (10 po). Posez l'abaisse dans un moule à tarte.

3 Chauffez le four à 200°C (400°F). Au robot ou au mélangeur électrique, travaillez le fromage cottage avec la crème. (Vous pouvez aussi passer le fromage à travers un tamis avant d'ajouter la crème.) Dans un bol moyen, battez les œufs légèrement avant de leur incorporer le fromage cottage en purée, le parmesan, le thym et les épinards.

4 Versez la garniture dans l'abaisse. Faites cuire 25-30 minutes ou jusqu'à ce qu'un couteau, inséré au centre, en ressorte propre.

FONDUE SAVOYARDE

Par portion : **Calories** 507 **Protéines** 32 g **Hydrates de carbone** 11 g **Graisses** 32 g **Cholestérol** 104 mg **Sodium** 800 mg

500 g (1 lb) de gruyère (ou de fromage suisse, ou de jarlsberg), grossièrement râpé (4 tasses)

2 c. à soupe de farine

¼ c. à thé de poivre noir

⅛ c. à thé de muscade

1¼ tasse de vin blanc sec

2 c. à soupe de kirsch ou de brandy

1 gousse d'ail, coupée en quatre

Pain croûté en mouillettes, gressins, petits champignons, petits bouquets de brocoli, carottes, courgettes ou poivrons en bâtonnets pour tremper

PRÉPARATION **5 MINUTES**

CUISSON **18 MINUTES**

REMARQUE *Originaire des Alpes, cette fondue sera le clou de vos fêtes car petits et grands en raffolent. Ne prenez que des légumes très frais et disposez-les avec goût dans un plateau.*

1 Dans un bol moyen, mélangez le fromage avec la farine, le poivre et la muscade. Utilisez une casserole moyenne ou un caquelon à fondue pouvant aller sur la cuisinière ; amenez le vin au point d'ébullition avec le kirsch et l'ail en le mettant 3 minutes à feu assez vif. Retirez l'ail.

2 Baissez le feu au minimum. Jetez le fromage par poignées dans le vin et remuez sans arrêt jusqu'à ce qu'il soit fondu. Disposez les mouillettes de pain et les crudités dans un plateau.

3 À table, posez le récipient sur un réchaud. (Ne laissez pas monter la température sinon la fondue va durcir et adhérer à l'ustensile.) Chacun pique une mouillette ou un petit légume au bout d'une fourchette à long manche et plonge sa bouchée dans la fondue.

CHILIS FARCIS EN BEIGNET

Par portion : **Calories** 793 **Protéines** 24 g **Hydrates de carbone** 16 g **Graisses** 73 g **Cholestérol** 316 mg **Sodium** 52 mg

8 piments chilis doux entiers en boîte

250 g (8 oz) de monterey jack

5 gros œufs, jaunes et blancs séparés, à la température ambiante

¼ c. à thé de sel

6 c. à soupe de farine, en tout

Huile à friture

Salsa douce

PRÉPARATION **19 MINUTES**

CUISSON **25 MINUTES**

1 Rincez, épépinez et épongez les chilis. Détaillez le fromage en huit lanières que vous introduisez par le trou de la tige.

2 Fouettez les blancs d'œufs en neige ferme, mais non sèche. Battez les jaunes d'œufs 5 minutes avant d'ajouter le sel et 4 c. à soupe de farine. Allégez les jaunes avec un quart des blancs d'œufs avant d'y incorporer ceux-ci à la spatule.

3 Dans une grande sauteuse, chauffez ½ cm (¼ po) d'huile à 190°C (375°F). Poudrez les chilis de farine. Réchauffez la salsa.

4 Laissez tomber ¼ tasse de pâte à beignet dans l'huile ; étalez-la aussitôt pour lui donner une forme ovale un peu plus grande que le chili. Déposez-y un chili farci. Versez 1 c. à soupe de pâte par-dessus pour recouvrir et enfermer le chili. Tournez le beignet et faites-le frire de l'autre côté. Faites frire deux ou trois beignets à la fois.

5 Épongez les beignets sur des feuilles d'essuie-tout et gardez-les au chaud. Présentez-les accompagnés de salsa en saucière.

FONDUE GALLOISE

Par portion : **Calories** 512 **Protéines** 20 g **Hydrates de carbone** 42 g **Graisses** 28 g **Cholestérol** 82 mg **Sodium** 851 mg

3 c. à soupe de beurre (ou de margarine)	
3 c. à soupe de farine	
¼ c. à thé de sel	
¼ c. à thé de moutarde sèche	
3-4 gouttes de sauce Tabasco	
1⅓ tasse de lait	
⅓ tasse de bière	
1 c. à thé de sauce Worcestershire	
180 g (6 oz) de cheddar fort, grossièrement râpé (1½ tasse)	
8 tranches de pain blanc ou de pain de seigle, grillées	

 PRÉPARATION **6 MINUTES**   CUISSON **7 MINUTES**

CONSEIL *Vous pouvez remplacer le pain par des muffins anglais. Présentez en même temps des oignons ou des petits cornichons marinés, pour rester fidèle à la tradition britannique. C'est le plat idéal en fin de soirée.*

1 Allumez le gril. Dans une casserole moyenne, mettez le beurre à fondre à feu modéré. Jetez-y la farine, le sel, la moutarde et la sauce Tabasco ; remuez bien. Incorporez peu à peu le lait, la bière et la sauce Worcestershire. Faites cuire 5 minutes, ou jusqu'à épaississement, en remuant constamment. Ajoutez le fromage et remuez jusqu'à ce qu'il soit fondu.

2 Disposez les toasts sur une tôle à biscuits. Nappez-les de sauce au fromage et faites-les gratiner quelques secondes.

POMMES DE TERRE ET SAUCISSON GRATINÉS

Par portion : **Calories** 498 **Protéines** 28 g **Hydrates de carbone** 21 g **Graisses** 34 g **Cholestérol** 100 mg **Sodium** 815 mg

500 g (1 lb) de pommes de terre rouges, coupées en deux	
250 g (8 oz) de gruyère	
250 g (8 oz) de kielbasa (ou tout autre saucisson à l'ail fumé et cuit)	
Pincée de poivre noir	
Cornichons ou petits oignons marinés dans le vinaigre (facultatif)	

 PRÉPARATION **4 MINUTES**   CUISSON **30 MINUTES**

CONSEIL *Quelques ingrédients suffisent pour préparer ce plat substantiel, idéal pour une journée de ski. Vous aimerez sans doute le déguster avec un verre de bière légère et fraîche.*

1 Dans une grande casserole, amenez à ébullition 5 cm (2 po) d'eau à feu vif. Jetez-y les pommes de terre, couvrez et laissez cuire pendant 15 minutes.

2 Débarrassez le fromage de sa croûte et taillez-le en tranches de ½ cm (¼ po) d'épaisseur. Dégagez les saucisses de leur enveloppe et détaillez-les en diagonale en tranches de 1 cm (½ po).

3 Chauffez le four à 190°C (375°F). Dans un plat à four peu profond, placez les pommes de terre en bordure sur leur face bombée. Dressez les tranches de saucisson au centre. Déposez le fromage sur les pommes de terre ; faites chevaucher les tranches au besoin.

4 Laissez 10-15 minutes au four pour que le saucisson devienne très chaud et que le fromage fonde. Saupoudrez le fromage d'une pincée de poivre noir et décorez le plat de petits cornichons ou de petits oignons marinés, s'il y a lieu. Servez sans attendre.

LÉGUMES

RATATOUILLE NIÇOISE (PAGE 282)

LÉGUMES D'ACCOMPAGNEMENT

Servis en entrée ou comme accompagnement,
les légumes sont des bouquets de saveurs et de vitamines.

Asperges à la dijonnaise

Par portion : **Calories** 167 **Protéines** 4 g **Hydrates de carbone** 6 g **Graisses** 16 g **Cholestérol** 3 mg **Sodium** 188 mg

750 g (1½ lb) d'asperges fraîches

¼ tasse d'huile d'olive

1 c. à soupe de vinaigre de vin blanc

1 c. à soupe de moutarde de Dijon

1 c. à thé d'estragon séché

2 c. à soupe de crème sure

Sel et poivre noir

2 c. à soupe d'oignons rouges finement hachés

 PRÉPARATION
15 MINUTES

 CUISSON
10 MINUTES

CONSEIL *Dès que les asperges sont cuites, retirez-les de la casserole et plongez-les dans l'eau froide pour en arrêter la cuisson.*

1 Dans une grande sauteuse, versez 1 cm (½ po) d'eau et amenez-la à ébullition à feu vif. Coupez ou brisez la partie dure des asperges et, avec un couteau-éplucheur, pelez les tiges à la base.

2 Déposez les asperges dans l'eau bouillante. Couvrez la sauteuse. Faites cuire 8-10 minutes. Égouttez les asperges et plongez-les dans l'eau froide. Épongez-les sur des feuilles d'essuie-tout et dressez-les dans un plat de service. Rangez-les au réfrigérateur pendant que vous préparez la vinaigrette.

3 Dans un petit bol, mélangez au fouet l'huile avec le vinaigre, la moutarde et l'estragon. Incorporez la crème sure. Assaisonnez de sel et de poivre.

4 Déposez un ruban de vinaigrette au centre des asperges et décorez d'oignon rouge haché.

Petits pois à la française

Par portion : **Calories** 149 **Protéines** 6 g **Hydrates de carbone** 18 g **Graisses** 6 g **Cholestérol** 15 mg **Sodium** 283 mg

1½ tasse, en tout, de laitue iceberg hachée

500 g (16 oz) de petits pois surgelés, partiellement décongelés à l'eau chaude

2 oignons verts, hachés

1 c. à thé de sucre

2 c. à soupe (¼ bâtonnet) de beurre (ou de margarine)

Sel et poivre blanc

 PRÉPARATION
10 MINUTES

 CUISSON
5 MINUTES

REMARQUE *Cette méthode traditionnelle de faire cuire les petits pois emprunte sa vapeur à la laitue. Décorez de menthe fraîche.*

1 Dans une casserole moyenne, mettez ¾ tasse de laitue hachée. Déposez par-dessus les petits pois partiellement décongelés et les oignons verts hachés. Saupoudrez de sucre et parsemez de noisettes de beurre. Couvrez avec le reste de la laitue.

2 Mettez un couvercle sur la casserole. Faites cuire 4-5 minutes à feu doux ou jusqu'à ce que les petits pois soient tendres. Remuez la casserole de temps à autre. Assaisonnez de sel et de poivre au goût. Dressez les petits pois dans un bol de service.

Haricots verts à la créole

Par portion : **Calories** 81 **Protéines** 3 g **Hydrates de carbone** 14 g **Graisses** 3 g **Cholestérol** 3 mg **Sodium** 170 mg

**375 g (12 oz) de haricots verts,
effilés et coupés en
tronçons de 5 cm (2 po)**

2 tranches de bacon

**1 oignon blanc moyen,
haché**

**¼ tasse de poivron vert
haché**

**2 tasses de tomates hachées
en boîte, égouttées**

1 c. à thé ou plus de sucre

Sel et poivre noir

 PRÉPARATION
13 MINUTES

 CUISSON
23 MINUTES

SERVICE *Relevés d'un fond de tomate, ces haricots verts
accompagnent à la perfection le poulet ou le porc rôti.*

1 Dans une grande casserole, amenez à ébullition 2,5 cm (1 po)
d'eau à feu vif. Mettez-y les haricots verts et amenez à ébullition.
Couvrez et laissez cuire à feu doux 8 minutes en remuant une fois.

2 Dans une grande sauteuse, faites cuire le bacon à feu modéré.
Quand il est devenu croustillant, déposez-le sur des feuilles d'essuie-tout. Dès que les haricots verts sont cuits à point, égouttez-les
dans une passoire.

3 Dans le gras du bacon, faites cuire l'oignon et le poivron 4 minutes
sans les laisser colorer. Versez les tomates dans la sauteuse ; ajoutez
le sucre et laissez cuire 15 minutes en remuant à quelques reprises.

4 Déposez les haricots dans la sauteuse et assaisonnez de sel et de
poivre. Dressez les haricots verts dans un plat à service et décorez
de bacon émietté.

Brocoli sauté à l'italienne

Par portion : **Calories** 134 **Protéines** 4 g **Hydrates de carbone** 9 g **Graisses** 11 g **Cholestérol** 0 mg **Sodium** 41 mg

**1 pied de brocoli
(750 g/1½ lb)**

3 c. à soupe d'huile d'olive

1 gousse d'ail, hachée fin

½ tasse d'eau

**1 tomate italienne bien
mûre, épépinée et hachée**

**1 c. à soupe de vinaigre
de vin rouge**

**¼ c. à thé de flocons de
piment rouge**

Sel

 PRÉPARATION
9 MINUTES

 CUISSON
13 MINUTES

NUTRITION *Mangez du brocoli aussi souvent que possible : c'est
un légume excellent pour la santé. Il est riche en fibres, en
calcium et en vitamines A, C, E et K.*

1 Séparez les tiges du brocoli à l'endroit où elles deviennent ligneu-
ses. Avec un couteau-éplucheur, pelez-les et coupez-les à la diagonale en tranches de ½ cm (¼ po) d'épaisseur. Détaillez les som-
mités en petits bouquets.

2 Dans un faitout ou une marmite, réchauffez l'huile à feu modéré.
Ajoutez les tiges tranchées et faites-les revenir 5 minutes. Ajoutez
l'ail, l'eau et les petits bouquets. Couvrez et faites cuire encore
5 minutes. Retirez le faitout du feu.

3 Avec une cuiller à fentes, déposez le brocoli dans un plat de service.
Incorporez la tomate, le vinaigre et les flocons de piments au
liquide de cuisson dans le faitout ; réchauffez à feu doux. Assaisonnez de sel. Versez cette sauce sur le brocoli.

COURGETTES SAUTÉES AUX CHÂTAIGNES D'EAU

COURGETTES SAUTÉES AUX CHÂTAIGNES D'EAU

Par portion : **Calories** 107 **Protéines** 2 g **Hydrates de carbone** 11 g **Graisses** 7 g **Cholestérol** 0 mg **Sodium** 305 mg

¼ **tasse de bouillon de poulet hyposodique**

1 **c. à soupe de sauce de soja**

½ **c. à thé de fécule de maïs**

½ **c. à thé de sucre**

⅛ **c. à thé de flocons de piment rouge**

500 **g (1 lb) de courgettes**

3 **oignons verts**

1 **boîte de châtaignes d'eau tranchées, égouttées**

2 **c. à soupe d'huile**

Sel

 PRÉPARATION
6 MINUTES

 CUISSON
5 MINUTES

CONSEIL *Utilisez les courgettes à l'achat. Au bout de quelques jours, elles deviennent molles et perdent leur saveur.*

1 Dans un petit bol, mélangez le bouillon, la sauce de soja, la fécule de maïs, le sucre et les flocons de piment. Taillez les courgettes en bâtonnets et les oignons verts en tronçons.

2 Dans un wok ou une grande sauteuse, réchauffez l'huile à feu vif. Faites-y revenir les courgettes 3 minutes. Ajoutez les oignons verts et les châtaignes d'eau et laissez cuire 1 minute.

3 Versez le bouillon assaisonné dans la sauteuse et amenez à ébullition en remuant constamment. Salez au goût avant de servir.

275

CHOU ROUGE À L'AIGRE-DOUCE (À GAUCHE) ET MAÏS FRAIS AU POIVRON

Maïs frais au poivron

Par portion : **Calories** 137   **Protéines** 5 g   **Hydrates de carbone** 30 g   **Graisses** 2 g   **Cholestérol** 0 mg   **Sodium** 157 mg

4 **épis de maïs à grains blancs ou jaunes**

2 **oignons verts**

2 **c. à soupe (¼ bâtonnet) de beurre (ou de margarine)**

½ **tasse de dés de poivron rouge**

¼ **tasse d'eau**

Sel et poivre noir

 PRÉPARATION
15 MINUTES

 CUISSON
8 MINUTES

1 Épluchez les épis de maïs. Avec un couteau bien tranchant, dégagez-en les grains ; détachez-les les uns des autres. Tranchez les oignons verts en rondelles de ¼ cm (½ po) d'épaisseur.

2 Dans une grande casserole, faites fondre le beurre à feu modéré et ajoutez le maïs, les oignons verts, le poivron et l'eau. Amenez à ébullition et laissez cuire à découvert 5 minutes pour que les légumes soient tendres et que l'eau s'évapore. Remuez de temps à autre. Salez et poivrez. Dressez le maïs dans un bol de service.

CHOU ROUGE À L'AIGRE-DOUCE

Par portion : **Calories** 99 **Protéines** 2 g **Hydrates de carbone** 11 g **Graisses** 6 g **Cholestérol** 16 mg **Sodium** 72 mg

1 **petit chou rouge (625 g/1¼ lb)**

1 **petit oignon**

2 **c. à soupe (¼ bâtonnet) de beurre (ou de margarine)**

1 **c. à soupe de vinaigre de cidre**

2 **c. à thé de cassonade**

Sel et poivre noir

 PRÉPARATION **5 MINUTES**

 CUISSON **16 MINUTES**

CONSEIL *Servez-vous du robot pour hacher le chou : ce sera beaucoup plus rapide que de le hacher à la main.*

1 Débarrassez le chou de ses feuilles extérieures. Coupez-le en deux ; retirez le trognon. Détaillez le chou transversalement en fines tranches ou hachez-le. Hachez l'oignon.

2 Dans une grande casserole, faites fondre le beurre à feu modéré. Faites-y sauter l'oignon 5 minutes pour l'attendrir. Ajoutez le vinaigre, la cassonade et le chou. Remuez bien.

3 Couvrez et laissez cuire 8-10 minutes, en remuant de temps à autre, pour que le chou soit cuit mais encore un peu croquant. Assaisonnez-le de sel et de poivre et dressez-le dans un bol de service.

PETITES POMMES DE TERRE RÔTIES

Par portion : **Calories** 266 **Protéines** 5 g **Hydrates de carbone** 47 g **Graisses** 7 g **Cholestérol** 0 mg **Sodium** 148 mg

750 **g (1½ lb) de petites pommes de terre rouges**

1 **oignon moyen, détaillé en tranches de ½ cm (¼ po)**

2 **c. à soupe d'huile d'olive**

1 **c. à thé de romarin séché**

¼ **c. à thé de poudre d'ail**

Sel et poivre noir

 PRÉPARATION **10 MINUTES**

 CUISSON **20 MINUTES**

1 Chauffez le four à 180°C (350°F). Grattez les pommes de terre et essuyez-les avec des feuilles d'essuie-tout. Coupez chaque pomme de terre en quatre.

2 Dans un plat à four, mélangez les pommes de terre et l'oignon. Mêlez-les avec l'huile, le romarin et la poudre d'ail. Faites cuire 20-25 minutes en remuant de temps à autre ; salez et poivrez.

IDÉES MINUTE

LÉGUMES
• On trouve maintenant, emballés sous cellophane, des légumes frais déjà parés pour la cuisson — bouquets de brocoli, champignons, poivrons —, ce qui accélère grandement la préparation des repas.

• Les tiges de brocoli cuisent plus vite si on en pèle la couche fibreuse.

• Les petits pois surgelés, s'ils sont petits, n'ont pas besoin de cuisson pour être servis froids. Décongelez-les sous le robinet d'eau chaude.

• Pour que les tomates mûrissent plus vite, mettez-les dans un sac de papier brun percé de quelques trous et rangez-les dans une armoire. Mieux encore, enfermez aussi une pomme dans le sac. Faites de même pour les avocats.

PURÉE DE POMMES DE TERRE MINCEUR

Par portion : **Calories** 163 **Protéines** 6 g **Hydrates de carbone** 30 g **Graisses** 2 g **Cholestérol** 7 mg **Sodium** 180 mg

750 g (1½ lb) de pommes de terre

⅓ tasse de yogourt nature allégé

⅓ tasse de ricotta partiellement écrémée (ou de fromage cottage)

Sel et poivre noir

2 c. à soupe de fines herbes hachées (persil, basilic ou ciboulette)

 PRÉPARATION
15 MINUTES

CUISSON
15 MINUTES

NUTRITION *Pas de crème dans cette purée, mais beaucoup de protéines et de calcium. Rendez-la encore plus nourrissante : n'épluchez pas les pommes de terre.*

1 Épluchez les pommes de terre, si vous le désirez, et détaillez-les en gros cubes de 2,5 cm (1 po) de côté. Mettez-les dans une grande casserole et couvrez-les d'eau froide. Couvrez la casserole et amenez à ébullition à feu vif. Poursuivez la cuisson à feu modéré pendant 15 minutes.

2 Entre-temps, travaillez ensemble le yogourt et la ricotta, au mélangeur électrique ou dans le robot muni d'une lame, de manière à obtenir une purée lisse et onctueuse.

3 Égouttez les pommes de terre et remettez-les dans la casserole. Réchauffez-les à feu modéré entre 30 secondes et 1 minute, le temps de faire disparaître une partie de l'humidité. Retirez la casserole du feu.

4 Défaites les pommes de terre en purée et incorporez-leur la sauce au yogourt avec un presse-purée ou un fouet. Salez et poivrez. Ajoutez les fines herbes et dressez la purée dans un bol de service.

GALETTES DE POMMES DE TERRE

Par portion : **Calories** 294 **Protéines** 6 g **Hydrates de carbone** 49 g **Graisses** 8 g **Cholestérol** 52 mg **Sodium** 562 mg

4 grosses pommes de terre (1 kg/2 lb environ)

1 petit oignon

1 gros œuf

2 c. à soupe de farine tout usage ou matzo

1 c. à thé de sel

¼ c. à thé de poivre noir

Huile végétale

Crème sure (facultatif)

 PRÉPARATION
10 MINUTES

 CUISSON
12 MINUTES

1 Chauffez le four à 100°C (200°F). Pelez et râpez grossièrement les pommes de terre et l'oignon dans un grand bol. Ajoutez l'œuf, la farine, le sel et le poivre ; remuez bien. Tapissez une plaque d'une double épaisseur d'essuie-tout.

2 Dans une grande sauteuse, réchauffez ½ cm (¼ po) d'huile à feu assez vif. Laissez tomber la préparation dans l'huile par grosses cuillerées à soupe ; aplatissez-les légèrement avec une spatule. Faites-en frire deux ou trois à la fois pendant 4 minutes environ. Retournez et prolongez la cuisson de 1 minute.

3 Quand les galettes sont bien dorées, déposez-les sur la plaque tapissée ; gardez-les au chaud. Dressez les galettes sur une grande assiette et accompagnez de crème sure, s'il y a lieu.

GALETTES PARMENTIER

GALETTES PARMENTIER

 (4)

Par portion : **Calories** 204 **Protéines** 3 g **Hydrates de carbone** 25 g **Graisses** 11 g **Cholestérol** 1 mg **Sodium** 35 mg

3 c. à soupe d'huile d'olive, en tout

1 gousse d'ail, finement hachée

2 grosses pommes de terre, rondes de préférence (500 g/1 lb environ)

1 c. à soupe de thym frais haché (ou 1 c. à thé de thym séché)

1 c. à soupe de parmesan râpé

Poivre noir

Brindilles de thym (facultatif)

 PRÉPARATION
13 MINUTES

 CUISSON
20 MINUTES

SERVICE *Avec une salade d'épinards, de carottes et de courgettes, voici un excellent accompagnement pour le poulet et le bœuf.*

1 Chauffez le four à 220°C (450°F). Badigeonnez une grande plaque avec 1½ c. à soupe d'huile. Dans une petite casserole, réchauffez le reste de l'huile à feu modéré. Ajoutez l'ail et faites-le sauter 1 minute ou jusqu'à ce qu'il soit doré ; retirez la casserole du feu.

2 Épluchez les pommes de terre et détaillez-les en tranches très minces (¼ cm/⅛ po). Divisez-les en huit portions. Pour chaque galette, disposez les tranches de façon à former un cercle de 10 cm (4 po), en les faisant chevaucher.

3 Badigeonnez les huit galettes d'huile à l'ail ; saupoudrez-les de thym, de parmesan et de poivre. Faites-les cuire 15-20 minutes au four en les aplatissant avec une spatule à plusieurs reprises pour leur donner du corps. Quand les galettes sont dorées, décorez-les de thym, s'il y a lieu, pour les présenter.

PATATES DOUCES AU GINGEMBRE

Par portion : **Calories** 311 **Protéines** 3 g **Hydrates de carbone** 62 g **Graisses** 6 g **Cholestérol** 16 mg **Sodium** 89 mg

4 **patates douces (1 kg/2 lb)**

2 **c. à soupe (¼ bâtonnet) de beurre (ou de margarine)**

1 **c. à soupe de gingembre frais finement haché (ou 1 c. à thé de gingembre moulu)**

⅛ **c. à thé de cannelle**

¼ **tasse de cassonade blonde bien tassée**

Sel et poivre noir

 PRÉPARATION **10 MINUTES**

 CUISSON **18 MINUTES**

SERVICE *Ces patates douces parfumées au gingembre relèvent admirablement le jambon au four ou la dinde rôtie ; elles sont délicieuses aussi avec le poulet.*

1 Dans une grande casserole, amenez à ébullition 5 cm (2 po) d'eau à feu vif. Épluchez les patates et coupez-les en tranches de 1 cm (½ po). Jetez-les dans l'eau bouillante, couvrez et ramenez à ébullition. Baissez le feu et laissez mijoter pendant 8 minutes.

2 Dans une grande sauteuse, faite fondre le beurre à feu modéré. Si le gingembre est frais, jetez-le dans le beurre avec la cannelle et faites cuire 1 minute. Ajoutez la cassonade et prolongez la cuisson jusqu'à ce qu'elle soit fondue. (Si le gingembre est moulu, ajoutez-le, ainsi que la cannelle, en même temps que la cassonade.)

3 Quand les patates sont cuites à point, égouttez-les et mettez-les dans la sauteuse. Prolongez la cuisson pour qu'elles se nappent de sauce ; remuez délicatement. Assaisonnez de sel et de poivre et dressez les patates dans un bol de service.

PANAIS À L'ORANGE

Par portion : **Calories** 172 **Protéines** 2 g **Hydrates de carbone** 30 g **Graisses** 6 g **Cholestérol** 16 mg **Sodium** 74 mg

750 **g (1½ lb) de panais**

1 **tasse d'eau**

1 **grosse orange (ou 2 oranges moyennes)**

2 **c. à soupe (¼ bâtonnet) de beurre (ou de margarine)**

2 **c. à soupe de cassonade**

2 **c. à thé de jus de citron**

Sel et poivre blanc

1 **c. à soupe de persil haché**

 PRÉPARATION **17 MINUTES**

 CUISSON **20 MINUTES**

1 Épluchez les panais et détaillez-les en bâtonnets de 7,5 x 1 cm (3 x ½ po). Mettez-les dans une grande sauteuse avec l'eau et amenez à ébullition à feu modéré. Baissez le feu, couvrez et laissez mijoter à feu doux pendant 8 minutes. Les panais seront cuits mais encore croquants.

2 Râpez le zeste de l'orange pour en obtenir 1 c. à soupe. Coupez l'orange en deux et exprimez-en le jus : il vous en faut ¼ tasse.

3 Découvrez la sauteuse. À feu assez vif, ajoutez le jus et le zeste d'orange, le beurre, la cassonade et le jus de citron. Mélangez. Prolongez la cuisson de 7 minutes à découvert ou jusqu'à ce que le liquide ait pris une consistance sirupeuse et que les bâtonnets de panais soient tendres et luisants. Remuez de temps à autre.

4 Salez et poivrez. Dressez les panais dans un plat de service et décorez de persil haché.

TOMATES FLORENTINES

Tomates florentines

Par portion : **Calories** 219 **Protéines** 10 g **Hydrates de carbone** 27 g **Graisses** 10 g **Cholestérol** 27 mg **Sodium** 355 mg

4	**grosses tomates**
625	**g (1¼ lb) d'épinards frais**
2	**c. à soupe (¼ bâtonnet) de beurre (ou de margarine)**
1	**petit oignon, tranché**
2	**c. à soupe de farine**
1	**tasse de lait**
2	**c. à soupe de crème légère**
¼	**c. à thé de muscade**
	Sel et poivre noir

PRÉPARATION
10 MINUTES

CUISSON
15 MINUTES

SERVICE *Ces tomates font une jolie entrée ; servez-les avec un petit pain de blé complet ou à pâte aigre.*

1 Chauffez le four à 200°C (400°F). Avec un couteau tranchant, ôtez une mince tranche (½ cm/¼ po) au sommet des tomates. Retirez la chair et les pépins à l'aide d'une cuiller. Placez les tomates à l'envers sur des feuilles d'essuie-tout pour qu'elles s'égouttent. Rincez et asséchez les épinards ; débarrassez-les des plus grosses tiges.

2 Mettez les épinards dans un faitout ou une marmite. Posez le couvercle et faites-les attendrir 3 minutes à grand feu en remuant de temps à autre. Égouttez-les dans une passoire, puis pressez-les entre deux assiettes pour en extraire toute l'eau. Hachez-les.

3 Dans le même faitout, mettez le beurre à fondre à feu modéré ; faites-y revenir l'oignon 5 minutes. Ajoutez la farine et remuez. Incorporez peu à peu le lait et amenez à ébullition. Ajoutez les épinards, la crème et la muscade. Salez et poivrez.

4 Garnissez les tomates d'épinards. Déposez-les sur une plaque non graissée et passez-les 3-5 minutes au four pour les réchauffer.

RATATOUILLE NIÇOISE

Par portion: **Calories** 192 **Protéines** 3 g **Hydrates de carbone** 16 g **Graisses** 14 g **Cholestérol** 0 mg **Sodium** 191 mg

1 oignon moyen
1 gousse d'ail
1 courgette moyenne
1 petite aubergine
(250 g/8 oz environ)
1 poivron vert moyen
¼ tasse d'huile d'olive
2 tasses de tomates hachées
en boîte
2 c. à thé de basilic séché
(ou d'origan)
Sel et poivre noir

 PRÉPARATION
9 MINUTES

 CUISSON
36 MINUTES

1 Hachez séparément l'oignon et l'ail et tranchez la courgette. Détaillez l'aubergine en cubes de 2,5 cm (1 po) de côté. Parez le poivron; détaillez-le en carrés de 2,5 cm (1 po) de côté.

2 Dans un faitout, réchauffez l'huile à feu modéré. Faites-y revenir l'oignon 5 minutes. Ajoutez l'aubergine, le poivron, la courgette et l'ail et laissez cuire 5 minutes en remuant de temps à autre.

3 Mettez dans le faitout les tomates avec leur jus et le basilic; amenez à ébullition. Baissez le feu, couvrez partiellement et laissez mijoter 25 minutes ou jusqu'à ce que les légumes soient tendres. Remuez de temps à autre. Salez et poivrez en fin de cuisson.

4 Dressez la ratatouille dans un bol et servez immédiatement. Vous pouvez aussi la conserver au réfrigérateur pour la servir froide.

CUISSON AU MICRO-ONDES

Dans un grand plat à micro-ondes, mettez l'huile et l'oignon. Couvrez et faites cuire à Maximum 3-4 minutes en remuant au bout de 2 minutes. Ajoutez l'aubergine, le poivron, la courgette, l'ail et le basilic. Couvrez et faites cuire 10 minutes à Maximum en remuant deux fois en cours de cuisson.

Égouttez les tomates. Versez-les dans le plat à micro-ondes et, sans couvrir, poursuivez la cuisson 15 minutes à Maximum en remuant deux fois. Quand les légumes sont tendres, salez et poivrez. Servez.

 L'ouvre-boîte

Le maïs en épi et la purée de pommes de terre prennent une allure nouvelle.

MAÏS EN ÉPI AU CARI

Faites cuire **4 épis de maïs surgelés** selon les instructions. Faites fondre **3 c. à soupe de beurre**; ajoutez **1 c. à thé de poudre de cari** et laissez cuire 1 minute. Égouttez le maïs et badigeonnez les épis de beurre au cari. **DONNE 4 PORTIONS**

PURÉE PARMENTIER AU BACON

Préparez 4 portions de **purée de pommes de terre instantanée** selon les instructions, mais en réduisant l'eau de ¼ tasse. Ajoutez **¼ tasse de vinaigrette crémeuse à l'italienne** et décorez de **2 c. à soupe de bacon émietté**. **DONNE 4 PORTIONS**

COURGETTES FARCIES

Courgettes farcies

Par portion : **Calories** 151 **Protéines** 6 g **Hydrates de carbone** 13 g **Graisses** 9 g **Cholestérol** 69 mg **Sodium** 337 mg

4 petites courgettes (625 g/1¼ lb)

2 c. à soupe (¼ bâtonnet) de beurre (ou de margarine)

1 petit oignon, haché

1½ tasse de mie de pain émiettée

¼ tasse de persil haché

1 c. à thé d'assaisonnement à l'italienne

Sel et poivre noir

1 gros œuf

2 c. à soupe de parmesan râpé

PRÉPARATION
10 MINUTES

CUISSON
25 MINUTES

CONSEIL *Servez deux courgettes par personne et vous ferez de cet accompagnement un plat principal léger et faible en calories.*

1 Chauffez le four à 200°C (400°F). Graissez un plat à four de 33 x 22 cm (13 x 9 po). Coupez les courgettes en deux sur la longueur. Retirez-en la chair et réservez-la : vous aurez des coquilles de ½ cm (¼ po) d'épaisseur. Déposez celles-ci à l'envers sur une plaque et faites cuire 10 minutes.

2 Pour faire la farce, détaillez la chair des courgettes en dés. Faites fondre le beurre dans une casserole moyenne à feu modéré. Ajoutez l'oignon et la chair des courgettes et faites-les cuire 5 minutes. Ajoutez la mie de pain émiettée, le persil et l'assaisonnement à l'italienne. Salez et poivrez à votre goût. Retirez la casserole du feu.

3 Dans un petit bol, battez l'œuf légèrement avant de le verser dans la casserole. Remuez bien. Retirez les coquilles de courgette du four, remettez-les à l'endroit. Salez et poivrez. Garnissez de farce et saupoudrez de parmesan. Faites gratiner 15 minutes au four.

Variations sur le thème des Pommes de terre

Si vous disposez d'un four à micro-ondes, vous pouvez faire cuire quatre pommes de terre au four en deux fois moins de temps qu'il n'en faut au four ordinaire. Lorsqu'elles sont prêtes, ne vous arrêtez pas là. Ajoutez une soupe ou une salade et vous les transformez en repas complet grâce aux recettes qui suivent. Chacune donne quatre portions.

POMMES DE TERRE AU MICRO-ONDES Grattez **4 pommes de terre d'environ 250 g (8 oz) chacune** et piquez-les à la fourchette en plusieurs endroits. Espacez-les uniformément dans le four. Faites-les cuire 20-25 minutes à Maximum ; à mi-cuisson, retournez-les et déplacez-les. Garnissez ou couronnez les pommes de terre brûlantes avec la **garniture** de votre choix.

► **GARNITURE AU CHILI** Dans une casserole moyenne, réchauffez **1 boîte de chili con carne** à feu modéré. Entaillez en croix le sommet de **4 pommes de terre cuites au four.** Dégagez un peu de pulpe à la fourchette. Déposez le chili con carne par-dessus et couronnez d'une poignée de **monterey jack grossièrement râpé,** de **laitue effilochée** et d'une cuillerée de **salsa.**

◄ **GARNITURE AU FROMAGE À LA CRÈME** Dans un petit bol, mélangez ½ **tasse de fromage à la crème ramolli, 2 c. à soupe de vinaigrette crémeuse à l'italienne ou à l'ail, 2 c. à soupe de poivron rouge haché fin** et **2 c. à soupe de pignons (noix de pin) hachés fin.** Entaillez en croix le sommet de **4 pommes de terre cuites au four.** Dégagez un peu de pulpe à la fourchette. Couronnez de garniture au fromage à la crème.

► **GARNITURE AU PEPPERONI** Dans une grande sauteuse, réchauffez **1 c. à soupe d'huile d'olive** à feu moyen. Ajoutez **1 petit oignon,** tranché, et ¼ **tasse de poivron vert** en julienne ; faites cuire 5 minutes. Ajoutez **1 gousse d'ail,** hachée, et ½ **c. à thé d'origan séché.** Au bout de 10 secondes, retirez la sauteuse du feu. Ajoutez **60 g (2 oz) de pepperoni détaillé en demi-rondelles.** Entaillez en croix le sommet de **4 pommes de terre cuites au four.** Dégagez un peu de pulpe à la fourchette. Couronnez de garniture au pepperoni. Saupoudrez de **parmesan râpé,** s'il y a lieu.

◄ **GARNITURE AU FROMAGE** Coupez en deux à l'horizontale **4 pommes de terre cuites au four.** Ôtez la pulpe et mettez-la dans un bol ; vous aurez 8 coquilles de ½ cm (¼ po) d'épaisseur. À la pulpe, ajoutez **60 g (2 oz) de cheddar fort,** grossièrement râpé, ¼ **tasse de yogourt léger nature, 2 c. à soupe de persil haché** et **1 c. à soupe de ciboulette ciselée.** Assaisonnez de **sel** et de **poivre.** Déposez cet apprêt dans les demi-pommes de terre et réchauffez au micro-ondes 4 minutes. Saupoudrez de **paprika,** s'il y a lieu.

Légumes-repas

Voici une belle gamme de plats de résistance — certains avec, d'autres sans viande — qui peuvent devenir des repas-en-un-plat.

Tofu aux légumes

Par portion : **Calories** 399   **Protéines** 16 g   **Hydrates de carbone** 29 g   **Graisses** 27 g   **Cholestérol** 0 mg   **Sodium** 736 mg

½ **tasse et 1½ c. à soupe de fécule de maïs, en tout**

1½ **c. à soupe de sauce de soja**

500 **g (16 oz) de tofu extra-ferme**

⅓ **tasse d'huile**

375 **g (12 oz) de haricots verts**

1 **gros poivron rouge**

300 **g (10 oz) de champignons, tranchés**

3 **gousses d'ail, hachées fin**

1 **tasse de bouillon de légumes (ou de bouillon de poulet hyposodique en boîte)**

 PRÉPARATION
18 MINUTES

 CUISSON
27 MINUTES

NUTRITION *Dérivé du soja, le tofu est riche en protéines végétales et ne renferme pas de cholestérol. Servez ce plat avec du riz.*

1 Dans une tasse, délayez 1½ c. à soupe de fécule de maïs dans la sauce de soja. Égouttez le tofu et coupez-le transversalement en quatre tranches. Épongez les tranches dans des feuilles d'essuie-tout et coupez-les en diagonale pour obtenir des triangles.

2 Sur une feuille de papier ciré, déposez ½ tasse de fécule. Roulez-y les triangles de tofu pour bien les enrober. Dans un wok ou une grande sauteuse (de préférence antiadhésive), réchauffez l'huile à feu assez vif.

3 Faites-y revenir le tofu 10-12 minutes pour qu'il soit doré de tous les côtés. Coupez les haricots verts en tronçons de 4 cm (1½ po). Parez le poivron et détaillez-le en lanières.

4 Déposez le tofu dans une assiette. Jetez les champignons et l'ail dans le wok ; faites-les sauter en remuant. Après 2 minutes, ajoutez les haricots verts et le bouillon et amenez à ébullition. Couvrez et laissez cuire à feu doux 7 minutes.

5 Versez dans le wok le poivron, puis la fécule délayée dans la sauce de soja. Laissez cuire 2 minutes à feu vif, pour épaissir le jus de cuisson. Ajoutez le tofu et remuez délicatement. Faites cuire 2 minutes de plus et servez.

Idées Minute

Pommes de terre au four
Si vous faites cuire les pommes de terre dans un four ordinaire, voici deux méthodes pour accélérer la cuisson. Dans un cas comme dans l'autre, vous gagnerez 15 minutes.

Première méthode : Vous pouvez couper les pommes de terre en deux en longueur et les faire cuire sur une plaque graissée.
Seconde méthode : Gardez les pommes de terre entières mais insérez en leur centre une brochette métallique. Le métal étant bon conducteur de chaleur, la pomme de terre cuit à la fois à l'intérieur et à l'extérieur.

Dans les deux cas, faites cuire les pommes de terre 35 minutes à 220°C (425°F).

COURGE POIVRÉE FARCIE AU JAMBON

COURGE POIVRÉE FARCIE AU JAMBON

Par portion : **Calories** 325 **Protéines** 12 g **Hydrates de carbone** 48 g **Graisses** 11 g **Cholestérol** 42 mg **Sodium** 632 mg

2 grosses courges poivrées
(625 g/1¼ lb chacune)

3 c. à soupe, en tout, de
beurre (ou de margarine)

1 oignon vert, haché

1 tasse de jambon fumé
détaillé en tout petits dés

½ c. à thé de thym séché

⅔ tasse d'eau

½ tasse de couscous précuit

¼ tasse de raisins secs

2 c. à soupe de miel
(ou de sirop d'érable)

Sel et poivre noir

 PRÉPARATION
12 MINUTES

 CUISSON
33 MINUTES

SERVICE *Ce plat substantiel, faible en calories, s'accompagne bien d'une salade d'endives, de radicchio et de cœurs d'artichauts.*

1 Coupez les courges en deux en longueur ; retirez les graines. Mettez-les dans une grande sauteuse ou une marmite avec 2,5 cm (1 po) d'eau et amenez à ébullition à feu vif. Baissez le feu, couvrez et laissez cuire les courges 15-20 minutes, jusqu'à ce qu'elles soient suffisamment tendres pour être percées à la fourchette.

2 Dans une grande casserole, mettez 1 c. à soupe de beurre à fondre à feu modéré. Faites-y cuire l'oignon vert 1 minute. Ajoutez le jambon, le thym et l'eau ; amenez à ébullition. Incorporez le couscous et les raisins secs. Couvrez la casserole, retirez-la du feu et laissez gonfler le couscous 15 minutes.

3 Allumez le gril. Égouttez les courges et posez-les sur la grille d'une lèchefrite. Dans leur cavité, mettez ½ c. à soupe de beurre et ½ c. à soupe de miel. Saupoudrez de sel et de poivre.

4 Faites griller les demi-courges à 10 cm (4 po) de l'élément. Dès que le beurre a fondu, étalez-le sur toute la surface et remettez-les sous le gril 3-4 minutes. Remplissez les cavités avec l'apprêt au jambon.

DOLIQUES À ŒIL NOIR AU RIZ

Par portion : **Calories** 337 **Protéines** 10 g **Hydrates de carbone** 57 g **Graisses** 8 g **Cholestérol** 0 mg **Sodium** 281 mg

- **1 oignon moyen**
- **1 gousse d'ail**
- **2 c. à soupe d'huile**
- **1 tasse de riz blanc à longs grains**
- **2 tasses d'eau**
- **1½ tasse de doliques à œil noir déjà cuits**
- **1 paquet de haricots verts surgelés**
- **3 c. à soupe d'aneth ciselé (ou 1 c. à soupe d'aneth séché)**
- **Sel et poivre noir**

 PRÉPARATION **5 MINUTES**

 CUISSON **25 MINUTES**

1 Hachez l'oignon ; hachez l'ail très fin. Dans une grande casserole, réchauffez l'huile à feu modéré et faites-y cuire l'oignon 5 minutes. Quand il est attendri, ajoutez l'ail et le riz. Mouillez avec l'eau et amenez à ébullition à feu vif. Laissez cuire pendant 10 minutes à découvert.

2 Ajoutez les haricots verts surgelés et défaites-les à la fourchette pour hâter la décongélation. Ajoutez les doliques à œil noir. Baissez le feu, couvrez la casserole et prolongez la cuisson d'environ 5 minutes pour que les haricots soient bien chauds et que le riz finisse de cuire.

3 Incorporez l'aneth ciselé ; salez et poivre. Présentez ce ragoût dans un grand plat de service.

GRATIN DE LÉGUMES SUR CANAPÉ

Par portion : **Calories** 364 **Protéines** 13 g **Hydrates de carbone** 28 g **Graisses** 22 g **Cholestérol** 21 mg **Sodium** 746 mg

- **2 gousses d'ail**
- **1 gros oignon**
- **1 grosse courgette**
- **1 grosse courge jaune**
- **1 grosse tomate mûre**
- **¼ tasse d'huile d'olive**
- **4 tranches de pain italien de 1 cm (½ po) d'épaisseur**
- **½ c. à thé de thym séché**
- **½ c. à thé de sel**
- **125 g (4 oz) de provolone, tranché**
- **2 c. à soupe de parmesan râpé**

 PRÉPARATION **15 MINUTES**

 CUISSON **30 MINUTES**

REMARQUE *Ce plat d'inspiration italienne est substantiel, économique et très savoureux. Servez-le avec du risotto.*

1 Chauffez le four à 200°C (400°F). Graissez un plat à gratin peu profond d'une capacité de 2 litres (8 tasses). Hachez finement l'ail ; tranchez l'oignon. Détaillez la courgette et la courge en tranches obliques de ½ cm (¼ po) d'épaisseur. Tranchez la tomate.

2 Dans une grande sauteuse, réchauffez l'huile à feu modéré. Faites-y revenir l'ail 1 minute. Retirez la sauteuse du feu.

3 Badigeonnez les tranches de pain des deux côtés en utilisant la moitié de l'huile à l'ail. Déposez-les dans le plat et faites-les rôtir 8 minutes au four en les retournant après 4 minutes.

4 Jetez l'oignon dans l'huile à l'ail et faites-le cuire 3 minutes à feu modéré. Ajoutez la courgette, la courge, le thym et le sel ; prolongez la cuisson de 5 minutes.

5 Déposez sur les toasts la moitié des légumes apprêtés ; ajoutez successivement les tranches de provolone, le reste des légumes et les tranches de tomate. Saupoudrez le tout de parmesan et enfournez. Laissez 10 minutes au four pour que tout soit bien chaud.

Ragoût végétarien

Par portion : **Calories** 283 **Protéines** 13 g **Hydrates de carbone** 43 g **Graisses** 9 g **Cholestérol** 15 mg **Sodium** 936 mg

1 oignon moyen
2 petites courgettes
1 poivron vert moyen
1 boîte (540 ml/19 oz) de haricots rouges
1 c. à soupe d'huile
2-3 c. à thé d'assaisonnement au chile
1 c. à thé de cumin moulu
½ c. à thé de sel
1 grosse boîte (796 ml/28 oz) de tomates broyées
1 paquet de maïs en grains surgelé
60 g (2 oz) de cheddar, grossièrement râpé (½ tasse)

 PRÉPARATION
8 MINUTES

 CUISSON
25 MINUTES

CONSEIL *Mettez plus ou moins d'assaisonnement au chile selon que vous aimez le ragoût à saveur douce ou très relevée.*

1 Hachez l'oignon. Détaillez les courgettes en dés. Parez, épépinez et hachez le poivron. Rincez et égouttez les haricots rouges. Dans un grand faitout ou une marmite, réchauffez l'huile à feu modéré. Faites-y revenir l'oignon et le poivron pendant 5 minutes. Incorporez l'assaisonnement au chile, le cumin et le sel et prolongez la cuisson de 1 minute.

2 Ajoutez les haricots, les courgettes, les tomates avec leur jus et le maïs. Amenez à ébullition à feu assez vif. Couvrez partiellement la casserole et prolongez la cuisson de 15 minutes à feu doux en remuant de temps à autre.

3 Dressez le ragoût dans quatre bols individuels et répartissez entre eux le cheddar râpé.

Poivrons farcis végétariens

Par portion : **Calories** 428 **Protéines** 22 g **Hydrates de carbone** 43 g **Graisses** 22 g **Cholestérol** 48 mg **Sodium** 1 007 mg

4 gros poivrons verts, rouges ou jaunes (250 g/8 oz chacun)
1 oignon rouge moyen
1 petite courgette
1 gousse d'ail
1 c. à soupe d'huile
1 boîte de haricots rouges, rincés et égouttés
1 c. à thé d'origan séché (ou de basilic)
250 g (8 oz) de mozzarella, détaillée en dés
2 tasses de sauce à spaghetti aux tomates

 PRÉPARATION
9 MINUTES

 CUISSON
35 MINUTES

1 Coupez les poivrons en deux sur la longueur ; retirez les graines. Dans une grande sauteuse, amenez à ébullition 1 cm (½ po) d'eau à feu vif. Ajoutez les demi-poivrons, couvrez et faites-les blanchir 5 minutes. Par ailleurs, hachez l'oignon rouge, détaillez la courgette en dés et hachez finement l'ail.

2 Égouttez les poivrons. Dans une casserole moyenne, réchauffez l'huile à feu modéré. Faites-y cuire l'oignon et la courgette 5 minutes pour qu'ils soient cuits mais encore un peu croquants. Ajoutez l'ail et faites-le cuire 10 secondes. Retirez la casserole du feu.

3 Ajoutez les haricots rouges, l'origan et la mozzarella ; remuez délicatement. Déposez cet apprêt dans les demi-poivrons. Versez la sauce à spaghetti dans la sauteuse.

4 Disposez les demi-poivrons dans la sauteuse. Couvrez et amenez à ébullition à feu vif. Prolongez la cuisson de 15 minutes à petit feu pour bien réchauffer le plat et faire fondre le fromage. Dressez les demi-poivrons dans une assiette et nappez-les de sauce.

TOURTE AUX CHAMPIGNONS ET À L'OIGNON

TOURTE AUX CHAMPIGNONS ET À L'OIGNON

Par portion : **Calories** 421 **Protéines** 15 g **Hydrates de carbone** 35 g **Graisses** 24 g **Cholestérol** 99 mg **Sodium** 741 mg

¼ **tasse (½ bâtonnet) de beurre (ou de margarine)**

750 **g (1½ lb) de champignons, tranchés**

1 **gros oignon, tranché**

⅓ **tasse de farine**

½ **tasse de vin blanc sec**

250 **g (8 oz) de fromage cottage**

¼ **tasse de persil haché**

½ **c. à thé de sel**

¼ **c. à thé de poivre blanc**

1 **abaisse à tarte surgelée, partiellement décongelée**

1 **jaune d'œuf**

2 **c. à soupe d'eau**

 PRÉPARATION
15 MINUTES

 CUISSON
30 MINUTES

NUTRITION *Avec une seule croûte, cette tourte vous épargne bien des calories. Accompagnez-la d'une salade verte panachée.*

1 Chauffez le four à 220°C (425°F). Dans une grande sauteuse, faites fondre le beurre à feu assez vif. Faites-y revenir les champignons et l'oignon 10 minutes pour qu'ils soient bien tendres. Incorporez la farine. Mouillez peu à peu avec le vin et laissez cuire 1 minute, ou jusqu'à épaississement. Retirez la sauteuse du feu.

2 Incorporez le fromage cottage, le persil haché, le sel et le poivre blanc. Versez l'appareil dans un moule à tarte non graissé. Recouvrez de l'abaisse et appuyez pour sceller le bord. Cannelez le pourtour, si vous le désirez.

3 Battez le jaune d'œuf avec l'eau ; badigeonnez-en l'abaisse. Pratiquez des fentes dans la pâte pour que la vapeur puisse s'échapper durant la cuisson. Enfournez et faites cuire 15-20 minutes ou jusqu'à ce que la croûte soit dorée.

Aubergine à la parmesane

Par portion : **Calories** 373 **Protéines** 13 g **Hydrates de carbone** 23 g **Graisses** 25 g **Cholestérol** 79 mg **Sodium** 561 mg

1 aubergine moyenne
(500 g/1 lb environ)

1 gros œuf

2 c. à soupe d'eau

⅓ tasse de farine

½ c. à thé d'origan séché

4 c. à soupe d'huile, en tout

⅓ tasse de parmesan râpé

1 tasse de sauce à spaghetti
aux tomates

125 g (4 oz) de mozzarella,
grossièrement râpée
(1 tasse)

PRÉPARATION
15 MINUTES

CUISSON
22 MINUTES

SERVICE *Ce plat italien, toujours très populaire, fait huit portions en accompagnement. Il est idéal avec le poulet et le veau.*

1 Pelez l'aubergine et coupez-la en tranches de 1 cm (½ po). Dans un moule à tarte, battez l'œuf avec l'eau. Sur une feuille de papier ciré, mélangez la farine et l'origan. Plongez les tranches d'aubergine dans l'œuf battu puis dans la farine ; secouez pour faire tomber l'excédent.

2 Dans une grande sauteuse, réchauffez 2 c. à soupe d'huile à feu assez vif. Déposez-y des tranches d'aubergine de façon à couvrir le fond, sans les superposer. Faites-les sauter 3 minutes de chaque côté. Épongez-les sur des feuilles d'essuie-tout.

3 Versez le reste de l'huile dans la sauteuse et faites cuire de la même façon le reste de l'aubergine.

4 Essuyez la sauteuse avec des feuilles d'essuie-tout. Remettez-y les tranches d'aubergine en les superposant au besoin. Saupoudrez de parmesan râpé. Couronnez de sauce à spaghetti et de fromage mozzarella. Couvrez la sauteuse et laissez cuire 5-7 minutes à feu doux. Dressez l'aubergine dans des assiettes.

Ragoût de légumes

Par portion : **Calories** 215 **Protéines** 8 g **Hydrates de carbone** 26 g **Graisses** 10 g **Cholestérol** 15 mg **Sodium** 364 mg

250 g (8 oz) de bettes à carde

125 g (4 oz) de champignons

12 petites carottes
(250 g/8 oz environ)

125 g (4 oz) de pois
mange-tout

4 oignons verts

2 c. à soupe (¼ bâtonnet) de
beurre (ou de margarine)

1 c. à soupe d'huile d'olive

1 gousse d'ail, hachée

1 tasse d'eau chaude

1 paquet de petits haricots
de Lima surgelés

Sel et poivre noir

1 c. à soupe de persil haché

PRÉPARATION
15 MINUTES

CUISSON
15 MINUTES

1 Coupez les tiges de bette à carde en tronçons de 2,5 cm (1 po), les feuilles en rubans de 1 cm (½ po) de largeur. Tranchez les champignons et les carottes en deux ; effilez les pois mange-tout et taillez les oignons verts en rondelles de 1 cm (½ po).

2 Dans un grand faitout, réchauffez le beurre et l'huile à feu assez vif. Faites-y sauter les oignons verts 30 secondes. Ajoutez les tiges de bettes à carde, les champignons, les carottes, l'ail, l'eau et les haricots de Lima. Amenez à ébullition en remuant pour séparer les haricots. Couvrez et laissez mijoter à feu doux 8-10 minutes.

3 Ajoutez les feuilles de bettes à carde ainsi que les pois mange-tout. Prolongez la cuisson de 4 minutes environ. Salez et poivrez. Dressez le ragoût dans un bol de service et saupoudrez de persil.

SALADES

SALADE DE POISSON ET DE ROMAINE (PAGE 314)

SALADES D'ACCOMPAGNEMENT

Ces salades légères mettront de la couleur
et de la fraîcheur sur votre table.

SALADE D'ÉPINARDS À L'ORANGE

Par portion : **Calories** 253 **Protéines** 5 g **Hydrates de carbone** 22 g **Graisses** 19 g **Cholestérol** 0 mg **Sodium** 314 mg

¼ **tasse d'amandes effilées**

3 **oranges navel**
(ou oranges de Valence)

½ **petit oignon rouge**

4 **tasses d'épinards frais,
déchiquetés**

Vinaigrette au vin rouge :

¼ **tasse d'huile à salade**

¼ **tasse de vinaigre de vin
rouge**

1 **c. à soupe de sucre**

½ **c. à thé de sel**

¼ **c. à thé de poivre noir**

 PRÉPARATION
14 MINUTES

 CUISSON
4 MINUTES

SERVICE *Cette salade colorée, à la saveur aigre-douce,
accompagne bien la viande cuite au gril.*

1 Dans une grande sauteuse, réchauffez l'huile à feu modéré. Ajoutez les amandes et faites-les griller 2-3 minutes. Retirez la sauteuse du feu. Cueillez les amandes avec une cuiller à fentes et réservez-les dans un petit bol.

2 Pour faire la vinaigrette, ajoutez le vinaigre, le sucre, le sel et le poivre à l'huile chaude dans la sauteuse. Remuez jusqu'à ce que le sucre soit fondu. Réservez.

3 Pelez les oranges et tranchez-les. Découpez l'oignon en tranches fines. Dans un saladier, déposez les oranges, l'oignon et les feuilles d'épinards. Ajoutez les amandes et la vinaigrette, mélangez.

 L'ouvre-boîte

*Voici deux petites salades vite faites, idéales pour les repas au jardin
ou les pique-niques. L'une, marocaine, est à base de boulgour.
L'autre associe les pommes de terre et le fromage bleu.*

SALADE MAROCAINE

Dans une grande casserole, amenez à ébullition **3 tasses d'eau.** Versez-y **1½ tasse de boulgour.** Laissez gonfler le boulgour 13 minutes hors du feu. Détaillez **1 grosse tomate** en dés. Hachez **3 oignons verts** et **¼ tasse de pistaches décortiquées.** Dans un grand bol, mélangez la tomate, l'oignon, les pistaches, **½ tasse de dattes dénoyautées, 1 c. à soupe de persil haché** et **1 c. à soupe de menthe hachée.** Ajoutez **½ tasse de vinaigrette au citron** et le boulgour.
DONNE 8 PORTIONS

SALADE PARMENTIER

Dans un grand saladier, mélangez **2 boîtes de pommes de terre,** égouttées et tranchées, et **1 boîte de haricots verts,** égouttés. Égouttez **1 bocal de cœurs d'artichauts marinés** et coupez-les en deux. Mettez-les dans le saladier. Dans un petit bol, mélangez **¼ tasse de vinaigrette au fromage bleu du commerce** et **¼ tasse de parmesan râpé.** Versez dans le saladier et remuez délicatement. Incorporez **1 tasse de tomates-cerises coupées en deux.**
DONNE 6 PORTIONS

Salade à l'orientale

Par portion : **Calories** 201　**Protéines** 3 g　**Hydrates de carbone** 10 g　**Graisses** 18 g　**Cholestérol** 0 mg　**Sodium** 271 mg

250 **g (8 oz) de pois mange-tout**

1 **tasse de germes de haricots**

1 **grosse carotte, détaillée en allumettes**

12 **tranches minces de concombre, coupées en deux**

Vinaigrette à l'orientale :

¼ **tasse d'huile à salade**

1 **c. à soupe d'huile de sésame aromatique**

1 **c. à soupe de vinaigre de riz (ou de vinaigre blanc)**

1 **c. à soupe de sauce de soja**

½ **c. à thé de gingembre moulu**

½ **c. à thé de sucre**

　 Pincée de flocons de piment rouge

 PRÉPARATION
11 MINUTES

 CUISSON
11 MINUTES

1 Dans une casserole moyenne, amenez à ébullition 5 cm (2 po) d'eau à feu vif. Parez et effilez les pois mange-tout. Rincez et égouttez les germes de haricots.

2 Jetez les pois mange-tout dans l'eau bouillante. Dès que l'ébullition a repris, retirez-les ; passez-les à l'eau froide et égouttez-les. Versez-les dans un grand bol ; ajoutez les germes de haricots, la carotte et les tranches de concombre.

3 Dans un petit bocal ou un petit bol, mélangez l'huile à salade et l'huile de sésame. Ajoutez le vinaigre, la sauce de soja, le gingembre, le sucre et les flocons de poivre. Couvrez et remuez bien. Versez la vinaigrette sur les légumes et remuez.

Variante : salade de poulet à l'orientale

Par portion : **Calories** 294　**Protéines** 23 g　**Hydrates de carbone** 10 g　**Graisses** 19 g
Cholestérol 43 mg　**Sodium** 326 mg

Ajoutez **2 c. à soupe d'huile** *et* **2 demi-poitrines de poulet (180 g/6 oz chacune), désossées et sans la peau,** *à la liste des ingrédients. Dans une sauteuse moyenne, réchauffez 2 c. à soupe d'huile à feu modéré. Faites cuire le poulet 3 minutes de chaque côté. Détaillez-le en tranches de ½ cm (¼ po) d'épaisseur. Préparez la salade comme il est indiqué ci-dessus ; ajoutez le poulet juste avant d'arroser avec la vinaigrette.*

Salade de chou Calico

Par portion : **Calories** 275　**Protéines** 3 g　**Hydrates de carbone** 18 g　**Graisses** 23 g　**Cholestérol** 17 mg　**Sodium** 196 mg

1 **petit chou vert**

½ **petit chou rouge**

1 **grosse carotte**

1 **pomme rouge moyenne**

　 Sel et poivre noir

Vinaigrette au yogourt :

½ **tasse de mayonnaise**

⅓ **tasse de yogourt allégé**

2 **c. à soupe de jus de pomme**

1 **c. à soupe de vinaigre de cidre**

1 **c. à thé de graines de céleri**

 PRÉPARATION
18 MINUTES

 CUISSON
AUCUNE

1 Coupez le chou vert en deux ; retirez la partie coriace à la base et hachez les feuilles grossièrement. Faites de même pour le chou rouge. Épluchez et râpez grossièrement la carotte. Parez la pomme sans l'éplucher et taillez-la en dés de ½ cm (¼ po) de côté.

2 Dans un grand bol, mélangez le chou vert, le chou rouge, la carotte et la pomme.

3 Dans un petit bol, mélangez au fouet la mayonnaise, le yogourt, le jus de pomme, le vinaigre et les graines de céleri.

4 Versez la vinaigrette sur les légumes ; remuez délicatement. Assaisonnez de sel et de poivre. Servez imédiatement ou couvrez et rangez au réfrigérateur jusqu'au moment de servir.

SALADE DE CALIFORNIE

Salade de Californie

Par portion : **Calories** 256 **Protéines** 8 g **Hydrates de carbone** 16 g **Graisses** 20 g **Cholestérol** 30 mg **Sodium** 321 mg

- 2 **tasse de germes de luzerne**
- 1 **boîte de cœurs d'artichauts, égouttés**
- 3 **tomates bien mûres**
- 1 **avocat bien mûr**
- 2 **c. à soupe de parmesan râpé**
- ½ **tasse de sauce à salade César du commerce**

 PRÉPARATION
15 MINUTES

 CUISSON
AUCUNE

SERVICE *Vous pouvez remplacer la luzerne par de la laitue coupée en chiffonnade. Cette salade se sert aussi en entrée.*

1 Disposez les germes de luzerne dans une assiette. Coupez les cœurs d'artichauts en deux, ou en quatre s'ils sont gros. Tranchez les tomates. Disposez les artichauts et les tomates sur la luzerne.

2 Coupez l'avocat en deux. Retirez le noyau et la peau et tranchez la chair. Disposez les tranches dans l'assiette. Saupoudrez de parmesan râpé et arrosez de vinaigrette.

Salade d'asperges et de champignons

Par portion : **Calories** 108 **Protéines** 6 g **Hydrates de carbone** 10 g **Graisses** 7 g **Cholestérol** 0 mg **Sodium** 272 mg

3 tasses d'eau

500 g (1 lb) d'asperges fraîches

½ tasse de vinaigre blanc

½ c. à thé de sel

½ c. à thé de thym séché, écrasé entre les doigts

16 chapeaux de champignon

8 petites feuilles de laitue romaine

2 c. à soupe de piment doux rôti ou de poivron rouge rôti, en lamelles

2 c. à soupe d'huile d'olive extra-vierge

PRÉPARATION
15 MINUTES

CUISSON
10 MINUTES

SERVICE *Cette salade élégante peut servir d'entrée dans un grand repas. Elle accompagne bien l'agneau ou le poisson.*

1 Dans une grande sauteuse, amenez l'eau à ébullition à feu vif. Cassez les asperges pour en retirer la portion coriace et pelez une partie des tiges si vous le désirez.

2 Jetez les asperges dans l'eau bouillante ; faites-les cuire 8-10 minutes à feu modéré.

3 Quand elles sont cuites à point, recueillez-les avec une cuiller à fentes et déposez-les sur des feuilles d'essuie-tout. Laissez-les refroidir. Jetez le vinaigre, le sel et le thym dans l'eau de la sauteuse et lancez l'ébullition. Mettez-y les champignons. Quand l'ébullition a repris, retirez la sauteuse et laissez refroidir les champignons.

4 Disposez les feuilles de laitue romaine en éventail dans quatre assiettes à salade ; épongez les asperges et dressez-les par-dessus.

5 Égouttez les champignons et mélangez-les au piment doux rôti. Disposez-les de façon décorative à la base des asperges. Aspergez le tout d'huile d'olive.

Salade de tomates et de mozzarella

Par portion : **Calories** 221 **Protéines** 5 g **Hydrates de carbone** 24 g **Graisses** 16 g **Cholestérol** 6 mg **Sodium** 181 mg

3 grosses tomates mûres, tranchées

500 g (1 lb) de mozzarella

1 tasse de tomates-cerises ou de petites tomates jaunes

¼ tasse de basilic frais

Vinaigrette :

½ tasse d'huile d'olive

3 c. à soupe de vinaigre de vin rouge

¼ c. à thé de sel

⅛ c. à thé de poivre noir

PRÉPARATION
45 MINUTES

CUISSON
AUCUNE

1 Détaillez les grosses tomates et la mozzarella en tranches de ½ cm (¼ po) d'épaisseur. Coupez les tomates-cerises en deux.

2 Dans une assiette de service, faites alterner les tranches de tomate et les tranches de mozzarella en les disposant en cercle près du bord. Dressez les tomates-cerises au centre. Couvrez et réfrigérez au moins 30 minutes.

3 Dans un petit bocal, mélangez l'huile d'olive, le vinaigre de vin rouge, le sel et le poivre. Fermez et agitez vigoureusement.

4 Juste avant de servir, hachez les feuilles de basilic et répartissez-les dans l'assiette sur les tranches de tomate et de fromage. Agitez de nouveau la vinaigrette et versez-la par-dessus.

SALADE DE CONCOMBRES

Par portion : **Calories** 90 **Protéines** 2 g **Hydrates de carbone** 8 g **Graisses** 6 g **Cholestérol** 13 mg **Sodium** 286 mg

2 gros concombres froids
½ petit oignon

 PRÉPARATION
10 MINUTES

 CUISSON
AUCUNE

Vinaigrette à la crème sure :
½ tasse de crème sure
1 c. à thé d'aneth séché
1 c. à soupe de vinaigre de cidre
1 c. à thé de sucre
½ c. à thé de sel
¼ c. à thé de poivre blanc

1 Pour faire la vinaigrette, mélangez dans un grand bol la crème sure, l'aneth, le vinaigre, le sucre, le sel et le poivre. Réfrigérez-la pendant que vous préparez la salade.

2 Pelez les concombres, coupez-les en deux sur la longueur et épépinez-les ; détaillez-les en tranches minces. Coupez l'oignon en tranches minces. Déposez les concombres et l'oignon dans la sauce et remuez-les délicatement. Dressez la salade dans une assiette et servez tout de suite.

SALADE DE CAROTTES ET DE BETTERAVES

Par portion : **Calories** 217 **Protéines** 2 g **Hydrates de carbone** 24 g **Graisses** 14 g **Cholestérol** 0 mg **Sodium** 207 mg

3 grosses carottes
¼ tasse de raisins secs
3 betteraves moyennes

 PRÉPARATION
30 MINUTES

 CUISSON
AUCUNE

Vinaigrette aigre-douce :
½ tasse d'huile à salade
2 c. à soupe de vinaigre de vin rouge
1 c. à thé de sucre
½ c. à thé de moutarde sèche
¼ c. à thé de sel

1 Épluchez les carottes. À la main ou au robot, râpez- les et déposez-les dans un petit bol. Ajoutez les raisins secs. Épluchez les betteraves, râpez-les et déposez-les dans un autre bol.

2 Dans un petit bocal, mélangez l'huile, le vinaigre, le sucre, la moutarde sèche et le sel. Mettez le couvercle et agitez vigoureusement. Divisez la vinaigrette entre les deux bols. Remuez délicatement. Couvrez et réfrigérez au moins 15 minutes.

3 Au moment de servir, dressez les betteraves au centre d'une assiette et les carottes tout autour.

SALADE DE LÉGUMES MARINÉS

Par portion : **Calories** 330 **Protéines** 12 g **Hydrates de carbone** 40 g **Graisses** 18 g **Cholestérol** 0 mg **Sodium** 303 mg

1 petit concombre
1 petit poivron vert
6 radis rouges
1 boîte de pois chiches
½ tasse d'olives grecques, coupées en deux
¼ tasse de vinaigrette italienne
Feuilles de laitue
4 tomates-cerises, coupées en deux

 PRÉPARATION
40 MINUTES

 CUISSON
AUCUNE

1 Pelez et épépinez le concombre ; coupez-le en tronçons. Parez le poivron ; détaillez-le en lanières. Parez et tranchez les radis.

2 Dans un bol moyen, mélangez le concombre, le poivron, les radis, les pois chiches et les olives. Ajoutez la vinaigrette et mélangez délicatement. Couvrez et réfrigérez au moins 30 minutes.

3 Disposez les feuilles de laitue dans une assiette. Dressez la salade en monticule. Décorez de tomates-cerises.

SALADE DE BROCOLI, CHOU-FLEUR ET CHOU ROUGE

Salade de brocoli, chou-fleur et chou rouge

Par portion : **Calories** 82 **Protéines** 2 g **Hydrates de carbone** 9 g **Graisses** 5 g **Cholestérol** 0 mg **Sodium** 16 mg

2 **tasses de petits bouquets de brocoli**

2 **tasses de petits bouquets de chou-fleur**

Sel et poivre noir

2 **tasses de chou rouge tranché en chiffonnade**

Feuilles de chou rouge (facultatif)

Vinaigrette à l'orange :

2 **c. à soupe d'huile**

1 **petit oignon, tranché**

2 **c. à thé de fécule de maïs**

½ **tasse de jus d'orange**

 PRÉPARATION
8 MINUTES

 CUISSON
26 MINUTES

CONSEIL *Pour refroidir rapidement le brocoli et le chou-fleur, plongez-les dans un bac d'eau glacée.*

1 Pour faire la vinaigrette, réchauffez l'huile dans une casserole moyenne à feu modéré. Faites-y revenir l'oignon 5 minutes. Saupoudrez la fécule de maïs, mouillez avec le jus d'orange et laissez cuire jusqu'à épaississement. Versez la sauce au fond d'un grand bol et faites-la refroidir au réfrigérateur.

2 Dans une grande casserole, amenez à ébullition 5 cm (2 po) d'eau à feu vif. Jetez-y le brocoli et le chou-fleur et faites-les cuire 7 minutes. Rincez-les à l'eau froide et égouttez-les. Versez les légumes dans la vinaigrette et remuez délicatement. Salez et poivrez. Couvrez et réfrigérez.

3 Au moment de servir, jetez le chou en chiffonnade dans le bol et remuez délicatement. Dressez la salade sur des feuilles de chou rouge, à votre goût.

Salade de maïs et de haricots rouges

Par portion : **Calories** 155   **Protéines** 4 g   **Hydrates de carbone** 11 g   **Graisses** 12 g   **Cholestérol** 0 mg   **Sodium** 551 mg

3 tasses de grains de maïs cuits ou en boîte

1 boîte de haricots rouges, rincés et égouttés

½ tasse d'olives noires dénoyautées, tranchées

1 petit poivron rouge

Feuilles d'endive

Vinaigrette au cumin :

6 c. à soupe d'huile à salade

3 c. à soupe de vinaigre de cidre

1½ c. à thé de moutarde de Dijon

¾ c. à thé de sel

¾ c. à thé de cumin moulu

¼ c. à thé de sucre

 PRÉPARATION **40 MINUTES**

CUISSON **AUCUNE**

1 Pour faire la vinaigrette, mélangez au fouet dans un bol moyen l'huile, le vinaigre, la moutarde, le sel, le cumin et le sucre.

2 Ajoutez le maïs, les haricots rouges et les olives ; remuez bien. Couvrez et réfrigérez au moins 30 minutes.

3 Parez et épépinez le poivron en le gardant entier. Détaillez-le transversalement en anneaux de ½ cm (¼ po) de largeur.

4 Disposez les feuilles d'endive dans une assiette de service. Dressez la salade par-dessus et décorez d'anneaux de poivron.

Variante : Salade aux trois haricots

Par portion : **Calories** 177   **Protéines** 5 g   **Hydrates de carbone** 15 g   **Graisses** 13 g
Cholestérol 0 mg   **Sodium** 472 mg

Supprimez le maïs et le poivron rouge des ingrédients ci-dessus et remplacez-les par **1 boîte de haricots verts, égouttés, 1 boîte de haricots jaunes, égouttés,** *et* **⅓ tasse d'oignon haché.** *Préparez la vinaigrette comme à l'étape 1. Jetez-y les haricots et l'oignon en même temps que les haricots rouges ; couvrez et réfrigérez au moins 30 minutes. Dressez la salade sur un lit de feuilles d'endive.*

Salade de riz chaude

Par portion : **Calories** 295   **Protéines** 5 g   **Hydrates de carbone** 44 g   **Graisses** 11 g   **Cholestérol** 0 mg   **Sodium** 335 mg

3 c. à soupe d'huile, en tout

1 petit oignon, tranché

1 tasse de riz blanc à longs grains

2½ tasses d'eau

1 tasse de petits pois surgelés

1 tasse de céleri tranché

1 c. à soupe de vinaigre de vin rouge

½ c. à thé de sel

½ c. à thé d'estragon séché, écrasé entre les doigts

¼ c. à thé de poivre noir moulu

 PRÉPARATION **5 MINUTES**

 CUISSON **35 MINUTES**

1 Dans une grande sauteuse, réchauffez 1 c. à soupe d'huile à feu modéré et faites-y revenir l'oignon pendant 5 minutes. Ajoutez le riz puis l'eau et amenez à ébullition. Baissez le feu, couvrez et laissez cuire 10 minutes.

2 Jetez les petits pois dans la sauteuse et mélangez-les délicatement au riz avec une fourchette. Mettez un couvercle et prolongez la cuisson de 5 minutes pour que l'eau soit complètement absorbée. Retirez la sauteuse du feu et laissez-la reposer 5 minutes sans la découvrir.

3 Dans un grand bol, mélangez le céleri, les 2 c. à soupe d'huile qui restent, le vinaigre, le sel, l'estragon et le poivre. Ajoutez le riz et remuez bien. Servez la salade chaude ou tiède.

SALADE CHAUDE D'HIVER

SALADE CHAUDE D'HIVER

(4)

Par portion : **Calories** 410 **Protéines** 6 g **Hydrates de carbone** 26 g **Graisses** 33 g **Cholestérol** 24 mg **Sodium** 349 mg

8 petites pommes de terre rouges non épluchées

250 g (½ lb) de carottes

2 tasses de choux de Bruxelles, frais ou surgelés

1 c. à soupe de persil ciselé (ou de ciboulette)

Vinaigrette crémeuse à la moutarde :

¾ tasse de mayonnaise

1 c. à soupe de moutarde de Dijon

1 c. à soupe de vinaigre de cidre

2 c. à thé de graines de céleri

Sel et poivre noir

 PRÉPARATION
15 MINUTES

 CUISSON
20 MINUTES

SERVICE *Cette petite salade chaude peut accompagner le bœuf ou le poulet rôti, ou constituer un plat végétarien substantiel pour deux personnes.*

1 Coupez les pommes de terre en deux. Épluchez les carottes et tranches-les à l'oblique. Faites cuire les pommes de terre 20 minutes à l'eau bouillante. Dans une autre casserole d'eau bouillante, faites cuire les carottes et les choux de Bruxelles 10 minutes.

2 Dans un petit bol, mélangez au fouet la mayonnaise, la moutarde, le vinaigre et les graines de céleri. Assaisonnez de sel et de poivre.

3 Quand les légumes sont cuits à point, égouttez-les et dressez-les dans un plat de service. Laissez-les tiédir. Nappez-les d'un peu de vinaigrette et décorez-les de persil ciselé. Servez tout de suite en présentant le reste de la vinaigrette en saucière.

Variation sur le thème de la **Salade verte**

La petite salade verte, qu'on sert à presque tous les repas, est si familière qu'elle passe souvent inaperçue. N'hésitez donc pas à la rendre coquette en lui ajoutant un ingrédient inusité ou décoratif. Les suggestions ci-dessous stimuleront votre imagination. Essayez aussi nos délicieuses vinaigrettes. Mais n'oubliez pas : on ne les ajoute qu'à la dernière minute. Chaque recette donne ½ tasse de sauce, de quoi garnir une salade pour 4 personnes.

SALADE VERTE DE BASE Lavez et épongez **1 botte de roquette (arugula), 1 petite pomme de radicchio, 1 petite pomme de boston et 375 g (12 oz) d'épinards frais.** (On peut remplacer la roquette et la radicchio par une pomme de romaine.) Dans un grand saladier, déchiquetez les verdures en bouchées.

Préparez la vinaigrette ainsi que les ingrédients additionnels suggérés dans chacune des recettes qui suivent.

◄ TOMATES ET BASILIC Au robot ou au mélangeur, travaillez ensemble **2 tomates moyennes,** pelées et épépinées, **3 c. à soupe d'huile d'olive, 1 c. à soupe de vinaigre de vin blanc, 1 c. à thé de concentré de tomate, 1 c. à thé de sucre, 4 à 6 feuilles de basilic frais** (ou ½ c. à thé de basilic séché). Quand la vinaigrette vous paraît suffisamment onctueuse, assaisonnez-la de **sel** et de **poivre noir.** Préparez la **salade verte de base;** ajoutez **1 œuf dur,** haché, du **concombre** haché et des **croûtons.** Nappez de vinaigrette et remuez délicatement.

◄ YOGOURT AU CARI Au robot ou au mélangeur, travaillez ensemble ½ **tasse de yogourt nature, 2 c. à soupe de chutney de mangues, 1 c. à thé de poudre de cari, 1 c. à thé de jus de lime, 6 à 8 feuilles de menthe fraîche** (ou ½ c. à thé de menthe séchée). Quand la vinaigrette vous paraît suffisamment onctueuse, assaisonnez-la de **sel** et de **poivre noir.** Préparez la **salade verte de base;** ajoutez des **quartiers d'orange** (ou des tranches de pomme) et décorez d'**arachides hachées.** Nappez de vinaigrette et remuez délicatement.

► SAUCE COCKTAIL Dans un bol, mélangez ensemble ¼ **tasse de mayonnaise, 2 c. à soupe de ketchup à la tomate, 1 c. à soupe de persil haché, 1 oignon vert,** finement haché, **1 c. à soupe d'olives farcies hachées, 1 c. à soupe de jus de citron** et **1 c. à thé de paprika.** Préparez la **salade verte de base;** ajoutez **125 g (4 oz) de chair de crabe en boîte** (ou de poisson à saveur de crabe). Nappez de vinaigrette et remuez délicatement.

► CRÈME SURE AU RAIFORT Dans un bol, mélangez ensemble ⅔ **tasse de crème sure, 1 c. à soupe de raifort crémeux, 2 c. à soupe de jus de citron,** du **sel** et du **poivre noir.** Préparez la **salade verte de base;** ajoutez **125 g (4 oz) de bœuf cuit,** haché, **1 tomate moyenne,** hachée, et ½ **tasse de courgette râpée.** Nappez de vinaigrette et remuez délicatement.

► NOIX ET AIL Dans un petit bocal, mettez **6 c. à soupe d'huile de noix, 1 c. à soupe de vinaigre de vin rouge, 2 c. à soupe de noix hachées fin** et **1 gousse d'ail,** écrasée. Fermez et agitez vigoureusement. Assaisonnez de **sel** et de **poivre noir.** Préparez la **salade verte de base;** ajoutez **90 à 125 g (3-4 oz) de fromage de chèvre,** en tranches, ¼ **tasse de noix hachées** et **1 poire,** tranchée. Nappez de vinaigrette, remuez et servez sur des **triangles de pain de blé entier grillé.**

SALADE DE MACARONI AUX PETITS LÉGUMES

SALADE DE MACARONI AUX PETITS LÉGUMES

Par portion : **Calories** 471 **Protéines** 11 g **Hydrates de carbone** 32 g **Graisses** 34 g **Cholestérol** 37 mg **Sodium** 363 mg

125 g (4 oz) de cheddar

1 petite courgette

1 petite carotte

250 g (8 oz) de macaronis en coudes

¾ tasse de mayonnaise

¼ tasse de yogourt nature allégé

¼ tasse de vinaigrette italienne

Sel et poivre noir

Frisons de carotte (facultatif)

 PRÉPARATION
8 MINUTES

 CUISSON
26 MINUTES

SERVICE *Cette salade substantielle s'accompagne bien d'une assiette de viandes froides.*

1 Dans une grande casserole, amenez à ébullition 3 litres (12 tasses) d'eau à feu vif. À la main ou au robot, râpez grossièrement le fromage, la courgette et la carotte dans un grand bol.

2 Jetez les macaronis dans l'eau bouillante et faites-les cuire selon les instructions, en les conservant *al dente*, c'est-à-dire légèrement fermes. Versez la mayonnaise, le yogourt et la vinaigrette italienne dans le bol où se trouvent les légumes.

3 Égouttez les macaronis et mettez-les 1-2 minutes sous le robinet d'eau froide pour les refroidir. Égouttez-les avant de les verser dans le bol. Assaisonnez de sel et de poivre.

4 Dressez la salade dans un saladier et décorez de frisons de carotte, s'il y a lieu. Servez immédiatement ou couvrez et réfrigérez.

SALADE AUX TROIS POMMES DE TERRE

Par portion : **Calories** 334 **Protéines** 4 g **Hydrates de carbone** 34 g **Graisses** 21 g **Cholestérol** 11 mg **Sodium** 273 mg

500 g (1 lb) de pommes de terre blanches

2 petites pommes de terre douces (180 g/6 oz chacune)

250 g (8 oz) de petites pommes de terre rouges

⅓ tasse de vinaigrette italienne (ou huile et vinaigre)

½ tasse de mayonnaise

¼ tasse d'eau

1½ c. à soupe de moutarde préparée

2 oignons verts, hachés

¼ tasse de basilic frais ciselé (ou d'estragon, ou de persil)

Sel et poivre noir

 PRÉPARATION **9 MINUTES**

 CUISSON **29 MINUTES**

1 Dans un faitout ou une marmite, amenez à ébullition 5 cm (2 po) d'eau à feu vif. Épluchez les pommes de terre blanches et les douces ; détaillez-les en cubes de 2,5 cm (1 po), sans les mélanger. N'épluchez pas les pommes de terre rouges, mais coupez-les en quatre. Mettez les pommes de terre blanches et les rouges dans l'eau bouillante, couvrez et laissez cuire 5 minutes.

2 Ajoutez les pommes de terre douces et prolongez la cuisson de 7 minutes. Égouttez-les et refroidissez-les à l'eau froide. Mettez-les dans un grand bol avec la vinaigrette italienne. Remuez délicatement. Couvrez et réfrigérez au moins 5 minutes.

3 Dans un petit bol, mélangez ensemble la mayonnaise, ¼ tasse d'eau et la moutarde. Ajoutez les oignons verts hachés et le basilic ciselé. Incorporez la vinaigrette aux légumes. Assaisonnez de sel et de poivre et servez immédiatement ; ou couvrez et réfrigérez jusqu'au moment de servir.

SALADE DE PÂTES CRÉMEUSES

Par portion : **Calories** 406 **Protéines** 9 g **Hydrates de carbone** 42 g **Graisses** 23 g **Cholestérol** 26 mg **Sodium** 42 mg

1 petit oignon

1 gousse d'ail

1 gros poivron rouge

180 g (6 oz) de pennes (pâtes en forme de bec de plume)

3 c. à soupe d'huile d'olive

1 tasse de bouquets de brocoli

1 c. à soupe de vinaigre de vin rouge

1 tasse de basilic frais (ou 1 tasse de cresson et 1 c. à soupe de basilic séché)

1 tasse de crème sure

Sel et poivre noir

 PRÉPARATION **10 MINUTES**

 CUISSON **25 MINUTES**

1 Dans une grande casserole, amenez à ébullition 12 tasses d'eau à feu vif. Par ailleurs, tranchez l'oignon et hachez l'ail ; parez et épépinez le poivron et détaillez-le en fines lanières.

2 Jetez les pennes dans l'eau bouillante et faites-les cuire selon les instructions, en les conservant *al dente*, c'est-à-dire un peu fermes.

3 Dans une grande sauteuse, réchauffez l'huile à feu modéré et faites-y cuire l'oignon 5 minutes. Ajoutez l'ail, le poivron et le brocoli ; faites-les revenir 4 minutes. Retirez la sauteuse du feu ; incorporez le vinaigre.

4 Égouttez les pâtes et rincez-les à l'eau froide pour les refroidir rapidement. Remettez-les dans la grande casserole. Au mélangeur ou au robot, travaillez le basilic avec la crème sure.

5 Ajoutez cette sauce aux pennes et remuez délicatement pour bien les enrober. Assaisonnez de sel et de poivre. Dressez les pennes dans un grand saladier et disposez par-dessus le ragoût de petits légumes sautés.

SALADE DE FRUITS AU MELON

Par portion : **Calories** 192 **Protéines** 2 g **Hydrates de carbone** 25 g **Graisses** 11 g **Cholestérol** 0 mg **Sodium** 15 mg

1 petit melon brodé
1 pêche moyenne
2 prunes rouges mûres
1 tasse de raisin vert
sans pépins

Vinaigrette miel-menthe :

3 c. à soupe d'huile à salade
1 c. à soupe de menthe
hachée
1 c. à soupe de jus de citron
1 c. à thé de miel

 PRÉPARATION
15 MINUTES

 CUISSON
AUCUNE

1 Coupez le melon en deux sur la longueur et retirez-en les graines. Détaillez-le en fines tranches ; débarrassez celles-ci de l'écorce. Coupez la pêche et les prunes en deux ; retirez-en le noyau et détaillez-les en fines tranches. Disposez tous ces fruits ainsi que les grains de raisin sur une assiette de service.

2 Dans un petit bocal, mettez l'huile, la menthe hachée, le jus de citron et le miel. Fermez le bocal et agitez-le énergiquement. Versez la vinaigrette sur les fruits.

SALADE DE POMMES AU RAISIN

Par portion : **Calories** 301 **Protéines** 2 g **Hydrates de carbone** 23 g **Graisses** 24 g **Cholestérol** 16 mg **Sodium** 176 mg

2 côtes de céleri
1 grosse pomme granny
smith
1 tasse de raisin rouge
sans pépins
¼ tasse d'abricots séchés
2 c. à soupe d'amandes
tranchées
½ tasse de mayonnaise
2 c. à soupe de jus de
pomme (ou de cidre)
Sel et poivre blanc
Feuilles de laitue

 PRÉPARATION
12 MINUTES

 CUISSON
3 MINUTES

1 Détaillez les côtes de céleri en tranches de ½ cm (¼ po). Parez la pomme et détaillez-la en cubes de 2 cm (¾ po). Coupez les grains de raisin en deux et les abricots en quatre. Mettez les amandes dans une petite sauteuse et faites-les griller 2-3 minutes à feu modéré, en remuant souvent.

2 Dans un bol moyen, mélangez le céleri, la pomme, le raisin et les abricots. Incorporez la mayonnaise et le jus de pomme. Assaisonnez de sel et de poivre. Couvrez et réfrigérez jusqu'au moment de servir.

3 Le moment venu, dressez un lit de feuilles de laitue dans l'assiette de service et déposez-y la salade ; décorez d'amandes grillées.

IDÉES MINUTE

SALADES
• Ciselez (coupez avec des ciseaux) les herbes fraîches directement dans le saladier ou, s'il y a lieu, dans une tasse à mesurer. Coupez de la même façon les viandes cuites et les abricots séchés.

• Si vous manquez de temps, achetez les fruits et les légumes lavés et préparés d'avance pour la salade ; on en vend maintenant en sacs de cellophane ou de plastique dans la plupart des supermarchés.

• En général, il n'est pas essentiel, pour une salade, que vous mesuriez chaque ingrédient avec précision. Les mesures qui figurent dans la liste des ingrédients ne vous sont données qu'à titre indicatif.

SALADE DE POIRES AU CRESSON

SALADE DE POIRES AU CRESSON

Par portion : **Calories** 362 **Protéines** 6 g **Hydrates de carbone** 26 g **Graisses** 28 g **Cholestérol** 13 mg **Sodium** 245 mg

1 botte de cresson

2 poires bartlett ou comice

½ tasse de fromage bleu émietté

⅓ tasse de pruneaux dénoyautés et tranchés

¼ tasse de noix hachées

Vinaigrette au vinaigre de framboise :

⅓ tasse d'huile d'olive

2 c. à soupe de vinaigre de framboise

Sel et poivre noir

 PRÉPARATION
21 MINUTES

 CUISSON
AUCUNE

CONSEIL *On peut remplacer le vinaigre de framboise par du vinaigre de vin rouge. Cette salade se sert aussi en entrée.*

1 Ôtez les grosses tiges du cresson. Coupez les poires en deux sur la longueur, retirez-en le cœur et détaillez-les en fines tranches.

2 Répartissez le cresson, les poires, le fromage bleu et les pruneaux dans quatre assiettes de service ; saupoudrez de noix.

3 Dans un petit bocal, mettez l'huile, le vinaigre, le sel et le poivre. Fermez le bocal et agitez-le vigoureusement. Versez la vinaigrette sur la salade et servez immédiatement.

SALADES-REPAS

Pleines de saveurs et assez substantielles pour constituer un plat principal,
ces salades se font le temps de le dire.

SALADE MÉDITERRANÉENNE

Par portion: **Calories** 502 **Protéines** 16 g **Hydrates de carbone** 28 g **Graisses** 37 g **Cholestérol** 48 mg **Sodium** 1 031 mg

1	**petit oignon rouge**
125	**g (4 oz) de champignons**
2	**gousses d'ail**
2	**tomates mûres**
1	**concombre**
125	**g (4 oz) de salami**
6	**c. à soupe d'huile d'olive, en tout**
2	**tasses de pain italien détaillé en cubes de 2,5 cm (1 po) de côté**
2	**c. à soupe de vinaigre de vin rouge**
	Sel et poivre noir
4	**tasses de feuilles de romaine ou d'endive fermes, déchiquetées**
½	**tasse de basilic frais (facultatif)**
125	**g (4 oz) de fromage feta, émietté**

 PRÉPARATION
15 MINUTES

 CUISSON
10 MINUTES

CONSEIL *Remplacez le salami par une petite boîte de thon, égoutté et effeuillé, et supprimez le fromage feta : vous aurez une salade niçoise.*

1 Tranchez finement l'oignon et les champignons. Hachez l'ail et détaillez les tomates en cubes de 2,5 cm (1 po) de côté. Pelez le concombre et coupez-le en rondelles de ½ cm (¼ po) d'épaisseur. Taillez le salami en lanières.

2 Dans une grande casserole, réchauffez 2 c. à soupe d'huile à feu modéré. Faites-y cuire l'oignon 5 minutes. Ajoutez les champignons et l'ail et prolongez la cuisson de 3 minutes. Hors du feu, ajoutez les cubes de pain et laissez refroidir.

3 Dans un petit bocal, mettez 4 c. à soupe d'huile, le vinaigre, le sel et le poivre. Fermez le bocal et agitez-le vigoureusement.

4 Dans un saladier, mettez les tomates, le concombre, les feuilles de salade et le basilic, s'il y a lieu. Couronnez de salami, de fromage et des légumes sautés. Versez la vinaigrette et remuez délicatement.

 L'ouvre-boîte

Emportez cette salade au travail ou pour un pique-nique. Complétez-la avec une pomme ou un quartier de melon et vous aurez tous vos éléments nutritifs.

HARICOTS BLANCS AU THON

Rincez à l'eau froide **1 boîte de haricots blancs** (cannellinis) ; égouttez-les. Égouttez également **1 boîte de thon dans l'eau.** Détaillez **3 tomates mûres** en dés de 1 cm (½ po). Hachez finement **1 oignon vert.**

Dans un grand bol, mélangez les haricots, les tomates, l'oignon vert, **¼ tasse d'huile d'olive, 2 c. à soupe de jus de citron,** **1 gousse d'ail,** finement hachée, **½ c. à thé d'origan séché** et **2 c. à soupe de persil ciselé.** Incorporez le thon. Assaisonnez de **sel** et de **poivre noir.**

Servez immédiatement ou couvrez le bol et réfrigérez. Remuez délicatement au moment de servir.

DONNE 4 PORTIONS

SALADE D'ANTIPASTOS

Par portion: **Calories** 417 **Protéines** 16 g **Hydrates de carbone** 28 g **Graisses** 28 g **Cholestérol** 37 mg **Sodium** 1 268 mg

250 g (8 oz) de salami	
250 g (8 oz) de champignons	
1 petit poivron rouge	
1 tasse de grosses olives noires dénoyautées, réfrigérées	
½ boîte de pois chiches, réfrigérés	
1 bocal de cœurs d'artichauts marinés, réfrigérés	
2 c. à soupe d'huile d'olive	
1 c. à soupe de vinaigre de vin rouge	
½ c. à thé d'origan séché	
Feuilles de scarole	

 PRÉPARATION **21 MINUTES**   CUISSON **AUCUNE**

SERVICE *Servez cette salade substantielle, d'inspiration italienne, avec une corbeille de pain italien chaud tartiné de beurre à l'ail. Il serait superflu de servir des pâtes, mais, pour rester dans la note, servez une glace et des macarons aux amandes pour le dessert.*

1 Détaillez le salami en dés de 2 cm (¾ po). Tranchez les champignons; parez le poivron rouge et détaillez-le en carrés de 2,5 cm (1 po). Égouttez les olives; rincez et égouttez les pois chiches.

2 Dans un grand bol, mélangez le salami, les champignons, le poivron, les olives, les pois chiches et les cœurs d'artichauts avec leur marinade. Ajoutez l'huile, le vinaigre et l'origan.

3 Foncez un saladier peu profond de feuilles de scarole. Dressez la salade par-dessus et servez immédiatement ou couvrez et réfrigérez jusqu'au moment de servir.

SALADE DE BROCOLI AUX LENTILLES

Par portion: **Calories** 340 **Protéines** 18 g **Hydrates de carbone** 34 g **Graisses** 16 g **Cholestérol** 12 mg **Sodium** 158 mg

1 tasse de lentilles sèches	
2 tasses d'eau	
2 tasses de bouquets de brocoli	
1 oignon vert, haché	
½ tasse de vinaigrette crémeuse du commerce	
Sel et poivre noir	
8 radis rouges	
¼ tasse de graines de tournesol grillées	
Vinaigrette crémeuse additionnelle (accompagnement facultatif)	

 PRÉPARATION **20 MINUTES**   CUISSON **20 MINUTES**

1 Rincez et égouttez les lentilles. Mettez-les dans une casserole moyenne avec 2 tasses d'eau et amenez à ébullition à feu vif. Baissez le feu, couvrez et laissez mijoter 15-20 minutes.

2 Dans une petite casserole, amenez à ébullition 2,5 cm (1 po) d'eau à feu vif. Jetez-y le brocoli et, quand l'ébullition a repris, accordez 2 minutes de cuisson à découvert. Égouttez le brocoli et passez-le à l'eau froide. Dressez-le en couronne dans un plat de service peu profond. Rangez le plat au réfrigérateur.

3 Quand les lentilles sont cuites à point, égouttez-les et passez-les à l'eau froide. Mettez-les dans un bol moyen, ajoutez l'oignon vert haché et la vinaigrette et mélangez bien. Assaisonnez de sel et de poivre. Rangez le bol au moins 10 minutes au réfrigérateur pour que les lentilles soient bien froides. Entre-temps, tranchez les radis ou façonnez-les en petites roses.

4 Dressez les lentilles au centre du plat de service où se trouve le brocoli et parsemez-les de graines de tournesol grillées. Décorez avec les radis. Présentez de la vinaigrette en saucière, si vous le désirez.

SALADE D'ANANAS AU FROMAGE BLANC

Salade d'ananas au fromage blanc

Par portion: **Calories** 214 **Protéines** 13 g **Hydrates de carbone** 33 g **Graisses** 4 g **Cholestérol** 7 mg **Sodium** 349 mg

500 g (1 lb) de fromage cottage allégé

1 tasse d'ananas broyés en boîte, égouttés

2 c. à soupe de raisins secs

1 c. à soupe de menthe fraîche ciselée

2 pommes réfrigérées (red delicious ou mcintosh)

Feuilles de laitue rouge frisée (lollo rosso)

2 c. à soupe de noix hachées

Brins de menthe (facultatif)

 PRÉPARATION
10 MINUTES

 CUISSON
AUCUNE

NUTRITION *Cette salade, faible en calories, met en relief la fine saveur du fromage cottage. Servez-la avec du pain de blé entier.*

1 Dans un petit bol, mélangez le fromage cottage, l'ananas, les raisins secs et la menthe. Couvrez et réfrigérez.

2 Au moment de servir, coupez les pommes en quatre sans les peler et retirez le cœur. Détaillez les quartiers en tranches minces.

3 Foncez quatre assiettes de feuilles de laitue et dressez en monticule le fromage cottage aux fruits; entourez de tranches de pomme et saupoudrez de noix hachées. Décorez de menthe, s'il y a lieu, et servez sans attendre.

Salade de poisson et de romaine

Par portion : **Calories** 309 **Protéines** 22 g **Hydrates de carbone** 9 g **Graisses** 21 g **Cholestérol** 48 mg **Sodium** 237 mg

375 g (12 oz) de morue (ou de sébaste, ou d'aiglefin)

1 petite salade romaine

1 boîte de filets d'anchois plats

1 tasse de croûtons

2 c. à soupe de parmesan râpé

Poivre noir

Vinaigrette citron-ail :

⅓ tasse d'huile à salade

2 c. à soupe de jus de citron

1 gousse d'ail, hachée fin

1 c. à thé de sauce Worcestershire

¼ c. à thé de moutarde sèche

 PRÉPARATION
25 MINUTES

 CUISSON
5 MINUTES

CONSEIL *Vous obtiendrez une version simplifiée de la salade César si vous supprimez le poisson. Employez toujours de la salade bien fraîche, soigneusement lavée et asséchée.*

1 Allumez le gril. Pour faire la vinaigrette, mettez dans un petit bocal l'huile, le jus de citron, l'ail, la sauce Worcestershire et la moutarde sèche. Fermez le bocal et agitez-le énergiquement.

2 Déposez le poisson sur la grille graissée d'une lèchefrite. Aspergez-le de 1 c. à soupe de vinaigrette et faites-le cuire 5 minutes à 10 cm (4 po) de l'élément. Quand il est suffisamment cuit pour s'effeuiller à la fourchette, retirez-le et laissez-le refroidir.

3 Lavez et essorez la romaine. Déchiquetez les feuilles en bouchées et déposez-les dans un saladier. Égouttez les anchois et coupez-les en deux transversalement. Effeuillez la morue et retirez les arêtes. Incorporez le poisson, les anchois et les croûtons à la romaine.

4 Agitez de nouveau la vinaigrette et versez-la sur la salade. Saupoudrez de fromage et de poivre et remuez délicatement.

Salade de saumon aux haricots verts

Par portion : **Calories** 329 **Protéines** 25 g **Hydrates de carbone** 13 g **Graisses** 20 g **Cholestérol** 54 mg **Sodium** 674 mg

750 g (1½ lb) de haricots verts

1 boîte (418 g/14,75 oz) de saumon, égoutté et sans la peau

60 g (2 oz) de saumon fumé, détaillé en fines lanières

½ petit oignon rouge, tranché mince

Feuilles de laitue

Vinaigrette citron-aneth :

¼ tasse d'huile d'olive

2 c. à soupe de jus de citron

1 c. à soupe d'aneth ciselé (ou 1 c. à thé d'aneth séché)

½ c. à thé de moutarde sèche

Sel et poivre noir

 PRÉPARATION
15 MINUTES

 CUISSON
8 MINUTES

1 Dans une grande casserole, amenez à ébullition 10 cm (4 po) d'eau à feu vif. Parez les haricots verts et jetez-les dans l'eau bouillante. Quand l'ébullition a repris, accordez 4 minutes de cuisson à découvert. Refroidissez les haricots sous le robinet ; égouttez-les. Mettez-les dans un bol et rangez-les au réfrigérateur.

2 Entre-temps, préparez la vinaigrette. Dans un grand bol, mélangez au fouet l'huile, le jus de citron, l'aneth ciselé et la moutarde sèche. Assaisonnez de sel et de poivre.

3 Incorporez le saumon en boîte, le saumon fumé et l'oignon à la vinaigrette. Couvrez et réfrigérez jusqu'au moment de servir.

4 À la dernière minute, foncez un saladier de feuilles de laitue. Sortez les ingrédients du réfrigérateur et ajoutez les haricots au saumon en vinaigrette. Mélangez délicatement. Dressez la salade sur son lit de verdure et servez immédiatement.

SALADE DE COUSCOUS AUX CREVETTES

SALADE DE COUSCOUS AUX CREVETTES ④

Par portion : **Calories** 425 **Protéines** 25 g **Hydrates de carbone** 52 g **Graisses** 11 g **Cholestérol** 166 mg **Sodium** 215 mg

- 4 **c. à soupe d'huile d'olive, en tout**
- 1 **petite courgette, tranchée**
- 1 **gousse d'ail, hachée fin**
- 1 **c. à thé de poudre de cari**
- 1½ **tasse de bouillon de légumes (ou d'eau)**
- 1½ **tasse de couscous précuit**
- 375 **g (12 oz) de crevettes moyennes, décongelées s'il y a lieu, décortiquées et parées**
- 3 **tomates mûres, détaillées en dés**
- 2 **c. à soupe de persil ciselé**
- 1 **c. à soupe de vinaigre de vin rouge**
  Sel et poivre noir

 PRÉPARATION
10 MINUTES

 CUISSON
15 MINUTES

CONSEIL *Cette délicieuse salade se sert chaude ou froide. Assurez-vous d'employer du couscous précuit.*

1 Dans une grande sauteuse, réchauffez 2 c. à soupe d'huile à feu modéré. Faites-y revenir la courgette 4 minutes. Ajoutez l'ail et le cari et laissez cuire 1 minute de plus.

2 Versez le bouillon dans la sauteuse et amenez à ébullition. Versez le couscous en pluie, couvrez la sauteuse et retirez-la du feu. Laissez reposer le couscous 10 minutes pour qu'il se réchauffe en absorbant tout le bouillon.

3 Dans une grande casserole, amenez à ébullition 5 cm (2 po) d'eau à feu vif. Ajoutez les crevettes et laissez-les cuire 1 minute. Quand elles deviennent roses, égouttez-les.

4 Dans un grand saladier, mélangez les crevettes, les tomates, le persil, le vinaigre et le reste de l'huile. Allégez le couscous à la fourchette et ajoutez-le. Assaisonnez de sel et de poivre ; remuez. Servez la salade chaude ou réfrigérez jusqu'au moment de servir.

315

SALADE TEX-MEX

Par portion : **Calories** 490 **Protéines** 33 g **Hydrates de carbone** 13 g **Graisses** 35 g **Cholestérol** 115 mg **Sodium** 456 mg

- 1 **oignon moyen**
- 1 **gousse d'ail**
- 1 **poivron vert moyen**
- 3 **c. à soupe d'huile**
- 500 **g (1 lb) de bœuf haché maigre (ou de dinde hachée)**
- 2 **c. à thé d'assaisonnement au chile**
- 1 **c. à thé de cumin moulu**
- 1 **tasse de salsa en gros morceaux**
- ½ **laitue iceberg**
- 125 **g (4 oz) de cheddar, grossièrement râpé (1 tasse)**
- ½ **tasse de tranches d'olives noires dénoyautées**
- ¼ **tasse de tranches de radis rouges**

 PRÉPARATION **17 MINUTES**   CUISSON **9 MINUTES**

SERVICE *Présentez, avec cette salade, une corbeille de tortillas de blé ; vous pouvez aussi convertir celles-ci en burritos si vous introduisez à l'intérieur la salade additionnée de crème sure.*

1 Hachez l'oignon et l'ail. Parez, épépinez et détaillez le poivron en carrés de 2,5 cm (1 po) de côté.

2 Dans une grande sauteuse, réchauffez l'huile à feu modéré et faites-y cuire l'oignon, l'ail et le bœuf haché jusqu'à ce que la viande soit légèrement rissolée. Incorporez l'assaisonnement au chile et le cumin et prolongez la cuisson de 1 minute.

3 Retirez la sauteuse du feu ; ajoutez le poivron et la salsa.

4 Hachez la laitue en filaments. Couvrez de cette chiffonnade le fond d'un plat de service. Déposez-y l'apprêt à la viande. Décorez de fromage râpé ainsi que de tranches d'olives et de radis.

SALADE ÉTAGÉE AU POULET

Par portion : **Calories** 702 **Protéines** 24 g **Hydrates de carbone** 20 g **Graisses** 61 g **Cholestérol** 82 mg **Sodium** 549 mg

- 6 **tranches de bacon**
- 2 **demi-poitrines de poulet désossées et sans la peau (375 g/12 oz)**
- 1 **petite salade romaine**
- 3 **grosses tomates mûres**
- 2 **petits avocats**
- 1 **tasse de vinaigrette au fromage bleu**

PRÉPARATION **17 MINUTES**   CUISSON **13 MINUTES**

1 Dans une grande sauteuse, faites cuire le bacon à feu modéré. Quand il est croquant, retirez-le et épongez-le sur des feuilles d'essuie-tout. Émiettez-le et mettez-le de côté.

2 Avec un couteau bien tranchant, détaillez les demi-poitrines de poulet en fines aiguillettes. Dans la sauteuse où se trouve le gras du bacon, faites revenir le poulet 5 minutes à feu assez vif.

3 Coupez la romaine en tranches de 1 cm (½ po) d'épaisseur. Détaillez les tomates en tranches minces. Coupez les avocats en deux et tranchez-les transversalement après avoir retiré le noyau.

4 Déposez les tranches de romaine dans un grand saladier en verre. Étendez-y en couches successives le poulet, les tomates et les avocats. Saupoudrez de bacon et déposez au centre une cuillerée de vinaigrette au fromage bleu. Présentez la salade avec le reste de la vinaigrette en saucière.

Salade de bœuf aux nouilles

Par portion : **Calories** 624 **Protéines** 33 g **Hydrates de carbone** 39 g **Graisses** 38 g **Cholestérol** 61 mg **Sodium** 780 mg

2 sachets de soupe
  déshydratée aux nouilles
  orientales (saveur au choix)

2 oignons verts

2 grosses carottes

375 g (12 oz) de rosbif,
  détaillé en languettes

Feuilles de laitue

Vinaigrette sésame-arachides :

⅔ **tasse d'eau chaude**

⅓ **tasse de beurre d'arachide
  crémeux**

2 **c. à soupe de sauce
  de soja**

2 **c. à soupe d'huile de
  sésame aromatique**

1 **c. à soupe de vinaigre**

1 **c. à thé de sucre**

**Pincée de flocons de
  piment rouge**

 PRÉPARATION
20 MINUTES

 CUISSON
11 MINUTES

1 Dans une grande casserole, amenez à ébullition 5 cm (2 po) d'eau à feu vif. Versez-y le contenu des sachets de soupe (mais n'employez pas les sachets d'assaisonnement). Couvrez la casserole et laissez cuire 3 minutes à feu modéré.

2 Tranchez les oignons verts finement sur la longueur ; coupez-les en tronçons de 5 cm (2 po). Épluchez les carottes et détaillez-les en allumettes. Égouttez les nouilles réhydratées et rincez-les à l'eau froide.

3 Pour faire la vinaigrette, mélangez au fouet dans un grand bol l'eau chaude, le beurre d'arachide, la sauce de soja, l'huile de sésame, le vinaigre, le sucre et les flocons de piment rouge.

4 Ajoutez les nouilles, les languettes de bœuf et les allumettes de carotte ainsi que les oignons verts. Opérez délicatement le mélange. Dressez un lit de laitue sur un plat de service. Déposez-y la salade de bœuf aux nouilles et servez immédiatement. Vous pouvez aussi couvrir le saladier et le garder au réfrigérateur jusqu'au moment de servir.

Salade de jambon et de fromage fumé

Par portion : **Calories** 415 **Protéines** 26 g **Hydrates de carbone** 6 g **Graisses** 33 g **Cholestérol** 96 mg **Sodium** 1 106 mg

250 g (8 oz) de dinde fumée
  (ou de jambon fumé)

250 g (8 oz) de gouda fumé
  (ou de cheddar fumé)

2 côtes de céleri

Feuilles d'épinards

2 tomates, détaillées en
  quartiers minces

Vinaigrette à la moutarde :

¼ **tasse d'huile à salade**

1 **c. à soupe de vinaigre
  de vin rouge**

1 **c. à soupe de moutarde
  de Dijon**

1 **c. à soupe de ciboulette
  ciselée**

Sel et poivre noir

 PRÉPARATION
18 MINUTES

 CUISSON
AUCUNE

CONSEIL *Pour varier, remplacez le jambon fumé et le fromage fumé par du blanc de poulet et du monterey jack, ou par du salami et de l'édam. Cette salade se transporte bien dans une boîte à lunch ou un panier de pique-nique.*

1 Pour faire la vinaigrette, mélangez au fouet dans un bol moyen l'huile, le vinaigre, la moutarde et la ciboulette. Assaisonnez de sel et de poivre.

2 Avec un couteau bien tranchant, détaillez la dinde, le gouda et le céleri en bâtonnets de ½ cm (¼ po) d'épaisseur. Jetez-les dans la vinaigrette et remuez délicatement. Lavez les feuilles d'épinards et asséchez-les ; ôtez les tiges coriaces.

3 Disposez les épinards en lit dans un plat de service ; étendez-y la salade et posez les quartiers de tomate en bordure.

SALADE CHAUDE À LA SAUCISSE

  ④

Par portion : **Calories** 379   **Protéines** 15 g   **Hydrates de carbone** 13 g   **Graisses** 31 g   **Cholestérol** 56 mg   **Sodium** 935 mg

375 **g (12 oz) de saucisse à l'ail fumée (ou de kielbasa)**

250 **g (8 oz) de champignons**

2 **gros oignons rouges**

2 **c. à soupe d'huile d'olive**

1 **c. à soupe de vinaigre de vin rouge (ou de vinaigre balsamique)**

1 **c. à thé de romarin séché, écrasé entre les doigts**

1 **gousse d'ail, hachée fin**

4 **tasses de feuilles de roquette (arugula)**

 PRÉPARATION
10 MINUTES

CUISSON
15 MINUTES

SERVICE *Cette salade pour journées froides peut très bien se servir avec une pomme de terre au four, saupoudrée de fromage râpé.*

1 Chauffez le four à 220°C (450°F). Avec un couteau tranchant, détaillez la saucisse de biais en rondelles de 1 cm (½ po) d'épaisseur. Coupez les champignons en quartiers et les oignons en tranches de ½ cm (¼ po) d'épaisseur.

2 Dans une grande lèchefrite, mélangez ensemble la saucisse, les champignons, les oignons, l'huile, le vinaigre, le romarin et l'ail. Enfournez et faites rôtir 15-20 minutes en remuant une fois durant la cuisson.

3 Lavez les feuilles de roquette et asséchez-les. Disposez-les dans quatre assiettes de service et dressez-y la saucisse et sa garniture, de même que les jus de cuisson. Servez chaud.

Salade d'épinards aux œufs frits

Par portion : **Calories** 271 **Protéines** 10 g **Hydrates de carbone** 12 g **Graisses** 22 g **Cholestérol** 121 mg **Sodium** 344 mg

1 **c. à soupe d'huile**

4 **tranches de bacon de dinde (fait de viande blanche et de viande brune)**

2 **gros œufs, battus**

8 **tasses de feuilles d'épinards frais, déchiquetées**

250 **g (8 oz) de champignons**

2 **oignons verts, tranchés**

Vinaigrette au cidre :

¼ **tasse d'huile d'olive**

1 **c. à soupe de sucre**

2 **c. à soupe de vinaigre de cidre**

¼ **c. à thé de poivre noir**

 PRÉPARATION **24 MINUTES**

 CUISSON **12 MINUTES**

CONSEIL *Si vous utilisez du bacon de porc, n'utilisez pas d'huile, mais faites frire les œufs dans le gras qu'il a rendu.*

1 Dans une grande sauteuse, réchauffez l'huile à feu modéré et faites-y cuire le bacon jusqu'à ce qu'il soit croustillant. Retirez-le et asséchez-le sur des feuilles d'essuie-tout.

2 Faites frire les œufs dans le gras de la sauteuse. Quand ils ont pris, retournez-les et terminez leur cuisson. Découpez-les en lanières.

3 Pour la vinaigrette, mettez dans un petit bocal l'huile d'olive, le sucre, le vinaigre et le poivre. Fermez et agitez vigoureusement.

4 Dans un grand saladier, mélangez les épinards, les champignons et les oignons verts. Couronnez-les de bacon émietté et de lanières d'œufs. Versez la vinaigrette et remuez pour enrober le tout.

Salade de dinde

Par portion : **Calories** 654 **Protéines** 42 g **Hydrates de carbone** 64 g **Graisses** 25 g **Cholestérol** 116 mg **Sodium** 516 mg

2 **côtes de céleri**

1 **tasse de raisin rouge sans pépins**

3 **tasses de cubes de dinde rôtie (500 g/1 lb)**

250 **g (8 oz) de fusillis (pâtes en forme de tire-bouchon)**

Sel et poivre noir

Feuilles de laitue boston

4 **petites grappes de raisin rouge (facultatif)**

Vinaigrette à la mayonnaise :

1 **tasse de mayonnaise allégée**

½ **tasse de crème sure allégée**

2 **c. à soupe de vinaigre de cidre**

2 **c. à soupe de lait**

1 **c. à thé d'estragon séché**

 PRÉPARATION **12 MINUTES**

 CUISSON **18 MINUTES**

NUTRITION *Préparée avec des ingrédients allégés, cette vinaigrette appartient à la cuisine minceur.*

1 Dans une grande casserole, amenez à ébullition 2 litres (8 tasses) d'eau à feu vif. Tranchez le céleri et coupez les grains de raisin en deux. Dans un grand bol, mélangez la dinde, le céleri et le raisin.

2 Faites cuire les fusillis selon les instructions, en les conservant *al dente*, c'est-à-dire légèrement fermes. Par ailleurs, mélangez la mayonnaise, la crème sure, le vinaigre, le lait et l'estragon.

3 Passez les pâtes à l'eau froide et égouttez-les. Versez la vinaigrette sur la préparation à la dinde et mélangez délicatement. Assaisonnez de sel et de poivre. Incorporez les fusillis.

4 Lavez les feuilles de laitue et asséchez-les. Disposez-les dans un saladier et dressez la salade par-dessus. Décorez de petites grappes de raisin, s'il y a lieu, et servez immédiatement. Sinon, couvrez le saladier et gardez-le au réfrigérateur jusqu'au moment de servir.

PAINS, GÂTEAUX ET BISCUITS

MUFFINS AU SON ET AUX POMMES (PAGE 331)

PAINS

Vite faits, ces petits pains sucrés ou salés ne manquent pourtant jamais de faire le clou d'un repas — matin, midi ou soir.

PAIN DE MAÏS AU PIMENT

Par portion : **Calories** 214 **Protéines** 5 g **Hydrates de carbone** 37 g **Graisses** 5 g **Cholestérol** 29 mg **Sodium** 244 mg

- **1 tasse de maïs en grains, en boîte ou surgelé**
- **1 tasse de farine de maïs jaune**
- **1 tasse de farine tout usage**
- **¼ tasse de sucre**
- **2½ c. à thé de levure chimique**
- **½ c. à thé de sel**
- **⅔ tasse de lait**
- **2 c. à soupe d'huile**
- **1 gros œuf**
- **1 c. à soupe de piment jalapeño haché**

 PRÉPARATION **7 MINUTES**

 CUISSON **25 MINUTES**

CONSEIL *Si vous n'aimez pas les mets très relevés, vous pouvez remplacer le piment jalapeño par du chili vert. Dans le cas contraire, mettez 2 c. à soupe de jalapeño.*

1 Chauffez le four à 220°C (425°F). Graissez un moule rond de 20 cm (8 po). Égouttez le maïs en boîte ou faites décongeler le maïs surgelé sous le robinet d'eau chaude.

2 Dans un grand bol, mélangez les deux farines, le sucre, la levure chimique et le sel. Dans un petit bol, mélangez le lait, l'huile et l'œuf ; ajoutez-les peu à peu aux ingrédients secs. Incorporez le maïs et le jalapeño. Versez la pâte dans le moule.

3 Enfournez et faites cuire 25-30 minutes ou jusqu'à ce qu'un cure-dent inséré dans le pain en ressorte propre. Coupez en pointes et servez chaud.

PETITS PAINS FEUILLETÉS AUX FINES HERBES

Par portion : **Calories** 195 **Protéines** 5 g **Hydrates de carbone** 24 g **Graisses** 9 g **Cholestérol** 24 mg **Sodium** 427 mg

- **2 tasses de farine tout usage**
- **2 c. à thé de bicarbonate de soude**
- **1 c. à thé de crème de tartre**
- **½ c. à thé de sel**
- **6 c. à soupe (¾ bâtonnet) de beurre, défait en noisettes (ou de margarine)**
- **¼ tasse d'aneth frais ciselé (ou de basilic, ou de persil)**
- **¾ tasse de yogourt nature léger**

 PRÉPARATION **15 MINUTES**

 CUISSON **18 MINUTES**

CONSEIL *Pour qu'il soit plus facile d'ouvrir ces petits pains, abaissez la pâte à ½ cm (¼ po), repliez-la et coupez-la en deux.*

1 Chauffez le four à 220°C (425°F). Dans un grand bol, mélangez la farine, le bicarbonate de soude, la crème de tartre et le sel. Avec un mélangeur à pâte ou deux couteaux maniés en ciseaux, incorporez le beurre : la pâte ressemblera à une chapelure grossière.

2 Incorporez l'aneth. Ajoutez le yogourt et mélangez bien. Pétrissez la pâte très brièvement dans le bol.

3 Sur une surface farinée, abaissez la pâte au rouleau à 1 cm (½ po). Avec un emporte-pièce fariné, découpez les petits pains et posez-les sur une plaque non graissée. Réunissez les retailles, abaissez-les et découpez-les. Enfournez et faites cuire 18 minutes. Servez ces petits pains chauds.

PAIN GRILLÉ À L'AIL

Par portion : **Calories** 264 **Protéines** 7 g **Hydrates de carbone** 35 g **Graisses** 11 g **Cholestérol** 19 mg **Sodium** 467 mg

8 tranches de pain croûté de 2 cm (¾ po) d'épaisseur

2 c. à soupe (¼ bâtonnet) de beurre (ou de margarine)

1 c. à soupe d'huile d'olive

2 gousses d'ail, hachées très fin

1 c. à thé de basilic séché

2 c. à soupe de parmesan râpé

 PRÉPARATION
4 MINUTES

CUISSON
6 MINUTES

1 Allumez le gril. Disposez les tranches de pain sur la grille de la lèchefrite. Dans une petite casserole, réchauffez le beurre et l'huile à feu modéré. Faites-y revenir l'ail et le basilic 10 secondes. Retirez la casserole du feu.

2 Faites griller les tranches de pain des deux côtés à 10 cm (4 po) de l'élément. Quand elles commencent à dorer, badigeonnez-les avec le beurre à l'ail et saupoudrez-les de parmesan. Remettez-les sous le gril pour qu'elles finissent de dorer. Servez bien chaud.

PETITS PAINS SOUFFLÉS

Par portion : **Calories** 140 **Protéines** 6 g **Hydrates de carbone** 17 g **Graisses** 6 g **Cholestérol** 75 mg **Sodium** 220 mg

2 gros œufs

1 tasse de lait

1 c. à soupe d'huile

1 tasse de farine

½ c. à thé de sel

 PRÉPARATION
15 MINUTES

CUISSON
30 MINUTES

1 Chauffez le four à 220°C (425°F). Dans un petit bol, battez les œufs au batteur électrique. Quand ils sont mousseux, ajoutez le lait et l'huile sans cesser de battre. Incorporez la farine et le sel de la même façon. Laissez reposer 10 minutes.

2 Graissez six ramequins et déposez-les dans une lèchefrite pour faciliter la manipulation. Versez-y la pâte. Vous pouvez aussi utiliser les alvéoles d'un moule à muffins.

3 Enfournez et faites cuire 30 minutes. Quand les petits pains sont soufflés, démoulez-les sans tarder et servez-les encore fumants.

 L'ouvre-boîte

Gardez toujours des boîtes de pâte à biscuits dans le réfrigérateur ; en un tournemain, vous préparerez de délicieuses galettes salées comme celles-ci.

GALETTES À L'OIGNON EN SAUTEUSE

Hachez **1 oignon vert.** Dans une sauteuse, faites fondre **2 c. à soupe de beurre** avec **1 c. à thé de sucre** et la moitié de l'oignon vert. Disposez-y le contenu de **2 boîtes de** **pâte à biscuits réfrigérée** et parsemez le reste de l'oignon vert. Couvrez ; faites brunir 5 minutes de chaque côté à feu modéré. **DONNE 8 PORTIONS**

GOUGÈRES AU PARMESAN

Gougères au parmesan

Par portion : **Calories** 116 **Protéines** 5 g **Hydrates de carbone** 6 g **Graisses** 8 g **Cholestérol** 71 mg **Sodium** 198 mg

¼ **tasse d'eau**

¼ **tasse de lait**

¼ **tasse (½ bâtonnet) de beurre (ou de margarine)**

½ **tasse de farine**

1 **oignon vert**

2 **gros œufs**

⅓ **tasse de parmesan râpé**

¼ **c. à thé de sel**

¼ **c. à thé de cayenne**

Beurre (facultatif)

 PRÉPARATION
10 MINUTES

 CUISSON
30 MINUTES

SERVICE *La gougère bourguignonne traditionnelle se fait avec de la pâte à choux et du gruyère.*

1 Chauffez le four à 200°C (400°F). Dans une casserole moyenne, mélangez l'eau, le lait et le beurre et amenez à ébullition à feu modéré. Incorporez la farine et battez le mélange à la cuiller de bois jusqu'à ce que la pâte forme une boule et se détache.

2 Retirez du feu et laissez tiédir. Graissez une tôle à biscuits. Hachez finement l'oignon vert, tige comprise.

3 Incorporez les œufs un à un dans la pâte en battant après chaque addition. Ajoutez le parmesan, l'oignon vert, le sel et le cayenne. Déposez huit monticules de pâte sur la tôle, espacés de 5 cm (2 po). Faites cuire 25-30 minutes. Quand les gougères sont croquantes et dorées, servez-les chaudes avec du beurre, à votre gré.

PAIN À LA LYONNAISE

Par portion : **Calories** 202 **Protéines** 4 g **Hydrates de carbone** 18 g **Graisses** 13 g **Cholestérol** 34 mg **Sodium** 341 mg

½ **tasse (1 bâtonnet) de beurre, en tout (ou de margarine)**

1 **oignon moyen, finement haché**

1 **pain italien ou à la pâte aigre de 30 cm (12 po)**

¼ **tasse de parmesan râpé**

 PRÉPARATION
6 MINUTES

 CUISSON
26 MINUTES

SERVICE *Servez ce pain à l'oignon et au parmesan en amuse-gueule, au goûter ou comme accompagnement.*

1 Chauffez le four à 190°C (375°F). Dans une grande sauteuse, faites fondre 2 c. à soupe de beurre à feu modéré. Faites-y cuire l'oignon 5-7 minutes. Quand il est bien tendre, laissez-le tiédir hors du feu.

2 Coupez le pain en deux à l'horizontale et déposez les deux moitiés côte à côte sur du papier d'aluminium. Toujours hors du feu, ajoutez le reste du beurre dans la sauteuse pour le faire fondre.

3 Tartinez le pain, côté mie, de beurre à l'oignon et saupoudrez de parmesan. Mettez les deux moitiés de pain côte à côte dans du papier d'aluminium et passez-les au four 10 minutes.

4 Ouvrez l'emballage et prolongez la cuisson de 10-15 minutes pour que la mie soit dorée et croustillante. Détaillez les demi-pains en tranches et servez-les chauds.

PAIN PERDU AU FROMAGE

Par portion : **Calories** 382 **Protéines** 11 g **Hydrates de carbone** 39 g **Graisses** 21 g **Cholestérol** 143 mg **Sodium** 420 mg

4 **tranches de pain blanc de 2,5 cm (1 po) d'épaisseur**

1 **paquet (125 oz/4 oz) de fromage à la crème, ramolli**

1 **c. à soupe de pistaches, d'amandes ou de pacanes hachées**

2 **c. à soupe de confiture d'abricots ou de pêches**

2 **gros œufs**

½ **tasse de lait**

½ **c. à thé d'essence de vanille**

¼ **c. à thé de cannelle**

1 **c. à soupe d'huile**

1 **c. à soupe de beurre (ou de margarine)**

Sucre glace (facultatif)

 PRÉPARATION
5 MINUTES

 CUISSON
8 MINUTES

CONSEIL *Tranchez vous-même le pain à l'épaisseur nécessaire. Le pain perdu s'appelle aussi* toasts à la française *dans les menus traduits de l'anglais et* pain doré *dans la cuisine traditionnelle québécoise.*

1 Avec un couteau à lame dentée, formez une poche dans chacune des tranches de pain en coupant à partir de la croûte du dessus.

2 Dans un petit bol, mélangez le fromage à la crème, les pistaches et la confiture. Introduisez 2 c. à soupe de cet appareil dans les tranches de pain. Dans un moule à tarte, mélangez au fouet les œufs, le lait, la vanille et la cannelle. Dans un gaufrier ou une grande sauteuse, réchauffez l'huile et le beurre à feu modéré.

3 Trempez les tranches de pain des deux côtés dans les œufs battus ; travaillez délicatement pour éviter de faire sortir la garniture. Faites frire le pain 90 secondes de chaque côté. Quand le pain perdu est suffisamment doré, poudrez-le de sucre glace, s'il y a lieu, et servez immédiatement.

PAIN PERDU AU FOUR

Pain Perdu au Four

(4)

Par portion : **Calories** 429 **Protéines** 14 g **Hydrates de carbone** 65 g **Graisses** 12 g **Cholestérol** 285 mg **Sodium** 570 mg

1 **pain croûté d'environ 40 x 7,5 cm (16 x 3 po)**

4 **gros œufs**

½ **tasse de crème légère**

¼ **tasse de miel**

½ **c. à thé de muscade**

½ **c. à thé d'essence de vanille**

Fraises fraîches (facultatif)

Sirop d'érable chaud (facultatif)

 PRÉPARATION
20 MINUTES

CUISSON
16 MINUTES

SERVICE *Servi avec des fraises fraîches et arrosé de sirop d'érable, ce pain perdu se transforme en une friandise délectable.*

1 Chauffez le four à 260°C (500°F). Graissez deux tôles. Coupez le pain de biais en tranches de 2,5 cm (1 po) d'épaisseur. Alignez les tranches dans un grand plat.

2 Fouettez ensemble les œufs, la crème, le miel, la muscade et la vanille. Versez cet appareil sur les tranches de pain et retournez celles-ci pour les enrober parfaitement. Attendez 15 minutes pour qu'elles absorbent la dorure.

3 Disposez les tranches sur les tôles et faites cuire 8-10 minutes de chaque côté. Mettez-les dans des assiettes et couronnez de fraises et de sirop d'érable, s'il y a lieu. Servez sans attendre.

Un bon début : Des crêpes

La crêpe est un aliment qui, selon la garniture, peut servir d'entrée, de plat principal ou de dessert. Vous pouvez préparer les crêpes d'avance et les congeler (voir page 27) ou les acheter déjà prêtes. Pour réchauffer les crêpes surgelées, enveloppez-les et mettez-les quelques minutes dans un four chauffé à 190°C (375°F). Pendant ce temps, préparez la garniture. Chaque recette permet de garnir huit crêpes et de servir 4 portions.

◄ **ÉPINARDS ET FROMAGE** Dans une casserole moyenne, faites fondre ¼ **tasse de beurre** à feu doux. Ajoutez ¼ **tasse de farine** et ⅛ **c. à thé de poivre**. Mouillez peu à peu avec **1 tasse de crème légère**. Faites épaissir à feu modéré et, tout en remuant, ajoutez **2 paquets d'épinards hachés surgelés,** cuits, et **1 tasse de fromage suisse râpé**. Quand le fromage a fondu, farcissez les crêpes, enroulez-les et, dans un plat à four graissé, passez-les sous le gril 5 minutes.

▼ **GARNITURE AU POULET** Dans une casserole moyenne, faites fondre **2 c. à soupe de beurre** à feu doux. Ajoutez **2 c. à soupe de farine**. Mouillez peu à peu avec **1 tasse de lait chaud** et faites épaissir en remuant. Ajoutez **1 tasse de poulet cuit râpé** et **½ tasse de champignons tranchés**. Laissez cuire 5 minutes. Garnissez les crêpes, pliez-les en deux et, dans un plat à four graissé, passez-les sous le gril 5 minutes.

▼ **RATATOUILLE** Dans une grande sauteuse, faites revenir **2 oignons moyens,** tranchés, et **2 gousses d'ail** dans ¼ **tasse d'huile d'olive**. Ajoutez **1 petite aubergine,** détaillée en dés, **1 gros poivron,** en lanières, **2 courgettes,** tranchées, **3 tomates,** pelées et hachées, **2 c. à soupe de persil haché, 2 c. à thé de sel, ½ c. à thé de basilic séché** et ⅛ **c. à thé de poivre**. Couvrez et laissez mijoter 10-15 minutes. Découvrez et laissez un peu réduire. Garnissez les crêpes et ramenez les côtés en dessous. Dans un plat à four graissé, passez-les sous le gril 5 minutes.

GARNITURES À UN SEUL INGRÉDIENT

GARNITURES SALÉES	GARNITURES SUCRÉES	DÉCORATIONS
Cheddar râpé	Confitures	Sucre glace
Fromage à la crème ramolli	Chocolat fondu	Cognac ou liqueurs
Œufs brouillés	Fruits frais hachés	Sirop d'érable ou de fruits

▶ **CRÊPES SUZETTE** Défaites en crème **¼ tasse de beurre, 2 c. à thé de sucre fin, 2 c. à thé de jus d'orange tamisé, 2 c. à thé de zeste d'orange râpé** et **1 c. à thé de liqueur à l'orange.** Tartinez les crêpes avec cet appareil. Dans une grande sauteuse, faites revenir les crêpes 1-2 minutes, côté beurré dessous. Pliez-les en triangle et empilez-les. Quand elles sont toutes prêtes, étalez-les et flambez-les avec **2 c. à soupe de cognac** et **2 c. à soupe de Grand Marnier.**

◀ **CRÊPES NORMANDES** Faites frire **2 pommes tranchées** dans **2 c. à soupe de beurre**; ajoutez **2 c. à soupe de sucre** pour les caraméliser. Garnissez les crêpes et faites-les cuire 8 minutes à 190°C (375°F) dans un plat graissé. Flambez avec **¼ tasse de calvados** (ou de cognac). Décorez de **crème fouettée.**

▶ **CRÊPES AUX PÊCHES** Dans une petite casserole, amenez à ébullition **2 tasses d'eau** et **¼ tasse de sucre glace.** Remuez. Quand le sirop est transparent, ajoutez **4 pêches pelées et tranchées.** Faites cuire 10 minutes. Tartinez les crêpes de **beurre à l'orange** (voir Crêpes Suzette ci-dessus). Dans une grande sauteuse, faites dorer les crêpes 1-2 minutes, du côté beurré. Garnissez-les de pêches, pliez-les en triangle et remettez-les côte à côte dans la sauteuse. Flambez avec **2 c. à soupe de Grand Marnier.**

CRÊPES AUX BLEUETS

CRÊPES AUX BLEUETS

Par portion : **Calories** 313 **Protéines** 8 g **Hydrates de carbone** 41 g **Graisses** 12 g **Cholestérol** 85 mg **Sodium** 407 mg

1¼ **tasse de farine tout usage**

2 **c. à soupe de sucre**

2 **c. à thé de levure chimique**

¼ **c. à thé de sel**

1¼ **tasse de lait**

1 **gros œuf**

3 **c. à soupe de beurre fondu (ou de margarine)**

⅔ **tasse de bleuets**

Sirop chaud (facultatif)

PRÉPARATION
5 MINUTES

CUISSON
10 MINUTES

SERVICE *Avec du sirop de bleuet chaud et du bacon frit, ces crêpes ensoleilleront vos petits déjeuners du dimanche.*

1 Dans un grand bol, mélangez la farine, le sucre, la levure chimique et le sel. Dans un petit bol, mélangez le lait, l'œuf et le beurre fondu. Ajoutez les ingrédients liquides aux ingrédients secs et remuez pour les humecter, sans plus. (La pâte sera peut-être grumeleuse.) Incorporez les bleuets.

2 Graissez légèrement un gaufrier ; réchauffez-le à feu assez vif. (Vous pouvez aussi vous servir d'une grande sauteuse.)

3 Pour chaque crêpe, laissez tomber ⅓ tasse de pâte dans le gaufrier chaud ; faites deux ou trois crêpes à la fois. Laissez cuire 3 minutes ou jusqu'à ce que le dessous soit doré et qu'il y ait beaucoup de bulles en surface. Faites-les dorer 2 minutes de plus sur l'autre face.

4 Déposez les crêpes dans une assiette chaude et gardez-les au chaud. Répétez jusqu'à épuisement de la pâte : vous aurez en tout huit crêpes. Arrosez-les de sirop chaud au goût.

Scones aux raisins de Corinthe

Par pièce : **Calories** 164　**Protéines** 4 g　**Hydrates de carbone** 22 g　**Graisses** 7 g　**Cholestérol** 51 mg　**Sodium** 250 mg

- **2 tasses de farine tout usage**
- **2 c. à soupe de sucre**
- **1 c. à soupe de levure chimique**
- **½ c. à thé de sel**
- **¼ c. à thé de bicarbonate de soude**
- **6 c. à soupe (¾ bâtonnet) de beurre, défait en petits morceaux (ou de margarine)**
- **½ tasse de raisins de Corinthe secs (ou autres raisins secs)**
- **½ tasse de babeurre**
- **2 gros œufs**

 PRÉPARATION **15 MINUTES**　　 CUISSON **12 MINUTES**

SERVICE *Ces scones, que les Britanniques servent au five o'clock tea, sont excellents le matin avec du miel ou de la confiture de fraises.*

1 Chauffez le four à 220°C (425°F). Dans un grand bol, mélangez la farine, le sucre, la levure chimique, le sel et le bicarbonate de soude. Incorporez le beurre avec un coupe-pâte ou deux couteaux maniés en ciseaux : la pâte restera grumeleuse. Incorporez les raisins de Corinthe.

2 Dans un petit bol, mélangez le babeurre et les œufs. Versez-les dans les ingrédients secs et mélangez : vous obtiendrez un pâton souple. Farinez-vous les mains et pétrissez le pâton très brièvement dans le bol ; il suffit simplement de compléter le mélange. Divisez-le en deux.

3 Posez les demi-pâtons sur une grande tôle non graissée et aplatissez-les en une galette de 15 cm (6 po) de diamètre. Faites cuire 12-15 minutes. Coupez en pointes et servez les scones chauds.

Muffins au son et aux pommes

Par portion : **Calories** 205　**Protéines** 5 g　**Hydrates de carbone** 32 g　**Graisses** 7 g　**Cholestérol** 24 mg　**Sodium** 326 mg

- **1 grosse pomme rouge**
- **2½ tasses de flocons de son, écrasés**
- **1¼ tasse de farine tout usage**
- **1½ c. à thé de levure chimique**
- **½ c. à thé de bicarbonate de soude**
- **¼ c. à thé de sel**
- **¾ tasse de babeurre**
- **¼ tasse de sirop d'érable (ou de miel)**
- **¼ tasse d'huile**
- **1 gros œuf**

 PRÉPARATION **7 MINUTES**　　 CUISSON **20 MINUTES**

SERVICE *Servez ces muffins-santé avec du beurre à la pomme : incorporez une cuillerée à soupe comble de compote de pommes dans du beurre ramolli ou de la margarine et présentez ce beurre en ramequin.*

1 Chauffez le four à 190°C (375°F). Graissez ou tapissez de cassolettes de papier un moule à muffins à neuf alvéoles. Au robot ménager ou à la main, râpez grossièrement la pomme sans la peler.

2 Dans un grand bol, mélangez les flocons de son écrasés, la farine, la levure chimique, le bicarbonate de soude et le sel. Incorporez la pomme râpée. Dans un petit bol, mélangez le babeurre, le sirop d'érable, l'huile et l'œuf. Ajoutez les ingrédients liquides aux ingrédients secs et remuez pour humecter ceux-ci, sans plus.

3 Versez la pâte dans le moule et faites cuire 20 minutes pour que les muffins soient blonds. Démoulez-les et servez-les chauds.

Muffins à l'avoine et aux dattes

Par portion : **Calories** 191   **Protéines** 4 g   **Hydrates de carbone** 30 g   **Graisses** 6 g   **Cholestérol** 37 mg   **Sodium** 240 mg

3 c. à soupe de beurre (ou de margarine)

1 tasse de farine tout usage

1 tasse de flocons d'avoine à cuisson rapide

¼ tasse de cassonade blonde bien tassée

2 c. à thé de levure chimique

½ c. à thé de sel

½ c. à thé de cannelle

½ tasse de dattes dénoyautées et hachées

1 tasse de lait

1 gros œuf

PRÉPARATION
15 MINUTES

CUISSON
20 MINUTES

CONSEIL *Pour hacher les dattes sans qu'elles collent au couteau, déposez-les sur une planche et farinez-les un peu. Mieux encore, si vous en avez le temps, réfrigérez-les avant de les couper : le travail sera plus facile.*

1 Chauffez le four à 200°C (400°F). Graissez ou tapissez de casso-lettes de papier un moule à muffins à neuf alvéoles.

2 Faites fondre le beurre à feu modéré dans une petite casserole. Dans un grand bol, mélangez la farine, les flocons d'avoine, la cassonade, la levure chimique, le sel et la cannelle. Incorporez les dattes.

3 Dans un petit bol, mélangez le lait, l'œuf et le beurre fondu. Versez les ingrédients liquides dans les ingrédients secs et mélangez avec une cuiller de bois pour humecter, sans plus.

4 Déposez la pâte dans le moule et faites cuire 20-25 minutes pour que les muffins soient légèrement dorés. Démoulez et servez les muffins pendant qu'ils sont encore chauds.

Muffins au blé et à la courgette

Par portion : **Calories** 183   **Protéines** 4 g   **Hydrates de carbone** 25 g   **Graisses** 8 g   **Cholestérol** 43 mg   **Sodium** 297 mg

1 petite courgette (125-150 g/4-5 oz)

1 tasse de farine tout usage

¾ tasse de farine de blé complet

¼ tasse de sucre

1 c. à soupe de levure chimique

1 c. à thé de zeste de citron haché fin

½ c. à thé de sel

¼ c. à thé de muscade

⅓ tasse de lait

⅓ tasse de beurre fondu (ou de margarine)

1 gros œuf

PRÉPARATION
9 MINUTES

CUISSON
20 MINUTES

CONSEIL *Enveloppez les muffins qui vous restent dans du papier d'aluminium et gardez-les au réfrigérateur. Pour les servir, déballez-les et mettez-les 10 minutes au four à 120°C (250°F).*

1 Chauffez le four à 200°C (400°F). Graissez ou tapissez de casso-lettes de papier un moule à muffins à neuf alvéoles. Au robot ou à la main, râpez grossièrement la courgette.

2 Dans un grand bol, mélangez les deux farines, le sucre, la levure chimique, le zeste de citron, le sel et la muscade. Incorporez la courgette râpée. Dans un petit bol, mélangez le lait, le beurre fondu et l'œuf. Versez les ingrédients liquides dans les ingrédients secs et mélangez avec une cuiller de bois pour humecter, sans plus.

3 Déposez la pâte dans le moule et faites cuire 18-20 minutes pour que les muffins soient légèrement dorés. Démoulez et servez les muffins pendant qu'ils sont encore chauds.

MUFFINS AU GRANOLA ET AUX RAISINS SECS

MUFFINS AU GRANOLA ET AUX RAISINS SECS

Par portion : **Calories** 180 **Protéines** 4 g **Hydrates de carbone** 27 g **Graisses** 8 g **Cholestérol** 27 mg **Sodium** 219 mg

1 tasse de mélange à pâte tout usage Bisquick

1 tasse de céréales granola nature, en tout

¼ tasse de raisins secs

2 c. à soupe de cassonade

⅓ tasse de lait

1 gros œuf

1 c. à soupe d'huile

 PRÉPARATION
15 MINUTES

 CUISSON
15 MINUTES

NUTRITION *Avec du melon frais et un petit bol de yogourt, vous aurez un repas bien équilibré avec moins de 300 calories.*

1 Chauffez le four à 200°C (400°F). Graissez ou tapissez de casso-lettes de papier un moule à muffins à huit alvéoles.

2 Dans un grand bol, mettez le mélange à pâte, ¾ tasse de granolas, les raisins secs et la cassonade ; mélangez bien. Dans un petit bol, mélangez le lait, l'œuf et l'huile. Versez les ingrédients liquides dans les ingrédients secs et mélangez pour humecter, sans plus.

3 Déposez la pâte dans le moule et saupoudrez le reste des granolas. Faites cuire 15-20 minutes pour que les muffins soient légèrement dorés. Démoulez et servez-les pendant qu'ils sont encore chauds.

GÂTEAUX

Les gâteaux maison sont toujours meilleurs que les autres.
Voici quelques recettes faciles et rapides à réaliser
qui feront bientôt partie de votre répertoire.

GÂTEAU BRIOCHÉ À L'ABRICOT ET AU CITRON

Par portion : **Calories** 196 **Protéines** 2 g **Hydrates de carbone** 26 g **Graisses** 9 g **Cholestérol** 19 mg **Sodium** 301 mg

90 g (3 oz) de fromage à la crème (¾ d'un paquet)

¼ tasse (½ bâtonnet) de beurre (ou de margarine)

2 tasses de mélange à pâte tout usage Bisquick

¼ tasse de lait

½ tasse de confiture d'abricots épaisse

1 c. à soupe d'amandes effilées

Glacis au citron :

½ tasse de sucre glace

¼ c. à thé d'essence de citron

1-2 c. à thé de jus de citron

 PRÉPARATION
10 MINUTES

 CUISSON
25 MINUTES

CONSEIL *Ce gâteau brioché, tressé comme une pâtisserie danoise, demande un peu d'effort… mais le mérite amplement.*

1 Chauffez le four à 190°C (375°F). Graissez une grande plaque à four. Incorporez le fromage et le beurre au mélange à pâte tout usage avec un coupe-pâte ou avec deux couteaux maniés comme des ciseaux : la pâte sera grumeleuse. Ajoutez le lait ; mélangez pour humecter, sans plus. Sur une surface légèrement farinée, pétrissez la pâte en lui donnant 10-12 tours.

2 Posez le pâton sur la plaque et abaissez-le à la main ou au rouleau en un rectangle de 30 x 20 cm (12 x 8 po). Étalez la confiture sur le tiers central du rectangle. Pratiquez des incisions de 6 cm (2½ po) à tous les 2,5 cm (1 po) sur la longueur. Repliez l'une sur l'autre les languettes vis-à-vis. Faites cuire 20-25 minutes.

3 Dans un petit bol, mélangez le sucre glace et l'essence de citron. Ajoutez assez de jus de citron pour que le glacis ait la même consistance qu'un glaçage clair.

4 Déposez le gâteau brioché sur un plat. Étalez le glacis et saupoudrez d'amandes. Servez ce gâteau chaud.

 L'ouvre-boîte

Voici une sauce qui donnera de la couleur et de la saveur au gâteau de Savoie que vous pouvez trouver au rayon de la boulangerie ou à celui des surgelés.

SAUCE MOKA AU CHOCOLAT

Dans une petite casserole, faites fondre **4 c. à soupe de beurre** (ou de margarine). Ajoutez **2 c. à soupe d'eau** et **180 g (6 oz) de chocolat mi-sucré râpé** ; remuez pour le faire fondre. Mouillez avec **5-6 c. à soupe de café** noir très corsé et **2 c. à soupe de cognac.** Ajoutez **1-3 c. à soupe de sucre glace.** Découpez **4 tranches de gâteau de Savoie.** Nappez-les de sauce et décorez de **fraises.** **DONNE 4 PORTIONS**

Petits Gâteaux aux deux chocolats

Par portion : **Calories** 258 **Protéines** 3 g **Hydrates de carbone** 35 g **Graisses** 13 g **Cholestérol** 28 mg **Sodium** 239 mg

125 g (4 oz) de fromage à la crème, ramolli

1 gros œuf, séparé

1 tasse et 1 c. à soupe de sucre, en tout

½ tasse de grains de chocolat

1½ tasse de farine tout usage

¼ tasse de cacao non sucré en poudre

1½ c. à thé de bicarbonate de soude

½ c. à thé de sel

¾ tasse d'eau

⅓ tasse d'huile

1 c. à soupe de vinaigre

1 c. à thé de vanille

 PRÉPARATION
17 MINUTES

 CUISSON
25 MINUTES

1 Chauffez le four à 180°C (350°F). Graissez ou tapissez de cassolettes de papier 12 alvéoles à muffins. Mélangez au batteur électrique le fromage à la crème, le jaune d'œuf et 1 c. à soupe de sucre. Incorporez les grains de chocolat.

2 Dans un grand bol, mélangez au batteur électrique 1 tasse de sucre, la farine, le cacao, le bicarbonate de soude et le sel. Ajoutez le blanc d'œuf, l'eau, l'huile, le vinaigre et la vanille et battez jusqu'à consistance onctueuse.

3 Répartissez ce mélange dans les moules à muffins ; recouvrez-le de la préparation à base de fromage à la crème. Faites cuire 25 minutes ou jusqu'à ce qu'un cure-dent inséré au centre d'un petit gâteau en ressorte propre. Laissez refroidir 10 minutes ; démoulez et servez. Gardez ce qui reste au réfrigérateur.

Gâteau au gingembre, sauce au citron

Par portion : **Calories** 420 **Protéines** 5 g **Hydrates de carbone** 70 g **Graisses** 15 g **Cholestérol** 82 mg **Sodium** 287 mg

1¼ tasse de farine de blé complet

1 tasse de farine tout usage

2 c. à thé de gingembre

1½ c. à thé de levure chimique

1 c. à thé de cannelle

¼ c. à thé de bicarbonate de soude

¼ c. à thé de sel

1 tasse de cassonade brune

½ tasse de beurre ramolli

2 gros œufs

½ tasse de mélasse

¾ tasse d'eau chaude

Sauce au citron :

1 gros citron

½ tasse de sucre

2 c. à soupe de fécule de maïs

1 tasse d'eau

2 c. à soupe de beurre

 PRÉPARATION
10 MINUTES

 CUISSON
35 MINUTES

1 Chauffez le four à 180°C (350°F). Graissez généreusement un moule à gâteau carré de 22 cm (9 po). Dans un bol moyen, mélangez les deux farines, le gingembre, la levure chimique, la cannelle, le bicarbonate de soude et le sel.

2 Dans un grand bol, mélangez au batteur électrique la cassonade et le beurre. Incorporez les œufs et la mélasse. Ajoutez peu à peu les ingrédients secs en alternant avec l'eau chaude. Versez la pâte dans le moule et faites cuire 35-40 minutes ou jusqu'à ce qu'un cure-dent inséré au centre du gâteau en ressorte propre.

3 Entre-temps, râpez finement le zeste du citron et prenez-en 1 c. à thé. Coupez le citron et pressez-le pour obtenir ¼ tasse de jus. Dans une petite casserole, mélangez le sucre et la fécule de maïs. Ajoutez l'eau, mélangez bien et amenez à ébullition à feu vif, en remuant constamment.

4 Incorporez le beurre, le zeste et le jus de citron. Retirez du feu et versez la sauce dans une saucière.

5 Laissez le gâteau refroidir 5 minutes avant de le démouler. Servez-le chaud, détaillé en carrés, accompagné de la sauce en saucière.

CLAFOUTIS AUX POMMES ET AUX RAISINS SECS

CLAFOUTIS AUX POMMES ET AUX RAISINS SECS

Par portion : **Calories** 305 **Protéines** 3 g **Hydrates de carbone** 53 g **Graisses** 10 g **Cholestérol** 51 mg **Sodium** 233 mg

6 c. à soupe (¾ bâtonnet) de beurre (ou de margarine)

2 grosses pommes rouges

⅓ tasse de cassonade blonde bien tassée

½ c. à thé de cannelle

¼ tasse de raisins secs

1⅓ tasse de farine à gâteau

⅔ tasse de sucre

2 c. à thé de levure chimique

¼ c. à thé de sel

½ tasse de lait

1 gros œuf

1 c. à thé d'essence de vanille

 PRÉPARATION
15 MINUTES

 CUISSON
30 MINUTES

CONSEIL *Mettez une plaque à four sous le moule à fond amovible pour recueillir les gouttes durant la cuisson.*

1 Chauffez le four à 190°C (375°F). Graissez la paroi d'un moule rond à fond amovible. Dans une petite casserole, faites fondre le beurre à feu doux. Parez les pommes et détaillez-les en quartiers, puis en tranches fines.

2 Mettez 3 c. à soupe de beurre fondu dans un bol à part ; ajoutez la cassonade, la cannelle et les raisins secs au reste. Versez cet apprêt dans le moule et déposez les tranches de pommes par-dessus.

3 Dans un grand bol, mélangez la farine, le sucre, la levure chimique et le sel. Ajoutez le lait, l'œuf, la vanille et le beurre réservé ; travaillez la pâte au batteur électrique, d'abord à petite vitesse, puis à grande vitesse pendant 1 minute.

4 Versez la pâte dans le moule et faites cuire 30 minutes ou jusqu'à ce qu'un cure-dent inséré au centre du gâteau en ressorte propre.

5 Laissez refroidir 5 minutes. Renversez le moule dans une assiette et attendez 1 minute avant de le retirer. Servez le gâteau chaud.

UN BON DÉBUT : LE GÂTEAU DE SAVOIE

Une belle gamme de desserts peut être préparée à partir d'un modeste gâteau de Savoie. Vous pouvez le confectionner vous-même (voir page 28) ou l'acheter au rayon de la boulangerie ou des surgelés de votre supermarché.

   Choisissez de préférence un gâteau rectangulaire et tranchez-le avec un couteau à lame dentée. Relevez-le de crème glacée, de quelques fruits frais ou d'un peu de sauce au chocolat : l'ordinaire deviendra mémorable.

▶ **GÂTEAU CARAMEL-CHOCOLAT** Dans une casserole moyenne, faites fondre **1 paquet (175 g/6 oz) de grains de chocolat mi-sucré** à feu très doux, en remuant souvent. Hors du feu, ajoutez **⅔ tasse de crème sure.** Concassez grossièrement **2 tablettes (60 g/2 oz chacune) de caramel écossais.** Tranchez **1 gâteau de Savoie** en deux horizontalement. Placez la moitié du bas sur une assiette de service. Garnissez-la avec le tiers du chocolat et le tiers du caramel. Placez l'autre moitié par-dessus et décorez-la avec le reste du chocolat et du caramel. Donne 8 portions.

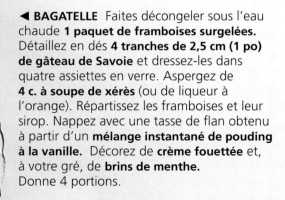

◀ **OMELETTE NORVÉGIENNE** Chauffez le four à 200°C (400°F). Fouettez **2 gros blancs d'œufs** tièdes avec **1 pincée de crème de tartre.** Incorporez peu à peu **¼ tasse de sucre** et fouettez jusqu'à formation de pics fermes. Déposez **4 tranches de 2,5 cm (1 po) de gâteau de Savoie** sur une petite tôle graissée. Garnissez chacune d'elles d'une tranche de **crème glacée aux fraises** et masquez le tout de meringue. Mettez 3-5 minutes au four pour faire dorer la meringue. Donne 4 portions.

◀ **BAGATELLE** Faites décongeler sous l'eau chaude **1 paquet de framboises surgelées.** Détaillez en dés **4 tranches de 2,5 cm (1 po) de gâteau de Savoie** et dressez-les dans quatre assiettes en verre. Aspergez de **4 c. à soupe de xérès** (ou de liqueur à l'orange). Répartissez les framboises et leur sirop. Nappez avec une tasse de flan obtenu à partir d'un **mélange instantané de pouding à la vanille.** Décorez de **crème fouettée** et, à votre gré, de **brins de menthe.** Donne 4 portions.

◄ **FONDUE AU CHOCOLAT** Dans une petite casserole, déposez **1 paquet (175 g/6 oz) de grains de chocolat mi-sucré**, **¼ tasse de crème sure** et **½ tasse de crème légère**. Faites cuire à feu doux en remuant. Quand la fondue est devenue onctueuse, versez-la dans un caquelon et gardez-la au chaud. Sur une assiette de service, disposez **1½ tasse de gâteau de Savoie détaillé en dés**, **1 pomme rouge**, parée et détaillée en dés, **1 banane**, pelée et coupée en tronçons, et **1 tasse de morceaux d'ananas.** Les convives piquent un morceau de gâteau ou de fruit et le trempent dans la fondue. Si celle-ci épaissit, délayez-la avec **un peu de crème légère** et réchauffez à feu doux. Donne 4 portions.

► **SHORTCAKE AUX FRAISES** Dans un bol moyen, mélangez **2 tasses de fraises**, tranchées, et **2 c. à soupe de sucre.** Laissez macérer 15 minutes, en remuant de temps à autre. Fouettez **½ tasse de crème fraîche épaisse** avec **1 c. à thé de sucre** et **¼ c. à thé d'essence de vanille** jusqu'à ce qu'elle soit très ferme. Coupez **8 tranches de 1 cm (½ po) de gâteau de Savoie.** Répartissez-en la moitié entre quatre assiettes, surmontée de la moitié des fraises et de la moitié de la crème fouettée. Répétez l'opération. Donne 4 portions.

◄ **GÂTEAU ÉTAGÉ AUX PÊCHES** Découpez **1 gâteau de Savoie** en trois à l'horizontale. Dans un petit bol, mélangez **1 tasse de pêches hachées**, **¼ c. à thé d'essence d'amande** et **½ tasse de yogourt à la vanille.** Tartinez la tranche du bas avec la moitié du yogourt ; placez la tranche suivante, tartinée avec le reste du yogourt, puis la tranche supérieure. Nappez celle-ci de **¼ tasse de fondant au chocolat.** Décorez, à votre gré, de **tranches de pêche.** Donne 8 portions.

CARRÉS À LA NOIX DE COCO

CARRÉS À LA NOIX DE COCO

Par portion : **Calories** 314 **Protéines** 4 g **Hydrates de carbone** 49 g **Graisses** 12 g **Cholestérol** 70 mg **Sodium** 156 mg

2 **gros œufs**

1 **tasse de sucre**

1 **tasse de farine tout usage**

1 **c. à thé de levure chimique**

½ **tasse de lait**

2 **c. à soupe (¼ bâtonnet) de beurre (ou de margarine)**

Garniture à la noix de coco :

½ **tasse de cassonade blonde bien tassée**

¼ **tasse (½ bâtonnet) de beurre ramolli (ou de margarine)**

1 **tasse de noix de coco sucrée, en flocons ou en filaments**

 PRÉPARATION
11 MINUTES

 CUISSON
25 MINUTES

SERVICE *En soirée, offrez ce gâteau à vos invités avec un cappucino ou une tasse de chocolat chaud.*

1 Chauffez le four à 180°C (350°F). Graissez un moule carré de 22 cm (9 po). Dans un petit bol, fouettez les œufs à grande vitesse au batteur électrique. Ajoutez peu à peu le sucre et fouettez 5 minutes à vitesse moyenne. Ajoutez la farine et la levure chimique ; fouettez à petite vitesse pour opérer le mélange, sans plus.

2 Dans une petite casserole, réchauffez le lait et faites-y fondre le beurre. Ajoutez-les à la pâte et mélangez au batteur. Versez la pâte dans le moule et faites cuire 25-30 minutes ou jusqu'à ce qu'un cure-dent inséré au centre du gâteau en ressorte propre. Dès que le moule a été retiré du four, allumez le gril.

3 Dans un petit bol, mélangez la cassonade et le beurre et incorporez la noix de coco.

4 Tartinez le gâteau de beurre au coco et passez sous le gril 1-2 minutes à 10 cm (4 po) de l'élément. Détaillez en carrés et servez chaud.

Gâteau aux épices et aux pacanes

Par portion : **Calories** 257 **Protéines** 4 g **Hydrates de carbone** 34 g **Graisses** 12 g **Cholestérol** 44 mg **Sodium** 140 mg

1⅓ **tasse de farine tout usage**

⅔ **tasse de sucre**

2 **c. à thé de levure chimique**

½ **c. à thé de cannelle**

¼ **c. à thé de muscade (ou de piment de la Jamaïque)**

⅔ **tasse de lait**

¼ **tasse (½ bâtonnet) de beurre ramolli (ou de margarine)**

1 **gros œuf**

1 **c. à thé d'essence de vanille**

½ **tasse de pacanes hachées fin**

Sucre glace (facultatif)

Crème fouettée sucrée (facultatif)

 PRÉPARATION
10 MINUTES

 CUISSON
25 MINUTES

1 Chauffez le four à 180°C (350°F). Graissez et farinez un moule rond de 20 cm (8 po). Dans un grand bol, mélangez la farine, le sucre, la levure chimique, la cannelle et la muscade.

2 Ajoutez le lait, le beurre, l'œuf et la vanille. Effectuez le mélange à petite vitesse au batteur électrique. Augmentez ensuite la vitesse et fouettez pendant 1 minute. Incorporez les pacanes et versez la pâte dans le moule.

3 Faites cuire 25-30 minutes ou jusqu'à ce qu'un cure-dent inséré au centre du gâteau en ressorte propre. Posez le moule sur une grille et attendez 5 minutes avant de démouler le gâteau dans un plat de service. Poudrez-le de sucre glace, si vous le désirez, et servez-le chaud, avec ou sans crème fouettée.

Cuisson au micro-ondes

Employez ⅓ tasse de beurre ou de margarine. Graissez un moule rond à micro-ondes et tapissez le fond de papier ciré. Préparez la pâte selon les étapes 1 et 2. Versez-la dans le moule.

Posez le moule sur une grille ou sur une soucoupe placée à l'envers dans le four. Faites cuire à découvert 10 minutes à Maximum, en donnant un quart de tour au moule toutes les 3 minutes.

Même si le gâteau semble humide en surface, il est cuit du moment qu'un cure-dent, inséré au centre, en ressort propre. Au besoin, prolongez la cuisson à Maximum jusqu'à ce que sa surface soit presque sèche, entre 30 secondes et 2 minutes. Au sortir du four, posez le moule sur une grille et attendez 5 minutes avant de démouler le gâteau. Retirez le papier ciré et poudrez de sucre glace, à votre gré.

Idées Minute

Congélation

Laissez le gâteau refroidir complètement. Enveloppez-le dans une pellicule de plastique, puis dans du papier d'aluminium fort. Il se gardera un mois au congélateur.

Décongélation

Elle est rapide au micro-ondes. Déballez le gâteau congelé ; déposez-le dans une assiette allant au micro-ondes. Prévoyez 5-7 minutes à Minimum (10 %) et donnez un demi-tour à l'assiette toutes les 3 minutes. Si le réglage minimum de votre micro-ondes est de 30 %, n'allouez que 3 minutes et vérifiez au bout d'une minute et demie.

Biscuits

La jarre à biscuits ne restera pas pleine longtemps si elle contient l'une
ou l'autre de ces délicieuses gâteries.

Galettes d'avoine à l'écossaise

Par pièce : **Calories** 350 **Protéines** 5 g **Hydrates de carbone** 41 g **Graisses** 19 g **Cholestérol** 47 mg **Sodium** 154 mg

- **¾ tasse (1½ bâtonnet) de beurre ramolli**
- **⅔ tasse de cassonade blonde bien tassée**
- **1 c. à thé d'essence de vanille**
- **¼ tasse de farine tout usage**
- **3 tasses de flocons d'avoine à l'ancienne**

 PRÉPARATION **15 MINUTES**

 CUISSON **15 MINUTES**

REMARQUE *Ces petites pâtisseries sont croquantes à l'extérieur, mais délicieusement tendres à l'intérieur.*

1 Chauffez le four à 180°C (350°F). Au batteur électrique, mélangez le beurre avec la cassonade et la vanille. Incorporez la farine et la moitié des flocons d'avoine. Avec une cuiller de bois ou à la main, incorporez peu à peu suffisamment de flocons d'avoine pour que la pâte puisse s'agglomérer en boule.

2 Déposez la pâte dans un moule rond de 22 cm (9 po) non graissé ; aplatissez-la contre le fond. Avec un couteau, tracez huit pointes dans la pâte sans la traverser complètement.

3 Faites cuire la galette 15 minutes pour qu'elle soit bien dorée. Laissez-la refroidir dans le moule avant de la détailler en pointes.

Galettes à la cannelle

Par pièce : **Calories** 66 **Protéines** Trace **Hydrates de carbone** 10 g **Graisses** 3 g **Cholestérol** 13 mg **Sodium** 31 mg

- **½ tasse (1 bâtonnet) de beurre ramolli (ou de margarine)**
- **1 tasse et 2 c. à soupe de sucre, en tout**
- **1 gros œuf**
- **½ c. à thé d'essence de vanille**
- **¼ c. à thé de levure chimique**
- **¼ c. à thé de bicarbonate de soude**
- **1½ tasse, en tout, de farine tout uage**
- **1 c. à thé de cannelle**

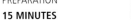 PRÉPARATION **15 MINUTES**

CUISSON **30 MINUTES**

CONSEIL *Vous pouvez faire la pâte d'avance et la congeler. Le temps venu, faites-la décongeler à la température ambiante.*

1 Chauffez le four à 190°C (375°F). Au batteur électrique, mélangez le beurre avec 1 tasse de sucre. Incorporez l'œuf et la vanille.

2 Ajoutez la levure chimique, le bicarbonate de soude et la moitié de la farine ; battez jusqu'à ce que la pâte soit onctueuse. Incorporez le reste de la farine.

3 Laissez tomber la pâte par cuillerées à thé combles sur une tôle à biscuits non graissée. Allouez 5 cm (2 po) d'espace entre les galettes. Dans une tasse, mélangez la cannelle et le reste du sucre ; saupoudrez-en sur la pâte. N'enfournez qu'une tôle à la fois.

4 Faites cuire 10-12 minutes. Dégagez les galettes à la spatule et laissez-les refroidir sur une grille. Répétez avec le reste de la pâte.

Tuiles au citron

Par pièce : **Calories** 70 **Protéines** 1 g **Hydrates de carbone** 4 g **Graisses** 6 g **Cholestérol** 9 mg **Sodium** 30 mg

⅔ **tasse de sucre glace**

⅓ **tasse de farine tout usage**

2 **gros blancs d'œufs**

1 **c. à thé de zeste de citron râpé**

½ **c. à thé d'essence de citron**

½ **tasse (1 bâtonnet) de beurre ramolli (ou de margarine)**

1 **tasse d'amandes effilées**

 PRÉPARATION
15 MINUTES

 CUISSON
30 MINUTES

SERVICE *Les tuiles accompagnent la crème glacée ou les fruits en compote. Ce sont des friandises à faible teneur en calories. Il faut leur donner la forme d'une tuile au sortir du four, quand elles sont encore chaudes ; sinon, les réchauffer de nouveau.*

1 Chauffez le four à 200°C (400°F). Graissez légèrement deux tôles à biscuits. Dans un grand bol, mélangez le sucre glace et la farine. Ménagez un puits au centre et mettez-y les blancs d'œufs, le zeste et l'essence de citron. Avec une cuiller de bois, mélangez parfaitement. Incorporez le beurre, puis les amandes.

2 Laissez tomber la pâte par cuillerées à thé combles sur les tôles. Prévoyez six tuiles par tôle avec un dégagement de 5 cm (2 po). Étalez un peu la pâte avec une fourchette mouillée d'eau froide.

3 Enfournez les tôles une à la fois et prévoyez 6-8 minutes de cuisson pour que les biscuits soient d'un beau blond doré. Dégagez-les immédiatement et façonnez-les en tuile en les appuyant autour d'un rouleau à pâtisserie. Laissez-les durcir sur le rouleau avant de les mettre à refroidir sur une grille.

Carrés aux noix

Par pièce : **Calories** 137 **Protéines** 2 g **Hydrates de carbone** 16 g **Graisses** 8 g **Cholestérol** 36 mg **Sodium** 66 mg

5 **c. à soupe de beurre ramolli (ou de margarine)**

¾ **tasse de cassonade blonde bien tassée**

2 **gros œufs**

1 **c. à thé d'essence de vanille**

¾ **tasse de farine**

1 **c. à thé de levure chimique**

¾ **tasse de noix hachées**

 PRÉPARATION
20 MINUTES

 CUISSON
20 MINUTES

CONSEIL *Un bon truc pour ramollir rapidement le beurre froid : le râper. La pâte de ces carrés aux noix peut se faire aisément sans recourir au batteur électrique.*

1 Chauffez le four à 180°C (350°F). Graissez généreusement un moule carré de 20 cm (8 po) et poudrez-le de farine.

2 Dans un grand bol, mélangez au batteur électrique le beurre avec la cassonade. Ajoutez les œufs et la vanille et continuez de battre. À petite vitesse, incorporez la farine et la levure chimique. Avec une spatule de caoutchouc, incorporez les noix et étalez la pâte dans le moule.

3 Faites cuire 20-25 minutes. Quand le gâteau est doré, laissez-le refroidir 10 minutes dans le moule avant de le découper en 16 carrés. Servez tout de suite ou rangez dans un contenant étanche.

TUILES AU CITRON (À DROITE) ET MACARONS AUX AMANDES

MACARONS AUX AMANDES

Par pièce : **Calories** 66 **Protéines** 2 g **Hydrates de carbone** 8 g **Graisses** 4 g **Cholestérol** Trace **Sodium** 11 mg

1 tasse d'amandes effilées

2 gros blancs d'œufs

⅔ tasse de sucre

⅔ tasse de noix de coco sucrée, en flocons ou en filaments

½ c. à thé d'essence d'amande

 PRÉPARATION
10 MINUTES

 CUISSON
25 MINUTES

CONSEIL *Badigeonnez les macarons d'eau froide avant la cuisson pour leur donner un joli glacis.*

1 Chauffez le four à 160°C (325°F). Pulvérisez les amandes au mélangeur électrique. Cuisez-les 10 minutes au four pour les dessécher.

2 Dans un petit bol, montez les blancs d'œufs en neige souple au batteur électrique. Ajoutez peu à peu le sucre et continuez de battre jusqu'à formation de pics fermes et luisants.

3 Graissez et farinez deux tôles à biscuits ou tapissez-les de papier sulfurisé. À la spatule de caoutchouc, incorporez aux blancs d'œufs la noix de coco, l'essence d'amande et les amandes pulvérisées.

4 Laissez tomber la pâte par cuillerées à soupe combles sur les tôles en laissant un dégagement de 5 cm (2 po). Faites cuire les macarons 15-20 minutes ou jusqu'à ce que leur pourtour commence à colorer. Intervertissez les tôles à mi-cuisson. Laissez refroidir les macarons sur une grille.

CARRÉS AU FUDGE

Par pièce : **Calories** 201   **Protéines** 2 g   **Hydrates de carbone** 20 g   **Graisses** 14 g   **Cholestérol** 55 mg   **Sodium** 81 mg

1 **paquet (300 g/10,5 oz) de grains de chocolat mi-sucré**

1 **tasse (2 bâtonnets) de beurre (ou de margarine)**

4 **gros œufs**

1 **tasse de sucre**

1 **c. à thé d'essence de vanille**

1 **tasse de farine**

¼ **c. à thé de levure chimique**

1 **tasse de noix hachées (facultatif)**

 PRÉPARATION
15 MINUTES

 CUISSON
25 MINUTES

SERVICE *Les enfants raffolent de ces friandises servies avec un grand verre de lait, au goûter ou comme dessert dans le sac à lunch.*

1 Chauffez le four à 180°C (350°F). Graissez un moule rectangulaire de 33 x 22 cm (13 x 9 po). Dans une casserole moyenne, faites fondre les grains de chocolat et le beurre à feu doux en remuant constamment. Retirez du feu et laissez tiédir.

2 Entre-temps, faites mousser les œufs au batteur électrique dans un bol moyen. Ajoutez peu à peu le sucre en continuant de battre pendant 3 minutes environ, pour avoir un mélange crémeux.

3 Sans cesser de battre, incorporez la vanille, puis le chocolat fondu. À petite vitesse, incorporez la farine et la levure chimique. Ajoutez les noix s'il y a lieu. Versez la pâte dans le moule.

4 Faites cuire 20-25 minutes ou jusqu'à ce qu'un cure-dent, inséré à 5 cm (2 po) du bord, ressorte propre. (Le centre demeure humide). Laissez le gâteau refroidir avant de le détailler en carrés.

VARIANTE : CARRÉS AU FUDGE MARBRÉS

Par pièce : **Calories** 166   **Protéines** 2 g   **Hydrates de carbone** 16 g   **Graisses** 11 g
Cholestérol 55 mg   **Sodium** 80 mg

Utilisez seulement 1 tasse de grains de chocolat. Faites fondre le choco-lat et le beurre séparément. Exécutez l'étape 2. Incorporez le beurre, la farine et la levure chimique dans les œufs battus avec le sucre. Ajoutez les noix s'il y a lieu.

Versez la moitié de la pâte dans un bol. Incorporez le chocolat fondu. Versez en alternance dans le moule la pâte claire et la pâte foncée. Mélangez-les légèrement au couteau pour obtenir un gâteau marbré. Revenez à l'étape 4.

IDÉES MINUTE

LA PÂTISSERIE
• Au lieu de hacher des noix, mettez-les dans un sac de plastique, fermez le sac et concassez-les au rouleau à pâtisserie.

• Pour mesurer les liquides sucrés (comme le miel) sans qu'ils collent, rincez la tasse à l'eau très chaude ou enduisez-la d'un apprêt antiadhésif pour la cuisine.

• Le micro-ondes est idéal pour faire fondre le chocolat. Réchauffez-le à Moyen dans un bol à découvert, à raison de 1-2 minutes pour 30 g (1 oz) de chocolat.

CARRÉS AU FUDGE (À L'EXTRÊME DROITE) ET CARRÉS AU CARAMEL ET AUX PACANES

CARRÉS AU CARAMEL ET AUX PACANES

Par pièce : **Calories** 287 **Protéines** 2 g **Hydrates de carbone** 31 g **Graisses** 18 g **Cholestérol** 24 mg **Sodium** 86 mg

2 tasses de farine tout usage

1½ tasse, en tout, de cassonade blonde bien tassée

1 tasse (2 bâtonnets), en tout, de beurre ramolli (ou de margarine)

1½ tasse de pacanes en morceaux

1 tasse de grains de chocolat mi-sucré

 PRÉPARATION
20 MINUTES

 CUISSON
20 MINUTES

CONSEIL *On peut faire fondre le chocolat de trois façons : dans une casserole à fond épais, au bain-marie ou au micro-ondes.*

1 Chauffez le four à 180°C (350°F). Graissez un moule rectangulaire de 33 x 22 cm (13 x 9 po). Dans un grand bol, mélangez la farine, 1 tasse de cassonade et ½ tasse de beurre pour former une pâte.

2 Foncez le moule avec cette pâte en la pressant contre le fond. Parsemez-la de pacanes. Dans une petite casserole, faites fondre le beurre qui reste avec ½ tasse de cassonade à feu modéré, en remuant constamment. Amenez à ébullition et faites cuire 1 minute de plus, sans cesser de remuer, pour obtenir un caramel.

3 Étalez le caramel à la cuiller sur les pacanes. Enfournez et faites cuire 20 minutes environ, pour que le caramel bouillonne et que la croûte soit dorée.

4 Dans une petite casserole, faites fondre les grains de chocolat à feu doux ; nappez-en le gâteau. Laissez refroidir ; détaillez en 12 carrés.

BISCUITS AU CHOCOLAT ET AUX NOIX

Par pièce : **Calories** 135 **Protéines** 2 g **Hydrates de carbone** 15 g **Graisses** 18 g **Cholestérol** 19 mg **Sodium** 61 mg

- ½ **tasse (1 bâtonnet) de beurre ramolli (ou de margarine)**
- ½ **tasse de sucre**
- ¼ **tasse de cassonade blonde bien tassée**
- 1 **gros œuf**
- 1 **c. à thé d'essence de vanille**
- 1 **tasse et 2 c. à soupe de farine tout usage**
- ½ **c. à thé de bicarbonate de soude**
- 1 **tasse de grains de chocolat mi-sucré**
- ½ **tasse de noix hachées**

PRÉPARATION
7 MINUTES

CUISSON
20 MINUTES

CONSEIL *Les biscuits à la cuiller cuisent plus uniformément si on ne met au four qu'une tôle à la fois.*

1 Chauffez le four à 190°C (375°F). Graissez légèrement deux tôles à biscuits. Dans un grand bol, mélangez au batteur électrique le beurre, le sucre et la cassonade. Ajoutez l'œuf, la vanille, la farine et le bicarbonate de soude. Continuez de battre pour obtenir une pâte ferme. Incorporez le chocolat et les noix hachées.

2 Versez la pâte par cuillerées à thé combles sur les tôles, à 5 cm (2 po) d'intervalle. Faites cuire 8-10 minutes. Laissez refroidir la tôle 1 minute avant de déposer les biscuits sur une grille. Faites cuire le reste de la pâte de la même manière.

VARIANTE : BISCUITS À L'AVOINE ET AUX RAISINS SECS

Par pièce : **Calories** 107 **Protéines** 2 g **Hydrates de carbone** 16 g **Graisses** 4 g **Cholestérol** 19 mg **Sodium** 52 mg

*Supprimez les grains de chocolat et les noix. N'employez que ¼ c. à thé de bicarbonate de soude. Exécutez l'étape 1 mais ajoutez **2 c. à soupe de lait** en même temps que la cassonade et le sucre. Incorporez **1 tasse de flocons d'avoine à cuisson rapide** et **¼ tasse de raisins secs**. À l'étape 2, laissez tomber la pâte par cuillerées à soupe et faites cuire les biscuits 10-12 minutes.*

BISCUITS AUX POMMES ET AUX ÉPICES

Par pièce : **Calories** 98 **Protéines** 1 g **Hydrates de carbone** 15 g **Graisses** 4 g **Cholestérol** 19 mg **Sodium** 51 mg

- 1 **tasse de pommes séchées**
- ½ **tasse (1 bâtonnet) de beurre ramolli (ou de margarine)**
- ½ **tasse de sucre**
- ¼ **tasse de cassonade blonde bien tassée**
- 1 **c. à thé de cannelle**
- ¼ **c. à thé de muscade**
- 1 **gros œuf**
- 1 **c. à thé de vanille**
- 1 **tasse et 2 c. à soupe de farine tout usage**
- ¼ **c. à thé de bicarbonate de soude**

PRÉPARATION
8 MINUTES

CUISSON
20 MINUTES

1 Chauffez le four à 190°C (375°F). Hachez les pommes séchées. Dans un grand bol, mélangez au batteur électrique le beurre, le sucre, la cassonade, la cannelle et la muscade. Ajoutez l'œuf, la vanille, la farine et le bicarbonate de soude et continuez de battre pour obtenir une pâte épaisse. Incorporez les pommes séchées à l'aide d'une cuiller de bois.

2 Déposez la pâte par cuillerées à thé combles sur une tôle non graissée, à 5 cm (2 po) d'intervalle. Faites cuire 8-10 minutes.

3 Laissez refroidir la tôle 1 minute avant de déposer les biscuits sur une grille. Faites cuire le reste de la pâte de la même manière.

DESSERTS

PARFAIT AU CHOCOLAT (PAGE 367)

Desserts aux fruits

Les desserts les plus légers se font avec les fruits frais de la saison.
Rien n'est plus savoureux ; rien ne finit mieux un repas.

Fraises au chocolat

Par portion : **Calories** 145 **Protéines** 1 g **Hydrates de carbone** 19 g **Graisses** 9 g **Cholestérol** 0 mg **Sodium** 4 mg

3 carrés (30 g/1 oz chacun) de chocolat mi-sucré

1 c. à thé de graisse végétale

2 tasses de fraises fraîches, non équeutées

 PRÉPARATION
30 MINUTES

 CUISSON
5 MINUTES

SERVICE *Ces petites bouchées de fruits sont tout indiquées pour mettre au menu d'un brunch élégant.*

1 Mettez de l'eau dans le bas du bain-marie et amenez-la au point d'ébullition à feu vif. Râpez le chocolat et déposez-le dans le haut du bain-marie avec la graisse. Faites-le fondre doucement : l'eau ne doit pas atteindre le point d'ébullition. (On peut faire fondre le chocolat au micro-ondes en le surveillant de près.)

2 Remuez le chocolat pour qu'il soit onctueux. Retirez le bain-marie du feu, mais laissez-y le chocolat en attente.

3 Huilez légèrement une tôle à biscuits. Lavez et épongez les fraises. Versez le chocolat fondu dans un petit bol. Saisissez les fraises par la queue et plongez-les à moitié dans le chocolat. Laissez-les s'égoutter quelques secondes et déposez-les sur la tôle.

4 Mettez la tôle 15 minutes au réfrigérateur pour que le chocolat fige. Disposez les fraises côte à côte dans une assiette de service.

 L'ouvre-boîte

Voici deux desserts aux fruits, l'un froid, l'autre chaud, qu'une larme d'alcool met en valeur. Servez-les avec une glace à la vanille.

Petits fruits à l'eau-de-vie

Mélangez **2 tasses de framboises, 2 tasses de bleuets** et **2 tasses de mûres** dans un bol de service. Dans une tasse, mélangez **1 c. à soupe d'eau-de-vie de framboise** (ou de jus de canneberge) et **1 c. à soupe de miel**. Versez sur les petits fruits, remuez et servez. **Donne 4 portions**

Poires et abricots épicés

Allumez le gril. Égouttez **1 boîte d'abricots**, en gardant 2 c. à soupe de sirop, et **1 boîte de poires**. Dans un moule à tarte, mélangez le sirop avec **2 c. à soupe de cognac, 1 c. à soupe de miel** et une **pincée de cannelle**. Versez sur les fruits et faites griller. **Donne 4 portions**

SUPRÊME AUX TROIS RAISINS

Suprême aux trois raisins

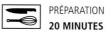

Par portion : **Calories** 211 **Protéines** 3 g **Hydrates de carbone** 34 g **Graisses** 8 g **Cholestérol** 22 mg **Sodium** 29 mg

1 tasse de grains de raisin vert sans pépins coupés en deux

1 tasse, en tout, de crème sure légère

3 c. à soupe, en tout, de cassonade blonde bien tassée

1 tasse de grains de raisin rouge sans pépins coupés en deux

1 tasse de grains de raisin bleu sans pépins coupés en deux

1 c. à soupe de pistaches décortiquées hachées

PRÉPARATION
20 MINUTES

CUISSON
AUCUNE

CONSEIL *Ce dessert très simple se prépare à même le bol de service ; vous n'avez donc rien de plus à laver. Utilisez un bol en verre pour en laisser transparaître les jolies couleurs.*

1 Dans un compotier sur pied ou une jatte en verre à bord droit, déposez le raisin vert. Nappez-le de 1/3 tasse de crème sure étalée en couche mince. Saupoudrez la crème sure avec 1 c. à soupe de cassonade.

2 Déposez par-dessus le raisin rouge ; garnissez-le de 1/3 tasse de crème sure et de 1 c. à soupe de cassonade. Recouvrez tout le plat de raisin bleu. Versez le reste de la crème au centre en petits monticules ; parsemez la surface avec le reste de la cassonade et garnissez de pistaches hachées.

Ambroisie de fruits frais

Par portion : **Calories** 298 **Protéines** 3 g **Hydrates de carbone** 68 g **Graisses** 3 g **Cholestérol** 0 mg **Sodium** 8 mg

- **3 grosses nectarines**
- **2 bananes mûres moyennes**
- **½ tasse de cerises sucrées**
- **¼ tasse de jus d'orange**
- **2 c. à soupe de Grand Marnier (ou de jus d'orange)**
- **2 c. à soupe de flocons de noix de coco**

 PRÉPARATION **20 MINUTES**

 CUISSON **AUCUNE**

1 Coupez les nectarines en deux. Retirez le noyau ; tranchez les fruits. Pelez et tranchez les bananes. Coupez les cerises en deux et retirez le noyau.

2 Dans un bol moyen, déposez les nectarines et les bananes avec le jus d'orange et le Grand Marnier. Remuez. Dressez les fruits dans un bol en verre. Décorez de noix de coco et de moitiés de cerises.

Bananes au caramel

Par portion : **Calories** 367 **Protéines** 2 g **Hydrates de carbone** 46 g **Graisses** 22 g **Cholestérol** 41 mg **Sodium** 163 mg

- **⅓ tasse de beurre (ou de margarine)**
- **⅓ tasse de cassonade blonde bien tassée**
- **¼ tasse d'eau**
- **4 bananes moyennes (750 g/1½ lb en tout)**
- **⅓ tasse de pacanes**
  Yogourt glacé (ou crème glacée à la vanille) (facultatif)

 PRÉPARATION **2 MINUTES**

 CUISSON **10 MINUTES**

1 Dans une grande sauteuse, faites fondre le beurre et la cassonade à feu modéré. Mouillez peu à peu avec l'eau. Amenez à ébullition et laissez mijoter ce caramel à feu doux.

2 Pelez les bananes ; coupez-les en deux transversalement. Déposez-les avec les pacanes dans le caramel et laissez cuire 5-7 minutes en les tournant délicatement dans la sauce. Dressez-les, nappées de leur sauce, dans de petits bols ; couronnez de yogourt glacé ou de crème glacée, s'il y a lieu, et servez tout de suite.

Fraises aux bleuets en sauce

Par portion : **Calories** 350 **Protéines** 3 g **Hydrates de carbone** 76 g **Graisses** 4 g **Cholestérol** 11 mg **Sodium** 27 mg

- **4 tasses de fraises mûres**
- **1 tasse de crème fouettée sucrée**
  Feuilles de menthe (facultatif)

Sauce aux bleuets :
- **1 tasse de bleuets**
- **1 tasse de sucre**
- **1 c. à thé de zeste d'orange râpé**
- **2 c. à soupe de liqueur de bleuet (ou de cognac)**

 PRÉPARATION **12 MINUTES**

 CUISSON **15 MINUTES**

1 Pour faire la sauce, mettez les bleuets, le sucre et le zeste d'orange dans une casserole moyenne. Faites cuire à feu modéré en remuant délicatement jusqu'à ce que les bleuets éclatent et se liquéfient. Laissez mijoter 5 minutes de plus, en remuant de temps à autre.

2 Hors du feu, ajoutez la liqueur. Laissez refroidir la sauce au moins 10 minutes. Lavez, équeutez les fraises et coupez-les en deux.

3 Au moment de servir, versez la sauce aux bleuets dans quatre assiettes à dessert et dressez-y les fraises. Couronnez de crème fouettée et de feuilles de menthe, s'il y a lieu.

ANANAS CARAMÉLISÉ

Par portion : **Calories** 180 **Protéines** 1 g **Hydrates de carbone** 35 g **Graisses** 5 g **Cholestérol** 8 mg **Sodium** 37 mg

- 1 **c. à soupe de beurre (ou de margarine)**
- 6 **c. à soupe de marmelade d'oranges**
- 1½ **c. à thé de jus de citron (ou de jus de lime)**
- 3 **tasses de tranches d'ananas en boîte dans un sirop léger**
- 3 **c. à soupe d'amandes effilées**

 PRÉPARATION
13 MINUTES

 CUISSON
15 MINUTES

CONSEIL *Vous pouvez utiliser des ananas frais. Pour simplifier votre tâche, achetez-les déjà préparés au rayon du traiteur.*

1 Allumez le gril. Dans une petite casserole, faites fondre le beurre à feu modéré. Ajoutez la marmelade et laissez-la fondre. Incorporez le jus de citron et retirez la casserole du feu.

2 Égouttez les ananas et déposez-les sur la grille d'une lèchefrite. Badigeonnez-les avec la moitié de la marmelade et faites-les griller 3-6 minutes à 10 cm (4 po) de l'élément.

3 Quand les tranches d'ananas ont blondi, tournez-les et badigeonnez-les avec le reste de la marmelade. Faites-les griller 3-6 minutes ou jusqu'à ce qu'elles soient blondies également de ce côté.

4 Saupoudrez-les d'amandes et remettez-les sous le gril pour que les amandes grillent en même temps. Dressez les tranches d'ananas dans une assiette de service et servez ce plat pendant qu'il est encore chaud.

BROCHETTES DE FRUITS TROPICAUX

Par portion : **Calories** 140 **Protéines** 1 g **Hydrates de carbone** 36 g **Graisses** 1 g **Cholestérol** 0 mg **Sodium** 5 mg

- 2 **mangues moyennes bien mûres (ou 1 grosse mangue)**
- 2 **c. à soupe de sucre**
- 1 **c. à soupe de jus de lime**
- 1 **papaye bien mûre**
- 1 **kiwi bien mûr**
- 1 **grosse banane mûre**

 PRÉPARATION
25 MINUTES

 CUISSON
AUCUNE

CONSEIL *Vous pouvez préparer les brochettes d'avance si vous badigeonnez les fruits de jus de citron pour les empêcher de s'oxyder. Accompagnez-les de yogourt à la vanille.*

1 Pelez les mangues ; détachez la chair en travaillant de la tige vers le bout, et placez-la dans le bol du robot ou du mélangeur électrique. Ajoutez le sucre et le jus de lime et réduisez les mangues en purée. Rangez ce coulis au réfrigérateur.

2 Pelez la papaye et coupez-la en deux. Ôtez le noyau ; détaillez la chair en morceaux de 2,5 cm (1 po) de côté. Pelez le kiwi et coupez-le en deux ; détaillez chaque moitié en quatre morceaux. Pelez la banane et coupez-la en tranches de 1 cm (½ po) d'épaisseur.

3 Enfilez les fruits sur quatre brochettes de bambou en commençant et en terminant par le kiwi. Au moment de servir, dressez les brochettes sur le coulis de mangue.

SALADE AUX TROIS MELONS

SALADE AUX TROIS MELONS

Par portion : **Calories** 86 **Protéines** 1 g **Hydrates de carbone** 22 g **Graisses** Trace **Cholestérol** 0 mg **Sodium** 10 mg

750 **g (1½ lb) de melon d'eau**

½ **petit melon brodé**

½ **petit melon honeydew**

2 **à 3 c. à soupe de feuilles de menthe fraîches finement hachées**

2 **c. à soupe de miel**

Brindilles de menthe (facultatif)

 PRÉPARATION
45 MINUTES

 CUISSON
AUCUNE

NUTRITION *Ce dessert léger est riche en vitamine C et, bien que sucré, pauvre en calories.*

1 Avec un tire-boules, détaillez la chair des trois melons en petites boules. (Vous pouvez aussi la couper en cubes de 2 cm (¾ po) de côté.) Déposez les fruits dans un grand bol avec la menthe hachée et le miel et remuez délicatement. Couvrez et réfrigérez au moins 30 minutes.

2 Dressez la salade dans des assiettes à dessert en l'arrosant de jus. Décorez de brindilles de menthe, s'il y a lieu.

Pommes farcies au four

Par portion : **Calories** 311 **Protéines** 1 g **Hydrates de carbone** 63 g **Graisses** 8 g **Cholestérol** 16 mg **Sodium** 163 mg

- **4 pommes moyennes rouges (environ 650 g/1⅓ lb)**
- **2 c. à soupe (¼ bâtonnet) de beurre (ou de margarine)**
- **½ tasse de chapelure de graham**
- **3 c. à soupe de raisins secs**
- **2 c. à soupe de cassonade blonde bien tassée**
- **½ c. à thé de cannelle pulvérisée**
- **1 tasse de jus de pomme**
- **¼ tasse de sirop d'érable**
- **Crème (facultatif)**

 PRÉPARATION **10 MINUTES**

 CUISSON **27 MINUTES**

SERVICE *Idéal par temps froid, ce dessert se sert chaud, nappé de crème bien fraîche.*

1 Chauffez le four à 190°C (375°F). Coupez les pommes en deux à l'horizontale. En vous aidant d'un tire-boules, retirez-en le cœur sans abîmer la pelure. Déposez-les dans un plat à four rectangulaire de 33 x 22 cm (13 x 9 po), le côté bombé touchant le fond.

2 Dans une petite casserole, faites fondre le beurre à feu modéré. Retirez la casserole et badigeonnez les pommes de beurre fondu. Dans le reste du beurre, jetez la chapelure de graham, les raisins secs, la cassonade et la cannelle. Remuez.

3 Déposez cet appareil en monticule dans les pommes. Dans une tasse, mélangez le jus de pomme et le sirop d'érable. Versez-en une cuillerée à soupe sur chaque pomme ; mettez le reste dans le plat, autour des fruits.

4 Faites cuire 25-35 minutes. Quand les pommes sont tendres à souhait, dressez-les dans de petites assiettes creuses, arrosez de crème, s'il y a lieu, et servez.

Pêches au cognac

Par portion : **Calories** 316 **Protéines** Trace **Hydrates de carbone** 74 g **Graisses** Trace **Cholestérol** 0 mg **Sodium** 2 mg

- **1 tasse de sucre**
- **1 tasse d'eau**
- **1 bâton de cannelle (environ 7,5 cm/3 po)**
- **6 clous de girofle**
- **¼ c. à thé de muscade**
- **4 grosses pêches mûres à noyau non adhérent (environ 1 kg/2 lb)**
- **½ tasse de cognac**
- **Crème fouettée sucrée (facultatif)**

 PRÉPARATION **5 MINUTES**

 CUISSON **6 MINUTES**

1 Dans une grande casserole, amenez à ébullition 7,5 cm (3 po) d'eau à feu vif. Pour faire le sirop, mettez le sucre, l'eau, le bâton de cannelle, les clous de girofle et la muscade dans une casserole moyenne ; amenez à ébullition à feu vif.

2 Entre-temps, plongez les pêches 1-2 minutes dans l'eau bouillante pour en dégager la peau. Rincez-les à l'eau froide et égouttez-les. Pelez-les, coupez-les en deux et retirez le noyau.

3 Déposez les demi-pêches dans le sirop et faites-les cuire 3 minutes. Hors du feu, ajoutez le cognac et laissez tiédir.

4 Dressez les pêches dans de petites assiettes creuses. Arrosez de sirop et couronnez d'un tourbillon de crème fouettée, s'il y a lieu. Servez tiède.

POIRES AU MIEL

Par portion : **Calories** 241   **Protéines** 2 g   **Hydrates de carbone** 50 g   **Graisses** 6 g   **Cholestérol** 8 mg   **Sodium** 31 mg

4   poires bartlett fermes et mûres (750 g/1½ lb)

1   tasse de jus d'orange

¼   tasse de miel

¼   c. à thé de gingembre moulu

1   c. à soupe de beurre, défait en noisettes (ou de margarine)

2   c. à soupe de pistaches hachées (ou d'amandes grillées)

   PRÉPARATION
10 MINUTES

   CUISSON
25 MINUTES

1 Chauffez le four à 180°C (350°F). Pelez les poires et coupez-les en deux sur la longueur. Enlevez le cœur à l'aide d'un tire-boules.

2 Déposez les demi-poires côte à côte, côté bombé sur le dessus, dans un plat à four de 25 x 15 cm (10 x 6 po) ou de 30 x 20 cm (12 x 8 po). Mélangez le jus d'orange, le miel et le gingembre, et versez ce sirop sur les poires ; parsemez de noisettes de beurre et faites cuire 20-30 minutes.

3 Quand les poires sont tendres à souhait, dressez-les avec leur sirop dans un compotier et décorez-les de pistaches hachées.

PÊCHES AU GINGEMBRE ET AU YOGOURT

Par portion : **Calories** 172   **Protéines** 4 g   **Hydrates de carbone** 26 g   **Graisses** 6 g   **Cholestérol** 18 mg   **Sodium** 98 mg

4   pêches moyennes mûres (environ 625 g/1¼ lb)

2   c. à soupe (¼ bâtonnet) de beurre (ou de margarine)

250   g (8 oz) de yogourt léger à la vanille

2   c. à soupe, en tout, de gingembre confit haché très fin

   Brins de menthe (facultatif)

PRÉPARATION
7 MINUTES

CUISSON
7 MINUTES

1 Coupez les pêches en deux et tranchez-les après avoir retiré le noyau. Dans une grande sauteuse, mettez le beurre à fondre à feu modéré et faites-y revenir les pêches 5 minutes.

2 Quand les pêches sont tendres à souhait, incorporez le yogourt et 1 c. à soupe de gingembre confit. Retirez la sauteuse du feu. Dressez les pêches avec leur fond de cuisson dans de petites assiettes creuses ; saupoudrez le reste du gingembre confit et décorez de brins de menthe, s'il y a lieu. Servez chaud.

IDÉES MINUTE

FRUITS
• Les grains de raisin congelés font une excellente friandise. Étendez du raisin sans pépins sur une plaque pour les faire congeler, puis enfermez-les dans un sac de plastique. Ils se dégustent tels quels au goûter ou avec du yogourt au dessert.

• On trouve maintenant dans les supermarchés, au comptoir du traiteur, des fruits frais, prêts à servir : fraises, melon brodé ou melon d'eau en cubes, ananas en tranches. Ils sont, bien sûr, un peu plus chers, mais fort appréciables quand le temps vous manque.

• Il se vend des bols en plastique pour faire mûrir les fruits plus vite. Ces bols sont pratiques, mais il existe une autre méthode plus simple. Il suffit de percer des trous dans un sac de papier brun et d'y garder les fruits quelques jours à la température ambiante.

POIRES POCHÉES À LA CANNELLE

POIRES POCHÉES À LA CANNELLE

Par portion : **Calories** 227   **Protéines** 1 g   **Hydrates de carbone** 56 g   **Graisses** 1 g   **Cholestérol** 0 mg   **Sodium** 23 mg

1 **boîte (354 ml/12 oz) de jus de pomme concentré non sucré surgelé**

1 **tasse d'eau**

2 **bâtons de cannelle d'environ 7,5 cm/3 po**

⅛ **c. à thé de muscade moulue**

4 **poires bosc bien mûres, avec leur queue (750 g/1½ lb en tout)**

Crème sure (facultatif)

 PRÉPARATION
2 MINUTES

 CUISSON
25 MINUTES

CONSEIL *Ce dessert se sert également froid, avec une boule de crème glacée à la vanille, si vous le désirez.*

1 Dans une grande casserole, déposez le jus de pomme concentré surgelé, l'eau, la cannelle et la muscade ; amenez à ébullition à feu assez vif.

2 Pelez les poires sans ôter la queue. Extrayez-en le cœur par le fond. Rincez les poires et posez-les debout dans le jus de pomme. Couvrez et amenez à ébullition. Baissez aussitôt le feu et laissez mijoter 25 minutes.

3 Quand les poires sont tendres à souhait, retirez la casserole du feu et déposez les poires dans un compotier. À travers une passoire, versez le fond de cuisson sur les fruits. Laissez le dessert tiédir avant de le servir. Accompagnez de crème sure, si vous le désirez.

Desserts congelés

Voici une gamme de desserts parfaite en été...
et agréable en toutes saisons.

Tarte glacée du Mississippi

Par portion : **Calories** 837 **Protéines** 11 g **Hydrates de carbone** 84 g **Graisses** 54 g **Cholestérol** 167 mg **Sodium** 385 mg

19 biscuits au chocolat
fourrés à la crème, écrasés
finement

¼ tasse (½ bâtonnet) de
beurre fondu
(ou de margarine)

2 litres (64 oz) de crème
glacée au chocolat ou
au café

1 tasse, en tout, de crème
fraîche épaisse

1 tasse de grains de
chocolat mi-sucré

¼ c. à thé de cannelle

 PRÉPARATION
40 MINUTES

 CUISSON
5 MINUTES

CONSEIL *Vous pouvez aisément doubler cette recette et conserver la seconde tarte au congélateur.*

1 Dans un bol moyen, mélangez à la fourchette les biscuits écrasés et le beurre. Réservez-en 1 c. à soupe. Avec ce qui reste, foncez un moule à tarte de 22 cm (9 po). Mettez le moule 10 minutes au congélateur pour que le fond de tarte raffermisse.

2 Garnissez ce fond de tarte de boules de crème glacée. Lissez la surface avec une spatule en caoutchouc. Étalez par-dessus les biscuits écrasés que vous avez réservés.

3 Dans un petit bol, fouettez ½ tasse de crème pour qu'elle devienne très ferme. À l'aide d'une poche à pâtisserie munie d'une douille en étoile, garnissez le pourtour de la tarte. Placez le dessert au moins 15-20 minutes au congélateur ; ne le sortez qu'au moment de servir.

4 Entre-temps, mettez dans une petite casserole les grains de chocolat, le reste de la crème fraîche et la cannelle. Réchauffez à feu modéré jusqu'à ce que le chocolat fonde et que la crème mijote. Versez cette crème dans un petit pot. Détaillez la tarte en pointes et présentez la crème en accompagnement.

 L'ouvre-boîte

Préparez une boisson d'été rafraîchissante avec de la crème glacée et des biscuits au gingembre, et servez-la dans de grands verres avec des pailles de couleur.

Lait glacé au gingembre

Au robot ou au mélangeur, réduisez en grosses miettes **6 biscuits au gingembre.** Ajoutez **500 ml (16 oz) de crème glacée à la vanille,** légèrement ramollie, et travaillez-la jusqu'à ce qu'elle soit onctueuse. Versez cette boisson dans quatre grands verres et relevez d'une **pincée de muscade.**
DONNE 4 PORTIONS

CRÈME GLACÉE MINUTE

Par portion : **Calories** 318 **Protéines** 2 g **Hydrates de carbone** 31 g **Graisses** 22 g **Cholestérol** 81 mg **Sodium** 25 mg

1 tasse de crème épaisse

⅓ tasse de sucre

1 c. à thé d'essence de vanille

1 paquet (425 g/15 oz) de fraises, de framboises, de cerises ou de pêches tranchées, surgelées au naturel (sans sucre)

 PRÉPARATION
5 MINUTES

 CUISSON
AUCUNE

REMARQUE *Cette crème glacée se monte en 5 minutes et ressemble à s'y méprendre à l'authentique glace faite en sorbetière. Ajoutez les fruits sans les décongeler au préalable.*

1 Mettez la crème, le sucre et la vanille dans le robot ménager et travaillez-les ensemble 1 minute en utilisant la lame-hachoir.

2 Ajoutez les fruits congelés en petites quantités par l'entonnoir du couvercle ; actionnez le moteur après chaque addition, le temps d'obtenir une consistance lisse. Servez immédiatement.

SORBET À L'ORANGE ET À L'ANANAS

Par portion : **Calories** 311 **Protéines** 2 g **Hydrates de carbone** 71 g **Graisses** 3 g **Cholestérol** 8 mg **Sodium** 54 mg

1 ananas moyen (environ 1,5 kg/3 lb)

¼ tasse de sucre

1 c. à soupe de fécule de maïs

1 c. à soupe de rhum (facultatif)

1 grosse banane

500 ml (16 oz) de sorbet à l'orange

Brins de menthe

 PRÉPARATION
27 MINUTES

 CUISSON
4 MINUTES

CONSEIL *En dépit du travail que cela demande, la glace sera d'autant plus appétissante si vous la servez dans l'écorce d'un ananas frais. À défaut, achetez des tranches d'ananas et dressez le dessert dans des ramequins.*

1 Enlevez la tige de l'ananas avec un mouvement de torsion. Coupez l'ananas en deux sur la longueur et chaque moitié en deux sur la largeur. Détachez la chair de façon qu'il en reste une couche de 1 cm (½ po) sur l'écorce.

2 Retranchez la portion du cœur, plus coriace. Coupez les morceaux d'ananas en tranches de 1 cm (½ po) d'épaisseur. Travaillez-en quelques-unes au robot pour obtenir 1 tasse de purée fine.

3 Disposez le reste des tranches dans les barquettes d'écorce. Enveloppez et réfrigérez le tout jusqu'au moment de servir.

4 Dans une casserole moyenne, mélangez le sucre, la fécule et le rhum, s'il y a lieu. Ajoutez la purée d'ananas et amenez à ébullition à feu modéré en remuant constamment jusqu'à épaississement. Retirez du feu et laissez tiédir 10-15 minutes.

5 Répartissez les barquettes d'ananas dans quatre assiettes. Pelez et détaillez la banane en 16 tranches et distribuez celles-ci dans les barquettes. Recouvrez avec le sorbet à l'orange. Nappez de purée tiède, décorez de menthe et servez immédiatement.

DIPLOMATE GLACÉ

Diplomate glacé

Par portion : **Calories** 419 **Protéines** 5 g **Hydrates de carbone** 47 g **Graisses** 24 g **Cholestérol** 76 mg **Sodium** 194 mg

1 petit gâteau roulé (20 cm/8 po de long), garni de gelée rouge

¼ tasse de sherry cream (ou de jus d'orange)

3 tasses de crème glacée à la vanille

1 tasse de framboises

½ tasse de crème fouettée sucrée

2 c. à soupe d'amandes effilées

PRÉPARATION
20 MINUTES

CUISSON
AUCUNE

SERVICE *Vous pouvez aussi préparer ce dessert avec des fraises. Le diplomate glacé constitue un dessert à la fois exquis et attrayant.*

1 Détaillez le gâteau roulé en tranches de 1 cm (½ po) d'épaisseur. Disposez celles-ci de façon à couvrir le fond et la paroi d'un bol en verre ou d'un compotier sur pied. Arrosez-les de sherry cream.

2 Dressez la crème glacée en boules sur le gâteau. Couronnez de framboises, de crème fouettée et d'amandes.

Un bon début : De la crème glacée

Vous ne serez jamais à court de desserts si vous faites provision de crème glacée ou de yogourt glacé. Mettez une boule de glace sur une assiette à dessert et laissez courir votre imagination : sauce au chocolat, fruits frais, liqueur, miettes de biscuits permettent d'heureuses compositions. Voici quelques exemples de ce que vous pouvez réaliser. Les recettes ici donnent 4 portions ; elles peuvent être multipliées ou divisées sans problème.

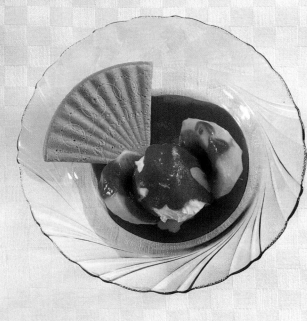

◄ **PÊCHE MELBA** Décongelez **1 paquet de framboises ou de fraises surgelées** en suivant les instructions. Dans une petite casserole, mélangez **1 c. à soupe de sucre** et **2 c. à thé de fécule de maïs ;** incorporez le jus des petits fruits. Amenez à ébullition à feu modéré et laissez cuire jusqu'à épaississement. Hors du feu, ajoutez les petits fruits. Au mélangeur, défaites cet appareil en purée ; passez au tamis pour enlever les graines. Pelez, coupez en deux et dénoyautez **4 pêches.** Répartissez dans quatre assiettes et garnissez avec **500 ml (16 oz) de crème glacée à la vanille,** détaillée en boules ; nappez de coulis.

▶ **HÉRISSONS BLANCS** Détaillez en quatre boules **500 ml (16 oz) de yogourt glacé à la vanille**. Roulez-les dans **1 tasse de noix de coco en flocons.** Faites raffermir au congélateur. Avant de servir, nappez les boules de ½ **tasse de garniture à l'ananas pour crème glacée.** Décorez de **tranches de fraises fraîches.**

▶ **GLACE AMARETTO** Étendez **1 tasse de macarons italiens écrasés** sur une feuille de papier ciré. Détaillez **500 ml (16 oz) de crème glacée au chocolat** en quatre boules et roulez-les dans les miettes. Faites raffermir au congélateur. Au moment de servir, étalez une mince couche de **glaçage au chocolat** dans quatre assiettes. Coupez les boules de crème glacée en quatre et disposez-les dans les assiettes en intercalant des **cerises au marasquin.** Décorez de **crème fouettée.**

► **ORANGINE AUX MÛRES** Au mélangeur ou au robot, défaites en purée **2 tasses de mûres** (ou de bleuets) et passez la purée au tamis pour en faire un coulis. Ajoutez **1 c. à soupe de liqueur de bleuet** (ou de crème de cassis, ou de Grand Marnier) et du **sucre à volonté**. Détaillez en boules **500 ml (16 oz) de crème glacée à l'orange** (ou de sorbet à l'orange) et nappez-les de coulis.

◄ **GAUFRE GLACÉE** Faites griller légèrement **4 gaufres surgelées**. Dans une petite casserole, réchauffez **1 tasse de garniture pour tarte aux pommes en boîte**. Détaillez en quatre boules **500 ml (16 oz) de crème glacée à la vanille**. Déposez les gaufres dans des assiettes ; surmontez-les d'une boule de glace, nappez de garniture aux pommes chaude, décorez de **pacanes hachées** et saupoudrez de **cannelle**.

► **GLACE TUTTI-FRUTTI** Mettez dans un grand bol **3 c. à soupe de sucre, 2 c. à soupe de cognac, 1 petite nectarine détaillée en dés, 1 petite banane coupée en tranches** et **1 tasse de cerises noires** fraîches ou en boîte. Détaillez en quatre boules **500 ml (16 oz) de sorbet au citron**. Découpez **4 tranches de 1 cm (½ po) de gâteau de Savoie**. Couvrez chacune d'une boule de sorbet, de fruits mélangés et d'**amandes effilées**.

Garnitures suggérées

Pralin	Biscuits fourrés pulvérisés	Carrés au chocolat émiettés
Gelée d'abricot tiédie	Copeaux de caramel dur	Arachides moulues
Crème de menthe	Noix de coco grillée	Raisins enrobés de chocolat
Bonbons à la menthe écrasés	Granola	Banane séchée
Amandes effilées grillées	Marrons glacés	Bonbons hachés

PETITES GÉNOISES GLACÉES

PETITES GÉNOISES GLACÉES

Par portion : **Calories** 497   **Protéines** 7 g   **Hydrates de carbone** 63 g   **Graisses** 25 g   **Cholestérol** 141 mg   **Sodium** 219 mg

4   **petites génoises**

½   **tasse de fondant au chocolat en boîte, prêt à servir**

500 **ml (16 oz) de crème glacée au café**

½   **tasse de crème fouettée sucrée (ou de garniture fouettée surgelée, décongelée)**

    Cannelle

4   **bâtons de cannelle (facultatif)**

PRÉPARATION
12 MINUTES

CUISSON
AUCUNE

REMARQUE *Ces petites douceurs associent deux parfums qui sont faits pour aller ensemble : le chocolat et le café.*

1 Mettez les petites génoises sur une tôle tapissée de papier ciré et masquez-les entièrement de fondant au chocolat.

2 Déposez au centre de chaque petit gâteau une boule de crème glacée. Rangez les gâteaux au congélateur jusqu'à ce qu'il soit temps de les servir.

3 Au dernier moment, déposez les génoises glacées dans des assiettes à dessert et garnissez-les de crème fouettée saupoudrée de cannelle. Décorez d'un bâton de cannelle, si vous le désirez.

CHAUD-FROID AUX POMMES

Par portion : **Calories** 388 **Protéines** 4 g **Hydrates de carbone** 63 g **Graisses** 15 g **Cholestérol** 35 mg **Sodium** 166 mg

3 **grosses pommes golden delicious**

¼ **tasse de raisins secs**

¼ **tasse de sucre**

¼ **tasse d'eau**

½ **c. à thé de cannelle**

½ **paquet (400 g/14 oz) de sablés ou 1 paquet (200 g/7 oz) de gaufrettes à la vanille**

500 **ml (16 oz) de yogourt glacé à la vanille**

¼ **tasse de noix hachées**

 PRÉPARATION
20 MINUTES

 CUISSON
20 MINUTES

1 Pelez les pommes et retirez-en le cœur. Hachez-les grossièrement. Mettez-les dans une casserole moyenne avec les raisins secs, le sucre, l'eau et la cannelle. Amenez à ébullition à feu modéré.

2 Couvrez la casserole et laissez cuire 15 minutes en remuant de temps à autre. Au besoin, découvrez la casserole et prolongez la cuisson de 5 minutes pour que l'eau s'évapore complètement. Entre-temps, mettez les biscuits dans un sac en plastique pour les écraser en miettes avec le rouleau à pâtisserie : vous devriez en avoir 2 tasses.

3 Répartissez la moitié des biscuits écrasés entre quatre coupes à parfait. Déposez-y la préparation aux pommes bien chaude, puis le reste des biscuits écrasés. Surmontez le tout d'une boule de yogourt glacé et saupoudrez de noix hachées. Servez tout de suite.

CUISSON AU MICRO-ONDES

Hachez les pommes comme à l'étape 1. Mettez les pommes, les raisins secs, le sucre, l'eau et la cannelle dans un plat à micro-ondes d'une contenance de 2 litres (8 tasses). Couvrez et faites cuire 5 minutes à Maximum, en remuant une fois. Ôtez le couvercle et prolongez la cuisson de 3-4 minutes à Maximum, en remuant une fois. Poursuivez les étapes 2 et 3.

PARFAIT AU CHOCOLAT

Par portion : **Calories** 467 **Protéines** 11 g **Hydrates de carbone** 56 g **Graisses** 24 g **Cholestérol** 75 mg **Sodium** 189 mg

½ **tasse de grains de chocolat mi-sucré**

2 **c. à soupe (¼ bâtonnet) de beurre (ou de margarine)**

500 **ml (16 oz) de crème glacée au chocolat**

22 **gaufrettes à la vanille, écrasées (1 tasse)**

½ **tasse de crème fouettée sucrée (ou de garniture fouettée surgelée, décongelée)**

2 **c. à soupe de noix hachées**

4 **cerises au marasquin avec leur tige (facultatif)**

 PRÉPARATION
15 MINUTES

 CUISSON
3 MINUTES

1 Dans une petite casserole, faites fondre le chocolat et le beurre à feu doux en remuant constamment. Retirez du feu et réservez. (Vous pouvez également faire fondre le chocolat et le beurre au micro-ondes.)

2 Dressez la moitié de la crème glacée dans quatre coupes à parfait ; saupoudrez-la de miettes de gaufrettes. Refaites cette opération avec le reste de la crème glacée et des gaufrettes.

3 Couronnez de crème fouettée et de noix hachées, décorez d'une cerise au marasquin, s'il y a lieu, et servez immédiatement en offrant le chocolat fondu dans un petit pot.

CRÈME GLACÉE ET SAUCE AU CARAMEL

Crème glacée et sauce au caramel

Par portion : **Calories** 683 **Protéines** 5 g **Hydrates de carbone** 101 g **Graisses** 31 g **Cholestérol** 109 mg **Sodium** 259 mg

1 **tasse de cassonade blonde bien tassée**

⅓ **tasse de sirop de maïs brun**

¼ **tasse d'eau**

4 **c. à soupe de beurre (ou de margarine)**

⅓ **tasse de crème fraîche épaisse, à la température ambiante**

½ **c. à thé d'essence de rhum**

500 **ml (16 oz) de crème glacée à la vanille (ou de yogourt glacé)**

 PRÉPARATION
14 MINUTES

 CUISSON
7 MINUTES

CONSEIL *Donnez du croquant à ce dessert : mettez des amandes grillées hachées dans la sauce ou sur la crème glacée.*

1 Dans une petite casserole, mélangez la cassonade, le sirop de maïs, l'eau et le beurre. Amenez à ébullition à feu modéré et laissez bouillir 4 minutes environ, pour que le thermomètre à sucre marque 114°C (236°F). (Il se formera une boule molle si vous laissez tomber une goutte dans l'eau froide.) Laissez refroidir 10 minutes.

2 Incorporez la crème fraîche et l'essence de rhum et versez la sauce dans un petit pot.

3 Dressez des boules de crème glacée dans quatre assiettes à dessert et servez-les accompagnées du petit pot de sauce.

PETITES OMELETTES NORVÉGIENNES

Par portion : **Calories** 615 **Protéines** 8 g **Hydrates de carbone** 70 g **Graisses** 36 g **Cholestérol** 202 mg **Sodium** 205 mg

4 petites génoises
500 ml (16 oz) de crème glacée aux fraises
1 tasse de crème fraîche épaisse
2 c. à soupe de sucre glace
½ c. à thé d'essence de vanille
½ tasse, en tout, de sirop de chocolat

 PRÉPARATION **30 MINUTES**

 CUISSON **AUCUNE**

1 Déposez les petites génoises sur une tôle à biscuits. Détaillez la crème glacée en quatre boules et répartissez-les dans les petits gâteaux. Faites raffermir 10 minutes au congélateur.

2 Dans un petit bol, fouettez la crème avec le sucre et la vanille jusqu'à ce qu'elle puisse former des pics fermes. Retirez les petits gâteaux du congélateur et garnissez-les de crème fouettée. Remettez-les 10 minutes au congélateur.

3 Au moment de servir, nappez quatre ramequins de sirop de chocolat et déposez les petites omelettes norvégiennes par-dessus.

TORTONIS

Par portion : **Calories** 276 **Protéines** 4 g **Hydrates de carbone** 25 g **Graisses** 17 g **Cholestérol** 55 mg **Sodium** 102 mg

1 tasse de macarons italiens écrasés (ou de gaufrettes à la vanille)
2 c. à soupe de rhum brun (ou 1½ c. à soupe d'eau additionnée de 1 c. à thé d'essence de rhum)
3 c. à soupe de cerises au marasquin grossièrement hachées
500 ml (16 oz) de crème glacée à la vanille ramollie
3 c. à soupe d'amandes effilées
3 cerises, coupées en deux

 PRÉPARATION **45 MINUTES**

 CUISSON **AUCUNE**

1 Tapissez six alvéoles à muffin de cassolettes en papier d'aluminium ou en papier ordinaire. Dans un bol moyen, mélangez les miettes de macaron, le rhum et les cerises hachées. Incorporez brièvement ce mélange à la crème glacée. Remplissez les cassolettes de crème glacée et faites raffermir 30 minutes au congélateur.

2 Entre-temps, faites griller les amandes 3 minutes à feu modéré dans une grande sauteuse en remuant fréquemment. Quand elles sont bien dorées, retirez-les du feu et laissez-les refroidir.

3 Déposez les tortonis de crème glacée sur des assiettes à dessert. Garnissez-les d'amandes grillées et d'une demi-cerise.

 IDÉES MINUTE

AMANDES GRILLÉES
Pour garnir rapidement une crème glacée, faites griller des amandes au micro-ondes. Déposez ½ tasse d'amandes effilées dans un plat en verre moyen allant au micro-ondes. Faites griller les amandes à découvert 2-3 minutes à Maximum en remuant après chaque minute. À mesure que les amandes deviennent dorées, déposez-les sur une feuille d'essuie-tout. Hachez les amandes, s'il y a lieu, et distribuez-les sur la crème glacée.

Flans et soufflés

Servez l'un ou l'autre de ces desserts riches et crémeux si
vous voulez étoffer un repas léger.

Mousse au chocolat et au rhum

Par portion : **Calories** 485 **Protéines** 6 g **Hydrates de carbone** 34 g **Graisses** 37 g **Cholestérol** 221 mg **Sodium** 286 mg

**3 gros œufs, à la
température ambiante**

¼ tasse de rhum brun

**½ tasse (1 bâtonnet) de
beurre doux**

**4 carrés (30 g/1 oz chacun)
de chocolat mi-sucré,
finement hachés**

¼ tasse de sucre

Crème fouettée sucrée ou
garniture fouettée
surgelée, décongelée
(facultatif)

Copeaux de chocolat
(facultatif)

PRÉPARATION
37 MINUTES

CUISSON
6 MINUTES

CONSEIL *Remplacez le rhum par du kahlua : c'est excellent ! Vous
pouvez préparer ce dessert d'avance et le garder au réfrigérateur.*

1 Remplissez le bas d'un bain-marie à moitié d'eau et amenez-la à
ébullition à feu vif. Séparez les œufs. Dans un petit bol, mélangez
les jaunes avec le rhum, puis réservez. Détaillez le beurre en tout
petits morceaux.

2 À feu assez doux, faites fondre le chocolat dans la casserole du
bain-marie, sur l'eau frémissante. Ajoutez le beurre et mélangez
bien. Retirez le bain-marie du feu.

3 Enlevez la casserole du bain-marie. Ajoutez peu à peu les jaunes
d'œufs au chocolat fondu et mélangez parfaitement. Faites raffermir quelques minutes au réfrigérateur.

4 Dans un petit bol, faites mousser les blancs d'œufs. Ajoutez-leur
peu à peu le sucre et fouettez-les jusqu'à ce qu'ils puissent former
des pics fermes. Incorporez-les à l'appareil au chocolat avec une
spatule de caoutchouc.

5 Dressez la mousse au chocolat dans des coupes ou des bols.
Décorez-la de crème fouettée et de copeaux de chocolat, à votre
gré. Réfrigérez au moins 25 minutes avant de servir.

 L'ouvre-boîte

*Préparez le dessert qui suit à partir d'un paquet de mélange à pouding.
Servez-le dans des coupes à parfait.*

Flan au moka

Dans un grand bol, fouettez **1 tasse de
crème fraîche épaisse** avec **2 c. à soupe de
sucre** et **1 c. à thé de café en poudre** jusqu'à
ce qu'elle soit très ferme. Dans un autre bol,
délayez **1 paquet de mélange instantané à
pouding au chocolat** dans **2 tasses de lait** en
suivant les instructions sur la boîte. Dressez
alternativement les deux appareils dans des
flûtes et réfrigérez jusqu'au dernier moment.
Donne 4 portions

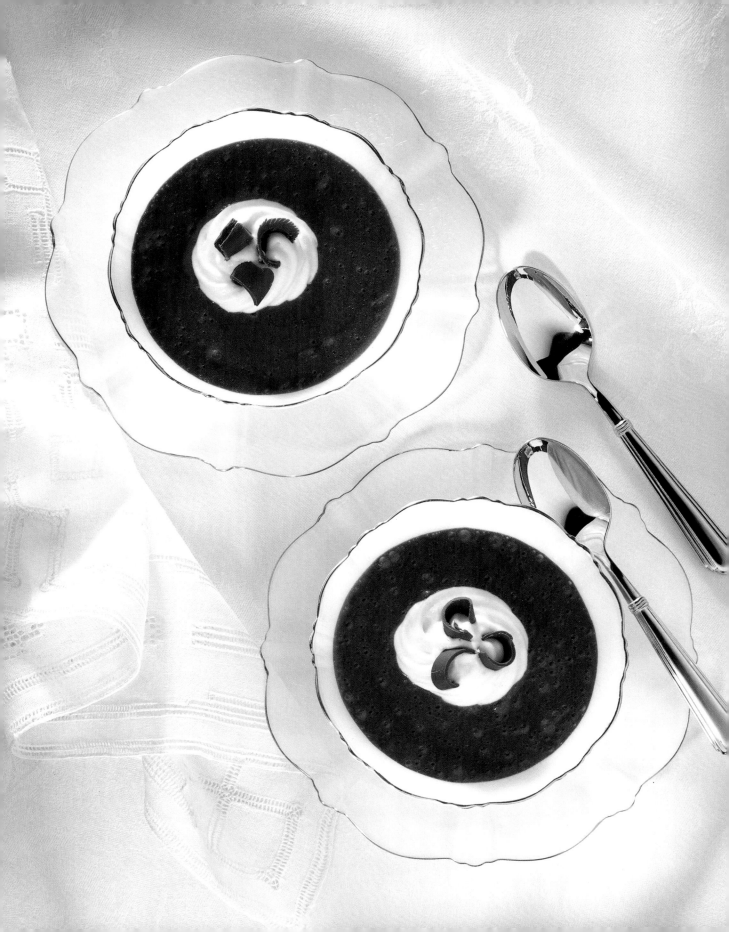

Mousse aux fraises

Par portion : **Calories** 299   **Protéines** 3 g   **Hydrates de carbone** 25 g   **Graisses** 22 g   **Cholestérol** 81 mg   **Sodium** 26 mg

1 **sachet de gélatine non aromatisée**

¼ **tasse de jus d'orange**

1 **paquet (425 g/15 oz) de fraises surgelées**

1 **c. à thé d'essence de vanille**

1 **tasse de crème fraîche épaisse**

2 **c. à soupe de sucre glace**

 PRÉPARATION
35 MINUTES

 CUISSON
1 MINUTE

SERVICE *Cette mousse aux petits fruits couronne admirablement un repas un peu lourd. Décorez-la de brins de menthe.*

1 Dans une casserole moyenne, saupoudrez la gélatine sur le jus d'orange et laissez-la gonfler 1 minute avant de la faire complètement fondre à feu doux. Hors du feu, ajoutez les fraises surgelées et l'essence de vanille ; remuez pour détacher toutes les fraises les unes des autres.

2 À l'aide du robot ou du mélangeur, travaillez cet appareil en purée. Laissez la purée au moins 10 minutes au réfrigérateur. Entre-temps, fouettez la crème avec le sucre glace dans un petit bol, jusqu'à ce qu'elle soit très ferme.

3 Avec une spatule en caoutchouc, incorporez la purée de fraises à la crème fouettée. Dressez la mousse dans un grand compotier ou dans des coupes à parfait et réfrigérez-la au moins 15 minutes avant de servir.

Sabayon aux fraises

Par portion : **Calories** 171   **Protéines** 5 g   **Hydrates de carbone** 15 g   **Graisses** 8 g   **Cholestérol** 318 mg   **Sodium** 13 mg

2 **tasses de fraises fraîches, équeutées et tranchées**

6 **gros jaunes d'œufs**

2 **c. à soupe de sucre**

⅓ **tasse de marsala**

 PRÉPARATION
15 MINUTES

 CUISSON
8 MINUTES

SERVICE *On peut confectionner ce superbe dessert italien sans les fruits et l'accompagner de biscuits à la cuiller.*

1 Remplissez le bas d'un bain-marie à moitié d'eau et amenez-la à ébullition à feu vif. Entre-temps, dressez les fraises dans quatre coupes à parfait.

2 Dans la casserole du bain-marie (avant de la poser sur l'eau bouillante), fouettez les jaunes d'œufs avec le sucre 4 minutes au batteur électrique. Quand ils sont mousseux et jaune clair, ajoutez peu à peu le marsala sans cesser de battre.

3 Réunissez les deux parties du bain-marie ; gardez l'eau frémissante mais non bouillante. À feu doux, continuez de fouetter le sabayon à vitesse moyenne 8 minutes ou jusqu'à ce qu'il épaississe. Dressez le sabayon sur les fraises dans les coupes à parfait et servez tout de suite. Sevez immédiatement : le sabayon se sépare très vite.

PETITS GÂTEAUX AU FROMAGE

PETITS GÂTEAUX AU FROMAGE

 6

Par portion : **Calories** 207 **Protéines** 4 g **Hydrates de carbone** 16 g **Graisses** 15 g **Cholestérol** 78 mg **Sodium** 133 mg

- **6 gaufrettes à la vanille**
- **1 paquet (250 g/8 oz) de fromage à la crème, ramolli**
- **¼ tasse de sucre**
- **1 c. à thé d'essence de vanille**
- **1 gros œuf**
- **6 fraises mûres**
- **1-2 c. à soupe de gelée de fraise ou de pomme**

 PRÉPARATION
20 MINUTES

 CUISSON
25 MINUTES

SERVICE *Ces petites mignardises sont parfaites à l'heure du goûter ou pour le menu d'un buffet.*

1 Chauffez le four à 160°C (325°F). Tapissez six alvéoles à muffin de cassolettes en papier d'aluminium et déposez une gaufrette au fond de chacune. Dans un petit bol, fouettez au batteur électrique le fromage à la crème, le sucre et la vanille. Incorporez l'œuf sans cesser de battre.

2 Masquez les gaufrettes de cet appareil. Faites cuire 25 minutes au four ou jusqu'à ce que la garniture soit ferme. Après les avoir laissés refroidir, réfrigérez les petits gâteaux au moins 15 minutes.

3 Si vous le désirez, entaillez les fraises en longueur, sans les trancher complètement. Ouvrez-les en éventail et déposez-en une sur chaque gâteau. (On peut aussi déposer les fraises debout sur les petits gâteaux.)

4 Au moment de servir, faites fondre la gelée dans une petite casserole à feu doux et badigeonnez-en les petits fruits.

SOUFFLÉS AU CHOCOLAT NOIR

Par portion : **Calories** 442 **Protéines** 15 g **Hydrates de carbone** 47 g **Graisses** 22 g **Cholestérol** 424 mg **Sodium** 161 mg

1 **c. à soupe de beurre (ou de margarine)**

125 **g (4 oz) de chocolat mi-sucré (4 carrés)**

½ **tasse de sucre, en tout**

3 **c. à soupe de liqueur de cerise (ou de cognac, ou de jus de canneberge)**

8 **gros œufs, jaunes et blancs séparés, à la température ambiante**

1 **c. à soupe de sucre glace**

 PRÉPARATION
20 MINUTES

 CUISSON
12 MINUTES

CONSEIL *Épargnez du temps en faisant fondre le chocolat au micro-ondes, quelques secondes à la fois, à allure moyenne.*

1 Chauffez le four à 230°C (450°F). Beurrez le fond et la paroi de quatre petits ramequins à soufflé (375 ml/1½ tasse). Déposez-les dans une lèchefrite pour faciliter la manipulation. Remplissez le bas d'un bain-marie à moitié d'eau et amenez à ébullition à feu vif. Hachez finement lee chocolat.

2 Déposez le chocolat dans la casserole du bain-marie et installez celle-ci en place. Baissez le feu. Dès que le chocolat a fondu, incorporez ¼ tasse de sucre et la liqueur. Retirez le bain-marie du feu.

3 Enlevez la casserole du bain-marie. Incorporez les jaunes d'œufs au chocolat fondu. Réfrigérez brièvement cet appareil pendant que vous exécutez l'étape suivante.

4 Dans un grand bol, faites mousser les blancs d'œufs. Ajoutez peu à peu ¼ tasse de sucre et continuez de battre jusqu'à formation de pics fermes. Incorporez le quart des blancs à l'appareil au chocolat. Versez celui-ci dans le reste des blancs et mélangez délicatement.

5 Dressez la préparation dans les ramequins et faites cuire au four 12-15 minutes ou jusqu'à ce que les soufflés gonflent. (N'ouvrez pas le four pendant la cuisson.) Saupoudrez de sucre glace et servez immédiatement.

MOUSSE À LA CITROUILLE

Par portion : **Calories** 243 **Protéines** 2 g **Hydrates de carbone** 24 g **Graisses** 17 g **Cholestérol** 61 mg **Sodium** 28 mg

1 **tasse de citrouille en boîte**

⅓ **tasse de cassonade blonde bien tassée**

½ **c. à thé de cannelle**

½ **c. à thé de gingembre moulu**

¾ **tasse de crème fraîche épaisse**

2 **c. à soupe, en tout, de gingembre confit haché**

 PRÉPARATION
10 MINUTES

 CUISSON
AUCUNE

1 Dans un bol moyen, mélangez la purée de citrouille, la cassonade, la cannelle et le gingembre. Dans un petit bol, fouettez la crème jusqu'à ce qu'elle soit très ferme.

2 Incorporez la crème fouettée à l'apprêt à la citrouille à l'aide d'un fouet ou d'une spatule en caoutchouc ; ajoutez de la même façon 1 c. à soupe de gingembre cristallisé haché.

3 Dressez la mousse dans quatre coupes à parfait. Saupoudrez la surface avec le reste du gingembre cristallisé.

FLAN À LA GUIMAUVE

Par portion : **Calories** 312 **Protéines** 7 g **Hydrates de carbone** 44 g **Graisses** 14 g **Cholestérol** 138 mg **Sodium** 246 mg

⅓ **tasse de sucre**

⅓ **tasse de cacao non sucré**

2 **c. à soupe de fécule de maïs**

2 **c. à soupe de farine**

⅛ **c. à thé de sel**

2 **tasses de lait**

2 **gros jaunes d'œufs**

2 **c. à soupe (¼ bâtonnet) de beurre (ou de margarine)**

1 **c. à thé d'essence de vanille**

1 **tasse de guimauves miniatures**

2 **c. à soupe d'arachides hachées (facultatif)**

 PRÉPARATION
8 MINUTES

 CUISSON
9 MINUTES

1 Dans une casserole moyenne, mettez le sucre, le cacao, la fécule de maïs, la farine et le sel. Incorporez peu à peu le lait. Amenez à ébullition à feu modéré en remuant constamment et laissez bouillir 1 minute sans cesser de remuer. Retirez du feu.

2 Dans un petit bol, battez légèrement les jaunes d'œufs ; ajoutez-leur le quart de la préparation au chocolat pour les réchauffer. Incorporez ensuite les jaunes au reste de la préparation en soulevant délicatement. Remettez la casserole sur un feu modéré et laissez cuire 1 minute en remuant constamment. Retirez du feu.

3 Ajoutez le beurre et la vanille et mélangez bien. Incorporez les guimauves miniatures. Dressez le flan dans de petites assiettes creuses et décorez d'arachides hachées, s'il y a lieu. Ce dessert se sert aussi bien chaud que froid.

MOUSSE AUX CERISES

Par portion : **Calories** 437 **Protéines** 6 g **Hydrates de carbone** 23 g **Graisses** 37 g **Cholestérol** 123 mg **Sodium** 185 mg

1 **paquet (250 g/8 oz) de fromage à la crème, ramolli**

¼ **tasse de sucre glace**

¾ **tasse de crème fraîche épaisse**

1 **c. à thé d'essence de vanille**

375 **g (12 oz) de demi-cerises**

4 **cerises entières, avec les queues (facultatif)**

 PRÉPARATION
20 MINUTES

 CUISSON
AUCUNE

1 Mélangez le fromage à la crème et le sucre glace au batteur électrique. Ajoutez peu à peu la crème fraîche avec l'essence de vanille et fouettez jusqu'à ce qu'elle devienne très ferme.

2 À l'aide d'une spatule en caoutchouc, incorporez les demi-cerises. Dressez la mousse dans quatre coupes ou quatre bols à dessert, et garnissez chaque portion d'une cerise, s'il y a lieu.

MOUSSE DÉLICE EXPRESS

Par portion : **Calories** 418 **Protéines** 16 g **Hydrates de carbone** 58 g **Graisses** 15 g **Cholestérol** 11 mg **Sodium** 209 mg

1 **tasse de céréales granola**

¼ **tasse de minigrains de chocolat**

¼ **tasse de pistaches décortiquées hachées**

1 **contenant géant (1 kg/ 32 oz) de yogourt à la vanille**

 PRÉPARATION
11 MINUTES

 CUISSON
AUCUNE

1 Mélangez les céréales, les minigrains de chocolat et les pistaches. Dans quatre coupes à parfait, déposez le tiers du yogourt et 2 c. à soupe du mélange précédent ; répétez deux fois l'opération.

2 Saupoudrez la surface du reste des céréales et servez immédiatement ou couvrez de pellicule plastique et réfrigérez.

CRÈME À LA PAPAYE

CRÈME À LA PAPAYE

 4

Par portion : **Calories** 290 **Protéines** 6 g **Hydrates de carbone** 41 g **Graisses** 12 g **Cholestérol** 50 mg **Sodium** 103 mg

1 **sachet de gélatine non aromatisée**

½ **tasse d'eau**

2 **c. à soupe de sucre**

1 **c. à soupe de jus de lime**

1 **grosse papaye mûre**

500 **ml (16 oz) de crème glacée à la vanille, détachée en morceaux**

Fines tranches de lime (facultatif)

 PRÉPARATION
30 MINUTES

 CUISSON
1 MINUTE

SERVICE *Accompagnez la crème à la papaye de biscuits au sucre ou de macarons italiens ; les textures se mettent réciproquement en valeur.*

1 Dans une petite casserole, saupoudrez la gélatine sur l'eau et laissez-la gonfler 1 minute avant de la faire fondre à feu doux. Quand elle a complètement fondu, ajoutez, hors du feu, le sucre et le jus de lime. Réfrigérez 10 minutes.

2 Entre-temps, coupez la papaye en deux sur la longueur et retirez la semence avec une cuiller. Dégagez la chair et mettez-la dans le bol du mélangeur ou du robot. Ajoutez la gélatine en réserve et travaillez le tout pour obtenir une purée lisse.

3 Gardez l'appareil en marche et ajoutez la crème glacée par petites quantités. Dressez cet apprêt dans des bols à dessert et réfrigérez au moins 20 minutes de façon que la crème acquière un peu de fermeté. Décorez de tranches de lime en spirale, s'il y a lieu.

Tartes et croustillants

Voici quelques recettes qui vous permettront de servir
des pâtisseries délicieuses et vite faites.

Tarte aux nectarines

Par portion : **Calories** 274 **Protéines** 4 g **Hydrates de carbone** 26 g **Graisses** 18 g **Cholestérol** 39 mg **Sodium** 220 mg

1 abaisse de tarte surgelée

250 g (8 oz) de fromage à la crème ramolli

2 c. à soupe de sucre glace

4 nectarines moyennes

3 c. à soupe de marmelade d'oranges

 PRÉPARATION
28 MINUTES

 CUISSON
12 MINUTES

CONSEIL *Superposez partiellement les tranches de nectarine et vous obtiendrez un dessert fort élégant.*

1 Chauffez le four à 230°C (450°F). Laissez décongeler l'abaisse de tarte 5 minutes à la température ambiante. Piquez la pâte en plusieurs endroits avec une fourchette.

2 Enfournez l'abaisse et faites-la cuire environ 10-12 minutes ou jusqu'à ce qu'elle soit dorée et légèrement croustillante.

3 Entre-temps, mélangez le fromage à la crème et le sucre glace. Coupez en deux les nectarines, retirez-en le noyau et détaillez-les en fines tranches. Dans une petite casserole à feu doux, ou au micro-ondes, faites fondre la marmelade.

4 Déposez la croûte de tarte sur une grande assiette et laissez-la tiédir. Étalez le fromage à la crème. Disposez par-dessus, en cercles concentriques, les tranches de nectarines de façon qu'elles se chevauchent les unes les autres. Badigeonnez-les de marmelade fondue pour leur donner un fini brillant.

 L'ouvre-boîte

Une pâte à biscuits réfrigérée peut se transformer rapidement en petites croustades délicieuses.

Croustades à l'ananas

Chauffez le four à 230°C (450°F). Distribuez dans quatre ramequins **4 c. à thé de beurre** et **4 c. à soupe de cassonade.** Égouttez **1 boîte d'ananas en tranches.** Mettez une tranche au fond de chaque ramequin. Prenez **½ paquet de pâte à petits** **pains au babeurre réfrigérée** et façonnez 1½ biscuit pour déposer dans chaque ramequin. Faites cuire 10 minutes au four. Au moment de servir, dégagez les croustades et renversez-les dans quatre assiettes. **DONNE 4 PORTIONS**

TARTE ÉPONGE AUX AMANDES

Tarte éponge aux amandes

 8

Par portion : **Calories** 398 **Protéines** 8 g **Hydrates de carbone** 41 g **Graisses** 24 g **Cholestérol** 166 mg **Sodium** 423 mg

1 **tasse de lait**

¼ **tasse (½ bâtonnet) de beurre (ou de margarine)**

1 **gâteau de Savoie surgelé, décongelé et émietté**

1 **c. à soupe de zeste de citron râpé**

1 **c. à thé d'essence d'amande**

1 **abaisse de tarte surgelée, partiellement décongelée**

¼ **tasse de confiture de cerises (ou de framboises)**

2 **gros œufs**

¼ **tasse d'amandes effilées**

Crème fouettée sucrée (garniture facultative)

 PRÉPARATION
15 MINUTES

 CUISSON
25 MINUTES

REMARQUE *La « croûte » tendre de cette tarte est faite à base de gâteau blanc émietté.*

1 Chauffez le four à 230°C (450°F). Dans une casserole moyenne, réchauffez le lait et faites-y fondre le beurre. Ajoutez les miettes de gâteau, le zeste de citron et l'essence d'amande. Mélangez bien et retirez du feu.

2 Mettez l'abaisse dans un moule à tarte ; recouvrez-en le fond entièrement de confiture.

3 Avec un mélangeur électrique, amalgamez les œufs à la préparation aux miettes de gâteau. Étalez ce mélange par-dessus la confiture ; distribuez les amandes sur la surface. Faites cuire 25 minutes pour que la croûte soit dorée et que la garniture soit ferme. Servez la tarte chaude, accompagnée de crème fouettée, à votre goût.

380

Tarte aux fraises

Par portion : **Calories** 362 **Protéines** 4 g **Hydrates de carbone** 57 g **Graisses** 13 g **Cholestérol** 28 mg **Sodium** 205 mg

²⁄₃ **tasse et 1 c. à soupe de sucre, en tout**

¼ **tasse de fécule de maïs**

1¹⁄₃ **tasse d'eau**

2 **paquets (85 g/3 oz chacun) de poudre pour gelée à saveur de fraise (jello)**
 Glaçons

4 **tasses de fraises fraîches, bien refroidies**

1 **croûte de tarte cuite (ou croûte en chapelure de graham)**

½ **tasse de crème fraîche épaisse**

 PRÉPARATION
30 MINUTES

CUISSON
4 MINUTES

REMARQUE *Les fraises alliées à la crème constituent un dessert tout à fait estival. Offrez à part de la crème fouettée.*

1 Dans une petite casserole, mélangez ²⁄₃ tasse de sucre et la fécule de maïs. Incorporez l'eau et amenez à ébullition à feu modéré en remuant constamment pendant 1 minute. Retirez du feu et ajoutez la gélatine ; remuez jusqu'à ce qu'elle soit dissoute.

2 Remplissez un grand bol de glaçons et logez-y la casserole. Remuez la gélatine jusqu'à ce qu'elle soit suffisamment froide pour épaissir, environ 2-3 minutes. (Il ne faut pas que la gélatine fige.) Retirez la casserole de la glace.

3 Lavez et équeutez les fraises ; épongez-les sur une feuille d'essuie-tout. Disposez-les dans la croûte de tarte et versez la gélatine par-dessus. Mettez au moins 20 minutes au réfrigérateur.

4 Au moment de servir, fouettez la crème avec 1 c. à soupe de sucre dans un petit bol pour qu'elle devienne très ferme. Déposez-la autour de la tarte, de manière à former un feston en bordure.

Tarte sans croûte à la noix de coco

Par portion : **Calories** 271 **Protéines** 6 g **Hydrates de carbone** 31 g **Graisses** 14 g **Cholestérol** 130 mg **Sodium** 231 mg

¼ **tasse (½ bâtonnet) de beurre (ou de margarine)**

2 **tasses de lait**

1½ **c. à thé d'essence de vanille**

4 **gros œufs, à la température ambiante**

1 **tasse de noix de coco en flocons**

¾ **tasse de sucre**

½ **tasse de mélange à pâte tout usage Bisquick**

 PRÉPARATION
7 MINUTES

 CUISSON
38 MINUTES

CONSEIL *Cette tarte se sert à la sortie du four, mais elle est encore meilleure froide, de sorte que vous pouvez très bien la préparer d'avance.*

1 Chauffez le four à 200°C (400°F). Graissez un moule à tarte. Dans une petite casserole, faites fondre le beurre à feu modéré. Ajoutez le lait et amenez-le au point de frémissement. Hors du feu, ajoutez la vanille.

2 Au mélangeur ou au robot, amalgamez les œufs, la noix de coco, le sucre et le Bisquick. Incorporez le contenu de la casserole et mélangez bien.

3 Versez la pâte dans le moule à tarte. Enfournez et faites cuire 30-35 minutes ou jusqu'à ce qu'un couteau inséré dans la garniture en ressorte propre. Attendez 5 minutes avant de découper la tarte. Servez-la chaude ou froide.

SHORTCAKES AUX BLEUETS

Par portion : **Calories** 343 **Protéines** 5 g **Hydrates de carbone** 49 g **Graisses** 15 g **Cholestérol** 45 mg **Sodium** 491 mg

- ¾ **tasse de farine tout usage**
- ¼ **tasse de farine de maïs jaune**
- 1 **c. à soupe de sucre**
- 1 **c. à thé de bicarbonate de soude**
- ½ **c. à thé de levure chimique**
- ¼ **c. à thé de sel**
- 3 **c. à soupe de beurre en petits morceaux (ou de margarine)**
- 6 **c. à soupe de yogourt nature allégé**
- 2 **tasses de bleuets frais**
- 2 **c. à soupe de miel**
- ½ **tasse de crème fouettée sucrée (ou de garniture fouettée surgelée, décongelée)**

 PRÉPARATION **8 MINUTES**

 CUISSON **20 MINUTES**

SERVICE *Ces petits shortcakes aux bleuets sont confectionnés sur le modèle des shortcakes aux fraises et ils sont tout aussi délicieux.*

1 Chauffez le four à 220°C (425°F). Dans un bol moyen, mélangez les deux farines, le sucre, le bicarbonate de soude, la levure chimique et le sel. Avec un coupe-pâte ou deux couteaux maniés en ciseaux, incorporez le beurre de manière à obtenir un mélange grumeleux. Incorporez le yogourt à la fourchette. Quand la pâte s'est assouplie, pétrissez-la quelques secondes.

2 Sur une planche farinée, abaissez le pâton au rouleau ou à la main pour lui donner 1 cm (½ po) d'épaisseur. Avec un emporte-pièce de forme ronde, fariné, découpez quatre cercles de 7,5 cm (3 po). Faites-les cuire 18-20 minutes sur une tôle non graissée.

3 Lavez et triez les bleuets. Dans un bol moyen, mélangez-les au miel en en écrasant le quart environ. Rangez le bol au réfrigérateur.

4 Au moment de servir, fendez les petits gâteaux en deux à l'horizontale. Déposez les moitiés du bas sur quatre assiettes. Étalez la moitié des bleuets et couvrez avec l'autre moitié. Décorez avec la crème fouettée et le reste des bleuets.

CROUSTILLANT AUX POMMES

Par portion : **Calories** 463 **Protéines** 4 g **Hydrates de carbone** 86 g **Graisses** 12 g **Cholestérol** 31 mg **Sodium** 111 mg

- 4 **grosses pommes granny smith**
- ⅓ **tasse de sucre**
- 1 **c. à thé de cannelle**
- 2 **c. à soupe de jus de citron**
- ½ **tasse de cassonade blonde bien tassée**
- ½ **tasse de farine tout usage**
- ½ **tasse de flocons d'avoine précuits**
- ¼ **tasse (½ bâtonnet) de beurre en petits morceaux (ou de margarine)**

 PRÉPARATION **15 MINUTES**

 CUISSON **30 MINUTES**

1 Chauffez le four à 180°C (350°F). Pelez, parez et tranchez les pommes. Mettez-les dans un grand bol ; saupoudrez-les de sucre et de cannelle, aspergez-les de jus de citron. Remuez pour bien les enrober et dressez-les dans un moule carré de 22 cm (9 po).

2 Dans un petit bol, mélangez la cassonade, la farine et les flocons d'avoine. Avec un coupe-pâte ou deux couteaux maniés en ciseaux, incorporez le beurre de manière à obtenir un mélange grumeleux. Distribuez-le sur les pommes.

3 Faites cuire au four 30 minutes ou jusqu'à ce que la garniture soit croustillante. Ce dessert peut être servi à sa sortie du four mais il demeure succulent à la température de la pièce.

Un bon début : Croûtes en chapelure

Les croûtes faites avec une chapelure de biscuits — biscuits graham, gaufrettes à la vanille ou gaufrettes au chocolat — permettent de réaliser toute une gamme de tartes exquises et vite faites. Pour les desserts qui suivent, aucune cuisson n'est nécessaire : il suffit de réfrigérer une quinzaine de minutes et la garniture se raffermit pendant que vous entamez votre repas.

Préparez d'abord la croûte (voir page 28) ou achetez-la ; choisissez ensuite une garniture parmi celles qui sont illustrées ici. Toutes ces tartes servent huit personnes.

◀ **TARTE À LA CRÈME ET AUX FRAISES** Lavez, épongez, équeutez et tranchez **2 tasses de fraises.** Ajoutez-leur **2 c. à soupe de sucre** et mettez-les au réfrigérateur. Entre-temps, fouettez **1 tasse de crème fraîche** avec **1 c. à thé d'essence de vanille** jusqu'à ce qu'elle soit très ferme. Par ailleurs, délayez **1 paquet simple de mélange instantané pour garniture de tarte à la vanille** avec **1 tasse de lait.** Étendez la moitié des fraises dans **une croûte en chapelure à la vanille**. Mélangez la crème fouettée et le mélange instantané ; étalez le tout sur les fraises. Décorez avec le reste des fraises. Réfrigérez au moins 15 minutes.

▶ **TARTE AU FOND NOIR** Faites fondre **2 carrés de chocolat mi-sucré. Fouettez 1 tasse de crème fraîche** avec **1 c. à thé d'essence de vanille** jusqu'à ce qu'elle soit très ferme. Par ailleurs, délayez **1 paquet simple de mélange instantané pour garniture de tarte à la vanille** avec **1 tasse de lait;** incorporez la crème fouettée. Versez ½ tasse de cet apprêt dans le chocolat fondu et mélangez. Étalez la garniture au chocolat au fond d'**une croûte en chapelure à la vanille**. Recouvrez avec la garniture à la vanille. Réfrigérez au moins 20 minutes. Garnissez de **copeaux de chocolat.**

► TARTE À LA CRÈME ET À LA NOIX DE COCO
Dans une grande sauteuse, faites blondir **1⅓ tasse de noix de coco en flocons**. Fouettez **1 tasse de crème fraîche** avec **2 c. à soupe de sucre glace** et **1 c. à thé d'essence de vanille**. Mélangez 1 tasse de noix de coco avec la crème fouettée avant de l'étaler dans **une croûte en chapelure de graham** et décorez avec le reste de noix de coco. Réfrigérez 15 minutes.

◄ TARTE GLACÉE À LA BANANE
Pelez et tranchez **2 bananes moyennes** dans **une croûte en chapelure au chocolat**. Déposez par-dessus **500 ml (16 oz) de crème glacée à la vanille** détaillée en boules, **½ tasse de sauce au chocolat** et **½ tasse d'amandes grillées hachées.** Congelez au moins 15 minutes.

► TARTE AU CHOCOLAT ET À L'ARACHIDE
Au mélangeur, fouettez **1 paquet de fromage à la crème.** Incorporez **½ tasse de beurre d'arachide crémeux, 3 c. à soupe de sucre glace** et **2 c. à soupe de lait.** Dans un petit bol, fouettez **1 tasse de crème fraîche** avec **1 c. à thé d'essence de vanille** et incorporez-la à l'appareil précédent. Étalez la garniture dans **une croûte en chapelure au chocolat.** Saupoudrez de **chocolat râpé** et réfrigérez 15 minutes.

► TARTE À LA LIME
Fouettez **1 boîte de lait concentré** avec **½ tasse de jus de lime frais** et **2 gros jaunes d'œufs** jusqu'à épaississement. Versez cet appareil dans **une croûte en chapelure de graham.** Congelez 15 minutes. Étalez par-dessus **2 tasses de crème fouettée**; décorez de **zeste de lime râpé.**

PETITS CHOUX AU RAISIN ET AUX KIWIS

Par portion : **Calories** 317 **Protéines** 6 g **Hydrates de carbone** 34 g **Graisses** 18 g **Cholestérol** 11 mg **Sodium** 281 mg

- **1 paquet de 6 choux surgelés**
- **3 kiwis**
- **1 tasse de grains de raisin rouge sans pépins**
- **1 petit paquet de mélange instantané à pouding et à garniture de tarte à la vanille**
- **2 tasses de lait**
- **Kiwi et raisin rouge (garniture facultative)**

PRÉPARATION **25 MINUTES**   CUISSON **20 MINUTES**

REMARQUE *Ce dessert est très élégant dans sa présentation ; il termine en beauté un repas fin.*

1 Chauffez le four à 200°C (400°F). Déposez les choux sur une tôle non graissée, selon les instructions, et faites-les cuire 20-25 minutes ou jusqu'à ce qu'ils soient gonflés et dorés.

2 Pelez et parez les kiwis. Détaillez-les en fines tranches, puis en petits morceaux. Déposez-les dans un bol moyen. Coupez les grains de raisin en quatre et mettez-les dans le même bol.

3 Dans un autre bol moyen, fouettez le mélange à pouding avec le lait en suivant les instructions sur le paquet. Versez la moitié de cet appareil sur les fruits.

4 Déposez les choux cuits sur une grille. Retirez les chapeaux avec une fourchette et posez-les à côté. Évidez les choux en retirant la partie molle à l'intérieur. Laissez-les refroidir 5 minutes.

5 Dressez le reste du mélange à pouding sur six assiettes, en l'étalant légèrement. Déposez un petit chou au centre de chacune et remplissez-le de garniture aux fruits. Remettez les chapeaux en place. Décorez de kiwis et de raisin rouge, s'il y a lieu. Servez immédiatement ou réfrigérez.

POUDING AU PAIN AU CHOCOLAT

Par portion : **Calories** 375 **Protéines** 8 g **Hydrates de carbone** 39 g **Graisses** 22 g **Cholestérol** 101 mg **Sodium** 334 mg

- **2 tasses de lait**
- **1 tasse de grains de chocolat mi-sucré**
- **¼ tasse de cassonade blonde bien tassée**
- **¼ tasse (½ bâtonnet) de beurre fondu (ou de margarine)**
- **4-5 tranches de 2,5 cm (1 po) de pain aux œufs tressé (ou autre pain frais)**
- **2 gros œufs**

PRÉPARATION **15 MINUTES**   CUISSON **30 MINUTES**

1 Chauffez le four à 180°C (350°F). Graissez un plat à four d'une contenance de 1 litre (4 tasses). Réchauffez ensemble le lait, le chocolat, la cassonade et le beurre à feu modéré. Dès que le mélange est devenu homogène, retirez-le du feu.

2 Coupez le pain en cubes de 2,5 cm (1 po) et déposez-les dans le plat à four. Fouettez les œufs ; ajoutez-leur l'appareil au chocolat et mélangez. Versez la garniture sur le pain.

3 Faites cuire 30 minutes ou jusqu'à ce qu'un couteau, inséré dans la pâte, en ressorte propre. (Le centre du pouding restera un peu humide.) Servez ce pouding chaud.

TARTELETTES AUX PACANES

Tartelettes aux pacanes

 6

Par portion : **Calories** 361 **Protéines** 2 g **Hydrates de carbone** 51 g **Graisses** 18 g **Cholestérol** 12 mg **Sodium** 195 mg

2 **c. à soupe (¼ bâtonnet) de beurre (ou de margarine)**

⅔ **tasse de sirop de maïs brun**

¼ **tasse de sucre**

1 **c. à thé d'essence de vanille**

2 **gros œufs**

6 **croûtes individuelles en chapelure graham**

¾ **tasse de pacanes grossièrement hachées**

 PRÉPARATION
7 MINUTES

 CUISSON
30 MINUTES

CONSEIL *Vous pouvez aisément doubler cette recette.*

1 Chauffez le four à 180°C (350°F). Faites fondre le beurre dans une petite casserole. Hors du feu, ajoutez le sirop de maïs, le sucre, la vanille et les œufs en battant bien.

2 Placez les tartelettes sur une tôle et garnissez-les avec le contenu de la casserole. Distribuez les pacanes par-dessus.

3 Faites cuire 25-30 minutes au four pour que la garniture soit ferme. Servez ces tartelettes tièdes.

Tartelettes aux bananes à la crème

Par portion : **Calories** 368 **Protéines** 4 g **Hydrates de carbone** 40 g **Graisses** 22 g **Cholestérol** 61 mg **Sodium** 403 mg

1¼ **tasse de lait**

1 **paquet simple de mélange instantané à pouding et à garniture de tarte à la vanille**

1 **tasse de crème fraîche épaisse**

2 **bananes moyennes**

6 **croûtes individuelles en chapelure de graham**

PRÉPARATION
15 MINUTES

CUISSON
AUCUNE

CONSEIL *Faites provision de croûtes individuelles en chapelure : vous préparerez ces tartelettes le temps de le dire.*

1 Dans un bol moyen, délayez le mélange instantané dans le lait et remuez 45 secondes. Couvrez le bol et réfrigérez-le jusqu'au moment de vous en servir.

2 Dans un petit bol, fouettez la crème fraîche jusqu'à ce qu'elle soit très ferme. Réservez ½ tasse de crème fouettée. Incorporez le reste à la préparation précédente.

3 Pelez et tranchez les bananes ; réservez-en six tranches pour la garniture si vous le désirez. Déposez quatre tranches dans chaque tartelette et recouvrez avec la crème préparée. Répétez l'opération. Couronnez de crème fouettée et décorez avec une tranche de banane.

Tarte au chocolat et aux amandes

Par portion : **Calories** 327 **Protéines** 3 g **Hydrates de carbone** 27 g **Graisses** 24 g **Cholestérol** 54 mg **Sodium** 332 mg

2 **c. à soupe (¼ bâtonnet) de beurre ramolli (ou de margarine)**

1 **sachet de noix de coco en flocons**

1 **paquet simple de mélange instantané à pouding et à garniture de tarte au chocolat**

1¼ **tasse de lait**

1 **tasse de crème fraîche épaisse**

½ **c. à thé d'essence d'amande**

2 **c. à soupe d'amandes effilées**

PRÉPARATION
25 MINUTES

CUISSON
20 MINUTES

CONSEIL *La croûte de noix de coco dans cette recette peut servir de base à bien des tartes aux fruits.*

1 Chauffez le four à 160°C (325°F). Enduisez de beurre un moule à tarte de 22 cm (9 po). Versez-y les flocons de noix de coco et pressez pour qu'ils adhèrent au moule. Faites cuire 20 minutes ou jusqu'à ce que la noix de coco forme une croûte dorée. Laissez refroidir sur une grille.

2 Dans un bol moyen, délayez le mélange instantané dans le lait en suivant les instructions sur le paquet. Rangez le bol au réfrigérateur pendant que vous exécutez l'étape suivante.

3 Dans un petit bol, fouettez la crème avec la vanille jusqu'à ce qu'elle soit très ferme. Avec une spatule en caoutchouc, incorporez la moitié de la crème fouettée de même que l'essence d'amande au mélange précédent.

4 Étalez la garniture crémeuse dans la croûte de noix de coco. Décorez avec le reste de crème fouettée et les amandes effilées. Réfrigérez jusqu'au moment de servir.

CROUSTILLANT AUX PÊCHES ET AUX FRAMBOISES

CROUSTILLANT AUX PÊCHES ET AUX FRAMBOISES

Par portion : **Calories** 388 **Protéines** 4 g **Hydrates de carbone** 60 g **Graisses** 15 g **Cholestérol** 41 mg **Sodium** 129 mg

4 pêches moyennes à noyau libre (650 g/1⅓ lb)

1 tasse de framboises fraîches ou surgelées

1 tasse de farine

½ tasse de sucre

¼ c. à thé de muscade

⅓ tasse de beurre doux, détaillé en petites noisettes

Crème sure légère ou yogourt à la vanille (facultatif)

 PRÉPARATION
15 MINUTES

 CUISSON
25 MINUTES

SERVICE *Vous aurez un dessert plus substantiel si vous lui ajoutez de la crème glacée à la vanille.*

1 Chauffez le four à 190°C (375°F). Tranchez les pêches après avoir enlevé le noyau et déposez-les dans un plat à four de 25 x 15 cm (10 x 6 po) ; étalez les framboises par-dessus.

2 Dans un bol moyen, mélangez la farine, le sucre et la muscade. Ajoutez le beurre et travaillez-le en pâte du bout des doigts pour obtenir un mélange grumeleux. Étalez cette pâte sur les fruits.

3 Faites cuire 25 minutes ou jusqu'à ce que les pêches soient tendres et que la surface blondisse. Servez avec de la crème sure si désiré.

INDEX

Les numéros de pages en italique font référence aux illustrations.

Les numéros de pages en *italique* font référence aux illustrations.

Les numéros de pages en *italique* font référence aux illustrations.

Les numéros de pages en *italique* font référence aux illustrations.

Thèmes

Les numéros de pages en *italique* font référence aux illustrations.